Alpine Klettersteige Ostalpen

68 spannende Touren zwischen Wien, Bodensee und Gardasee

Mark Zahel

Alpine Klettersteige Ostalpen

68 spannende Touren zwischen Wien, Bodensee und Gardasee

ROTHER BERGVERLAG · MÜNCHEN

VORWORT

»Zurück zu den Wurzeln«, das könnte gleichsam als Motto über dem Inhalt dieses Buches stehen. Und das ausgerechnet bei Klettersteigen, die zurzeit eigentlich eine ganz andere Entwicklung nehmen, die buchstäblich zum »Trendsport« aufgestiegen sind und darin ganz moderne Ausprägungen erfahren? Ja, gerade deshalb! Es ist nämlich zu beobachten, dass seit der Haupterschließungsära des Alpenvereins vor rund 100 Jahren kaum etwas die alpine Wegeinfrastruktur so sehr verändert hat, wie es momentan der rasant fortschreitende Bau von Klettersteigen tut.

Waren diese vorderhand nur als Mittel zum Zweck eingerichtet worden, sprich um anspruchsvolle Felsrouten auf bestimmte Berge zu entschärfen und damit auch Normalbergsteigern prickelnde Erlebnisse im Steilfels zu ermöglichen, so kristallisiert sich neuerdings immer häufiger eine Art Selbstzweck (mit verstärkter Kommerzialisierung als Motor) heraus. Insbesondere wird eine Unterscheidung in Alpin- und Sportklettersteige zunehmend offensichtlich, wobei die Grenzen zweifellos fließend sind. Genau an diesem Punkt bin ich wieder bei meinem obigen Motto, denn für einen tendenziell eher klassisch ausgerichteten Bergsteiger – der Klettersteige als durchaus reizvollen Bestandteil seiner Leidenschaft sieht – treibt speziell die zweitgenannte Gattung zuweilen seltsame Blüten. Der Berg als Sportgerät, damit tut sich der (altmodische?) Verfasser, der einfach nur gern draußen unterwegs ist, eher schwer.

Erstmals in der neueren Klettersteigliteratur werden die Alpinsteige für sich betrachtet und typische Sportferrate ausgeklammert. Damit soll Raum (zurück)gegeben werden für die Darstellung eines Gesamterlebnisses, das sich nicht bloß auf den »Eisengehalt« und die technische Schwierigkeit einer Route reduzieren lässt, sondern viele Facetten beinhaltet, die landschaftlichen vor allem. Irgendwie sehe ich halt am liebsten die »große Bergtour« dahinter und das sportive Element nur am Rande. Was liegen doch für Welten zwischen einem Gang über den Watzmanngrat beispielsweise und manchem talnahen Actionsteig. Eine Rückbesinnung auf gute alte Werte des Bergerlebens und die Abkehr vom Schwierigkeitsfanatismus sind Aspekte, die diesem Buch zugrunde liegen.

Der Band umfasst eine Art »Best of« der Klettersteige in den Ostalpen – 68 ausgearbeitete Touren mit mehr als 100 einzelnen Steigen. Natürlich bleibt eine solche Auswahl subjektiv, und sie war für den Autor alles andere als einfach, zumal platzmäßig beschränkt. Aber sämtlichen hier vorgestellten Unternehmungen kann man eine hohe Attraktivität bescheinigen: Spannung am Klettersteig, Schaugenuss am Drumherum. Sie verteilen sich großzügig zwischen Wien und Graubünden, zwischen Bayern, dem Trentino und Slowenien, bilden da und dort einen »Cluster«, wie etwa in den Dolomiten, dem nach wie vor unübertroffenen Ferrata-Mekka schlechthin. Naturgemäß sind die Nördlichen und Südlichen Kalkalpen stärker vertreten als die noch eher dünn besetzten Zentralalpen. Auch hinsichtlich der Anforderungen liegt eine ausgewogene Mischung vor, mit Schwerpunkt im mittleren und gehobenen Niveau. Ein paar richtig »harte Nüsse« sind freilich ebenso vertreten wie einsteigergerechte Touren der unteren Schwierigkeitsgrade. Viel Lesespaß und Inspiration wünscht

Mark Zahel

INHALT

Vorwort 5
Historie und Gegenwart der Klettersteige 12
Ein Plädoyer für Klettersteige 15
Hinweise für die Praxis 17
Zum Gebrauch des Buches 20

Von den Wiener Hausbergen bis zum Dachstein

1 Raxalpe
Höllentalsteige 26

2 Preiner Wand, 1783 m
Hans-von-Haid-Steig 31

3 Pfaffenstein, 1865 m
Eisenerzer Klettersteig 34

4 Tieflimauer, 1820 m
Teufelsteig 37

5 Großer Buchstein, 2224 m
Südwandbandsteig 40

6 Hexenturm, 2172 m, und Grabnerstein
Hexensteig und Jungfernsteig 42

7 Reichraminger Hintergebirge
Triftsteig 45

8 Schermberg, 2396 m
Tassilo-Klettersteig 48

9 Traunstein, 1691 m
Hans-Hernler-Steig und Naturfreundesteig 52

10 Eselstein und Scheichenspitze, 2667 m
Jubiläumssteig und Ramsauer Klettersteig 56

11 Hoher Dachstein, 2995 m
»Anna«, »Johann« und Gipfelklettersteige 60

Von Berchtesgaden bis ins Stubai

12 Hochkönig, 2941 m
»Königsjodler« 66

13 Persailhorn, 2347 m
Wildental- und Südwand-Klettersteig 70

14 Watzmann, 2713 m
Gratüberschreitung 73

15 Berchtesgadener Hochthron, 1972 m
Hochthron-Klettersteig. 78

16 Hochstaufen, 1771 m
Pidinger Klettersteig. 82

17 Großes Hinterhorn, 2506 m
»Wilder Hund« und »Nackter Hund« 86

18 Ellmauer Halt, 2344 m
Kaiserschützensteig und Gamsängersteig 89

19 Haidachstellwand – Hochiss, 2299 m
Achensee 5-Gipfel-Klettersteig. 94

20 Lamsenspitze, 2508 m
Brudertunnel und Gipfelklettersteig. 99

21 Kleiner und Großer Bettelwurf, 2726 m
Überschreitung aus dem Halltal. 102

22 Kemacher, 2480 m
Innsbrucker Klettersteig. 105

23 Nördliche Linderspitze – Kirchlspitze
Mittenwalder Klettersteig. 109

24 Große Ochsenwand, 2700 m
Schlicker Klettersteig. 112

25 Elferturm und Elferspitze, 2505 m
Überschreitung aus dem Stubaital. 116

26 Innere Ilmspitze, 2692 m
Gipfelklettersteig. 120

Von der Zugspitze bis Graubünden

27 Zugspitze, 2962 m
Höllentalsteig und Westroute 123

28 Vorderer und Hinterer Tajakopf, 2450 m
»Tajakante« und Coburger Klettersteig. 128

29 Großer Daumen, 2280 m
Hindelanger Klettersteig 132

30 Schafalpenköpfe, 2320 m
Mindelheimer Klettersteig 136

| 31 | **Steinkarspitze, 2650 m** Steinsee-Klettersteig ....140 |

| 32 | **Weißschrofenspitze, 2752 m** Arlberger Klettersteig ....143 |

| 33 | **Sulzfluh, 2817 m** Sulzfluh- und Gauablickhöhle-Klettersteig ....147 |

Vom Vinschgau bis zum Gardasee

| 34 | **Plamorderspitze, 2982 m** »Tiroler Weg« ....152 |

| 35 | **Tschenglser Hochwand, 3375 m** Neuer Südwand-Klettersteig ....155 |

| 36 | **Brenta-Durchquerung** Via delle Bocchette ....158 |

| 37 | **Monte Casale, 1632 m** Via ferrata »Che« Guevara ....166 |

| 38 | **Cima Capi und Cima Rocca, 1089 m** Sentieri Susatti, Foletti, Camminamenti und Laste ....170 |

| 39 | **Cima Carega, 2259 m** Sentiero Pojesi und Via ferrata Campalani ....174 |

| 40 | **Cinque Cime, bis 2040 m** Sentiero attrezzato Falcipieri ....177 |

Die Dolomiten

| 41 | **Pala-Runde** Vie ferrate del Portòn, Velo und Sentiero Buzzati ....180 |

| 42 | **Cima della Vezzana, 3192 m** Via ferrata Bolver-Lugli ....184 |

| 43 | **Schiara, 2565 m, und Pelf, 2506 m** Vie ferrate Zacchi, Berti, Sperti, Màrmol, Guardiano ....188 |

| 44 | **Moiazza Sud, 2878 m** Via ferrata Costantini ....194 |

| 45 | **Civetta, 3220 m** Vie ferrate Alleghesi und Tissi ....198 |

| 46 | **Marmolada (Punta Penìa), 3343 m** Westgrat-Klettersteig (Hans-Seyffert-Weg) ....202 |

Viel Spaß macht der Mindelheimer Klettersteig im Allgäu.

| 47 | **Mesola (Sas de Mezdi), 2727 m** Via ferrata delle Trincee . . . . 205 |

| 48 | **Rosengarten-Durchquerung** Rotwand, Santnerpass, Kesselkogel und Molignon . . . . 208 |

| 49 | **Cima Pisciadù, 2985 m** Via ferrata Brigata Tridentina . . . . 215 |

| 50 | **Sas Rigais, 3025 m** Überschreitung von der Cislesalm . . . . 218 |

| 51 | **Südliche Fanisspitze, 2980 m** Via ferrata Tomaselli. . . . . 220 |

| 52 | **Tofana di Rozes, 3225 m** Via ferrata Lipella. . . . . 223 |

| 53 | **Sorapìss-Runde** Vie ferrate Berti, Vandelli und Sentiero Minazio. . . . . 226 |

| 54 | **Punta Fiames u. Punta Erbing, 2301 m** Via ferrata Michielli Strobel und Terza Cengia . . . . 231 |

| 55 | **Cristallo** Sentieri De Pol, Dibona und Via ferrata Bianchi . . . . 234 |

56 **Elfer-Runde**
Vie ferrate Roghel, Cengia Gabriella und Alpinisteig 239

57 **Paternkofel, 2744 m**
Innerkoflersteig und Schartensteig 244

Von Osttirol bis Slowenien

58 **Glödis, 3206 m**
Klettersteig über den Südostgrat 248

59 **Lienzer-Dolomiten-Enchaînement**
Seekofel-, Laserz-, Panorama- und Madonnen-KS 251

60 **Creton di Culzei, 2458 m**
Via ferrata dei Cinquanta 258

61 **Monte Peralba und Monte Chiadenis**
Vie ferrate Sartor und Portogruaro 262

62 **Cellon, 2241 m**
Via ferrata senza confini (»Weg ohne Grenzen«) 265

63 **Jôf di Montasio (Montasch), 2753 m**
Via Amalia, Sentieri Leva und Ceria-Merlone 268

64 **Mangart, 2677 m**
Via Italiana und Slovenska smer 274

65 **Prisojnik, 2547 m**
Jeseniška und Jubilejna pot 277

66 **Triglav, 2864 m**
Bamberg-, Prag- und Tominšekweg 280

67 **Hochstuhl, 2237 m**
Klettersteig aus dem Bärental 284

68 **Durch die Steiner Alpen**
Jezerska Kočna, Grintovec, Skuta und Rinka. 286

Stichwortverzeichnis 292

Am Seekofel-Klettersteig in den Lienzer Dolomiten.

HISTORIE UND GEGENWART DER KLETTERSTEIGE

Das Phänomen »Klettersteig«, italienisch Via ferrata, ist eigentlich schon sehr alt – wie alt genau, hängt ein bisschen von der Definition und Auslegung des Begriffs ab. Bereits in jener von den Alpenvereinen vorangetriebenen Erschließungsepoche Ende des 19., Anfang des 20. Jahrhunderts erhielt mancher Anstieg ein eisernes Korsett. Man behalf sich derart, um schwierige Passagen auch für den Normalbergsteiger gangbar zu machen, war dabei freilich trotzdem bestrebt, die natürlichen Schwächen des Geländes bestmöglich auszunutzen. Also nicht unbedingt mit dem »Kopf durch die Wand« …

Der 1843 von Friedrich Simony initiierte »Eisenweg« am Gipfelaufbau des Hohen Dachstein wird häufig als erster Markstein einer Entwicklung gesehen, die irgendwann zu einer eigenständigen alpinen Spielart erwachsen sollte. Wann das geschehen ist, darüber könnte man trefflich philosophieren. War es vielleicht schon um die Jahrhundertwende, als das »Versichern«, wie es manchmal etwas unglücklich heißt, allmählich über Einzelfälle hinausging? Oder doch erst einige Jahrzehnte später, als ein regelrechter »Ferrata-Boom« vor allem in den Dolomiten in Gang kam, als man dort viele kühn angelegte ehemalige Kriegssteige in attraktive touristische Routen umfunktionierte und mit neuen rassigen Linien nachlegte?

Seit damals bekamen Klettersteige jedenfalls eine größere Lobby, trat der Begriff als solcher überhaupt in Erscheinung, wurden erste Spezialführer zum Thema verfasst. Die Via ferrata erfüllte freilich immer noch hauptsächlich den Zweck, auch dem Nichtkletterer stei-

Am Hohen Dachstein soll anno 1843 alles begonnen haben.

Im Jahr 2010 entstand im Rofan eine Aneinanderreihung mehrerer Klettersteige zu einem Verbund (Passage am Rosskopf).

les, alpines Terrain erlebbar zu machen. Und sie befand sich fast ausnahmslos weit oben im Gebirge. Aber handelte es sich in den Sechziger-, Siebziger- und Achtzigerjahren wirklich schon um eine ganz eigene Spielart des Bergsteigens? Ich denke, die Anwärterschaft rekrutierte sich doch überwiegend aus ambitionierten Bergwanderern, die ihren Spielraum erweitern und am Übergang zum Klettern schnuppern wollten, ohne diesen jedoch letztendlich zu vollziehen. Gleichwohl traute man sich durchaus eine eisenfreie Tour in den unteren Graden (etwa bis II) zu und sah die Klettersteige mehrheitlich im bergsteigerischen Gesamtkontext. Nicht zuletzt gab es in dieser Zeit noch Alpenregionen, die gänzlich frei waren von jenen Erschließungstraditionen aus der Frühzeit und noch unerfasst von der neuen Welle aus den Dolomiten: In der Schweiz beispielsweise wurde die Kategorie »Klettersteig« bis in die Neunzigerjahre hinein gar nicht geführt, ehe der »Tälli« auch dort eine Zeitenwende einläutete. Inzwischen zählen die Eidgenossen wohl über 100 Eisenwege ...

Was seit den Neunzigerjahren – und verstärkt im neuen Jahrtausend – in Bewegung geraten ist, darf allerdings einer besonderen »Würdigung« unterzogen werden: Denn irgendwie beschleicht einen das Gefühl, die Entwicklung habe sich verselbstständigt. Der Bau von immer neuen, möglichst spektakulären Klettersteigen schreitet in ungeahntem Tempo voran. Installationen wie die Drahtseilbrücke oder der »Flying Fox« werden als Highlights propagiert, auch wenn solche Artistiknummern nur noch wenig mit Bergsteigen zu tun haben und eher in den Hochseilgarten gehören. Geht die Kunde von einem neuen küh-

Monströse Installationen wie Seilbrücken sind eher kritisch zu hinterfragen.

nen Steig umher, ist mit einem spontanen »Run« zu rechnen. Ja, mittlerweile gibt es sie tatsächlich, richtige Spezialisten, die ihren Fokus vor allem auf die Via ferrata richten, und dabei den Berg womöglich aus den Augen verlieren.

Und der Kommerz ist eng verwoben … Zudem ist eine bemerkenswerte Zweigleisigkeit zu erkennen: Neben gesicherten Routen an mehr oder minder hohen Bergen hat sich die Klasse der »Sportklettersteige« etabliert (sieht da etwa jemand eine Parallele zum Klettergarten?). Wobei die Trennung nicht immer ganz eindeutig vollzogen werden kann. Der Mensch geht als Bergsteiger also nicht mehr bloß hinauf zum Klettersteig; jener ist längst auch herabgekommen, in die Täler, zu den Menschen. Fun und Fitness sind angesagt, schließlich leben wir in einer sportiven Gesellschaft. Und dann muss zuweilen halt der »Kick« her …

Wen wundert's da noch, dass bereits die ersten Speed-Wettbewerbe ausgerufen wurden – zufälligerweise nur einen Katzensprung vom Hohen Dachstein entfernt! Ob das der gute alte Friedrich Simony so verstanden wissen wollte?

Legendär: der Bocchetteweg in der Brenta mit seinen Bändern.

EIN PLÄDOYER FÜR KLETTERSTEIGE

Klettersteige sind seit jeher umstritten. Was der eine als Steigerung persönlicher Erlebniswerte sieht, geißelt der andere als Naturverschandelung und Entweihung der Bergsteigerethik. Vor allem in Klettererkreisen wird regelmäßig dagegen gewettert, ob insgeheim aus elitären Motiven, sei jetzt mal dahingestellt. Fakt ist sicher, dass sämtliches Eisen selbst des längsten Klettersteigs kaum ausreichen würde, um auch nur einen einzigen Masten einer Skilifttrasse daraus zu basteln. Von daher hinken Vergleiche oft gewaltig, und Pauschalurteile werden der Sache kaum gerecht. Allerdings geht es auch um jenen »moralischen« Aspekt, ob jedwede Neuerschließung ihre Rechtfertigung allein aus der Lukrativität und technischen Umsetzbarkeit erhalten darf. Prinzipiell gibt es in den Alpen klettersteigtaugliche Felsen ja zu Abertausenden, was ohne Weiteres einen unausgewogenen Wildwuchs heraufbeschwören kann. Wo immer jemand sich einen Gewinn daraus verspricht, gleichzeitig der finanzielle und technische Background vorhanden ist und keine einflussreichen (!) Gegenstimmen auftauchen, kann gebohrt werden. Einmal ist es der Tourismusverband, der als Initiator auftritt, dann eine Seilbahngesellschaft, die Kunden fürs Sommergeschäft braucht, nächstens vielleicht ein Bergführer mit ebensolchen Motiven, und bei manchem Erbauer mag sogar eine Art von Selbstverwirklichung eine Rolle spielen.

Nun gut, ich will nicht jeden neuen Steig per se in Frage stellen. Bin ja ebenfalls schon auf etlichen unterwegs gewesen und hatte nicht selten Spaß dabei. Die oft geführte Fundamentalkritik an Klettersteigen kann in einem Buch wie diesem wohl auch schlecht stattfinden. Aber man sollte sich vielleicht mal Gedanken um das Maß machen. Grad lese ich in einem Klettersteigbuch aus den Achtzigern: »Der Trend zu immer schwierigeren Klettersteigen, vom Routenverlauf oft ohne jede bergsteigerische Vernunft, ist unverkennbar und daher abzulehnen.« Ohne verbindliche Reglementierungen wird man diesem Problem vermutlich nicht mehr beikommen …

Wer gern auf Eisenwegen unterwegs ist, findet alpenweit Möglichkeiten, die längst für ein ganzes Leben reichen sollten. Niemand verlangt ernsthaft, diese im großen Stil zurückzubauen. Das prinzipielle »Ja« zu Klettersteigen, denke ich, ist also weitgehend konsensfähig. Aber muss es ein »Immer-noch-mehr« sein? Was spräche dagegen, die Erschließung allmählich als abgeschlossen zu betrachten, so wie es etwa hinsichtlich neuer Berghütten der Fall ist. Gerade der Alpenverein lässt in dieser Frage Kompetenzen bisweilen vermissen.

Ich persönlich sehe einen Klettersteig ja immer noch im Rahmen einer »großen Bergtour«. Mit allem Drumherum, vor allem dem landschaftlichen. Egal, wenn der Zustieg lang ist, auch dabei gibt's oft viel zu sehen, sofern man nicht bloß im Kopf hat, morgens als Erster am Einstieg zu sein und sich schon vom Parkplatz weg einem Wettlauf zu stellen (manchmal sieht's tatsächlich danach aus). Weniger die Turnerei am Drahtseil steht im Vordergrund, sondern der Draht zur Bergwelt im übertragenen Sinne, so wie ich ihn genauso gut und manchmal sogar besser (weil einsamer) an »eisenfreien« Bergen finden kann. Und zwar, ohne kategorisch zu sein. Zugegeben, über einen völlig ungesicherten Jubiläumsgrat zu kraxeln, hätte ich mit meinen begrenzten bergsteigerischen Fähigkeiten schon meine liebe Mühe und Not. Deshalb freue ich mich, dass ich die Tour – so wie sie ausgebaut wurde – genussreich unternehmen kann. Dabei zählt aber viel, viel mehr als

nur die Kletterei mithilfe irgendwelcher Eisenteile.
Einen »Skywalk« hingegen, gespickt mit psychisch wie physisch äußerst zehrenden Direttissima-Passagen und schlussendlichem Ausstieg auf die stählerne Plattform einer stark frequentierten Seilbahnstation, brauche ich eigentlich nicht. Es lässt sich leider kaum verschweigen, dass es im Klettersteigbau immer öfter zu Auswüchsen kommt, nach der Maßgabe: Wo ist der schwierigste, der spektakulärste usw. Aktuell wird die Bewertungsskala nach oben erweitert, weil schon Steige eingerichtet werden, die extremer als extrem (E) sind: Das Zeitalter von Grad F hat begonnen und Stufe G lässt vermutlich auch nicht ewig auf sich warten.

Alpine Klettersteige wie der »Nackte Hund« vereinbaren Sport und Naturerlebnis auf schönste Weise.

Ein Stück weit möchte ich mit diesem Buch auch einen Gegenpol zu diesem überbordenden Schwierigkeitsfanatismus setzen und den Blick auf das »Wesentliche« zu schärfen versuchen. Ausgesprochene »Freaks« werde ich damit wohl kaum erreichen. Aber vielleicht all jene, die wie ich schlicht und einfach »Normalbergsteiger« sind, für die Klettersteige dazugehören, aber nicht als das allein Seligmachende. Vor rund 30 Jahren schrieb ein Bergbuchautor einmal Folgendes: »Eine Tour dieser Art soll Spaß machen und nicht an den Nerven zerren. Viel Luft unter dem Hintern mag für eine kurze Stelle belebend wirken, ganze Wände in senkrechter Ausführung passen schlecht zum Klettersteig-Publikum […].« Er lobte in diesem Zusammenhang übrigens die klassischen Allgäuer Klettersteige, den Hindelanger und den Mindelheimer.
Und ich kann dem im Grunde nur beipflichten, obgleich die derzeitige Entwicklung diese Worte zu überholen scheint. Spezialisten, die vor allem auf Maximalschwierigkeiten erpicht sind, mag es immer mehr geben. Die meisten Anwärter allerdings – so möchte ich mutmaßen –, bleiben ihrem Standard treu und genießen mit Vorliebe die wohldosierten Klassiker. Da könnte ich jetzt anfangen, aus dem Nähkästchen zu plaudern, von meinen ersten Erfahrungen berichten: Von der nicht sonderlich schwierigen Kraxelei durch die Steinerne Rinne zum Beispiel, die unter einem gewaltigen Landschaftsrahmen stattfand. Von den etwas weichen Knien, als zwei ziemlich Unbedarfte ohne Selbstsicherung am »Ramsauer« unterwegs waren (ich sage dies hier auch zur Mahnung!). Oder von einer Tour nur wenige Wochen später, als ich erfuhr, was eine echte Traumroute bedeutet: Via delle Bocchette! Es ist nur ein wohlklingendes Wort, aber welcher Wert für jemanden, der den Inhalt kennt …

HINWEISE FÜR DIE PRAXIS

Tourenplanung und -vorbereitung

Falls jemand ohne alpine Vorkenntnisse dieses Buch in die Hände bekommt, zunächst eine grundlegende Bemerkung: Selbst auf den leichtesten Klettersteigen ist man in aller Regel anspruchsvoller unterwegs als auf typischen Wanderwegen; leichte Touren im absoluten Sinn fehlen hier also ganz und gar. Deshalb kommt dem Aspekt der Planung und Vorbereitung umso größere Bedeutung zu. Auch wer schon einschlägige Erfahrung besitzt, muss sich mit den Gegebenheiten gründlich befassen und Fragestellungen wie die folgenden klären: Wie schwierig und wie lang ist ein Klettersteig bzw. die Tour insgesamt? Inwieweit werden die stets obligatorischen Mindestvoraussetzungen an Trittsicherheit und Schwindelfreiheit hinsichtlich Kraft, Kletterfertigkeit und Psyche übertroffen? Sind auch besondere Schwierigkeiten in ungesichertem Gelände zu erwarten? Wie sind die Verhältnisse einzuschätzen? Das Einholen präziser Wetterinformationen gehört zum Elementaren der Planungsphase. Als Resultat sollte eine den persönlichen Fähigkeiten entsprechende Tour stehen, die zu einem geeigneten Zeitpunkt mit angemessener Taktik und Ausrüstung angegangen wird. Für Einsteiger gilt: Lieber erst mal klein anfangen!

Ausrüstung

Für die Begehung eines Klettersteigs wird zusätzlich zur üblichen Bergausrüstung spezifisches Material benötigt. Kernstück ist das Klettersteigset, bestehend aus zwei ergonomisch geformten Schnappkarabinern mit Handballensicherung, zwei möglichst elastischen Armen und einem Bremssystem, welches den bei einem allfälligen Sturz auftretenden Fangstoß ohne ausgeprägte Kraftspitze absorbiert. Bei neueren Sets übernehmen meist genähte »Bandfalldämpfer« diese Funktion und haben die klassischen Bremsplatten mit Seildurchzug damit abgelöst. Das komplett vernähte Set wird schließlich über seine Schlaufe per Ankerstich mit einem Hüft- oder Kombigurt verbunden. Lästiges, fehleranfälliges Knoten ist bei modernen Ausführungen nicht mehr nötig. Vor allem bei kraftraubenden Passagen ist die Möglichkeit einer zusätzlichen Kurzfixierung über eine Schlinge am Set sehr nützlich.

Wegen der hohen Steinschlaggefahr gehört auf Klettersteigen ein Helm zur Pflichtausrüstung. Man achte auf gute Polsterung und Belüftung. Für ein besseres Greifgefühl, besonders aber zur Vermeidung von Verletzungen durch abstehende Drahtseillitzen haben sich spezielle, eng anliegende Handschuhe mit freien Fingerkuppen bewährt. Bauarbeitermodelle sind freilich kein adäquater Ersatz. Auf alpinen Klettersteigen wird man im Regelfall mit robusten, möglichst leichten Allround-Bergschuhen unterwegs sein, die ja auch für Zu- und Abstieg geeignet sein müssen. Die Outdoor-Industrie bietet heute auch schon auf die spezifischen Anforderungen zugeschnittenes Schuhwerk an. Wer sich öfters auf schwierigen Steigen tummelt, ist damit eventuell gut beraten.

Übrigens: An notwendiger Ausrüstung (etwa der Trinkflasche und allem Sicherheitsrelevanten) darf natürlich nicht gespart werden, doch richtig steile Klettersteige machen sich mit schwerem Rucksack nicht wirklich gut. Spätestens im Überhang wird man's merken …

Handling am Klettersteig

Der Gebrauch der Selbstsicherung ist prinzipiell nicht kompliziert. Es werden stets beide Karabiner in das Drahtseil eingeklinkt und an einer Verankerung nacheinander umgehängt. Für einen

Die Selbstsicherung ist das A und O am Klettersteig.

geschmeidigen Ablauf braucht es aber schon etwas Übung, besonders wenn das Gelände schwieriger wird. Zwischen zwei Verankerungen darf sich immer nur ein Kletterer befinden, um im Falle eines Sturzes eine Massenkarambolage zu verhindern. In steinschlaggefährdeten Passagen (zum Beispiel Rinnen mit losem Gestein) sollte man die Abstände aber auch nicht zu groß werden lassen. In freiem Gehgelände achte man darauf, dass die Seilschlaufen nicht zur Stolperfalle werden können.

Besondere Übung verlangen gerade bei Nichtkletterern ökonomische Bewegungsabläufe, neigt man doch rasch dazu, sich hauptsächlich mit Armkraft am Drahtseil hochzuziehen. Das kann für eine kurze senkrechte Stelle mal ganz hilfreich sein, auf Dauer viel effektiver ist jedoch eine gute Fußtechnik. Unter Ausnutzung der natürlichen und zuweilen auch künstlichen Tritte vollzieht man den weitaus größten Teil der Steigarbeit aus den Beinen heraus, während die Hände unterstützend wirken und vor allem das Gleichgewicht halten. Gerade auf langen, anspruchsvollen Touren kommt es darauf an, sich nicht vorzeitig auszupowern. Sollte die Muskelkraft spürbar erlahmen, muss unbedingt rechtzeitig gerastet werden. Ein kraftintensives Weiterklettern hätte ansonsten unmittelbare Sturzgefahr zu Folge, und die ist auf Klettersteigen tunlichst zu vermeiden, da stets mit hohem Verletzungsrisiko verbunden. Die Selbstsicherung ist eigentlich nur dazu da, einen Kapitalabsturz abzuwenden, und nicht um seine persönlichen Grenzen ausloten zu können.

Gefahren

Wie immer im Hochgebirge ist dem Punkt »Wetter und Verhältnisse« große Beachtung zu schenken. Bei Schnee und Vereisung sollte man äußerst defensiv agieren und in den meisten Fällen wohl eher Verzicht üben. Sind derartige Passagen nur bei Zu- und Abstieg zu erwarten, lässt sich möglicherweise verantwortungsvoll ausrüstungstechnisch vorsorgen (Steigeisen und eventuell Pickel). Im Klettersteig selbst kann Nässe bereits ein heikles Problem werden und die Anforderungen beträchtlich erhöhen. Unangenehm ist in diesem Zusammenhang erdiges Gelände, das die Profilsohle verschmieren und den Grip in der nächsten Steilpassage gefährlich herabsetzen kann.

Im Grunde sind typische Alpinklettersteige als ausgesprochene Schönwettertouren zu werten. Freilich können sich bekanntlich auch an einem sonnigen Sommertag Gewitter entwickeln. Dass man dann an einem Blitzableiter nichts zu suchen hat, leuchtet ein. Also: Bitte wirklich gründlich planen und bedenken, dass auf vielen Klettersteigen schnelle Rückzüge kaum möglich sind. Ein früher Start ist meistens auch ganz pfiffig, denn Gewitter entstehen ja bevorzugt in der zweiten Tageshälfte.

Ein bedeutender Gefahrenherd im Steilfels ist der Steinschlag, wobei rinnenartige Geländestrukturen meist am risikoträchtigsten sind. Günstigerweise sollten Klettersteige so angelegt sein, dass dieses Problem durch Voraussteigende nicht noch übermäßig verschärft wird. Kritische Steige bzw. Passagen sollte man bei Andrang meiden und selbst immer aufmerksam und sauber klettern, sprich keine Steine lostreten. Und natürlich den Helm auf den Kopf setzen! Nicht unerwähnt bleiben soll, dass auch die Sicherungen selbst durch Steinschlag und Witterungseinflüsse beschädigt sein können. Blindes Vertrauen ist daher nicht angebracht.

Neben diesen hauptsächlichen objektiven Gefahrenquellen ist die subjektive Komponente zu berücksichtigen, vor allem das Risiko der Selbstüberschätzung. Man darf nicht vergessen: Klettersteige sind in jedem Fall eine anspruchsvolle, ernst zu nehmende Sache und für Bergwanderer womöglich schon in ihren unteren Schwierigkeitsgraden ein Limit. In gewissem Umfang lässt sich durch ausgeübte Praxis und dem damit verbundenen Trainings- und Erfahrungsgewinn das persönliche Leistungsvermögen steigern. Die eigenen Grenzen – aufgezeigt durch aufkommende Ängste und tatsächliche physische Überforderung – sind aber in jedem Fall anzuerkennen!

Selten diskutiert wird in diesem Zusammenhang der exogen verursachte Stress, der wohl ein Stück weit mit Selbstüberschätzung einhergeht, im Grunde aber komplexer zu sehen ist.

Ein nicht ganz untypisches Szenario: Bereits am Wandfuß hat sich ein Stau gebildet. Nun ist man selbst an der Reihe, plagt sich etwas ungelenk und verkrampft an der schweren Einstiegswand, die Nachfolgenden bereits im Nacken spürend. In einer solchen Situation neigt man unter Umständen schneller zu Fehlern als in einer ungestörten, konzentrierten Phase des Kletterns. Wem derartige Umstände nicht behagen, der sollte allzu frequentierte Steige und Stoßzeiten lieber meiden und im Zweifelsfall vielleicht ein, zwei Grade unter seinen Möglichkeiten bleiben. Richtig Spaß macht die Sache ohnehin nur, wenn man ihr vollauf gewachsen ist. Und immer gilt: Ruhig Blut!

Immer voll konzentriert bei der Sache …

ZUM GEBRAUCH DES BUCHES

Am Beginn jedes Kapitels steht ein allgemeiner Text, der auf Besonderheiten und Wissenswertes eingeht, oft auch schon den Tourenanspruch beleuchtet und nicht zuletzt ein kleiner Appetitmacher sein soll. Der Verfasser hofft, darin auch die oft gepflegte Nüchternheit typischer Tourenbücher etwas auflockern zu können. Im Verein mit dem Kartenausschnitt und dem Höhenprofil (das auf der x-Achse eine Doppelbelegung nach Strecke und Zeit aufweist) ist der Touren-Steckbrief das wichtige Instrument zur konkreten Planung. Die anschließende Routenbeschreibung widmet sich dem Ablauf der Tour, üblicherweise gegliedert in Zustieg, Klettersteig und Abstieg (fallweise auch abweichend). Bei vielen Kapiteln weist zudem ein Abschnitt auf praktikable Varianten, alternative Ausgangspunkte oder interessante Nachbarsteige hin.

Schwierigkeitsskala

Bewertungsschemata für Klettersteige wurden – der typischen Regionalisierung in den Alpen zufolge – schon einige entworfen. Egal, ob vier, fünf oder sechs Grade, riesige Abweichungen gibt es vom Prinzip her selten, abgesehen vielleicht von der »alten« Skala beim Bergverlag Rother, die in einem zweiteiligen System neben der technischen Schwierigkeit auch die alpine Komponente einer Tour berücksichtigt. Davon wird nunmehr aber Abstand genommen, weil sich die »Österreichische Skala« zumindest im Ostalpenraum immer mehr durchzusetzen scheint. Sie ist in fünf volle Grade (A bis E) unterteilt, wobei Zwischenstufen (z. B. C/D) regelmäßig Anwendung finden. Die aktuelle Erweiterung zum Grad F hin soll uns an dieser Stelle nicht interessieren. Obwohl sie faktisch notwendig erscheint, darf ihre Ursache wohl als Irrweg bezeichnet werden (vergleiche die Ausführungen auf Seite 16). Nachfolgend eine Definition der technischen Schwierigkeit:

A (wenig schwierig): Übergang von reinem Wandergelände zu abschüssigerem Fels- und Schrofenterrain, das solide Trittsicherheit und erhöhtes Koordinationsvermögen voraussetzt. Trasse am Boden eventuell noch vorhanden. Die Hände kommen meist zum Gleichgewichthalten am Drahtseil zum Einsatz, eine Selbstsicherung ist für halbwegs Routinierte noch nicht unbedingt erforderlich.

B (mäßig schwierig): Der Fels wird bereits deutlich steiler, ist aber in der Regel gut gestuft und kletterfreundlich. Falls nicht, finden sich in großzügigem Maß künstliche Hilfsmittel wie Leitern und Trittbügel. Die Anwendung des Klettersteigsets wird auf jeden Fall empfohlen, nur sehr Versierte begehen auch diese Passagen mitunter noch frei.

GPS-Daten und Koordinaten der Ausgangspunkte

Auf **gps.rother.de** stehen zu diesem Klettersteigführer GPS-Tracks und die Koordinaten der Ausgangspunkte zum kostenlosen Download bereit. Dieser QR-Code führt direkt zum Download.
2. Auflage, Passwort: 306602agx
Die GPS-Tracks können in die **Rother App** importiert werden. In der App kann man unterwegs stets sehen, wo man gerade ist und wo es langgeht. **Anleitungen dazu: rother.de/gps**. Trotz sorgfältiger Prüfung können wir Fehler und zwischenzeitliche Veränderungen nicht ausschließen. Verlassen Sie sich für die Orientierung niemals einzig und allein auf die GPS-Daten, sondern beurteilen Sie die Verhältnisse vor Ort.

C (schwierig): Das Gelände geht nun teilweise in die Vertikale (Leitern sogar leicht überhängend) und verlangt elementares Klettenkönnen sowie einen gewissen Kraftaufwand. Rastpunkte sind meist noch ausreichend, Sicherungen verhältnismäßig großzügig bemessen, bei nicht ganz so steilen Passagen hingegen schon sparsam. Die Ausgesetztheit ist deutlich spürbar und bereits eine wichtige Komponente im subjektiven Anforderungsgefühl. Selbstsicherung unerlässlich.

D (sehr schwierig): Im Allgemeinen senkrecht oder leicht überhängend und ziemlich trittarm, oft nur per Drahtseil gesichert. Bereits ausgefeilte Klettertechnik bzw. hoher Krafteinsatz erforderlich, dazu sehr exponiert, was ein stabiles Nervenkostüm erfordert. Einschlägige Klettersteigerfahrung wichtig, kein Terrain für Anfänger!

E (extrem schwierig): Passagen in Überhängen bzw. im glatten, senkrechten Fels, die keine oder wenig Tritthilfen aufweisen. Ohne günstige Rastpunkte sehr kraftraubend und psychisch anspruchsvoll. Besser nur für Klettererfahrene und ggf. in Seilschaft zu begehen.

Touren-Steckbrief

Anforderungsprofil: Da sich die Anforderungen einer Tour nicht ausschließlich auf das technische Niveau reduzieren lassen, werden diese differenzierter in tabellarischer Form dargestellt. Neben der Einstufung der Schlüsselstelle (nach der oben erklärten »Österreichischen Skala«), kommt ein Drei-Punkte-Schema (gering, mittel, hoch) für die Kategorien Klettertechnik/Kraft, Ausgesetztheit, Kondition und alpine Erfahrung zur Anwendung. Daraus lässt sich ableiten, in welchem Maß einzelne bergsteigerische Fähigkeiten erfüllt sein müssen. Beim

Dagegen ist diese Bügelreihe (A/B) am Gamsängersteig eher harmlos.

Mit seinen D-Passagen gehört der Pidinger Klettersteig am Hochstaufen zu den sehr anspruchsvollen Routen.

Punkt Ausgesetztheit sei darauf hingewiesen, dass die Angabe relativ auf Klettersteige bezogen ist, also ein Punkt (gering) keineswegs »harmlos« bedeutet. Beim konditionellen Anspruch ist eine etwaige Entzerrung durch Hüttennächtigung mitberücksichtigt, das gleiche Pensum im Rahmen einer Tagestour kann also deutlich anstrengender sein.

Charakter: Parallel dazu erweist sich eine verbale Charakterisierung der Tour als hilfreich. Auch hieraus lassen sich wertvolle Informationen zu den Anforderungen gewinnen.

Höchster Punkt und **Exposition:** Für die Planung sind Höhenlage sowie Ausrichtung der Tour oft wichtig. Nordexponierte Routen sind zum Beispiel anfälliger für Vereisung, südexponierte an Sommertagen oft eine Hitzefalle. Die Angabe bezieht sich jeweils auf den Klettersteig, der Abstieg kann anders verlaufen!

Steilpassage am Sentiero Benini in der Brenta.

Gut lachen hat, wer auf der Cengia Angelini den größten Teil der knackigen Via ferrata Costantini gepackt hat.

Großartige Landschaftsbilder bietet die Elferrunde in den Sextener Dolomiten.

Jahreszeit: Natürlich kommt es in erster Linie auf die tatsächlichen Verhältnisse an, ob eine Tour günstig begehbar ist oder nicht. Grobe Richtwerte zur Saison lassen sich aber angeben, wobei je nach Höhenlage und Exposition durchaus beachtliche Unterschiede zu erwarten sind.
Ausgangspunkt: Dort startet man zu Fuß. In der Regel wird ein kurzer Hinweis auf die Zufahrt gegeben, ohne jedoch die Anreise langatmig zu beschreiben.
Einkehr/Übernachtung: Hütten und Jausenstationen am Weg bieten willkommene Rast (auch wichtig für den Proviantbedarf). Mit einer Übernachtung lässt sich häufig der Zustieg am eigentlichen Tourentag deutlich verkürzen (und damit die konditionellen Anforderungen mindern); manchmal ist sie sogar integraler Bestandteil. Bei Berghütten mit Nächtigungsmöglichkeit werden ungefähre Bewirtschaftungszeit und Telefonnummer angegeben.

Höhenmeter: Die zu bewältigenden Aufstiegsmeter, normalerweise gliedert in Zustieg und Klettersteig oder in Etappen.
Hinweis: Gehzeiten für bestimmte Abschnitte sowie auf einem digitalen Höhenmodell basierende Steigungsverläufe gehen sehr schön aus dem Höhenprofil hervor.
Karten: Empfehlungen für relevante Blätter. Aus Platzgründen wird mit folgenden Kürzeln gearbeitet: »F&B 50« steht für eine Wanderkarte von freytag & berndt im Maßstab 1:50.000, »AV 25« bezieht sich auf eine Alpenvereinskarte im Maßstab 1:25.000, »Tab 25« auf eine Entsprechung von Tabacco. In seltenen Fällen erscheinen auch »Kom« (für Kompass), »LDBV« (für Landesamt für Digitalisierung, Breitband und Vermessung), »LKS« (für Landeskarte der Schweiz) und »PzS« (für Planinska zveza Slovenije).

S. 24/25: Die wuchtigen Felsbauten der Brenta – ein Klettersteigparadies par excellence.

1 Raxalpe
Höllentalsteige

2 Tage
13.10 Std.
2400 m ↑
2400 m ↓

Zwei Tourentage im schönsten Winkel der Wiener Hausberge

Den Wienern liegen die großen Berge der Alpenrepublik ja nicht gerade vor der Haustür, doch bedeutet dies keineswegs, dass sie auf Klettersteigvergnügen in der näheren Umgebung verzichten müssten. Im Gegenteil: Das Wiener Hinterland – etwa an der Hohen Wand – ist reich an Eisenwegen, wenn auch meist mit Klettergartencharakter. Da es für uns ein etwas alpineres Ambiente sein soll, steht die Rax in der Gunst ganz vorne. In ihrem wildromantischen »Canyon«, dem Großen Höllental, gibt es gleich eine ganze Handvoll gesicherter Steige, die sich über die Steilriegel ringsum zum ausgedehnten Raxplateau emporschrauben. Moderne Ferrata-Standards erreichen sie zwar nicht, Klassikerstatus darf man ihnen aber voll zuerkennen, zumal sie teils schon 100 Jahre oder länger bestehen respektive auf uralte Jagdsteige zurückgehen. Bereits damals war gewissermaßen ein kleiner, regionaler Klettersteigboom zu verzeichnen …

Spielraum zur individuellen Gestaltung gibt es im Höllental zur Genüge, doch wird man all das Interessante kaum in einer einzigen Unternehmung unterbringen. Deshalb möchte ich hier zwei voneinander unabhängige Rundtouren beschreiben, die freilich auch anders kombiniert werden können. Im Weichtalhaus findet man den

Am Ernst-Graf-Hoyos-Steig.

idealen Talstützpunkt, während am Berg das bekannte Ottohaus im Einzugsbereich steht. Der erste – relativ gesehen kürzere – Tourenvorschlag empfiehlt den attraktiven Alpenvereinssteig als Aufstieg. Beginnend mit einer kühnen Leiternserie hat er bei wachsenden Tiefblicken bis zum Ausstieg bei der »Höllentalaussicht« immer wieder gesicherte Passagen in petto. Nur kurz sind diese hingegen beim Bergab über den Gaislochsteig, dessen Schlüsselstelle allerdings unter einer Quelle liegt und besonders im Frühjahr und nach Regenfällen unangenehm feucht sein kann. Wer auch den Gustav-Jahn-Steig mit seinen exponierten Quergängen einbauen möchte, steigt vorher über den oberen Teil des Alpenvereinssteiges wieder ab.

Die zweite, »große« Höllentalrunde bezieht auch die gegenüberliegende Seite der Klobenwand ein und ist damit ausschweifender. Fürs Bergauf wählen wir den Teufelsbadstubensteig, der zumindest im unteren Teil als richtiger Klettersteig angesprochen werden kann. Anschließend vollzieht man einen weiten Bogen um die tiefe Höllentalfurche und genießt den Szenenwechsel der weitläufigen, mit Latschen bewachsenen Geländewellen auf der Rax-Hochfläche, ehe es über den Ernst-Graf-Hoyos-Steig wieder abwärts geht. Allzu viel Eisen ist dort nicht verbaut, doch gilt es stets zu bedenken: Sämtliche Höllentalsteige überwinden beachtliche Höhendifferenzen, sind über weite Strecken sehr steil angelegt und auch im Gehgelände nicht zu unterschätzen. Für ambitionierte Berggänger ist das Höllental indes ein kleines Paradies. Rax-Erschließer Fritz Benesch beschrieb es als feierlich ernst an sonnigen Tagen, aber düster und dämonisch, wenn trübe Wolkenschleier am Himmel hängen.

ANFORDERUNGSPROFIL

Schwierigkeit	B
Klettertechnik / Kraft	●
Ausgesetztheit	●
Kondition	●●
Alpine Erfahrung	●●

TOURENINFO

Charakter: Durchwegs steile Bergsteige mit wiederholten Klettersteigsegmenten, am ausgiebigsten am Teufelsbadstuben- und Alpenvereinssteig (schwierigste Stellen B), die sich daher für den Aufstieg anbieten. Bei Nässe wegen erdiger Passagen und glitschiger Felsen zuweilen ziemlich heikel! Ausgeprägte Trittsicherheit sehr wichtig, zudem einige Ausdauer. Leichtere Wanderwege auf dem Raxplateau.
Höchster Punkt: Gut 1600 m auf dem Raxplateau.
Exposition: Bei den meisten Steigen zwischen West und Nord, lediglich Hoyossteig Südost.
Jahreszeit: Ende Mai bis Ende Oktober.
Ausgangspunkt: Großer Parkplatz beim Weichtalhaus (563 m), im Tal der Schwarza zwischen Reichenau an der Rax und Schwarzau im Gebirge. Kleinere Parkbuchten auch an der Straße vor der Galerie.
Einkehr/Übernachtung: Weichtalhaus (563 m), TVN, Anfang April bis Ende Oktober, Tel. +43 2666 52134. Ottohaus (1644 m), ÖAV, Anfang Mai bis Ende Oktober, Tel. +43 2666 52402.
Höhenmeter: Kleine Höllentalrunde ca. 1100 Hm. Große Runde ca. 1300 Hm.
Karten: Kom 35, Blatt 210. F&B 50, Blatt 022.

Aufstieg über Alpenvereinssteig

Beim Südportal der Galerie unweit des Weichtalhauses beginnt der Anstieg ins Große Höllental. Schon nach wenigen Schritten trennt sich der Wachthüttlkammsteig ab. Wir gehen rechts über eine kleine Kanzel, dann oberhalb besagter Galerie entlang und kommen zur Schönbrunner Stiege, einer langen Metalltreppe mit 160 Stufen. Damit öffnet sich das eigentliche Höllental, wo man auf einen breiteren Weg trifft und diesem durch Wald einwärts folgt. Nacheinander zweigen die Zustiege zum Hoyossteig rechts sowie zum Teufelsbadstubensteig links ab, ehe sich auch der Gaislochsteig (gelb bezeichnet) und der Alpenvereinssteig (blau) gabeln.

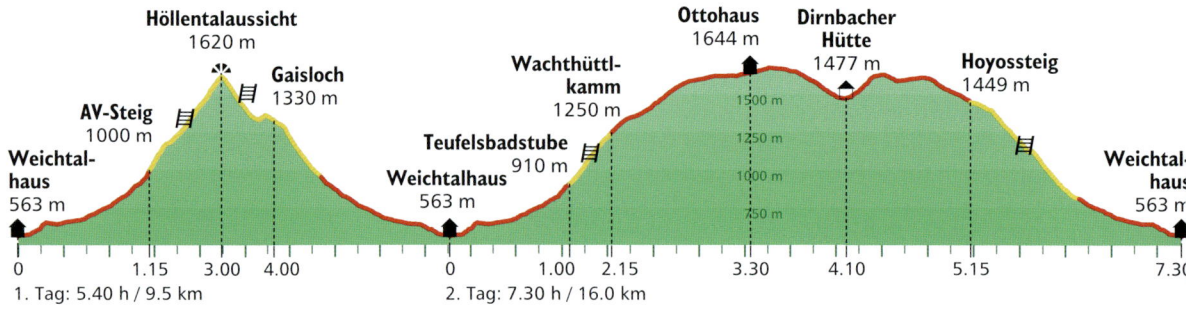

Raxalpe

Hier nun linker Hand im Zickzack gegen die Wände hinauf.
Gleich am Einstieg (ca. 1000 m) fordert eine lange Serie von fünf Leitern (B) un-

Mehrere gesicherte Steige führen durch das Steilgeschröf über dem Höllental. An der Wand gegenüber ist es der Teufelsbadstubensteig.

seren Mut heraus. Zügig gewinnt man am Sockel der »Ceplwand« Höhe, bevor für einige Zeit Gehgelände mit nur kurzen gesicherten Stellen überwiegt. Insgesamt rechts haltend wird auch die eine oder andere Schotterrinne gequert, wo der Pfad zuweilen etwas abgerutscht sein kann. Abgesehen von einer kurzen Traverse und einer Ministufe prüft uns erst wieder die glatte Rampe (B) unmittelbar hinter einer Wasserfallrunse. Danach zweigt der Gustav-Jahn-Steig ab (knapp 1400 m), während sich der Alpenvereinssteig mit einer steilen Leiter (B) zur »Elsa-Rast« fortsetzt. Eine weitere Leiter bringt uns zum verwinkelten Finale, das mit einer deutlichen Linksquerung unter einer erdigen Runse eingeleitet wird. Zwischen Gehgelände folgen diverse kurze Steilstufen, Rampen oder Aufwärtstraversen (A und B) bis zum Ende des Steiges unmittelbar an der »Höllentalaussicht« (1620 m). Das Ottohaus (1644 m) ist von hier auf flachem Plateauweg in weniger als 30 Minuten zu erreichen.

Abstieg über Jahn- und Gaislochsteig

Wer sofort das Bergab einleiten möchte, zweigt auf dem Wiesenplan hinter den Latschen rechts ab und steuert eine Hochtalmulde an, die sich nordostwärts zum Gaislochboden fortsetzt. Hierher gelangt man im Übrigen auch zünftiger über die Querverbindung des Gustav-Jahn-Steiges: Vom AV-Steig abzweigend über eine Reihe ausgesetzter Quergän-

ge (überwiegend B), die von einzelnen Geröllstreifen unterbrochen sind. Bei Nässe ist diese Traverse kritisch.
In der baumbestandenen Geländekehle am Gaislochboden kommen die beiden Varianten zusammen und leiten kurz darauf in den steilen, oft wasserüberronnenen Felsriegel des Gaislochsteiges hinein. Mit den ersten Drahtseilen geht es in ein Gerinne, wo zumindest im Frühsommer eine Quelle sprudelt. Zum Glück helfen hier ausgehauene Tritte nebst doppelter Sicherung sowie ein Leiterchen (B). Über eine weitere Leiter zu einem ausgesetzten Steg, dessen Querung unter ein Dach führt. Auf einer sandigen Rampe (A) zum Ende der Sicherungen und recht ruppig in Kehren über einen bewachsenen Schotterhang und durch Wald bis in den Grund des Höllentals. Dort die Schotterreiße kreuzend und auf dem bekannten Weg zurück zum Ausgangspunkt.

Aufstieg über Teufelsbadstubensteig

Wie zuvor beschrieben über die Schönbrunner Stiege ins Große Höllental und im hinteren Talbereich nach links zum Einstieg in den Teufelsbadstubensteig (ca. 900 m). Dieser beginnt mit einer ausgeprägten Rampe, die im steilsten Teil von einer Leiter unterstützt wird (B). Nach Überwindung der nächsten Steilpassage queren wir links durch einen schuttreichen Geländetrichter und steigen über die zweite Leiter (B) zu einer Felsnische mit Steigbuch empor. Weiter links haltend mit teils luftigen Traversen über mehrere vorspringende Rippen in die nächste Einbuchtung und durch eine kaminartige Rinne (B) hinauf in leichteres Gehgelände. Nach einigen Kehren durchs Geschröf muss noch eine labile Schotterrinne gekreuzt werden (Holzsteg), ehe man auf die Einmündung des ungesicherten Preintalersteiges und wenig später auf den Wachthüttlkammsteig (ca. 1250 m) stößt.

Blick von der »Höllentalaussicht« bis zum Schneeberg im Hintergrund.

Plateauwanderung

Auf dem bewaldeten Wachthüttlkamm geht es noch mäßig steil aufwärts, weiter oben mehrheitlich durch Latschengassen und schließlich flach hinüber Richtung Praterstern und Otto-Schutzhaus (1644 m). Man schlägt hier den breiten Seeweg über das kupierte Hochflächengelände (»Grünschacher«) ein und folgt dann dem Wegweiser »Gloggnitzer Hütte«. Über die Wiese mit der ehemaligen Hofhalthütte (1596 m) passieren wir den Abzweig des Gaislochsteiges sowie knapp oberhalb die Wolfgang-Dirnbacher-Hütte (1477 m, Unterstand). Der Gegenan-

stieg setzt sich mit einigen Kehren noch bis gegen das Klobentörl fort, ehe man jedoch rechts abdreht und an der Ostseite des Kloben – zuerst über Wiesen, dann mehr durch Wald – bis zur Gabelung von Rudolfsteig und Hoyossteig wandert.

Abstieg über Graf-Hoyos-Steig

Mit dem Hinweis nach rechts leicht fallend zu einer Aufforstungszone, wo man aufmerksam die recht verschlungene Wegführung verfolgt. Danach geht's allmählich in den Steilabfall der Klobenwand hinein. Im oberen Teil handelt es sich noch um einen gewöhnlichen Bergsteig, der fast ohne Sicherungen auskommt, so geschickt laviert er tiefer. Deutlich südwärts einschwenkend queren wir eine ausgewaschene Schluchtrinne, die unterhalb ins Bodenlose abbricht. Nach einem kleinen Zwischenanstieg warten eine drahtseilgesicherte Abwärtstraverse an einer Felsbarriere sowie eine am Steilhang angelehnte Leiter. Es folgen eine kurze kaminartige Stelle und noch eine 10-Sprossen-Leiter, die zum letzten Hindernis führt: An einer etwas abdrängenden Felsstufe muss man sich schräg am Drahtseil abwärtshangeln (gute Tritte). Keine dieser Passagen geht allerdings über das Niveau A/B hinaus. Ein Serpentinensteig führt schließlich am gerölldurchsetzten Waldhang tiefer, ehe man in der Sohle wieder den Hauptweg talauswärts erreicht.

Hinweis

Mögliche Rückzugsmöglichkeiten bieten der Wachthüttlkammsteig (ebenfalls gesichert, A) sowie der Rudolfsteig. Notfalls kann man vom Ottohaus auch Richtung Seilbahn ausscheren.

Raxalpe

2 Preiner Wand, 1783 m
Hans-von-Haid-Steig

5.15 Std.
940 m ↑
940 m ↓

Klettersteiggehen auf Wienerisch

Seit Generationen pilgern Wiener Bergsteiger, die das steile Felsabenteuer suchen, mit Vorliebe an die Südabbrüche der Rax. Neben zahlreichen Kletterführen gibt es dort auch gesicherte Steige, von denen der populärste bereits in der k.u.k.-Epoche eingeweiht wurde und mittlerweile über 100 Jahre auf dem Buckel hat: Gemeint ist der Hans-von-Haid-Steig an der Preiner Wand. Als Kuriosum oder – wenn man so will – besondere Spezialität in den Wiener Hausbergen präsentieren sich die beiden Steigbäume, über die man ebenso luftig wie originell senkrechte Wandstufen überlistet. In jedem Fall zählt die Route nach wie vor zum gehobenen Niveau der Eisenwege, wenn auch die Schwierigkeiten nicht anhaltend sind und eine Bewertung mit glatt D (wie manchmal zu vernehmen) eine Nuance zu hoch gegriffen sein dürfte. Im Rahmen dieses Buches findet der Haidsteig mit voller Berechtigung Aufnahme: Denn in landschaftlich starker Umgebung steht zusammen mit dem alpin angehauchten Preinerwandsteig eine richtig zünftige Bergtour auf dem Programm!

ANFORDERUNGSPROFIL

Schwierigkeit	C/D
Klettertechnik / Kraft	●●●
Ausgesetztheit	●●●
Kondition	●●
Alpine Erfahrung	●●

Der Beginn des zweiten Steigbaumes, mit dem eine senkrechte Wandstufe überlistet wird.

TOURENINFO

Charakter: Altehrwürdiger Klettersteig mit etlichen schwierigen Passagen bis C/D, u. a. zwei exponierten Steigbäumen, zwischendurch Phasen zur Erholung. Guter Fels und wo nötig zusätzliche Griffe und Tritte. Beim Abstieg über den Preinerwandsteig steile, splittrige Schrofen und einzelne Sicherungen (A, I). Normale Tagestour.
Höchster Punkt: Preiner Wand (1783 m).
Exposition: Süd.
Jahreszeit: Bei günstigen Bedingungen ab Mai bis November.
Ausgangspunkt: Parkplatz beim Griesleitenhof (843 m) oberhalb von Prein an der Rax. Anfahrt über die S6 (Ausfahrt Gloggnitz) und Reichenau Richtung Preiner Gscheid, ca. 1 km hinter Prein rechts ab.
Einkehr: Neue Seehütte (1643 m), nur bei der Abstiegsvariante über den Holzknechtsteig.
Höhenmeter: Ab Parkplatz 940 Hm, davon ca. 400 Hm Klettersteig.
Karten: Kom 35, Blatt 210. F&B 50, Blatt 022.

Raxalpe

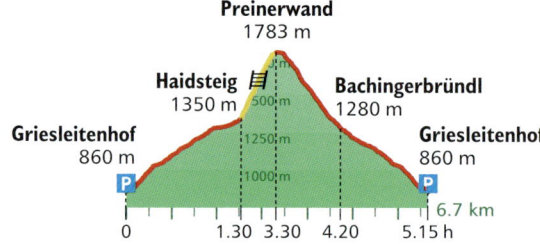

Zustieg

Vom Wanderparkplatz oberhalb des Grasleitenhofes gemeinsam mit dem gelb markierten Göbl-Kühn-Steig über die Forststraße bzw. deren Abkürzungen bergauf. Nach Wegweiser »Haidsteig« zweigt man später rechts ab und gewinnt im Wald weiter an Höhe. Bei einer größeren Kreuzung (1168 m) links haltend und in die Nähe des Bachingerbründls (1280 m), wo sich der Weg abermals gabelt (hier kein Hinweis auf den Haidsteig). Man wählt den Holzknechtsteig links (nicht den Preinerwandsteig rechts) und quert ein Stück, bis man in den Schotterreißen unterhalb der Felsen auf ca. 1350 m die gelbe Tafel des Haidsteiges gewahrt: Einstieg!

Hans-von-Haid-Steig

Nach einer vorgelagerten Felsstufe (B/C) folgt nochmals Gehgelände im Schotter, ehe von rechts her der erste eiserne Steigbaum erreicht wird. Daran fast senkrecht und etwas umständlich zu sichern über die Wand hinauf. Ohne großes Verschnaufen leitet eine exponierte Querung nach links zu steilen Aufschwüngen, die uns vollen Einsatz abfordern (einige Tritthilfen, aber kraftraubend und sehr ausgesetzt). Die Schwierigkeit liegt hier anhaltend bei C oder sogar etwas darüber. Bis zum nächsten großen Wandaufbau legt sich das Gelände vorübergehend zurück und verlangt keine Sicherungen: willkommene Erholung fürs Gemüt. Auf einer Gratkanzel mündet von rechts der Alte Haidsteig, sprich die originale Routenführung von 1913. Dann lässt sich unter der Barriere einfach nach links queren zum zweiten Steigbaum, der nicht gegen den Fels gerichtet ist, sondern seitlich dazu einen etwas gewöhnungsbedürftigen Verlauf nimmt. Von seinem Ende gelangen wir um ein luftiges Eck in einen beeindruckenden Felsenkessel.

Hochbetrieb auf der Preiner Wand.

Friedlich äsende Gams beim Ausstieg auf das Raxplateau.

Geschickt hin und her lavierend über weitere Aufschwünge (C) und in eine enge Kaminrinne, wo man sich oberhalb einer kleinen Leiter kräftig hochstemmt (C/D). Dieser Kamin wird oft als Schlüsselstelle bezeichnet, ist aber nicht so extrem ausgesetzt wie manche Wandpassage zuvor und bietet zudem gute Tritte. Ein Quergang sowie ein paar steile Meter noch – und der Absatz mit der »Schwarzen Madonna« (1585 m) und dem Steigbuch ist gewonnen. Damit liegen auch die Hauptschwierigkeiten hinter uns. Den blauen Markierungen folgend geht es mit leichter Händeunterstützung ein Stück über ungesicherte Schrofen, bevor die finale Diagonale über gut gestuftes Felsterrain (maximal B) zum Ausstieg auf das grasige Plateau leitet. Vielleicht sogar begrüßt von einem Rudel Gämsen (Erfahrung des Autors), erreichen wir nach rechts in wenigen Minuten das Gipfelkreuz auf der Preiner Wand (1783 m).

Abstieg über Preinerwandsteig

Das Bergab wird häufig über die Neue Seehütte und den mit reichlich Schotter garnierten Holzknechtsteig gewählt. Interessanter ist aber eigentlich der Preinerwandsteig. Dazu gehen wir vom Gipfel aus zunächst ein Stück weiter gen Osten, bis uns ein Schild ins Steilgeschröf hinablotst. Nach einer Rinne quert man wieder zurück unter die Gipfelwand und steigt dann im Hin und Her über splittrige Schrofen ab. An einer Rippe erwartet uns noch eine längere Drahtseilpassage (A). Dann rechts durch einen Geländetrichter und im Latschengelände am Rande einer Schuttreiße tiefer. Man taucht in den Wald ein und trifft beim Bachingerbründl wieder auf den Anstiegsweg.

Hochschwab

3 Pfaffenstein, 1865 m
Eisenerzer Klettersteig

5.30 Std.
1060 m ↑
1060 m ↓

Wo man seit jeher mit dem Eisen verbunden ist

Der Name deutet bereits an, welcher Rohstoff rund um Eisenerz schon immer eine große Rolle spielte. Die jahrhundertelange Ausbeutung des Erzberges – direkt vis-a-vis unseres Klettersteigs – riss Wunden in die Landschaft, industrielles Flair machte sich im einst florierenden Talort breit. Während diese Wirtschaft aber längst im Niedergang begriffen ist und damit eine eigentümliche Tristesse hinterlässt, versucht man nun zaghaft touristische Akzente zu setzen. Ob da ein paar Klettersteige wirklich helfen können? Jedenfalls hat sich in der Region ein kleiner Ferrata-Cluster entwickelt, mit Routen, die vor allem eine sportlich motivierte Anwärterschaft bedienen. Kein »altes Eisen« also. Der schon lange bestehende Grete-Klinger-Steig am Grat der Vordernberger Mauern ist dabei ziemlich ins Abseits geraten – bei einem deutlichen Übergewicht von Wandergelände und nur wenigen anspruchsvolleren Drahtseilpassagen kein Wunder. Wer heute in der Zunft etwas gelten möchte, pilgert daher zum neuen Kaiserschild-Klettersteig mit seinen Schlüsselstellen im Grad D/E oder zum ultralangen Kaiser-Franz-Joseph-Klettersteig an der Seemauer, der kaum leichter ist und an der Rosslochhöhle sogar noch eine extreme Draufgabe besitzt.

Merkmale moderner Sportklettersteige weist gewiss auch der 2006 eingeweihte »Eisenerzer« auf, bleibt dabei aber trotz ein paar kerniger Stellen nicht bloß den ausgesprochenen Profis vorbehalten. Er folgt streckenweise einer alten Kletterroute am Pfaffenstein-Westgrat, was zum Teil sehr kritische Töne ausgelöst hat. Die Linie an sich kann freilich überzeugen und erfreut sich regen Zuspruchs. Leichtere gesicherte Routen gibt es am markanten Felsgupf des Pfaffenstein übrigens schon seit Langem. Schrabachersteig (auch als Südwandsteig geläufig) sowie Markussteig dienen jetzt vor allem als Abstieg.

ANFORDERUNGSPROFIL

Schwierigkeit	**C/D**
Klettertechnik / Kraft	●●
Ausgesetztheit	●●
Kondition	●●
Alpine Erfahrung	●●

TOURENINFO

Charakter: Anspruchsvoller Klettersteig bis C/D, mit Drahtseilen und einigen Tritthilfen an den schwierigsten Stellen fast durchgängig gesichert. Leichtere Passagen wechseln mit exponierten nahe der Vertikalen. Beim Zustieg sowie da und dort auch noch im Klettersteig unangenehm erdiger Untergrund. Abstieg über einen phasenweise ebenfalls gesicherten Steig (A/B). Normale Tagestour.

Höchster Punkt: Pfaffenstein (Westgipfel mit Kreuz, 1865 m).

Exposition: Südwest.
Jahreszeit: Ende Mai bis Anfang November.
Ausgangspunkt: Eisenerz, Parkplatz für den Pfaffenstein am bergseitigen Ortsrand (ca. 800 m). Zufahrt aus der Ortsmitte am Polizeigebäude vorbei.
Einkehr/Übernachtung: Nicht vorhanden.
Höhenmeter: Ab Parkplatz ca. 1050 Hm, davon 300 Hm Klettersteig.
Karten: Kom 35, Blatt 212. F&B 50, Blatt 0041 oder 0062.

Zustieg
Vom Parkplatz an den letzten Häusern vorbei und über eine Wiese in den nahen Wald, wo sich Nr. 825 (Markussteig) und Nr. 826 (Südwandsteig) in Kürze verzweigen. Wir folgen Ersterem nach links, verlassen die breite Forststraße bei einer Jagdhütte und schreiten im Hochwald aufwärts. Der Steig wird bald recht steil und kann nach Regenfällen unerquicklich glitschig sein. Man gelangt auf eine Schulter mit reizvollem Ausblick und steigt noch etwas höher zu einem Wandsockel, wo rechts von einigen Gedenktafeln der Klettersteig beginnt (ca. 1540 m).

Eisenerzer Klettersteig
Die steile Einstiegswand (C/D) bedeutet gleich eine ordentliche Prüfung. Darüber wird das Gelände vorübergehend gemäßigter, schrofig und teils latschenbewachsen, was erdige Pfadspuren miteinschließt. Meist entlang der Schneide wechseln dann in anregender Abfolge steile Aufschwünge (bis C/D, teils mit Tritthilfen) und entspanntere Passagen (um B). Über eine schöne luftige Kante kommt man auf eine Gratverflachung, wo eine Rechtsquerung in die Südwand ansetzt. Zuerst leicht über ein Band (A), das aber um ein Eck herum zum sehr ausgesetzten »Erzbergschritt« führt. Dieser leitet unmittelbar in eine steile, mit Bügeln gespickte Wand über (C). Oberhalb bietet ein Absatz Gelegenheit zum Verschnaufen, bevor ein Kamin (B/C) und eine senkrechte Verschnei-

Die erste Prüfung (C/D) erwartet uns gleich am Einstieg.

dung (C/D, Trittstifte) die finalen Highlights bilden. Mit den letzten Drahtseilen flacher hinauf zum Symbol »Berg frei« und hinüber zum Gipfelkreuz auf dem Pfaffenstein (1865 m), wo wir in Ruhe den rostbraunen, schichtartig abgetragenen Erzberg mustern können.

Abstieg über Schrabachersteig
Wir folgen dem von Krummholz besetzten Kamm weiter nach Osten und abwärts zu einer Wiesenmulde, wo sich der Einstieg in die südseitige Steilflanke befindet. Drahtseile leiten zu einer steinschlagbedrohten Schrofenrinne, die durchstiegen werden muss (fast durchgängig gesichert inklusive Leiterchen, A/B). Dann rechts hinaus auf einen Schrofenhang, der mit letzten Siche-

Im weiteren Verlauf steilt die Gratkante immer wieder deutlich auf.

rungen allmählich in grasiges Gelände ausläuft. Im Bereich einer weitläufigen, licht bewaldeten Hangmulde setzt sich der Abstieg fort. Später rechts haltend und durch den Hochwald zurück nach Eisenerz.

Variante
Alternativ kann für den Rückweg auch der Markussteig gewählt werden, der vom Gipfel weg zuerst nordseitig ausholt und anschließend in weitem Bogen um die Nordwestabbrüche und den Westgrat herumführt. Auch hier gibt es gesicherte Abschnitte (zum Teil Eisenstiegen) bis maximal A/B. Man kommt in diesem Fall wieder auf den Zustiegsweg zurück.

Ennstaler Alpen

Tieflimauer, 1820 m
Teufelsteig

8.30 Std.
1660 m↑
1660 m↓

Auf der Sonnseite des Gesäuses

Das Gesäuse (mundartlich »Gseis«) zählt zweifellos zu den malerischsten Gebirgslandschaften im Osten der Alpen, nicht umsonst hat es als Kletterrevier der »Wiener Schule« und Hort verwegener Bergsteigergeschichten einigen Ruhm eingeheimst. Die tiefe Talschlucht, von der ungestümen Enns tosend durchflossen, wird im Süden von den imposanten Felsfluchten um Hochtor und Reichenstein, im Norden hingegen von der stärker gegliederten Buchsteingruppe flankiert. Dort, auf der freundlicher wirkenden Sonnseite, finden wir bislang die pfiffigsten Klettersteige der Region, und zwar zum einen am Großen Buchstein (siehe nächstes Kapitel), zum anderen am Felskamm der Tieflimauer. Praktisch am Weg liegt hier die einladende Ennstaler Hütte, die ich jedem zu einem Aufenthalt empfehlen möchte. Bis tief in die Nacht hockten wir als kleiner zusammengewürfelter Haufen in gemütlicher Runde zusammen, ehe es bald nach Tagesanbruch etwas schlaftrunken Richtung Klettersteig ging. Dieser ist zum Glück nicht übermäßig fordernd, darf allerdings auch nicht auf die leichte Schulter genommen werden. Zwei Stellen in der steilen Kaminrinne setzen den Maßstab. Routine in ausgesetzten Schrofen ist zudem am Normalweg über den Ostgrat gefragt. Zugegeben: Allein um der einstündigen Ferrata willen werden wohl nur wenige den relativ langen Zustieg auf sich nehmen. Aber Touren im »Gseis« haben doch immer etwas mehr zu bieten …

Die Tieflimauer, wie sie sich beim Zustieg präsentiert.

Ennstaler Alpen

ANFORDERUNGSPROFIL

Schwierigkeit	C
Klettertechnik / Kraft	●●
Ausgesetztheit	●
Kondition	●●
Alpine Erfahrung	●●

TOURENINFO

Charakter: Relativ kurzer Klettersteig mittlerer Schwierigkeit mit zwei Steilpassagen im Grad C. Fast ausschließlich Drahtseile. Abstieg auf kleinem Schrofenpfad (Sicherungen und Stellen I) nicht zu unterschätzen; Trittsicherheit wichtig. Als Tagestour sehr anstrengend; Hüttenübernachtung empfohlen.
Höchster Punkt: Tieflimauer (1820 m).
Exposition: Süd.
Jahreszeit: Anfang Juni bis Ende Oktober.
Ausgangspunkt: Gstatterboden (590 m), kleine Siedlung inmitten des Gesäuses zwischen Admont und Hieflau.
Einkehr/Übernachtung: Ennstaler Hütte (1544 m), ÖAV, Mitte Mai bis Ende Oktober, Tel. +43 664 4901737.
Höhenmeter: Hüttenzustieg 960 Hm. Gipfeltour samt Rückweg ca. 700 Hm.
Karten: AV 25, Blatt 16. F&B 50, Blatt 0062.

Zustieg

Von Gstatterboden mit AV-Weg Nr. 646 über den Weißenbach hinweg und die von unten kommende Forststraße abkürzen, dann aber weiter auf dieser bis zur Abzweigung »Krois'n« (824 m). Man verlässt dort den Scheibengraben und wandert hinauf zur Lichtung der Niederscheibenalm (933 m). Links haltend wird jenseits eines kleinen Bachlaufs nochmals kurz eine kapitale Forststraße begangen, eine verwachsene weiter oben nur gekreuzt (1151 m). Auf dem Waldsteig schließlich rechts haltend am Butterbründl (Quelle) sowie einer Jagdhütte vorbei zum Kreuzungspunkt am Landlereck. Wer ohne Umschweife zum Klettersteig will, kann die fünf Minuten oberhalb gelegene Ennstaler Hütte (1544 m) zunächst abseits liegen lassen und gleich links abdrehen.

Dort geht es erst einmal leicht abwärts zu einem wenig ausgeprägten Waldsattel (1442 m), dann wieder ansteigend zur Geländerippe am Loskogel (1530 m) und südseitig in die Flanke der Luckerten Mauer hinein. Darin fällt ein Felsenfenster auf, das einst der Leibhaftige durchstoßen haben soll. Wir queren die Trümmer eines Felssturzes, treffen beim »Teufelskreuz« (1510 m) auf die Verzweigung Normalweg/Klettersteig und setzen die Traverse durchs Krummholz fort, bis über ein Schotterfeld der Beginn der Drahtseile erreicht wird.

Teufelsteig

Über die Mini-Gratrippe der »Ameisenschneid« wenig schwierig aufwärts zu einem Absatz, anschließend über plattigen Fels und links oberhalb einer Rinne querend zu einer weiteren schönen Platte, die in eine Schluchtrinne leitet (bis hierher maximal B). Diese verengt sich an zwei fast senkrechten Steilstu-

Nach einem verhältnismäßig kurzen Klettersteigvergnügen erreicht man den Gipfel und blickt zum Großen und Kleinen Buchstein.

fen kaminartig: die Schlüsselstellen des Teufelsteigs (C). Oberhalb lotsen uns Trittspuren im Zickzack durchs latschengesäumte Geschröf, bevor man bereits in eine Lücke auf den Ostgrat aussteigt. Gemeinsam mit dem Normalweg am Latschenkamm entlang, teils auch seitlich ausweichend, zum Gipfel der Tieflimauer (1820 m).

Abstieg
Jetzt folgen wir der Normalroute über den Ostgrat, der durchaus noch ein paar anregende Passagen bereithält. Wir gehen also am bekannten Schärtchen vorbei zu einem Vorgipfel und dann stets nahe der Krete über einige schmale Stellen (vereinzelt Drahtseile). Das schrofige Felsgelände ist oft von Latschen umklammert, die aber kaum hinderlich sind. In leichter Kraxelei weiter und allmählich hinab in einen Geländesattel bzw. zum »Teufelskreuz«, wo man auf den Hinweg stößt. Eine gangbare Abkürzung talwärts gibt es nicht – also zurück via Ennstaler Hütte.

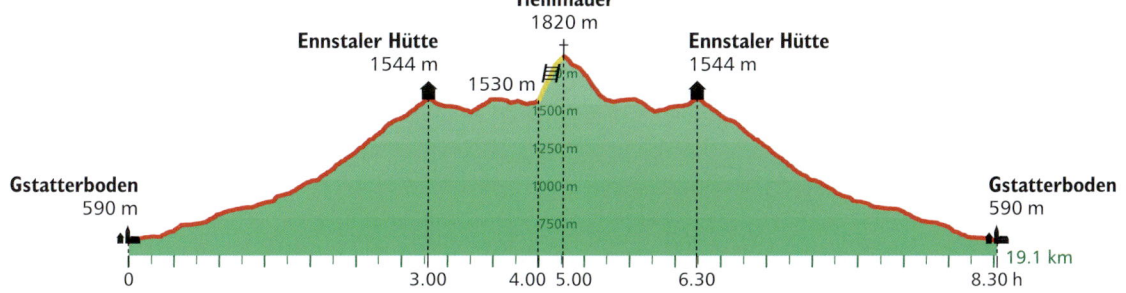

Ennstaler Alpen

5 Großer Buchstein, 2224 m
Südwandbandsteig

9.00 Std.
1660 m ↑
1660 m ↓

Gesäuseblick vom Feinsten

Aufgrund seiner hervorragenden Aussicht, insbesondere über die gewaltige Gesäusefurche zu den Nordwänden der Hochtorgruppe, war der Große Buchstein immer schon eine gute Empfehlung. Mit einem Augenschwenk können wir hier all die Wände erfassen, in denen einst Klettergeschichte geschrieben wurde. Selbst bis zu Glockner, Dachstein und dem äußersten Ostrand der Alpen reicht die Sicht, während tief unten die Enns unablässig durch ihre Talschlucht braust. Seitdem das Diagonalband durch den jähen Südabbruch zum Klettersteig ausgebaut worden ist, konnte der Berg seine Beliebtheit nochmals erheblich steigern. Wer auch beim Abstieg ein wenig kraxeln möchte, wählt den blau markierten Wenger Weg und kürzt damit die von Steinschlag bedrohte Normalroute durch die Westschlucht sogar ein wenig ab.

ANFORDERUNGSPROFIL

Schwierigkeit	**B/C**
Klettertechnik / Kraft	●
Ausgesetztheit	●●
Kondition	●●
Alpine Erfahrung	●●●

TOURENINFO

Charakter: Mittelschwieriger Klettersteig in Form einer diagonal aufsteigenden Bändertraverse, die fast durchgängig gesichert ist. Schwierigste Stelle B/C, sonst B und leichter. Langer Zustieg und anspruchsvoller Abstieg, besonders auf dem nur teilweise gesicherten Wenger Weg (Stellen I-II), ruppig und steinschlaggefährdet am Normalweg durch die Schluchtrinne. Als Tagestour sehr anstrengend.
Höchster Punkt: Großer Buchstein (2224 m).
Exposition: Süd.
Jahreszeit: Anfang/Mitte Juni bis Ende Oktober, falls schneefrei.
Ausgangspunkt: Gstatterboden (590 m), Siedlung inmitten des Gesäuses zwischen Admont und Hieflau.
Einkehr/Übernachtung: Buchsteinhaus (1546 m), TVN, Anfang Mai bis Ende Oktober, Tel. +43 6132 2699160.
Höhenmeter: Hüttenzustieg 960 Hm. Gipfelroute ca. 700 Hm (davon Klettersteig 250 Hm).
Karten: AV 25, Blatt 16. F&B 50, Blatt 0062.

Morgenstimmung in der Buchstein-Südwand, hoch über der nebelerfüllten Ennsfurche.

Zustieg

Der Hüttenweg zum Buchsteinhaus beginnt knapp westlich von Gstatterboden, beim Bahnübergang vor der Ennsbrücke. Hier zieht diesseits des Flusses eine Forststraße flach weg. Nach etwa 700 Metern auf Steig Nr. 641 rechts aufwärts, den Kühgraben querend zu einer weiteren Forststraße, die im Verlauf noch ein paarmal gekreuzt wird. Ab dem Brucksattel in rund 20 bestens angelegten Kehren zum neuen Buchsteinhaus (1546 m) hinauf.
Von dort windet sich der Steig in nördlicher Richtung durch ausgedehnte Krummholzbestände höher, dabei hin

und wieder auffällige Felsgebilde passierend. Man gewinnt die Rippe, die der Westgrat entsendet, und verlässt kurz darauf den Normalweg, um sich rechts dem Klettersteig zuzuwenden (ca. 1970 m).

Südwandbandsteig

Nach dem ersten Aufschwung geht es an glatter Platte nach rechts um eine Ecke auf das eigentliche Südwandband. Es durchzieht in wechselhafter Ausprägung (zuweilen durchaus schmal und exponiert) und insgesamt schräg aufsteigend die gesamte, jähe Südwand des Buchstein. Nach fast horizontalen Passagen (A) steilt es deutlich auf und schwindelt sich an Vorsprüngen vorbei (B, kurzzeitig auch etwas schwieriger). Zwischendurch steigt man rund 20 Meter in einem Riss (B) ab, ehe wieder typische Bändertraversen folgen. An einem Köpfl vorbei zu einer Kaminrinne (B), die auf einen Absatz leitet, und von dort mit den letzten Sicherungen zum Ausstieg auf den Ostkamm. Überrascht blicken wir über die weitläufige, nach Norden abfallende Karstmulde und treffen scharf links einbiegend in Kürze beim Gipfelkreuz auf dem Großen Buchstein (2224 m) ein.

Abstieg

Zunächst hält man sich nordwärts am äußersten Rand der Karstabdachung, bis kurz nacheinander zwei verschiedene Routen in die steile Westseite hinabführen. Die kürzere, aber schwierigere ist der blau markierte Wenger Weg. Er ist nur dürftig gesichert (B), weist sogar Kletterstellen auf, die den II. Grad tangieren, und sei daher nur versierten Bergsteigern angeraten. Der Normalweg dreht etwas später aus der Senke (2082 m) vor dem Gipfelaufbau der Admonter Frauenmauer links ab und leitet durch eine unangenehm gerölllige Rinne tiefer (erhebliche Steinschlaggefahr). Links um den Felssporn herum und mit leichtem Auf und Ab unter den Wänden querend, schließlich gemeinsam mit dem Wenger Weg zurück zum Buchsteinhaus.

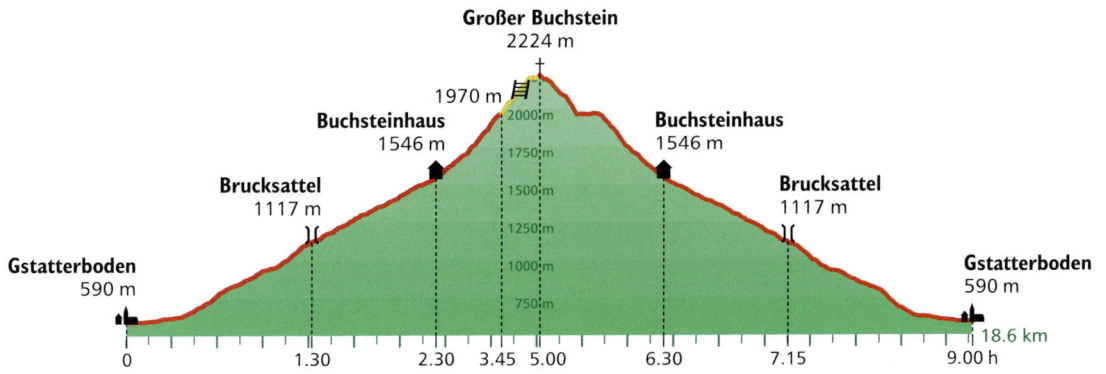

Ennstaler Alpen

6 Hexenturm, 2172 m, und Grabnerstein
Hexensteig und Jungfernsteig

9.30 Std.
1760 m ↑
1760 m ↓

Gute Mischung in den Haller Mauern

Die Haller Mauern darf man ohne Weiteres noch zu den Gesäusebergen zählen, obschon sie durch den Buchauer Sattel abgesetzt sind und damit bereits etwas abseits, also nicht mehr direkt über der tiefen Talschlucht liegen. Stimmungsvolle Touren gibt's aber auch hier, etwa rund ums Admonter Haus, wo sich zwei Klettersteige prima kombinieren lassen. Mit dem 2001 errichteten Hexensteig ist der Normalweg auf den Hexenturm in der Bärenkarmauer deutlich aufgepeppt worden. Man braucht nun dem schroffsten Teil des Südostgrates vom Natterriedl her nicht mehr ins Roßkar ausweichen, sondern kann mithilfe ausreichender Sicherungen vergnügt mitten durch die Felsen weiterkraxeln: eine sinnvolle Begradigung!

Die Überschreitung des Grabnerstein bietet eine nette Zugabe, verhältnismäßig kurz, aber mit ihren bizarren Nahimpressionen durchaus reizvoll. In dem bröselig-zerborstenen Felsterrain am technisch leichten Jungfernsteig ist freilich etwas Umsicht angezeigt. Der Grabnerstein wird übrigens als der schönste Blumenberg der Steiermark gerühmt – eine ganz andere Facette des Bergerlebens, worauf ich nur zu gerne immer wieder hinweise …

Schlüsselstelle am Hexensteig.

ANFORDERUNGSPROFIL

Schwierigkeit	**B/C**
Hexensteig	B/C
Jungfernsteig	B
Klettertechnik / Kraft	●
Ausgesetztheit	●
Kondition	●●
Alpine Erfahrung	●●

TOURENINFO

Charakter: Keine reinrassigen Klettersteige wegen recht häufigen ungesicherten Schrofengeländes, daher alpiner Anspruch mindestens ebenso wichtig (vereinzelt I). Schlüsselstelle beim Hexensteig B/C, sonst sowie am Jungfernsteig maximal B, also klettertechnisch moderat. Vorsicht bei etwaigen steilen Firnrinnen im Frühsommer. Am besten als Zweitagestour planen; einzeln begangen 8.15 Std. bzw. 5.30 Std.
Höchster Punkt: Hexenturm (2172 m).
Exposition: Hexensteig meist Süd oder Südost, Jungfernsteig Nord bis West.
Jahreszeit: Anfang/Mitte Juni bis Ende September.
Hinweis: Der Jungfernsteig ist zwischen Oktober und Mai gesperrt!
Ausgangspunkt: Parkplatz knapp oberhalb

des Buchauer Sattels (861 m).
Hütte: Admonter Haus (1723 m), ÖAV, Mitte Mai bis Ende Oktober, Tel. +43 664 9203679. Grabneralm (1391 m), privat, Anfang Juni bis Ende Oktober, Tel. +43 664 8615474.
Höhenmeter: Hüttenzustieg 840 Hm. Hexenturm ca. 600 Hm plus 170 Hm Gegensteigung beim Rückweg. Grabnerstein zusätzlich 150 Hm.
Karten: AV 25, Blatt 16. F&B 50, Blatt 0062.

Hüttenzustieg

Vom Wanderparkplatz an der Stichstraße oberhalb des Buchauer Sattels weiter auf breitem Forstweg bzw. den Abkürzungen in vielen Schleifen am bewaldeten Berghang aufwärts; kurz vor der Grabneralm (1391 m) lichtet sich der Wald allmählich. Nach Bezeichnung 636 setzen wir den Aufstieg leicht links haltend fort, überschreiten den Großboden und bewältigen am Fuß der Admonter Warte das letzte Stück zum Grabnertörl, dem Standort des Admonter Hauses (1723 m). Falls man übernachtet: lohnender Abstecher zur Admonter Warte (1807 m) in nur 15 Minuten.

Hexensteig

Über den anfangs ziemlich erdigen Weg Nr. 634 gelangen wir auf einen Kammrücken. Eine kleine Schrofenpartie ist bereits mit Drahtseilen gesichert. Nach einem weiteren Steilstück zwischen Latschen passiert man einen Pfadabzweig mit Steinmann: Hier ist eine Querung des Natterriegels durch abschüssige, von Rinnen und Rippen durchzogene Schrofenflanken direkt zum Beginn des eigentlichen Klettersteigs möglich, wenngleich nur bedingt empfehlenswert. Wer es nicht eilig hat, folgt dem Zickzackweg hinauf in den Gipfelbereich, unternimmt einen klitzekleinen Abstecher zum kreuzgeschmückten Mittagskogel (2041 m) und überschreitet anschließend den Natterriegel (2065 m) bis zur Gabelung, wo der Normalweg rechts ins oberste Roßkar ausweicht. Der Klettersteig setzt indessen zu einer ersten nordseitigen Traver-

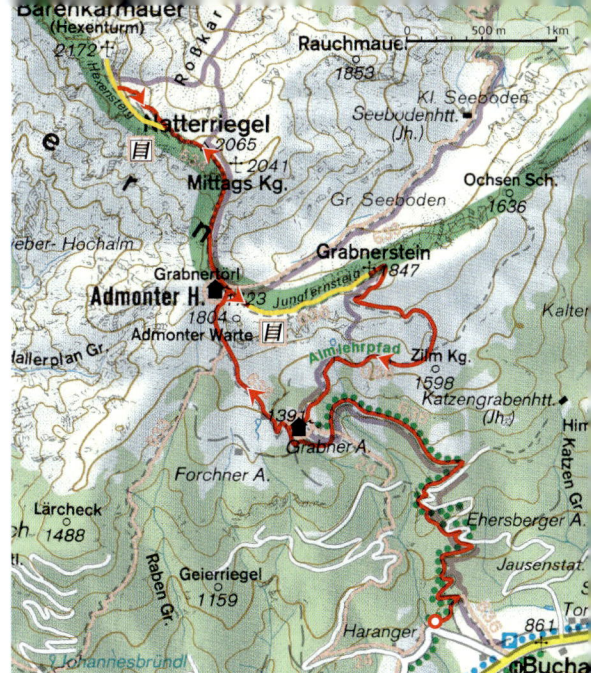

se (A) an und stößt hinter einem kleinen Zacken zum Grat vor. Über diesen nun durchwegs am Drahtseil teils recht steil hinab zu einem begrünten Kammsattel (B), wo sich ein Turm (2023 m) vor uns aufbaut. Wir weichen ihm südseitig aus und bewältigen reich gegliedertes Gelände. Über eine diagonale Rampe um ein Eck und zum Steigbuch in einer Nische. Aus dieser heraus folgt die Schlüsselstelle um eine aufsteilende Kante herum (B/C). Anschließend oberhalb einer Rinne mit weiteren Traversen und Rampen (A bis B) bis hinter einen Turm und über einige ungesicherte Meter abwärts. Aus einem Sattel folgen wir den Rasentritten bergauf zu einem fast horizontalen Gratstück und zur Einmündung der Normalroute aus dem Roßkar. Schlussendlich an den Gipfelaufbau des Hexenturm heran und rechts neben dem Südgrat nochmals über einige gesicherte Stellen (A/B) zum Kreuz (2172 m). Der Rückweg kann mit Ausbiegen ins Roßkar oder durchaus auch wieder über den Klettersteig erfolgen.

Jungfernsteig

Vom Admonter Haus quert man mit Markierung 36 ohne wesentliche Hö-

Ennstaler Alpen

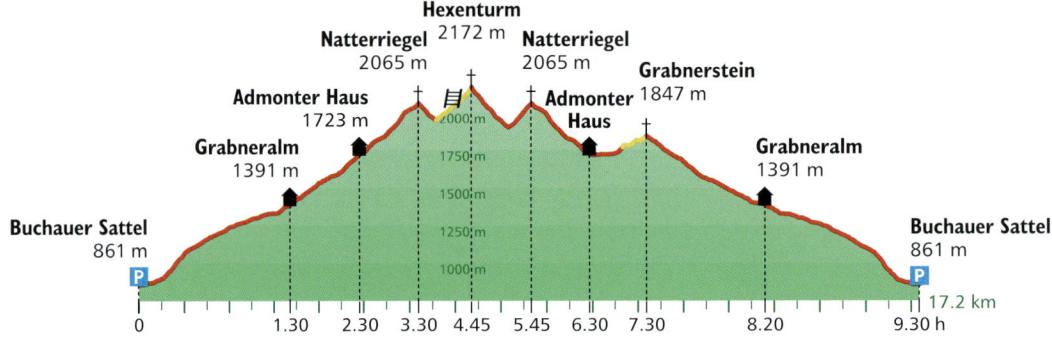

henunterschiede nordseitig unter dem zerklüfteten Grat der Admonter Warte entlang und gelangt rasch zum Einstieg. Die erste Traverse mündet in eine Abstiegspassage (A/B) zu einer Rinne. Gegenüber eine kurze Steilstufe, dann über die Rippe zur nächsten Rinne und an ihrem Rand steil und sandig empor (B). In ähnlicher Weise setzt sich das Spiel mit dem Abstieg in die markante Jungfernscharte fort. Man wechselt hier von der Nord- auf die Südseite des Kammes und kämpft sich in latschengesäumtem Bröselgelände abermals aufwärts (A/B). Zumal die Neigung bald abnimmt, sind über die unschwierige Südabdachung des Kammes bis zum Gipfel des Grabnerstein (1847 m) jetzt keine Sicherungen mehr nötig.

Abstieg

Mit dem Normalweg wenden wir uns zunächst gen Süden bzw. Südwesten, holen aber zwischenzeitlich nochmals deutlich nach Osten (also links) aus und vollziehen damit einen Bogen durchs kleine Bärenkar. Unterhalb wieder rechts (westwärts), über den Boden des Brunnkars und an der lichten Baumbewuchs tragenden Berglehne schräg hinab zur Grabneralm. Von dort über die Serpentinen der Forststraße Richtung Buchauer Sattel.

Über den Jungfernsteig besteigen wir den Grabnerstein.

Oberösterreichische Voralpen

7 Reichraminger Hintergebirge
Triftsteig

5.00 Std.
500 m ↑
500 m ↓

Gipfellos, aber mit viel Natur drum herum

Ein ganz anderes Erlebnis als der überwiegende Rest der vorgestellten Touren verspricht der versteckte Triftsteig in den Wäldern des Reichraminger Hintergebirges, die zu den größten zusammenhängenden in ganz Österreich zählen. Kein stattlicher Gipfel also, keine hochalpine Felsenaura, stattdessen eine von schluchtartig eingetieften Flussläufen durchzogene grüne Welt, still und abgeschieden. Einem dieser glasklaren Gebirgsbäche folgt ein Stück weit unser Triftsteig, und der Name deutet schon an, wo der Ursprung dieser Route zu suchen ist: In dem schwer zugänglichen Gelände war früher nämlich das Wasser der einzig mögliche Weg zum Abtransport des geschlägerten Holzes. Solche Triften konnten meist nur bei Hochwasser durchgeführt werden und bargen freilich unkalkulierbare Gefahren, sodass im Jahr 1920 mit dem Bau der Reichraminger Bahn (eine Schmalspurbahn) so mancher Holzknecht froh gewesen sein dürfte. Deren Gleise sind mittlerweile abgebaut (die Trasse an den Tunnels aber noch erkennbar), da heutzutage Lkw-taugliche Forststraßen bereitstehen. Das ändert jedoch wenig an dem märchenhaften Charakter des Reichraminger Hintergebirges, das sicher kein typisches Hochgebirge verkörpert, auf seine Art jedoch durchaus wild(romantisch)e Züge zeigt. Weite Teile sind inzwischen im Rahmen des Nationalparks Kalkalpen unter Schutz gestellt, um dem Erhalt dieses einstmals so verbreiteten Landschaftstypus wenigstens lokal Rechnung zu tragen. Die gut zwei Kilometer lange gesicherte Strecke in der »Großen Schlucht« – vom Schleierfall bis zum Annerlsteg – ist für alle Naturverbundenen und vor allem auch für abenteuerlustige Kinder ein Schmankerl, welches sich bei der Schleife über die urige Anlaufalm auch kulinarisch ergänzen lässt. Schwierigkeiten gibt es kaum, bis auf zwei, drei steilere Stellen vielleicht – man bedenke aber, dass es nach Regenperioden oder auch nur aufgrund von morgendlichem Tau bisweilen triefend nass sein kann. Immerhin traut sich dann vielleicht der Feuersalamander heraus ...

Weiträumige, von Schluchten durchzogene Waldareale prägen das Reichraminger Hintergebirge, das zum Nationalpark Kalkalpen gehört.

Oberösterreichische Voralpen

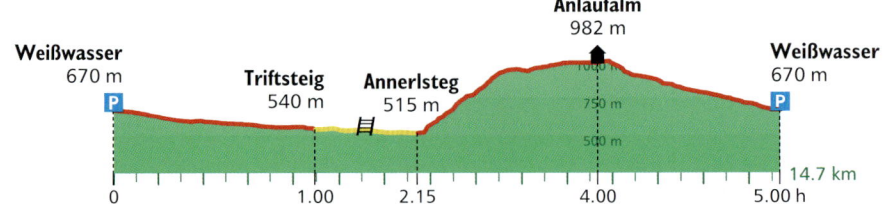

ANFORDERUNGSPROFIL	
Schwierigkeit	B
Klettertechnik / Kraft	●
Ausgesetztheit	●
Kondition	●
Alpine Erfahrung	●

TOURENINFO

Charakter: Wenige Meter über dem Bach verlaufende, nahezu horizontale Wegstrecke, auf gut 2 km weithin gesichert. Teils etwas ausgesetzte Traversen, bei gemäßigten Anforderungen zwischen A und vereinzelt B. Erhöhte Vorsicht bei nassen Bedingungen! Zu- und Abstieg über Forststraßen, zur Anlaufalm auch steilere Waldwege.

Höchster Punkt: Rund 1000 m nahe der Anlaufalm.
Exposition: Im Tal verlaufend.
Jahreszeit: April bis November.
Ausgangspunkt: Parkplatz Weißwasser (670 m). Zufahrt von Unterlaussa (an der Hengstpassstraße zwischen Altenmarkt und Windischgarsten) über den Güterweg Weißwasser via Mooshöhe.
Hinweis: Zwischen Mai und Oktober dürfen die Forststraßen an Wochenenden und Feiertagen mit Bike befahren werden. Dies eröffnet auch eine Zugangsmöglichkeit aus Richtung Reichraming (also von Norden).
Einkehr/Übernachtung: Anlaufalm (982 m), privat, Anfang Mai bis Ende Oktober (Di Ruhetag), Tel. +43 676 3351277.
Höhenmeter: Mit der Schleife via Anlaufalm ca. 500 Hm.
Karten: Kom 50, Blatt 70, F&B 50, Blatt 051.

Zustieg

Vom Parkplatz Weißwasser auf der leicht fallenden Forststraße an der ersten Gabelung links und westwärts bis in die Nähe des ausgewiesenen Biwakplatzes, der jedoch etwas abseits bleibt. Nach Beschilderung »Reichraming« wandern wir weiter am Schwarzen Bach entlang (mehrere kurze Tunnels) und erreichen kurz nach dem Schleierfall den südlichen Einstieg des Triftsteigs bei der Brücke über den Großen Bach (ca. 540 m).

Triftsteig

Am orografisch rechten Ufer geht es nun praktisch horizontal knapp über dem Bachlauf dahin; ab und zu wird später auch mal das Schotterbett berührt. Einige sehr schmale Passagen verlangen Aufmerksamkeit, die längste Zeit ist es jedoch ein problemlos gangbarer Pfad, der von Geübten nicht ständig Selbstsicherung verlangt, auch wenn das Drahtseil meistens mitläuft. Der kurvenreiche Talverlauf macht die Sache interessant. Nach dem Steigbuch erwartet uns die schwierigste Stelle an einer glatten, mit Trittbügeln entschärften Platte (B), über die man wenige Meter fast senkrecht abklettern muss. Anschließend folgt unter einer Wand nochmals ein kurzes Steilstück mit Doppelseil (B, diesmal aufwärts), ehe über ein paar wenige ausgesetztere Pfadstellen das nördliche Ende des Triftsteiges beim Annerlsteg (515 m) erreicht wird.

Rückweg

Am kürzesten über die parallele Tunnelstrecke entlang der ehemaligen Trasse der Schmalspurbahn zum südlichen Einstieg und zurück Richtung Weißwasser; Zeit 1.30 Std. Lohnender ist jedoch die Erweiterung der Tour über die Anlaufalm. Wenige Schritte nördlich vom Annerlsteg zweigt der Waldsteig ab, der einmal von einer Forststraße unterbrochen wird (hier kurz nach links). Nach reichlich 400 Meter Höhengewinn ge-

Typische Passage am Triftsteig, der nur wenige Meter über dem Großen Bach verläuft.

langt man auf die weitläufigen Weiden, geht um den Klausriegel herum und trifft bei der Anlaufalm (982 m) ein. Von dort über den nahen Waldsattel hinab zu einer Forststraße, die auf die große Kreuzung beim Hirschkogelsattel (882 m) zuläuft. Dort rechts und hinunter nach Weißwasser.

Feuersalamander.

Totes Gebirge

8 Schermberg, 2396 m
Tassilo-Klettersteig

9.30 Std.
1730 m ↑
1730 m ↓

Über den Karstöden des Toten Gebirges

Namentlich in Österreich hält der Klettersteigboom ungebrochen an, schießen neue Routen aus dem Fels wie Pilze aus dem Boden. Nicht immer können sie derart überzeugen wie der im Jahr 2009 eröffnete Tassilo-Klettersteig am Schermberg. Bereits ab dem ersten Schritt, den man in der waldgrünen Hetzau am Fuß des Toten Gebirges tut, hat man den Berg der Begierde im Visier. Und das ist ein ganz schönes Kaliber, zählt seine Nordwand doch zu den höchsten Wänden der gesamten Ostalpen! Unser Klettersteig – über mehr als 500 Höhenmeter fast durchgängig versichert – folgt oberhalb der Welser Hütte dem Nordostgrat über das auffällig abgesetzte Almtaler Köpfl, eine anregende Route in herrlich griffigem Kalkfels. Einziges Manko mag sein, dass erdige Passagen nicht fehlen und dadurch verschmierter Fels, den man oft auf Reibung klettern muss, im Laufe der Zeit wohl kaum ausbleiben wird. Ein paar knackig-luftige Momente verleihen der Sache wohldosierte Adrenalinschübe, ehe es hinter dem Almtaler Köpfl spürbar leichter, aber landschaftlich noch schöner wird: direkt über dem Abbruch der Nordwand entlang! Vom Gipfel überblickt man schließlich die leere Weite des Toten Gebirges wie die Wogen eines versteinerten Meeres. Der Karst hat hier über Zeiten als Baumeister gewirkt, unablässig am Stein genagt, ihn unterirdisch ausgehöhlt. Wie dies im Detail aussieht, erfahren wir beim Abstieg über den ruppigen Hermann-Wöhs-Weg: Scharfkantige Karren und tiefe Dolinen erheischen Vorsicht!

Vom Tassilo-Klettersteig bieten sich herrliche Ausblicke ins Alpenvorland.

ANFORDERUNGSPROFIL

Schwierigkeit	**C/D**
Klettertechnik / Kraft	●●
Ausgesetztheit	●●
Kondition	●●
Alpine Erfahrung	●●

TOURENINFO

Charakter: Ziemlich anspruchsvoller Klettersteig mit kurzen Stellen bis C/D, phasenweise auch deutlich leichter. Kompakter, zurzeit noch sehr rauer Kalkfels, der häufig auf Reibung begangen wird. Der Abstieg in stark zerklüftetem Karstterrain ist sehr alpin und verlangt Trittsicherheit. Als Tagestour sehr hart, besser mit Übernachtung.
Höchster Punkt: Schermberg (2396 m).
Exposition: Ost bis Nordost.
Jahreszeit: Ende Juni bis Mitte September.
Ausgangspunkt: Almtaler Haus (714 m) in der Hetzau. Zufahrt über Grünau Richtung Almsee, bei Habernau links ab und weiter über eine teils schottrige Straße.
Einkehr/Übernachtung: Almtaler Haus (714 m), ÖAV, Anfang Mai bis Mitte September, Tel. +43 664 2374442. Welser Hütte (1726 m),

Wandstufe am Almtaler Köpfl.

ÖAV, Anfang Juni bis Mitte September, Tel. +43 7616 8088.
Hinweis: Ab Mitte September sind Welser Hütte und Almtaler Haus aufgrund einer einmonatigen Jagdsperre geschlossen. Das gilt auch für die Zufahrt, womit die Durchführung der Tour in diesem Zeitraum faktisch sehr erschwert wird.
Höhenmeter: Hüttenzustieg 1030 Hm. Gipfelroute über Klettersteig gut 700 Hm, geringe Gegenanstiege beim Abstieg.
Karten: AV 25, Blatt 15/2. F&B 50, Blatt 0081.

Zustieg

Vom Almtaler Haus wandern wir überwiegend auf Fahrwegen flach hinein in die Hintere Hetzau, die Schermberg-Nordwand bereits voll im Blick: ein eindrucksvoller Talschluss! Bei der Materialseilbahn (ca. 940 m) beginnt der eigentliche Steig, zunächst am Auslauf des Vorderen Ackergrabens vorbei. Direkt darüber stellt sich uns ein Felsriegel entgegen, dem man etwas nach rechts ausholend geschickt ausweicht. Ein gesichertes Band und eine Metallstiege leiten am sogenannten Wiesinger Eck

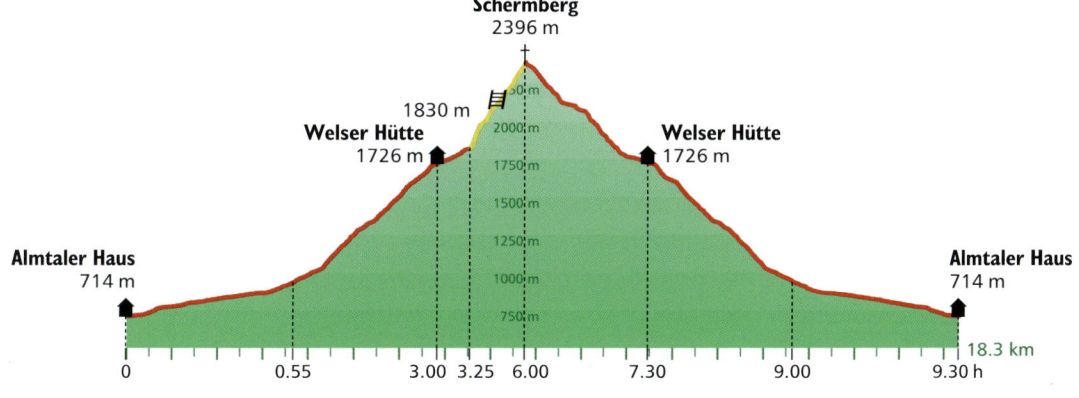

Die mächtige Schermberg-Nordwand riegelt die Hintere Hetzau ab.

höher. Anschließend steht der ausgiebige Zickzackkurs durch die bewaldeten Hanglagen des Hinteren Ackergrabens bevor – später abgelöst von Schotterfeldern. Nach einer kurzen gesicherten Felsstufe (Leiter und Drahtseil) ziehen wir markant nach links hinüber und steigen das letzte Stück zur Geländeschwelle mit der stattlichen Welser Hütte (1726 m) an.

Dort wieder rechts queren und über eine angelehnte Leiter zur Mulde der »Teicheln«, wo der Zugang zum nahen Klettersteig vom Hauptweg abzweigt. Den roten Punkten folgend durch Karstgestein und Schotter hinauf zum Einstieg (ca. 1830 m).

Tassilo-Klettersteig

Eine auf Reibung zu kletternde Spornrampe (C) sorgt gleich für einen recht kernigen Auftakt, ehe wir über einen Aufschwung auf ein grasig-erdiges Stück gelangen. Links querend geht es zu einer sehr luftigen, plattigen Aufwärtsdiagonale um ein Eck (C/D, erste Schlüsselstelle) und mit einem kurzen Felsquergang weiter zur nächsten Schrofenpassage, die an die markanten Schichtstufen des Almtaler Köpfls heranführt. Hier abwechselnd über Platten und diverse Wandl aufwärts (B und C, kurz auch C/D). In stets anregender Kletterei erreicht man das Almtaler Köpfl (2204 m) als markanter Ausläufer im Schermberg-Nordostgrat. Dieser zeichnet jetzt den Weiterweg vor. Im Verlauf der Schneide muss zwischendurch zweimal kurz abgestiegen werden (B), ehe es wieder merklich steiler in die Höhe geht. Über schöne Plattenzonen steigen wir dem finalen Gratabschnitt entgegen, der mit moderaten Schwierigkeiten (ebenfalls kaum mehr als B) direkt zum Gipfel des Schermberg (2396 m) führt.

Abstieg

Zuerst am Südwestgrat bis zur Verzweigung, wo wir den mit Nr. 263 bezeichneten Hermann-Wöhs-Weg einschlagen. Dieser leitet südostwärts recht steil und verwickelt über ausgesprochen zerklüftetes Karstterrain – Karren, zernagte Platten und Blockfels – hinunter, mit der heikelsten Passage zwischen zwei Dolinen hindurch. Man halte sich unbedingt an die dichte Markierung, auch wenn diese viele Haken schlägt. Weiter unten am rechten Rand des vom Sauzahn flankierten Blockkares entlang und zur Einmündung (2010 m) in die Fleischbänke-Route Nr. 215. Auf dieser über das mit Leitern und Drahtseilen gesicherte Hansbauerband hinab, einmal unter einem Block hindurchkriechend, über eine weitere gesicherte Karstufe sowie einen Schutthang in die Teichelmulde und zurück zur Welser Hütte.

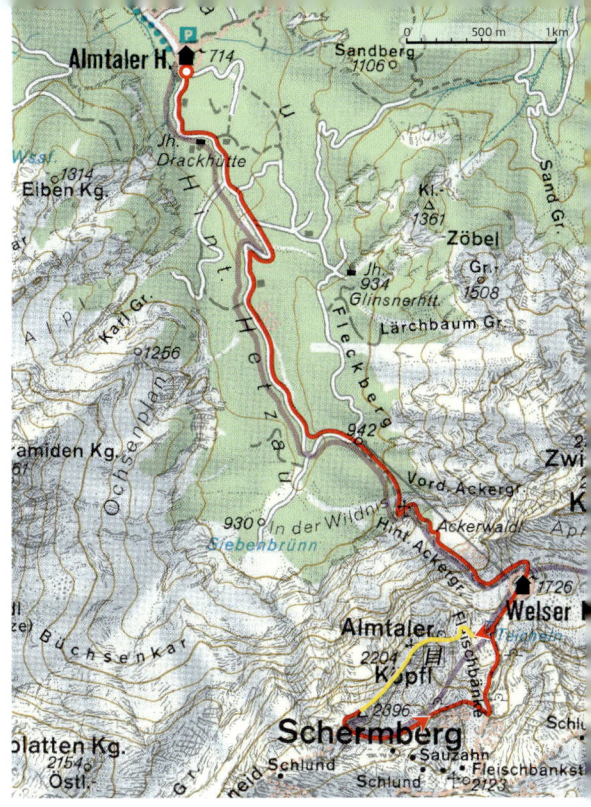

Der Grat zwischen Almtaler Köpfl und Schermberg trägt den oberen Teil des neuen Tassilo-Klettersteigs.

Oberösterreichische Voralpen

9 Traunstein, 1691 m
Hans-Hernler-Steig und Naturfreundesteig

6.30 Std.
1300 m ↑
1300 m ↓

Am Wächter über dem Traunsee

Vollkommen freistehend über dem Traunsee ist er eine der profiliertesten Berggestalten in den Oberösterreichischen Voralpen und ein Wahrzeichen des Salzkammergutes schlechthin: der Traunstein. Die formschöne Pyramide mit weitem Blick ins sanft gewellte Alpenvorland sowie zu Dachstein und Co. wartet mit zwei historischen gesicherten Steigen auf, die eine perfekte Überschreitung ermöglichen. Im Jahr 2005 ist sogar noch eine moderne Sportferrata im Nahbereich der Gmundner Hütte angelegt worden, die in ihren Anforderungen jedoch weit über das Niveau der Klassiker hinausgeht. Das Gros der Aspiranten – in der Regel keine Klettersteigspezialisten, sondern schlicht ambitionierte Bergwanderer – bleibt deshalb bei der guten alten Kombination von Hans-Hernler-Steig und Naturfreundesteig, wobei Letztgenannter unwidersprochen als der schönere gilt. Gerade um ihn voll auszukosten, sei er hier eher für den Abstieg vorgeschlagen. Denn morgens am Traunsee-Ostufer gestartet, wird man so oder so das Bergauf größtenteils im Schatten vollziehen. Mit der nachmittäglichen Sonne aber sowie dem ständigen Blick Richtung See wird der Naturfreundesteig im Bergab zum echten Genuss. Die klettersteigartigen Abschnitte mögen auf beiden Routen von längeren Strecken (steilen) Gehgeländes unterbrochen sein. Fakt ist aber, dass auf über 1200 Höhenmetern doch etliche Drahtseilmeter zusammenkommen und die Überschreitung eine der attraktivsten Voralpentouren dieses Schwierigkeitsgrades überhaupt bleibt.

Im oberen Teil des Naturfreundesteiges schlüpfen wir durch ein ulkiges Felsenfenster.

ANFORDERUNGSPROFIL

Schwierigkeit	B
Hans-Hernler-Steig	A/B
Naturfreundesteig	B
Klettertechnik / Kraft	●
Ausgesetztheit	●
Kondition	●●
Alpine Erfahrung	●

TOURENINFO

Charakter: Steile, anstrengende Bergsteige mit häufigen gesicherten Passagen, wenn auch nach Klettersteigmaßstäben nicht besonders schwierig (maximal B am Naturfreundesteig). Selbstsicherung für Erfahrene nicht zwingend nötig, Trittsicherheit und Schwindelfreiheit aber unerlässlich, aufgrund der Länge zudem gute Kondition wichtig. Vor allem der Hernlersteig ist bei Nässe heikel.
Höchster Punkt: Traunstein (1691 m).
Exposition: Hernlersteig West bis Nordwest, Naturfreundesteig Südwest.

Am Ausstieg des Hans-Hernler-Steiges empfängt uns die Gmundner Hütte. Im Hintergrund das plateauartige Höllengebirge.

Jahreszeit: Ab Mai bis Ende Oktober.
Ausgangspunkt: Parkplatz am Traunsee-Ostufer (431 m). Zufahrt von Gmunden über die Ostuferstraße bis zu deren Ende. Dort am Wochenende inzwischen nur Kurzparkzone und daher Bus-Shuttle vom Beginn der Traunsteinstraße.
Einkehr/Übernachtung: Gmundner Hütte (1666 m), ÖAV, Anfang Mai bis Ende Oktober, Tel. +43 699 12643190. Traunsteinhaus (1580 m), TVN, Anfang Mai bis Ende Oktober, Tel. +43 7612 65010.
Höhenmeter: Mit kurzen Gegensteigungen ziemlich genau 1300 Hm.
Karten: Kom 50, Blatt 18 oder 19. F&B 50, Blatt 0081.

Aufstieg über Hans-Hernler-Steig

Vom Parkplatz auf dem für den öffentlichen Verkehr gesperrten Fahrweg kurz südwärts bis zum scharfen Linksabzweig einer Forststraße. Von dieser trennt sich nach einer Weile der Hans-Hernler-Steig, um anfangs kommod, bald jedoch schon deutlich steiler an der dicht bewaldeten Berglehne aufwärts zu führen. Auf ca. 700 m tauchen vor der Querung einer Rinne erste Sicherungen auf, die sich im darauffolgenden felsdurchsetzten Waldgelände unter anderem mit einer Reihe angelehnter Leitern fortsetzen (A). Anschließend längere Zeit in Kehren zum »Dachsteinblick« (ca. 1020 m), wo man einen Moment verweilen wird. Kurz darauf setzt der zweite klettersteigartige Abschnitt am Rande einer lang gezogenen Schrofenrinne ein. Über den Absatz der »Hohen Rast« läuft die Route zwischen knorrigen Bergkiefern oft über steil einfallende Gesteinsschichten (A/B), während etwaiger Schotter eher gemieden wird. In ziemlich gerader Linie wird der Abzweig des schwierigen Traunsee-Klettersteigs (ca. 1500 m) erreicht. Der Hernlersteig führt indes links ums Eck in

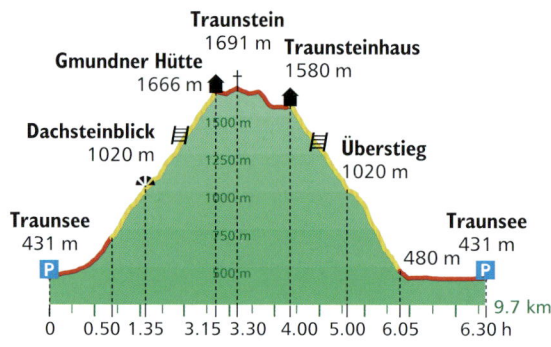

Abstieg über Naturfreundesteig

Zuerst zurück zur Gmundner Hütte und dann auf viel begangenem Wanderweg hinüber zum etwas tiefer am Traunkirchner Kogel gelegenen Traunsteinhaus (1580 m), wo der Einstieg von oben her in den Naturfreundesteig erfolgt. Abwechselnd frei und gesichert zum fotogenen Felsenfenster, das durchstiegen wird (A). Blickfang ist und bleibt die ganze Zeit der blaue Spiegel des Traunsees mit seiner Bergumrahmung – eine für das Salzkammergut typische Szenerie! Auch in weiterer Folge sind durch die Rinnen zum sogenannten »Bösen Eck« sowie über ein paar Gratabschnitte einzelne Sicherungen dabei, insgesamt überwiegt aber das Gehgelände. Zwischen der »Hohen Rast« (ca. 1200 m) mit ihren Bänken, dem »Überstieg« (1020 m) und der markanten Nase am Südwestgrat (970 m) empfangen uns gleich mehrere Kanzeln mit wunder-

eine seitliche Rinne und über einen kurzen Aufschwung links davon. Zwischen einigen Latschen hindurch schließlich zu den letzten Sicherungen vor dem Ausstieg auf das Traunstein-Plateau, das unmittelbar bei der Gmundner Hütte (1666 m) betreten wird. Von dort verbleiben auf einem Latschensteig noch ca. 15 Minuten bis zum großen Gipfelkreuz (1691 m).

Eine der anspruchsvolleren Stellen am Naturfreundesteig.

Ständiger Blickfang und Labsal für unsere Seele: der Traunsee.

schönen Ausblicken aus urwüchsigen, lichten Kiefernbeständen heraus. Eine gesicherte Querung leitet zu einer luftigen Wand mit Tritthilfen (B). Unterhalb gehört eine Leiter zu den prägnanten Stellen, ehe man bei einem auffälligen Felsturm die Sulzkogelscharte (800 m) tangiert und im Zickzack allmählich zu den nochmals steileren untersten Klettersteigabschnitten gelangt. Klammern und straffe Drahtseile entschärfen diese Passagen im Bereich einer Felsrippe und geleiten uns sicher hinunter zur Einstiegstafel (480 m) an der Mairalmstraße. Auf dieser geht es durch zwei Tunnels zurück zum Parkplatz, wobei man auch auf die reizvolle Variante des ufernahen Mieswegs ausweichen kann.

Variante
Experten können aus dem oberen Teil des Hernlersteiges in den knackigen Traunsee-Klettersteig einsteigen. Dieser führt über rund 150 Höhenmeter direkt auf die Terrasse der Gmundner Hütte und wartet an steilen Pfeilern und Wänden mit anhaltenden Schwierigkeiten im Grad D auf. Eine sehr sportliche Angelegenheit, die wohl dem modernen Zeitgeist geschuldet ist!

Dachsteingebirge

10 Eselstein und Scheichenspitze, 2667 m
Jubiläumssteig und Ramsauer Klettersteig

2 Tage
13.15 Std.
2200 m ↑
2200 m ↓

Vielseitiges Ferratavergnügen hoch über der steirischen Ramsau

Seit drei Jahrzehnten boomen im Dachsteingebiet die Klettersteige in einer Art, dass man längst von einem echten »Mekka« der Ferratisti sprechen kann. Einer der schönsten ist für meinen Geschmack immer noch der 1986 eröffnete »Ramsauer«, der vielleicht den ultimativen Kick moderner Steilwandrouten vermissen lässt, aber mit seinem ausgewogenen Verhältnis von psychisch-körperlicher Herausforderung und Landschaftserlebnis eine große Anhängerschaft vollauf verdient. Schließlich haben wir hier nicht nur schlicht einen Eisenweg vor uns, sondern im Rahmen einer Gratüberschreitung auch eine Panoramatour sondergleichen. Der Kontrast zwischen der wiesengrünen Ramsau im Süden und dem kargen Dachsteinplateau im Norden könnte stärker kaum sein. Dass sich diese faszinierende Mischung gleich über mehrere Stunden auskosten lässt, steigert den Reiz umso mehr.

Aber damit nicht genug: Fast in Rufweite befindet sich mit dem Eselstein ein weiterer Klettersteigberg, der bestens einbezogen werden kann. Anforderungsmäßig müssen wir hier freilich eine ordentliche Schippe drauflegen! Denn der sogenannte Jubiläums-Klettersteig geht richtig in die Vertikale und verlangt neben ausgefeilter Klettertechnik auch eine gehörige Portion Mut. Auf der Westseite des Berges gibt es mittlerweile zwei weitere Eisenwege. Vorteilhaft erscheint, den zeitlich nicht allzu aufwendigen Eselstein an einem Tag mit dem Zustieg zu kombinieren, um nach einer Nächtigung auf dem Guttenberghaus ausgeruht den Ramsauer Klettersteig anzupacken.

Der Eselstein im ersten Morgenlicht.

Dachsteingebirge

ANFORDERUNGSPROFIL

Schwierigkeit	**D**
Jubiläums-Klettersteig	D
Westgrat-Klettersteig	B/C
Ramsauer Klettersteig	C
Klettertechnik / Kraft	●●●
Ausgesetztheit	●●
Kondition	●●●
Alpine Erfahrung	●●

TOURENINFO

Charakter: Kombination eines relativ kurzen, aber knackigen Gipfelklettersteigs mit einer mittelschwierigen, dafür wesentlich längeren Gratferrata, die gleich über eine ganze Reihe eigenständiger Erhebungen führt. Schlüsselstelle am Eselstein D, mitunter C/D, also sehr schwierig, aber solider, kletterfreundlicher Fels. Beim Abstieg je nach Routenwahl B/C (Westgrat), A bis B (Westwand) oder unschwieriger Steig über Schutt und Karst. Am Ramsauer Klettersteig häufig brüchig und zerklüftet, daher alpine Erfahrung wichtig, technisch maximal C (Kaminpassage im Bergab), meist sogar nur um B und A. Hier ist man insgesamt dreieinhalb Stunden im Auf und Ab am Grat unterwegs (möglicher Notausstieg vor dem anspruchsvolleren Westteil), zudem langer Abstieg, daher Ausdauer angezeigt. Zusammen ein ideales Zweitageprogramm.

Höchster Punkt: Scheichenspitze (2667 m).
Exposition: Am Eselstein Süd, Ramsauer Klettersteig unterschiedlich.
Jahreszeit: Ende Juni bis Ende September/Anfang Oktober.
Ausgangspunkt: Parkplatz beim Hotel Feisterer (1150 m) im östlichen Teil der Streusiedlung Ramsau am Dachstein. Auf der Straße von Schladming zuerst rechts ab und nach 1 km links.
Einkehr/Übernachtung: Guttenberghaus (2146 m), ÖAV, Anfang Juni bis Anfang Oktober, Tel. +43 664 3022956. Diverse Gasthäuser in der Ramsau, z. B. Edelbrunn (1333 m).
Höhenmeter: Hüttenzustieg 1000 Hm. Eselstein gut 400 Hm. Ramsauer Klettersteig ca. 800 Hm.
Karten: AV 25, Blatt 14. F&B 50, Blatt 0281.

Zustieg

Vom Hotel Feisterer folgen wir dem breiten Weg in den Taleinschnitt hinein, wechseln bald auf die andere Bachseite und lassen die Lärchbodenalm (1406 m) knapp abseits. Am Latschenhang im Zickzack bis zur Materialseilbahn und auf schmalerer Trasse weiter über die nächste Geländestufe ins Feisterkar. Hier vorerst am rechten Rand, dann links hinüber und mit etlichen Schleifen zum Guttenberghaus (2146 m). Man wählt jetzt Weg Nr. 618 Richtung Gruberscharte, bis ein Schild den Jubiläums-Klettersteig ausweist. Auf Steigspuren über einen Schotterhang und nach rechts hinauf zum Einstieg (ca. 2280 m) am Fuß der steilen Eselstein-Südabstürze.

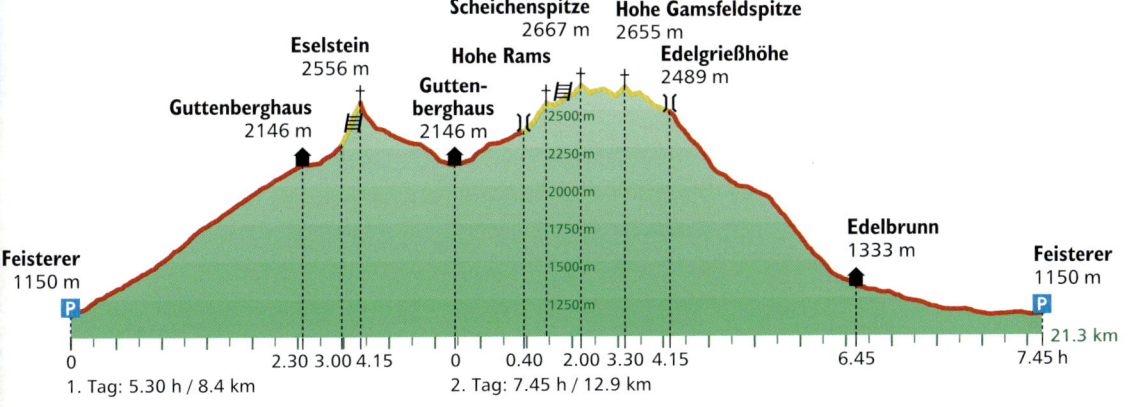

Jubiläums-Klettersteig

Im Bereich einer Schrofenrinne ist der Auftakt eher gemächlich. Dann folgt man jedoch einer aufsteilenden Gratrippe (C) zur Linken, die nach kurzem Flachstück zu einer Kaminpassage (C/D) überleitet. Ein leichteres Stück sollten wir zur Entspannung nutzen, denn anschließend geht's richtig ans Eingemachte: Ein kompakter, plattiger Wulst wird ausgesetzt nach links gequert und unmittelbar von einem sehr steilen Pfeileraufschwung abgelöst (D). Mithilfe einiger Krampen turnt man luftig bis zu dessen Kopf empor. Ein leichter Schrofengrat nimmt die Schärfe zurück, bevor die finale Steilpassage (C/D) nochmals beherztes Zupacken verlangt. Kurz darauf erfolgt der Ausstieg auf den Gipfel des Eselstein (2556 m).

Abstieg

Für das Bergab stehen Westgrat-, Westwand-Klettersteig sowie der Normalweg auf der Nordostseite zur Verfügung. Ersterer beginnt oben relativ flach, weist aber im Verlauf mehrere Plattenwände und Pfeiler (bis B/C) auf, die beherztes Zupacken verlangen. In der Westwand gibt es hingegen nur kürzere Passagen bis B. Am Auslauf hommen wir zur Gruberscharte und von dort über den Höhenweg zum Guttenberghaus.

Ramsauer Klettersteig

Am nächsten Morgen geht's leicht ansteigend erneut Richtung Gruberscharte (2364 m), wo wir links am Grat in den Ramsauer Klettersteig einsteigen. Nach einigen gesicherten Passagen (A/B) folgt aber erst mal wieder schuttreiches Gehgelände hinauf zur Hohen Rams (2551 m), ebenso am Weiterweg über deren Westgrat. Im Gegenanstieg zur Scheichenspitze (2667 m), dem Kulminationspunkt der Strecke, tauchen die nächsten moderaten Hürden

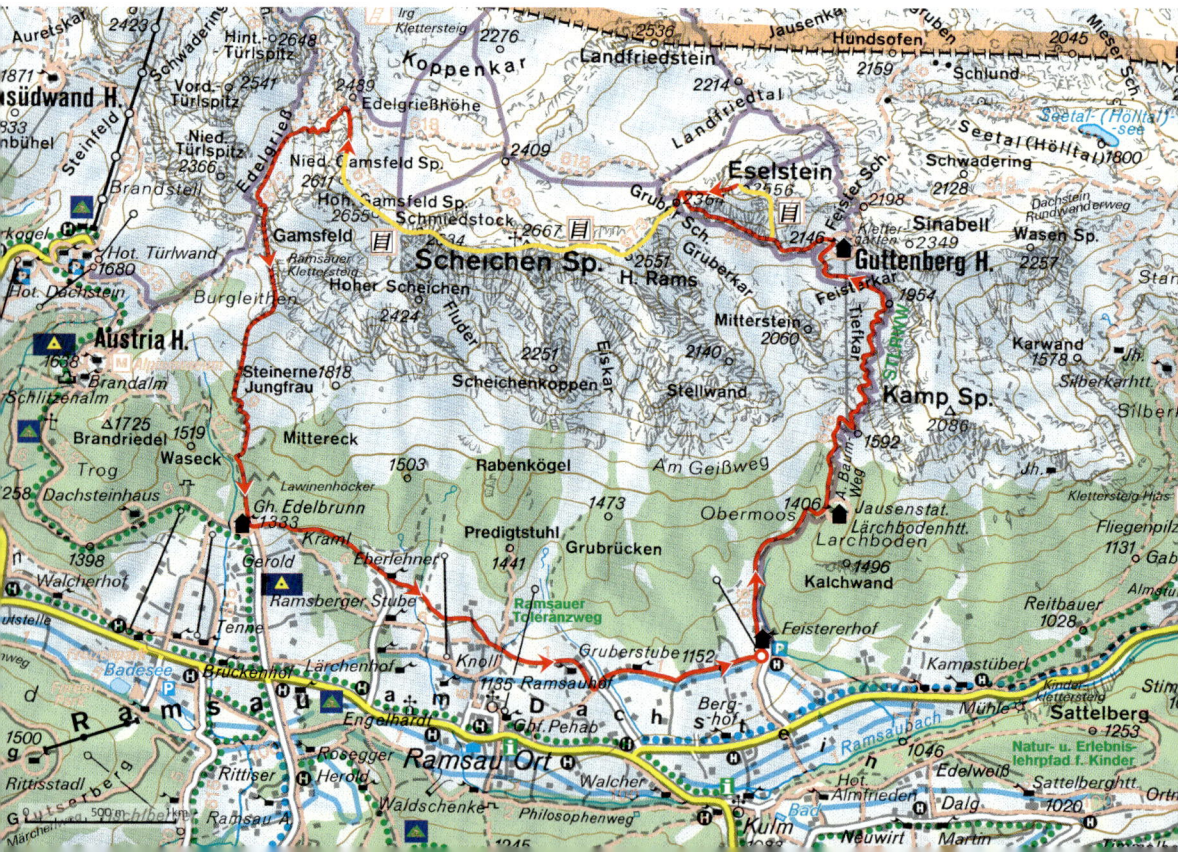

(A/B) auf. Ein Stück weiter klinkt sich die Normalroute nordwärts aus, während wir dem Gratkamm treu bleiben. Dieser verjüngt sich bald einmal zu einer ausgesetzten Schneide, wird dann nochmals leichter und wartet plötzlich mit einem kaminartigen Steilabbruch auf: die Schlüsselstelle (C). An Bügeln und durchlaufendem Drahtseil tasten wir uns hinunter bis auf ein Band in der Südwand des Schmiedstocks, dessen unnahbarer Zahn damit umgangen wird. Es folgen ein vielgestaltiges Auf und Ab über die Gratpassagen am Rande kleiner Schuttmulden und aus einem Sattel heraus der Gegenanstieg zur Hohen Gamsfeldspitze (2655 m): zuerst unschwierig über Schotter, dann recht steil in einem Riss (B/C) empor und vollends zum Gipfel (mit Buchkassette). Sehr detailreich gliedert sich auch der letzte Abschnitt hinüber zur Niederen Gamsfeldspitze (2611 m). Es werden diverse Zacken überstiegen, ein kurzer Kamin erfordert nochmals etwas Krafteinsatz (jedoch meist kaum schwieriger als B), ehe der »Ramsauer« nördlich der Gamsfeldspitzen über einen harmlosen Schuttrücken zur Edelgrießhöhe (2489 m) ausläuft.

Abstieg

Auf der abschüssigen Westseite der weiten Einsattelung steil in den Kartrichter des Edelgrieß hinab. Hinter einer Geländeschwelle gabelt sich die Route, wobei wir ganz links unter den Felsen bleiben und zwischendurch sogar wieder ein paar Meter ansteigen. Danach über eine Geländerippe hinweg auf die Südseite, wo wir uns am Latschenrücken mit den »Steinernen Jungfrauen« talwärts orientieren. Durch den Waldsockel trifft man beim Gasthaus Edelbrunn (1333 m) ein und gelangt über Ramsauer Spazierwege sowie Straßenabschnitte ostwärts zurück zum Feisterer. Diese Talstrecke zieht sich mit 4 km freilich etwas in die Länge.

Die Schlüsselstelle (C) am Ramsauer Klettersteig. So dicht gedrängt wie hier sollte man aber besser nicht unterwegs sein.

Varianten

1. Vom Eselstein auf dem alten Normalweg über losen Schutt gegen Ostnordost, weiter unten durch stark verkarstetes Terrain zur Feisterscharte und dahinter rasch hinab zur Hütte.
2. Von der Edelgrießhöhe ist auch ein leichter Rückweg zum Guttenberghaus möglich: mit Nr. 618 quer durch Koppenkar und Landfriedtal. Einschließlich Talabstieg bleibt der Zeitbedarf in etwa gleich.
3. Der Ramsauer Klettersteig wird auch gern in umgekehrter Richtung vom Hunerkogel (Bergstation der Dachstein-Südwandbahn) aus angegangen.

Dachsteingebirge

11 Hoher Dachstein, 2995 m
»Anna«, »Johann« und Gipfelklettersteige

2 Tage
10.30 Std.
1750 m ↑
740 m ↓

Klassik und Moderne am ältesten Klettersteigberg der Alpen

Darf man den Chronisten Glauben schenken, dann soll am Hohen Dachstein seinen Ausgang genommen haben, was wir heute als eigenständige Spielart des Bergsteigens betrachten. 1832 wurde der Gipfel erstmals bestiegen, zehn Jahre später tauchte Friedrich Simony – der ob seiner wissenschaftlich motivierten Erkundungen später so betitelte »Dachsteinprofessor« – auf und regte an, den steilen Gipfelaufbau über dem Hallstätter Gletscher durch das Anbringen von Eisenstiften, Ringen und Seilen zu entschärfen. Da dies keiner Lebensnotwendigkeit entsprach, sondern quasi nur zu touristischen Zwecken geschah, lässt sich hierin wohl eine Pioniertat für die spätere Entwicklung der Klettersteige erkennen. Zumal 1863 auch der Westgrat und 1878 die Routenvariante über die Ostschulter und das »Mecklenburgband« gesichert wurden. Diese hochalpinen Steiganlagen bestehen – im Gegensatz zu frühen Kletterhilfen am Stüdlgrat des Großglockner etwa – noch heute und werden äußerst rege begangen. Letzteres hat natürlich mit der Popularität des Berges zu tun, aber auch damit, dass längst eine Erschließung stattgefunden hat, die sich noch wesentlich dickerer Stahlseile bedient: Die Dachstein-Südwandbahn hinauf zum Hunerkogel und damit an den oberen Rand des Gletschers ermöglicht heutzutage eine Dachsteintour im Schnellverfahren. Freilich bleibt ein gutes Stück vom Erlebnis auf der Strecke, wenn man nicht mehr nach alter Väter Sitte von ganz unten aufsteigt …

Vom Dachsteingipfel schweifen die Blicke über die Bergketten der Obersteiermark.

Klettersteiglern wird jedoch gerade dies inzwischen wieder schmackhafter gemacht. Denn als im Jahr 1999 eine nach Erzherzog Johann benannte Linie fast pfeilgerade durch die Südwand der Dachsteinwarte gelegt wurde, da war das moderne Ferrata-Zeitalter wohl endgültig angebrochen. Der »Johann« gilt seither als absolutes Aushängeschild und Prüfstein für die Extremen – kein Wunder bei über 500 Vertikalmetern fast in der Direttissima und einer Schlüsselstelle im höchsten Schwierigkeitsgrad. Und 2010 legte man mit der »Anna« am vorgelagarten Mitterstein sogar noch nach – eine rassige Ouvertüre für den »Johann«. Natürlich ist diese Super-Ferrata als eigenständige Tour zu werten, deren Anspruch weit über die historischen Steige am Hohen Dachstein hinausgeht. Doch in emotionaler Hinsicht wird die Gipfelbesteigung vermutlich die Krönung bleiben, für Konditionsbolzen vielleicht gleich im Durchmarsch, für Genießer besser nach einer romantischen Nacht auf der Seethalerhütte, wo man sich im ersten Morgenlicht anschickt, es im Wortsinn auf die Spitze zu treiben, noch bevor die Scharen von Seilbahnbergsteigern anrücken.

Ich schlage an dieser Stelle vor, den Gipfel von Ost nach West zu überschreiten und über die ebenfalls in eiserne Fesseln gelegte Steinerscharte auf die Ausgangsseite zurückzukehren. Dazwischen liegt hüben wie drüben der feierliche Ernst einiger Gletschertraversen und natürlich die mitreißende Schau vom zweithöchsten Punkt der gesamten Nördlichen Kalkalpen …

Bei Sonnenaufgang sind die Felsen am Schulteranstieg in intensives Licht getaucht.

ANFORDERUNGSPROFIL

Schwierigkeit	D/E
Anna	D
Johann	D/E
Dachstein-Überschreitung	B
Klettertechnik / Kraft	●●●
Ausgesetztheit	●●●
Kondition	●●●
Alpine Erfahrung	●●●

TOURENINFO

Charakter: Hochalpine Gipfelüberschreitung auf historischen Klettersteigen mit optionalem Zustieg über eine sehr ambitionierte, moderne Klettersteig-Kombination (alternativ per Seilbahn). Dementsprechend sehr unterschiedliches Niveau: »Anna« und »Johann« sind anstrengend und verlangen viel Ausdauerkraft, mit Schlüsselstelle D/E beim Einstieg, sonst anhaltend D und C, kaum leichter. Teils aufwendige Sicherungen bei maximaler Ausgesetztheit, dazu mitunter recht heikler Zustieg (evtl. harter Firn). Über den Hohen Dachstein eine Passage II, sonst ausreichend gesichert und kaum schwieriger als B, allerdings bei Vereisung prekär. Als ernsthaftes Element tritt hier Gletschereis samt Spaltengefahr hinzu (ungefähr-

Der Ausstieg des »Johann« befindet sich auf der Dachsteinwarte direkt bei der Seethalerhütte (hier noch im alten Zustand). Grandios der Blick in die Dachstein-Südwand.

lich ist diesbezüglich nur die präparierte Trasse zwischen Hunerkogel und Dachsteinwarte). Alles in allem also eine Menge Bergerfahrung und die entsprechende Ausrüstung obligatorisch. Als Tagestour sehr großes Pensum (früher Aufbruch zwingend notwendig, falls man die letzte Bahn nicht verpassen will), besser mit Übernachtung auf der Seethalerhütte. Zeitbedarf bei getrennten Touren ca. 7.30 (Anna + Johann) bzw. 4.30 Std.
Höchster Punkt: Hoher Dachstein (2995 m).
Exposition: »Anna« und »Johann« Süd, Dachstein-Überschreitung Nordost und West.
Jahreszeit: Anfang Juli bis Ende September.
Ausgangspunkt: Talstation der Dachstein-Südwandbahn beim Hotel Türlwand (1680 m). Zufahrt von Ramsau über eine Mautstraße. Wird auf den Johann verzichtet, verlegt man den Start Richtung Bergstation Hunerkogel (2694 m), wo auch der Endpunkt der Tour ist.
Einkehr/Übernachtung: Dachstein-Südwand-Hütte (1871 m), privat, Ende Mai bis Anfang November, Tel. +43 3687 81509. Seethalerhütte (2740 m), ÖAV, Anfang Juni bis Anfang Oktober, Tel. +43 3687 81209 oder +43 664 3240640. Restaurants bei der Seilbahn (Bergstation und im Tal).
Höhenmeter: Über »Johann« zur Dachsteinwarte 1150 Hm. Dachstein-Rundkurs 500 Hm.
Karten: AV 25, Blatt 14. F&B 50, Blatt 0281.

Zustieg
Vom großen Parkplatz bei der Seilbahn mit Weg Nr. 615 schräg aufwärts ins Steinfeld und im Linksbogen zur Dachstein-Südwand-Hütte (1871 m). Ein Stück weit nördlich folgt man dem unteren Steig (Pernerweg) links absteigend ins Auretskar und dann wieder schräg aufwärts abzweigend über die Halden zum Einstieg des Anna-Klettersteigs am Wandfuß des Mittersteins.

Klettersteig »Anna«
Am unteren Pfeiler kommt die mit vielen Stiften gespickte Route bald zur Sache, hier steigern sich die Schwierigkeiten rasch bis C/D. Nach einigen Passagen relativen Durchschnaufens folgen herrliche Wasserrillenplatten sowie ein Linksquergang zu einer steilen Rinne. Oberhalb wird es vorübergehend auch mal schrofig, ehe der obere Pfeiler mit der Schlüsselstelle des Anna-Klettersteigs (D) aufwartet. Erst auf den letzten Metern zum Mitterstein legt sich das Gelände spürbar zurück.

Klettersteig »Johann«
Ohne größere Umschweife erhalten wir dahinter Anschluss zum »Johann« – Vorsicht allerdings bei harten Firnfeldern! Nach den ersten gesicherten Metern am Vorbau fordert der berüchtigte Einstiegsüberhang (D/E) gleich vollen Krafteinsatz. Über eine anregende Plat-

tenrampe (um C) gelangt man auf ein Band, wo die Pfannl-Maischberger-Kletterführe kreuzt. Anschließend bäumt sich die Wand zu einem Felskopf und – nach einem verwegenen Quergang – weiter zu einem glatten Plattenpanzer auf (oft bis D). Mit reichlich Eisenstiften unter den Sohlen wird man höchst exponiert am sogenannten »Adlerhorst« vorbeigeleitet und kommt weiter oben zu einem willkommenen Rastpunkt. Rechts haltend folgen mit »Südwandblick« und »Götterthron« bezeichnete Passagen, bevor wir mit einem Spreizschritt zum »Alb-Will-Pfeiler« aufschließen. Nochmals erwarten uns einige D-Stellen, allerdings nicht mehr so anhaltend wie zuvor im Mittelteil der Route. Mit der Ausstiegstraverse stehen wir plötzlich auf der Dachsteinwarte (2740 m), wo die Seethalerhütte an den Felsen klebt.

Aufstieg zum Hohen Dachstein

Die Fortsetzung zum Gipfel führt ein Stück über das flache Gletschereis zum »Schulter-Einstieg« (oft kleine Randkluft). Um Ungeübte abzuschrecken, ist der Beginn an kompaktem Fels ohne Sicherungen zu klettern (II). Nach wenigen Zügen helfen einige Stifte, das erste Drahtseil setzt nach etwa zehn Metern ein. In weiterer Folge stets gut gesichert über Rampen, Stufen und Bänder (maximal B) hinauf zur Gratschulter. Mit gelegentlichem Ausweichen auf die Nordseite bewegt man sich unweit der Abbruchkante weiter und erreicht über das »Mecklenburgband« (A) die Vereinigung mit dem Randkluftanstieg, der zuvor aus der obersten Gletscherbucht über gestufte Absätze heraufkommt (Variante, auch für den schnellsten Abstieg). Jetzt im Hin und Her durch die markante Wandeinbuchtung, dabei stets gut gestuft, an den steilsten Stellen auch mit zusätzlichen Tritten und Griffen versehen

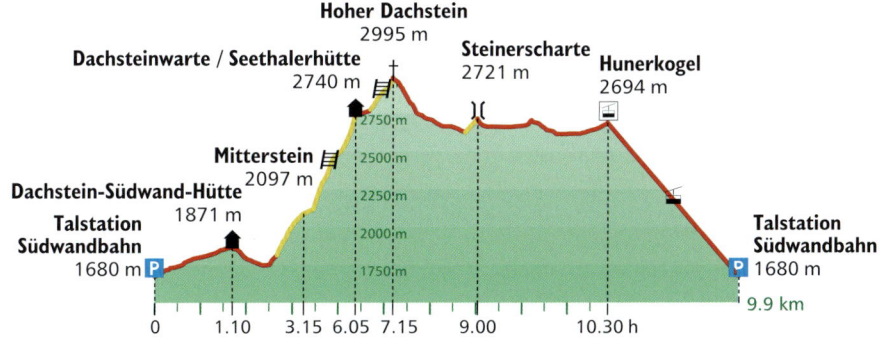

(B). Ziemlich in der Falllinie und daher durchaus steinschlaggefährdet geht's bis zum Gipfelkreuz auf dem Hohen Dachstein (2995 m) empor.

Rückweg

Um ein Mehr an Erlebniswert herauszuholen, überschreiten wir den Gipfel und steigen über den fast durchgängig gesicherten Westgrat ab. Abgesehen von ein paar kleineren Stufen ist dieser nicht allzu steil und schwierig (ebenfalls höchstens B). Sein Einstieg befindet sich in der Oberen Windlucke (2779 m), wo wir auf den Großen Gosaugletscher übertreten. Nun nicht mit der meist deutlicheren Spur Richtung Adamekhütte hinab, sondern streng nördlich bis unter die Steinerscharte (2721 m), die nachfolgend über einen kurzen Klettersteig gewonnen wird. Dabei lassen uns eine Klammerreihe sowie eine leicht überhängende Leiter die glatten Schichtstufen überwinden, ehe nach einer Geröllpassage weitere Sicherungen in die Scharte führen. Jenseits ebenfalls mittels Stahlseilen und -stiften auf den Hallstätter Gletscher hinab. Dort schlagen wir Südostrichtung ein und gelangen leicht ansteigend wieder in die Nähe der Dachsteinwarte. Hier in die breit ausgefräste Trasse einmündend, die am eindrucksvollen Windkolk des Dirndl vorbei zur Bergstation am Hunerkogel führt. Dieser Bereich ist gewöhnlich sehr überlaufen. Die Seilbahn übernimmt schlussendlich das Bergab über 1000 Höhenmeter.

Rechts: Klettersteiggehen am Hohen Dachstein hat eine lange Tradition.
Unten: Der Gipfelaufbau des Hohen Dachstein über dem Hallstätter Gletscher.

Schneeberg und Raxalpe

12 Hochkönig, 2941 m
»Königsjodler«

11.00 Std.
1900 m ↑
1900 m ↓

Super-Ferrata am Zackengrat der Teufelshörner

Zu den mächtigsten Felsmassiven in den Nördlichen Kalkalpen zählt der Hochkönigstock, ein Berg für alle Fälle sozusagen, der heute vor allem auch ambitionierte Klettersteigler anlockt. Auf der Südseite des Massivs trägt der zerhackte Grat der Teufelshörner eine Route, die ohne zu zögern unter die »Top Ten« im Alpenraum eingereiht werden kann: anhaltend spektakulär und schwierig, dazu ultralang! Die Rede ist vom »Königsjodler«, in einschlägigen Kreisen längst eine feste Größe oder eben ein Ziel, dem kräftig nachgeeifert wird, mitunter auch ein wenig zweifelnd: Bin ich ihm gewachsen oder soll ich vielleicht noch ein wenig üben?
Klar, geübt sollte man allemal sein, wenn man an der Hohen Scharte in das luftige Ferratavergnügen einsteigt. Die rein rechnerische Höhendifferenz von 600 Metern bis zum Ausstieg an den Hohen Köpfen kann täuschen: Mindestens ein halbes Dutzend Mal muss nämlich zwischendrin abgeklettert werden – und zwar ebenso exponiert wie im Bergauf –, sodass man durchaus wie von den Erbauern angegeben seine vier bis sechs Stunden allein am gesicherten Tourenabschnitt des Teufelsgrates unterwegs ist. Viele Passagen verlangen gehörige Portionen Kraft und Mut, was die teils ulkigen »Flurnamen« bestenfalls andeuten: Flower Tower, Jungfrauensprung, Sport-Direttissima, Kranebetter Steg, Brückner Grat, Dientner Schneid, Franzl's Fantastica … Wer rassige Sportklettersteige mit gleichzeitig hochalpiner Note liebt und überhaupt ein ausgebuffter Spezialist in dieser Spielart ist, kommt am Königsjodler voll auf seine Kosten. Es gibt wirklich nur wenig Vergleichbares. Und am Ende erlebt man den Blick aus der Chefetage des Hochkönig, vielleicht sogar mit den besonderen Stimmungen zur Dämmerstunde beim Matrashaus.

Über den Schartengrat der Teufelshörner führt der »Königsjodler«.

ANFORDERUNGSPROFIL	
Schwierigkeit	D
Klettertechnik / Kraft	●●●
Ausgesetztheit	●●●
Kondition	●●●
Alpine Erfahrung	●●●

TOURENINFO

Charakter: Sehr schwieriger und außergewöhnlich langer Klettersteig mit einer Vielzahl anspruchsvoller und sehr exponierter Passagen. Mehrfach D, oft um C und nur selten leichter. Bis auf einige kurze Abschnitte in Schutt und Schrofen durchwegs mit soliden Stahlseilen und Tritthilfen gesichert; überwiegend kompakter, griffiger Fels. Zwischendurch eine Fluchtmöglichkeit zur Abstiegsroute durchs Birgkar, die in ihrer Steilheit nicht zu unterschätzen ist; Trittsicherheit und konzentriertes Steigen auch hier wichtig (besser erst am nächsten Tag absteigen). Fazit: Eine Tour ausschließlich für Könner!
Höchster Punkt: Hochkönig (2941 m).
Exposition: Überwiegend Süd, in Scharten aber auch Nord.
Jahreszeit: Anfang Juli bis Ende September.
Ausgangspunkt: Dientner Sattel (1363 m) bzw. Wanderparkplatz (1339 m) knapp westlich davon. Zufahrt sowohl von Dienten als auch von Mühlbach.
Einkehr/Übernachtung: Erichhütte (1545 m), ÖAV, Mitte Mai bis Ende Oktober, Tel. +43 664 2643553. Matrashaus (2941 m), ÖTK, Mitte Juni bis Mitte Oktober, Tel. +43 6467 7566.
Höhenmeter: Bis zum Einstieg 950 Hm. Klettersteig bis Hochkönig 950 Hm.
Karten: AV 25, Blatt 10/2. F&B 50, Blatt 103.

Eine rassige Folge von steilen Auf- und Abstiegen beschäftigt uns über vier Stunden lang.

Zustieg

Rund 600 Meter westlich des Dientner Sattels befindet sich der Parkplatz für die Erichhütte (1545 m), die in halbstündigem Aufstieg über einen Fahrweg erreicht wird. Von dort weiter mit Markierung 432 nordostwärts bergauf – die Taghaube bleibt rechts – und in Kehren in das Kar unter dem Grandlspitz. Den steilen Felsen links ausweichend und durch eine Rinne (kurze Leiter) in die Hochscharte (2283 m), die den Übergang ins Birgkar vermittelt. Der Einstieg in unseren Klettersteig befindet sich hingegen etwas oberhalb zur Linken, man braucht die enge Scharte also nicht zu überschreiten (deutlich bezeichnet).

Klettersteig »Königsjodler«

Ein knackiger Aufschwung (D) macht den Anfang, dann am Grat entlang zum ersten Turm, dem sogenannten »Flower Tower«. In exponiertem Auf und Ab klettert man auch über den Mühlbacher Turm hinweg und mogelt sich mit dem Spreizschritt in die »Via Mala Schlucht« am »Jungfrauensprung« durch die folgende Scharte. Aus dieser folgt als nächster Steilakt die »Sport-Direttissima« (C) zum Teufelsturm, der

Schneeberg und Raxalpe

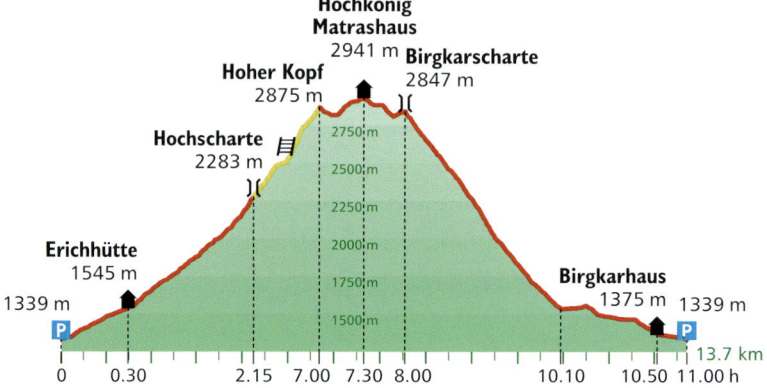

in seinem Rücken wieder eine extrem luftige Abwärtspassage bereithält (C/D). Sie mündet in den »Kranebetter Steg«, der als abenteuerliche Dreiseilbrücke die Teufelsschlucht überspannt. Nach der »Lehner-Traverse« ein Stück in leichtem, ungesichertem Schrofengelände und erneut steil hinauf zum nächsten Gratürmchen. Der atemberaubende Abstieg durch den Sallerriss (C/D) in die anschließende Scharte kann mittels Seilrolle abgekürzt werden – eigentlich ein überflüssiger Gag, der eher einem Hochseilgarten entliehen ist. So kommt man mehr oder minder geschwind hinüber zum Teufelshörndl (2522 m) und überschreitet dieses in Richtung »Brücknergrat« und »Dientner Schneid«, die als messerscharfer Gratabschnitt (C/D) beeindruckt. Ein Stück abkletternd erreicht

Neben den »teuflischen« Zacken kommen am Horizont die Hohen Tauern zur Geltung.

man bald darauf den Notausstieg am Ende der sieben Zacken (rechts ins Birgkar hinunter). Die Fortsetzung des Klettersteigs führt indes über Schutt an den Fuß des Kummetstein, an dessen Ostseite »Franzl's Fantastica« (D) senkrecht und sehr kraftraubend in die Höhe zieht. Über herrlich griffigen Fels gewinnt man den Gipfel (2772 m), ehe nochmals ein kurzer Abstieg und eine weitere senkrechte Passage am Matrasturm (D) folgen. Allmählich erahnen wir das baldige Ende und bewältigen konzentriert die letzten Gratauufschwünge zum Ausstieg auf den Hohen Kopf (2875 m). Von dort geht es noch rund eine halbe Stunde an der nahen Birgkarscharte vorbei nach Osten zum Hochkönig (2941 m) mit dem Matrashaus on top.

Abstieg

Zurück zur Birgkarscharte (2847 m) und dort in den südseitigen Steiltrichter. Das plattige, oft schuttbedeckte Gelände erheischt Aufmerksamkeit, ganz besonders wenn noch Altschneefelder vorhanden sind. Man quert ein Stück nach rechts unter den Kummetstein und steigt im Zickzack weiter ab, wobei die Markierung steileren Stufen geschickt ausweicht (auch einige Sicherungen). Am rechten Rand des gewaltigen, vom Teufelsgrat begrenzten Kares verzweigen sich die Wege: Rechts geht es durch einen Kamin kurz aufwärts in die Hochscharte, wo man auf den bekannten Weg zur Erichhütte trifft; links steigt man durchs untere Birgkar bis auf den quer verlaufenden Höhenweg ab. Auf diesem horizontal nach rechts und im Abstieg zum Birgkarhaus am Dientner Sattel.

Tipp

Zum »Antesten« für den Königsjodler eignet sich der Klettersteig am Grandlspitz (2307 m), der den gleichen Zustieg hat. Technisches Niveau und Ausgesetztheit sind kaum geringer, allerdings überwindet die Route lediglich gut 100 Höhenmeter.

Ein wahrhaft markantes Profil.

Berchtesgadener Alpen

13 Persailhorn, 2347 m
Wildental- und Südwand-Klettersteig

8.00 Std.
1500 m ↑
1500 m ↓

An der Kante des Steinernen Meeres

Die großen Plateaustöcke der Nördlichen Kalkalpen, zu denen auch das Steinerne Meer zwischen Berchtesgaden und dem Mitterpinzgau gehört, beeindrucken mit urgewaltigen Landschaftsbildern: weltentrückte, vom Zahn der Zeit zernagte Karsthochflächen und steile, oft gar monumentale Randabstürze über grünen Talwiesen. Schaut man von Saalfelden hinauf, so dominiert neben dem Breithorn das Persailhorn als einer dieser randständigen Gipfel. Nachdem dort Anfang der Neunzigerjahre gleich zwei Klettersteige eingerichtet worden sind, hat der Hausberg der Peter-Wiechenthaler-Hütte deutlich an Popularität gewonnen. Freilich, es sind keine besonders »scharfen«, supersportlichen Routen, was aber allenfalls bei den Freaks für etwas Verdruss sorgt (damals überwand man die Vertikale halt noch lieber mit soliden Leitern anstatt gewagte Kraftakte zu programmieren). Dem Durchschnitts-Klettersteigler taugt's allemal für den einen oder anderen Adrenalinschub, ohne das Nervenkostüm übermäßig zu strapazieren. Meistens wird der Wildental-Klettersteig durch die schattige Nordwand für den Aufstieg gewählt, ist er doch eine Nuance anspruchsvoller als die Südroute. Da beide reizvoll verwinkelt angelegt sind, kommt der Unterhaltungswert nicht zu kurz. Schade nur, dass darüber der altehrwürdige Saalfeldener Höhenweg ein wenig in Vergessenheit geraten ist, aber so sind nun mal die Zeiten.

Heimeliger Stützpunkt am Persailhorn: die Peter-Wiechenthaler-Hütte.

ANFORDERUNGSPROFIL

Schwierigkeit	B/C
Klettertechnik / Kraft	●●
Ausgesetztheit	●●
Kondition	●●
Alpine Erfahrung	●●

TOURENINFO

Charakter: Gipfelrundtour gemäßigter Schwierigkeit (meist B, kurze Stellen etwas anspruchsvoller), die freilich auch einen richtigen Abstiegsklettersteig mit entsprechender Ausgesetztheit beinhaltet. Daher gewisse Erfahrung vorteilhaft. Etliche Leitern in den Steilstufen. Großes Tagespensum, das mittels Hüttennächtigung entzerrt werden kann.
Höchster Punkt: Persailhorn (2347 m).
Exposition: Aufstieg Nord, Abstieg Südwest.
Jahreszeit: Ende Juni bis Anfang Oktober.
Ausgangspunkt: Parkplatz Bachwinkel (845 m), knapp oberhalb des gleichnamigen Ortsteiles von Saalfelden. Zufahrt von der B 311 nördlich von Saalfelden (Abzweig in Pabing).
Einkehr/Übernachtung: Peter-Wiechenthaler-Hütte (1707 m), ÖAV, Ende April bis Ende Oktober, Tel. +43 6582 73489.
Höhenmeter: Hüttenzustieg 860 Hm. Gipfelrunde 640 Hm.
Karten: AV 25, Blatt 10/1. F&B 50, Blatt 103.

Zustieg

Vom Parkplatz in den Grabenbereich des Öfenbachs, der nach links gekreuzt wird. Anschließend gewinnen wir am bewaldeten Kienberg serpentinenreich an Höhe. Rechts schwenkend weiter zu einer Verzweigung (»Kreuzweg«, 1348 m), wo uns mehrere Möglichkeiten offenstehen. Am günstigsten bleibt man auf der Hauptroute durch Latschenhänge und gelangt ziemlich direkt zum Kienalkopf mit der Peter-Wiechenthaler-Hütte (1707 m) hinauf; Varianten sind der links abzweigende Schattseitweg, der später von der Rückseite heraufkommt sowie der kleinere Jagasteig.

Von der Hütte geht es mit Weg Nr. 428 durch Krummholzzonen an den Vorbau des Persailhorn heran. Auf dem Geländerücken lassen wir in gut 1900 m Höhe den Zugang zum Südwand-Klettersteig nach rechts abziehen und treffen nach kurzer Linksquerung an einer Schrofenrippe auf die ersten Sicherungen.

Aufstieg über Wildental-Klettersteig

Etwas oberhalb schert der Wildental-Klettersteig endgültig vom alten Normalweg aus und vollzieht eine längere luftige Traverse nach links, zunächst leicht abwärts, nach der abdrängenden »Wastl-Promenade« wieder ansteigend (maximal B/C). Plattiger Fels und eine Rippe geben den Weiterweg vor; man gelangt zu einer Plattenverschneidung, die mittels dreier versetzter Leitern überwunden wird (B). Nach einem Kamin erreicht man die Vereinigung sämtlicher Routen am Westgrat, über den es

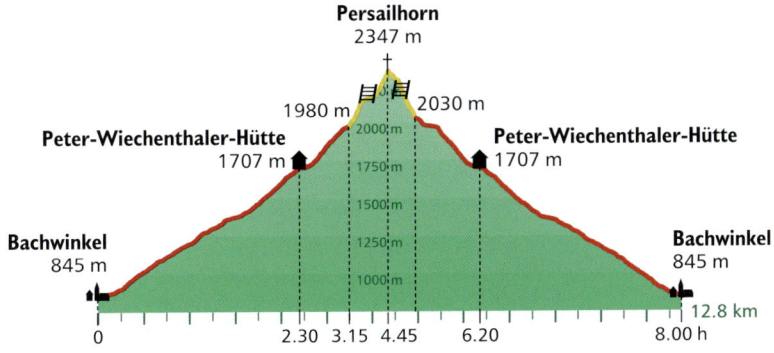

weiterhin gesichert (um B) zum Kreuz des Persailhorn hinaufgeht. Es steht etwas unterhalb des höchsten Punktes (2347 m), der natürlich auch noch bestiegen werden kann. Weit und unverstellt reicht die Schau über den Pinzgau bis in die Hohen Tauern.

Abstieg über Südwand-Klettersteig
Der Abstieg über den Südwand-Klettersteig wird uns subjektiv vielleicht sogar ein wenig ausgesetzter vorkommen (aufgrund des Abwärtskletterns), ist aber objektiv eher eine Spur leichter. Man folgt dem Grat ein Stück über den Vereinigungspunkt hinaus und wendet sich dann auf die südliche Seite. Sehr geschickt laviert die Route durch den Abbruch, teils über schrofige Rippen, teils über kurze Steilstufen, die mittels Leitern entschärft wurden (meist B). Die dritte Leiter mündet in eine Rampe, ehe sich weiter unten eine klammerbestückte Plattenstufe einschiebt. Eine letzte Leiter sowie die Felsen unterhalb einer Nische leiten schließlich zum Wandfuß. Dort quert man nach rechts abwärts und gelangt wieder auf den Bergrücken zur Wiechenthalerhütte.

Am Gipfelgrat des Persailhorn.

Tipps
1. Talwärts könnte man auch eine längere Variante über die bewirtschaftete Metzger Steinalm (1271 m) und die sehenswerte Einsiedelei wählen (abschüssige Hangquerungen mit mehreren Reißen im Bereich Persailfoißl).
2. Eine wirklich »große Bergfahrt« unternimmt, wer nach dem Aufstieg zum Persailhorn dem Saalfeldener Höhenweg via Mitterhorn und Breithorn zum Riemannhaus (2177 m) folgt. Sicherungen treten dort nur noch ganz vereinzelt auf, dennoch ist der Begriff »Höhenweg« zu relativieren. Es handelt sich um eine ausgesprochen felsige Gratüberschreitung mit Kletterstellen (I–II). Hier wandelt man in der Tat längere Zeit auf der Kante des Steinernen Meeres! Von der Wiechenthalerhütte bis zum Riemannhaus ca. 4.30 Std.

Berchtesgadener Alpen

14 Watzmann, 2713 m
Gratüberschreitung

12.30 Std.
2250 m ↑
2250 m ↓

Tourenklassiker am Wahrzeichen von Berchtesgaden

Wenn Menschen mit dem Bergsteigen anfangen, küren sie bald einmal ihre Traumberge, und der Watzmann ist bestimmt bei den allermeisten darunter. Als alpines Wahrzeichen steht er – gleichsam wie ein Kunstwerk auf einem Sockel – weithin sichtbar über dem Berchtesgadener Land und strahlt eine Aura aus, der man sich einfach nicht entziehen kann. Form und Aufbau sind bestechend. Regelrecht zum Mythos hochstilisiert wurde seine schicksalsträchtige Ostwand, die aus dem Königsseebecken an die zwei Kilometer in den Himmel schießt. Durch diese Riesenmauer gibt es keinen Klettersteig, was hoffentlich auch für alle Tage so bleibt. Die Überschreitung der hohen Gratlinie vom Hocheck über die Mittelspitze bis zur Südspitze indes gehört wegen ihres klettersteigartigen Ausbaus zur Allgemeinbildung aller Normalbergsteiger – ein Gang auf Messers Schneide, gefühlsmäßig irgendwo zwischen Himmel und Erde, aber physisch auch eine immense Herausforderung.

Mit handelsüblichen Klettersteigen ist die Tour allerdings schwer zu vergleichen, zumal beim Schwierigkeitsgrad B viele wohl nur müde lächeln werden. Nein, hier ist der »Eisenweg« nie Selbstzweck gewesen, sondern immer bloß Mittel zum Zweck, berichtete doch schon der Erstbesteiger Valentin Stanič von »tausendfach verderbenden Abgründen«. Mit den Sicherungen suchte man also den Ernst der großen Bergfahrt etwas zu mildern. Dass unterwegs dennoch regelmäßig Überforderte zu beobachten sind, spricht Bände. Manch einer hat sich das Felsgelände dann eben doch nicht so ausgesetzt vorgestellt oder seine Kondition schlicht und einfach überschätzt. Die sollte auf jeden Fall untadelig sein, ebenso wie auch die äußeren Bedingungen stimmen müssen, denn von einem Unwetter sollte man sich am Watzmanngrat besser nicht erwischen lassen. Wer freilich gut vorbereitet unter einem blauen Firmament die lange Schneide abschreitet, dem ist womöglich eine Sternstunde seines Bergsteigerlebens vergönnt.

Rast auf der Mittelspitze. Der anspruchsvollste Teil bis zur Südspitze steht hier noch bevor.

ANFORDERUNGSPROFIL

Schwierigkeit	B
Klettertechnik / Kraft	●
Ausgesetztheit	●●
Kondition	●●●
Alpine Erfahrung	●●●

TOURENINFO

Charakter: Anspruchsvolle Bergtour im Zuge einer langen Gratüberschreitung in großer Höhe. Bis zum Hocheck unschwieriger Steig (allerdings aus dem Tal 2000 Hm!), danach

weithin klettersteigartig ausgebaut, technisch kaum schwieriger als B, aber auch etliche ungesicherte Passagen I–II. Nur für routinierte und sehr ausdauernde Allround-Bergsteiger bei stabilem Wetter und schneefreien Verhältnissen. Es gibt am Grat keinen Notabstieg, und auch der normale Abstieg (I) ist ruppig und berüchtigt lang! Übernachtung im Watzmannhaus obligatorisch.
Höchster Punkt: Watzmann-Mittelspitze (2713 m).
Exposition: Verschieden.

Jahreszeit: Anfang Juli bis Anfang Oktober.
Ausgangspunkt: Parkplatz Wimbachbrücke (634 m) an der Straße Berchtesgaden – Ramsau.
Einkehr/Übernachtung: Jausenstation Mitterkaseralm. Watzmannhaus (1930 m), DAV, Ende Mai bis Mitte Oktober, Tel. +49 8652 964222. Wimbachgrieshütte (1327 m), TVN, Mitte Mai bis Mitte Oktober, Tel. +49 8657 7944001. Wimbachschloss (937 m).
Höhenmeter: Hüttenzustieg 1300 Hm. Gratüberschreitung ca. 950 Hm.
Karten: AV 25, Blatt BY21. F&B 50, Blatt 393.

Zustieg

Beim Parkplatz nach links über die Wimbachbrücke und auf breiten Waldwegen (Nr. 441) recht kräftig ansteigend via Stubenalm (1140 m) zur Jausenstation Mitterkaseralm, die uns auf einer schönen Lichtung empfängt. Nun weiter in engen Kehren durch eine Schneise und zur Falzalm, wo der Wald endgültig zurückbleibt. Wenig später kommt von links der Falzsteig von Kühroint dazu. An den ostseitigen Hängen des Falzköpfls schraubt sich die Route weiter in die Höhe und erreicht über eine Geländekante das direkt auf der Felsnase thronende Watzmannhaus (1930 m). Hier wird in aller Regel gemeinsam mit vielen Gleichgesinnten übernachtet.
Am nächsten Morgen ist ein früher Aufbruch dringend anzuraten, nicht nur wegen der besonders schönen Stim-

Mit dem Aufstieg zum Hocheck beginnt die große Watzmann-Überschreitung.

mungen. Die Tour wird sich ziehen, und zwar umso mehr, je stärker man in allfällige Staus verwickelt wird. Ein Schrofenpfad führt problemlos in Serpentinen am Nordhang empor – rechts die Watzmanngrube, zur Linken die Abbrüche ins Watzmannkar. Eine kurze Versteilung zur »Schulter« ist gesichert, dann wieder leichter über schuttbedeckte Felsen, stets knapp neben der Kante, bis die letzten Felsen auf das Hocheck (2651 m) leiten. Hier, am Watzmanngipfel der Bergwanderer, ist das Warmlaufprogramm beendet, und der Ernst der eigentlichen Gratüberschreitung kann beginnen.

Über den Watzmanngrat

An der Unterstandshütte vorbei steigen wir – meist von Drahtseilen geleitet – über die nun ausgesetzte Gratschneide etwas bergab, queren anschließend im Auf und Ab an der Westseite weiter, ehe der Gegenanstieg zur Mittelspitze (2713 m) ansetzt. Der topografische Kulminationspunkt des gesamten Massivs wird über ausgeprägte Plattenschüsse und gestufte Felsen gewonnen. Wer sich von diesen Kletterstellen (A bis B) bereits an seine Grenzen gebracht fühlt, sollte jetzt besser umkehren, denn die Fortsetzung gestaltet sich noch eine Spur schärfer, vor allem was die Länge des volle Konzentration erheischenden Geländes anbelangt.

Luftige Abwärtspassagen am Grat (B, teilweise auch ungesichert) leiten diesen Teil ein. Danach folgen einige Abschnitte auf westseitigen Bändern, womit schroffe Gratpartien günstig umgangen werden. Ein ansteigendes Band führt zurück auf die Schneide, die wieder eine anregende Passage mit schaurig-schönen Tiefblicken bereithält. Abermals müssen wir absteigen, und zwar bis in die tiefste Scharte vor der Südspitze (A). Man verbleibt vorerst in unmittelbarer Gratnähe, weicht dann sogar für ein kurzes Stück in die jäh abfallende Ostseite aus, ehe die letzten Felsaufschwünge zur Südspitze (2712 m) wieder mehr auf der Westseite erklettert werden (maximal B). Dort ist zweifellos unser emotionaler Höhepunkt erreicht.

Abstieg

Anfangs bleiben wir am Grat in südlicher Richtung, wenden uns bald jedoch nach rechts in ein Rinnensystem hinab. Über gesicherte Felsstufen werden gut 200 Höhenmeter abgeklettert (teilweise I), um auf das Obere Schönfeld zu

Luftig geht's hinter der Mittelspitze bergab.

gelangen. In Schutt und Schrofen leicht links haltend, dann über eine weitere steile Geländestufe auf das Untere Schönfeld, das mit seinen Rasenpolstern erste lieblichere Akzente setzt. Am unteren Rand steigt man nach links in einen Graben ein. Wo dieser ungangbar wird, mittels Linksquerung über einige Rippen. In der bizarr zerklüfteten Ramsaudolomit-Landschaft führen weitere sandige, latschengesäumte Gräben, zum Teil von schweren Eisenketten begleitet, zum Auslauf auf die Schotterfelder im hinteren Wimbachgries. Erst dort sind die Schwierigkeiten ausgestanden und die Zapfhähne der Wimbachgrieshütte (1327 m) in greifbare Nähe gerückt.

Den Rest der Tour bildet der neun Kilometer lange Talhatscher durchs gesamte Wimbachtal hinaus, mit müden Füßen vielleicht nicht mehr wirklich zu genießen, aber landschaftlich durchaus eindrücklich. Man wandert durch typische Spirkenareale, eine geobotanische Besonderheit des Tals, kreuzt bald einmal den mächtigen Schuttstrom und steuert in ganz leichtem Gefälle auf das Wimbachschloss (937 m) zu. Weiter talauswärts kommen wir zur Wimbachklamm, die oberhalb umgangen wird. An der Wimbachbrücke schließt sich der Kreis.

Am Saum des Himmels: Die Impressionen am Watzmanngrat sind einfach überwältigend!

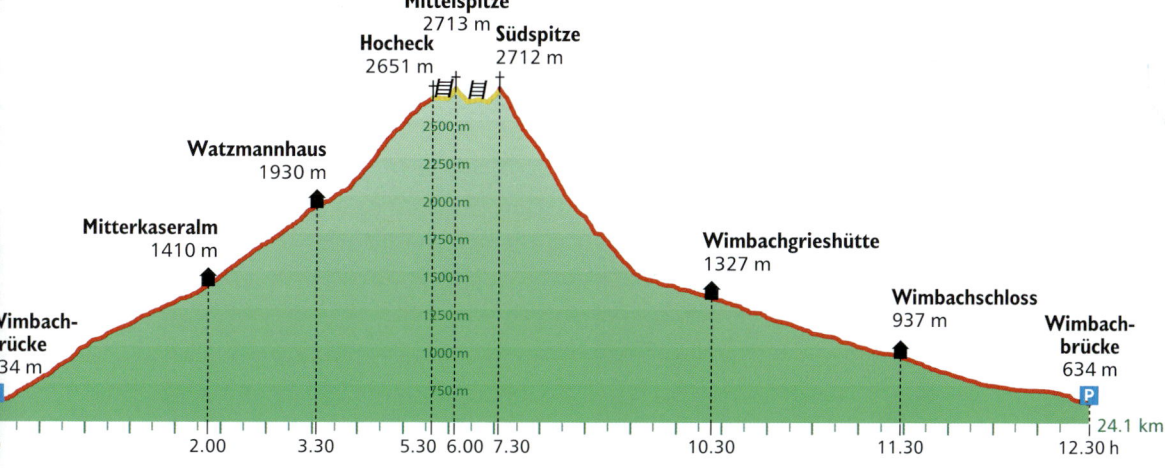

Berchtesgadener Alpen

15 Berchtesgadener Hochthron, 1972 m
Hochthron-Klettersteig

7.30 Std.
1200 m ↑
1200 m ↓

Im Steilfels des sagenumwobenen Untersberges

Der Ferrataboom der letzten Jahre wurde 2007 auch zum Untersberg getragen, wo man in der konkaven, vormittags sonnendurchfluteten Ostwand des Berchtesgadener Hochthron eine kühne Linie eröffnet hat: ganz im Trend der Zeit. Zu den typischen Sportklettersteigen mag ich sie dennoch nicht zählen, zumal wir uns an respektablen Wandabbrüchen bewegen, die auch bei Kletterern seit jeher hoch im Kurs stehen. Der spontan ausgelöste »Run« auf den neuen Hochthron-Klettersteig – begünstigt durch die gute Erreichbarkeit aus dem Großraum Salzburg bzw. dem Südosten Bayerns – dürfte gewiss von einiger Beständigkeit bleiben, denn die Route hat allemal das Zeug zum modernen Klassiker, wie es so schön heißt. Die Anforderungen an Klettertechnik, Kraft sowie das Nervenkostüm sind beachtlich, aber doch noch nicht extrem: angenehm kompakt und griffig der Fels (hoffentlich wird er nicht allzu schnell poliert), maßvoll gesetzt die Trittbügel, ganz schön knifflig manche Passage wie etwa die kraftraubende Hangelschuppe oder die Direttissima durch die »Raue Welt«.

Jetzt wird's ernst: Einstieg!

Wer nicht bloß aufs Eisen schaut, erkennt im Untersberg einen mächtigen, verkarsteten Plateaustock, ost- und südseitig mit hellen Felswänden garniert, oben unübersichtlich gewellt und von einer teils undurchdringlichen Latschenmacchia überzogen, innen schließlich ziemlich ausgehöhlt (was nicht zuletzt die eine oder andere Legende gezeitigt hat). Man genießt auch ein vortreffliches Panorama, schon wenn sich auf Höhe des romantischen Scheibenkasers Watzmann und Co. erstmals in Szene setzen, mehr noch am Hochthron selbst, wenn die Blicke vollends ringsum schweifen. Und wahrscheinlich begegnet man einigen Tieren, allemal den listig-frechen Dohlen am Gipfel, vermutlich auch ein paar Gämsen, die unterhalb der Felsen oder auf der Hochfläche friedlich äsen, und mit etwas Glück sogar einem Weißkopfgeier, der mit erhabener Leichtigkeit über dem Untersberg seine Kreise zieht, um dann und wann zu Fütterungen im Salzburger Tierpark Hellbrunn »einzukehren«. Ja, auf diese Weise wird doch ein echtes Bergerlebnis daraus …

Der malerische Scheibenkaser mit der sonnenbeschienenen Südostwand, die vom Hochthronsteig durchzogen wird.

ANFORDERUNGSPROFIL

Schwierigkeit	D
Klettertechnik / Kraft	●●●
Ausgesetztheit	●●●
Kondition	●●
Alpine Erfahrung	●●

TOURENINFO

Charakter: Technisch und psychisch anspruchsvoller Klettersteig mit sportlicher Routenführung in einer anhaltend steilen, exponierten Wand. Tendenziell nach oben hin zunehmende Schwierigkeiten (maximal D, oft um C) mit einigen senkrechten Stellen, aber auch luftigen Quergängen. Fast durchgehend mit Drahtseil und wo nötig auch (zurückhaltend) mit Bügeln gesichert. Es existiert kein Notausstieg. Recht lange Tagestour.

Höchster Punkt: Berchtesgadener Hochthron (1972 m).
Exposition: Ost bis Südost.
Jahreszeit: Mitte Mai bis Ende Oktober.
Ausgangspunkt: Parkplatz Roßboden (ca. 780 m) bei Hinterettenberg. Zufahrt von Marktschellenberg über eine Bergstraße.
Einkehr/Übernachtung: Stöhrhaus (1894 m), DAV, Ende Mai bis Mitte Oktober, Tel. +49 8652 7233. Beim Scheibenkaser zur Almzeit Getränke erhältlich.
Höhenmeter: 1200 Hm bis Gipfel, davon knapp 400 Hm Klettersteig.
Karten: AV 25, Blatt BY22. LDBV 50, Blatt UK 50-55. F&B 25, Blatt D5. F&B 50, Blatt 393.

Zustieg

Vom Parkplatz geht es im Bergwald zunächst auf breitem Forstweg, später auf einem Wandersteig in Schleifen aufwärts, bis man auf das Almgelände des Scheibenkasers (ca. 1430 m) hinaustritt. Erste herrliche Blicke über das Berchtesgadener Land tun sich auf – eine Kulisse wie aus einem Heimatfilm. Bei der Hütte nach rechts dem sogenannten Grubenpfad und dem Hinweis auf unseren Klettersteig folgend über Latschenwurzelwerk zu einem Schuttfeld und zum Anseilplatz bei einer Nische am Fuß der Wand. Noch kurz nach links über den Schotter zum nahen Einstieg (ca. 1600 m).

Hochthron-Klettersteig

Die erste Plattenpassage führt diagonal nach rechts zu einem Wechselspiel von kleineren Aufschwüngen (C), die schon ordentlich Zupacken erfordern (einige Bügel), und leichteren Stellen. Um eine luftige Kante gelangt man auf das »Gamsband«, eigentlich eine Rampe, die aber nur gequert wird und gleich zum nächsten Pfeiler (C) überleitet. Hier mithilfe etlicher künstlicher Tritte, aber an glatter Wand äußerst exponiert, in schräger Linie nach links aufwärts. Hinter einem Eck erwartet uns das sogenannte »Genusswandl«, das zwar ebenfalls steil, aber stärker gegliedert ist (B/C). Dann mit ein paar leichteren Zügen (B) in eine markante, schräg abfallende Schluchtrinne, die uns kurzzeitig vom Drahtseil entbindet (Vorsicht bei Schnee im Frühsommer). An einem Wandl steigt man auf die Schluchtrampe und folgt dieser nicht zu schwer nach rechts hinauf, wo mit dem »Fotoquergang« (C) eine der attraktivsten Passagen beginnt. Exponiert verschwindet man um eine Kante herum. Das anschließende gestufte Stück (A/B) sollten wir zum Auflockern nutzen, denn mit der abdrängenden Traverse entlang der »Hanglschuppe« (D) setzen bald die schwierigsten Passagen ein. Wer hier mit Kurzsicherung arbeitet, ist kräftemäßig entscheidend im Vorteil. Am Ende der Leiste geht es sofort in die vertikale »Raue Welt« hinein – ein kräftezehrender Durchstieg in der Falllinie (bis D), der zumindest von einigen weit auseinanderliegenden Tritten unterstützt wird. Auch die Fortsetzung Richtung »Latscheneck« ist noch außerordentlich steil (C/D), ehe mit Erreichen des Wandbuches das Gröbste geschafft ist. Im »Ausstiegskamin« und kurz vor dem Plateau folgen zwar noch ein paar C-Stellen, von denen wir uns jetzt aber nicht mehr ins Bockshorn jagen lassen. Abrupter Szenenwechsel auf der Hochfläche, wo linker Hand in wenigen Minuten der Gipfel des Berchtesgadener Hochthron (1972 m) gewonnen wird.

Abstieg

Auf dem markierten Untersberg-Plateauweg wandern wir durch Latschenfelder und an typischen Dolinen vorbei westwärts zum Stöhrhaus (1894 m). Knapp

Der »Fotoquergang« gehört zu den kühnsten Stellen am Hochthronsteig.

unterhalb bietet eine vorspringende Kanzel einen tollen Blick in die bauchigen Südwände. Weiter über den Stöhrweg (Nr. 417) zum sogenannten Leiterl und zum Abzweig des Roßlandersteiges (Nr. 466). Dieser quert nun die südliche Flanke mit minimalen Zwischenanstiegen nach Osten und bringt uns damit zurück zum Scheibenkaser. Von dort wie gehabt zurück zum Parkplatz.

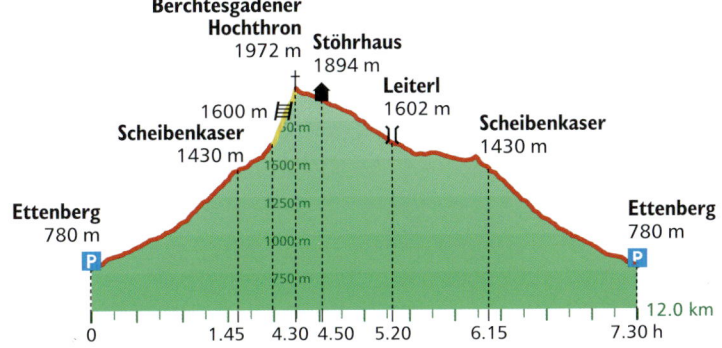

Chiemgauer Alpen

16 Hochstaufen, 1771 m
Pidinger Klettersteig

7.30 Std.
1300 m ↑
1300 m ↓

Bayerns rassigste Ferrata am Reichenhaller Hausberg

Dass ausgerechnet an einem Voralpengipfel im Chiemgau einer der absolut schwierigsten Klettersteige der Bayerischen Alpen verläuft, mag vorderhand überraschen. Doch beim Lokalaugenschein entpuppt sich der Hochstaufen mit seinem markanten Profil und dem felsigen Antlitz der Nordseite erstens als gar nicht so voralpentypisch und zweitens erkennt man darin schon einige Pfeiler und Felszonen, die eine rassige Linie vermuten lassen. Die alpine Note ist also durchaus gegeben, obwohl sich die Tour deutlich unterhalb der 2000-Meter-Marke abspielt. Freilich sind die Anforderungen nicht homogen durchzuhalten, was angesichts der Länge (700 Höhenmeter ab Einstieg) aber durchaus willkommen sein dürfte. Die Route gliedert sich in drei versetzt laufende Abschnitte, die von Gehpassagen getrennt sind. Im ersten Teil ist hauptsächlich die steile Einstiegswand ein Prüfstein, auf dass Mindergeübte gar nicht erst in Versuchung geraten. Noch ein Schippchen draufgelegt wird an den senkrechten Aufschwüngen im mittleren und oberen Bereich: Da braucht's ausdauernde Armkräfte oder besser noch die Technik eines versierten Kletterers. Bergwanderer, die mal »was Steileres« machen wollen, wird man denn auch kaum antreffen. Manch einer, der typische C-Routen gewohnt ist, mag sich unter Umständen wundern, um wie viel anspruchsvoller der um einen Grad höher eingestufte »Pidinger« tatsächlich ist. Der Hochstaufen hat damit fraglos eine attraktive Route hinzubekommen. Warum ich aber vor allem gern hinaufsteige, ist seit eh und je unverändert geblieben: Die Aussicht – hinein in die Berchtesgadener Alpen, hinaus ins Alpenvorland und hinab auf die Dächerlandschaft von Bad Reichenhall – gehört einfach zu den schönsten weit und breit. Und das Reichenhaller Haus, nur einen Steinwurf vom Gipfel entfernt, trägt sicher auch nicht unwesentlich dazu bei …

ANFORDERUNGSPROFIL	
Schwierigkeit	D
Klettertechnik / Kraft	●●●
Ausgesetztheit	●●●
Kondition	●●●
Alpine Erfahrung	●●

TOURENINFO

Charakter: Sehr schwieriger und auch langer Klettersteig mit durchaus alpinem Anstrich. Knackige Steilaufschwünge bis zum Grad D, unterbrochen von leichteren Querungen, zeichnen den Steig aus. In der Vertikalen immer wieder Trittbügel (mit teils großen Abständen), dennoch reichlich Felskontakt auch bei trittarmen Stellen, also keineswegs übersicht. Ganz klar nur für routinierte Klettersteigler mit gesunder Psyche und Durchhaltevermögen in schwierigem Gelände. Nach gut einem Drittel Notausstieg vorhanden. Der Abstieg erfordert ebenfalls Trittsicherheit, die ganze Tour einige Ausdauer.
Höchster Punkt: Hochstaufen (1771 m).
Exposition: Durchwegs Nord.
Jahreszeit: Juni bis Oktober, falls schneefrei.
Ausgangspunkt: Parkplatz Urwies (ca. 500 m). Zufahrt über ein Forststraßenstück, das kurz hinter Urwies von der Straße Richtung Aufham abzweigt.
Einkehr/Übernachtung: Reichenhaller Haus (1750 m), DAV, Anfang Mai bis Mitte Oktober, Tel. +49 8651 5566. Steiner Alm (1027 m).
Höhenmeter: Rund 1300 Hm, davon 700 Hm Klettersteig.
Karten: AV 25, Blatt BY19. LDBV 50, Blatt UK 50-55.

Im zentralen Abschnitt ist ein sehr steiler Pfeiler (D) zu erklimmen.

Zustieg

Die Tour beginnt mit einem Forststraßenhatscher auf der Strecke zur Steiner Alm. Man kommt an einem kleinen Alpenpflanzengarten und einem Aussichtspunkt mit Kreuz vorbei, bald darauf an der Mairalm, in deren Nähe eine Route Richtung Steinerne Jäger abzweigt. Noch ca. 1 km weiter dem Hauptweg folgend, dann links ab, mit einem markanten Bogen zu einer Schotterreiße und dort über einen etwas unangenehmen Pfad zum Einstieg (ca. 1080 m) hinauf.

Pidinger Klettersteig

Die erste Wandstufe direkt neben der Ausmündung einer steilen Rinne setzt gleich einmal Maßstäbe. Ohne allzu viele künstliche Tritte muss sie in guter Technik überwunden werden (C/D). Hinter einem Absatz geht's etwas moderater weiter, allerdings erfordern weitere Steilstücke (bis C) am Rand besagter Rinne immer noch einigen Einsatz, bevor es vorübergehend wirklich leicht wird. Die Drahtseile laufen vorerst in der Rinne aus. Darin kurz aufwärts, quert

man nach rechts hinaus, um auf einem Pfad – eine weitere Rinne kreuzend (A) – den Beginn des nächsten Pfeilers zu erreichen (hier auch erste Ausstiegsmöglichkeit nach rechts).
Die den Mittelteil des »Pidingers« einleitende Pfeilerwand verlangt mit ihrem Zickzack über eisengespickten Fels Kletterei in höchster Exponiertheit (bis D). Nur kurz bietet eine Bänderquerung etwas Entspannung, ehe der nächste, allerdings besser gestufte Aufschwung (C) wartet (davor besteht die zweite und letzte Chance, zur Abstiegsroute abzudrehen). Über teils plattige Passagen linker Hand zu einer kaminartigen Rinne und weiter bis auf den Pfeilerkopf (oft C). Um eine Kante herum setzt man zum »Panoramaquergang« in einen Rinneneinschnitt an, wobei neben Traversen manch kleine Stufe abzuklettern ist (A und B). Die Fortset-

Leichteres Schrofenterrain im unteren Teil des Pidinger Klettersteiges.

zung jenseits der Rinne führt über eine etwas luftige Plattendiagonale (B) in einen kleinen Schuttkessel und damit zum dritten Teil des Klettersteigs (Rastbank).

Schräg links hoch nähern wir uns der sehr steilen Gipfelwand, die uns mit Passagen bis D nochmals alles abverlangen wird. Am oft glatten Pfeiler geht es von etlichen Zusatztritten unterstützt aufwärts, besonders schwer an einer kleinen Engstelle. Oberhalb von rechts her auf eine schöne Plattenkante und zu einem Schärtchen, wo sich das Wandbuch befindet. Links davon bäumt sich die Pfeilerkante nochmals senkrecht auf (Klammerreihe, C), ehe sie langsam abflacht und schließlich in den harmlosen Gipfelschrofen ausläuft. Kurz darauf schlägt man am Gipfelkreuz des Hochstaufen (1771 m) an.

Abstieg

Nach einem obligatorischen Abstecher zum Reichenhaller Haus (kurzer Abstieg) geht es vom Gipfel nordwestwärts über einen Schuttsteig mit felsigen, teils drahtseilgesicherten Einlagen (A) bergab. Man gelangt am Rande eines großen Schutttrichters hinunter in den Wald, dort in einen Sattel (Bayerisches Stiegl, ca. 1170 m) und hält sich rechts Richtung Piding. Kurze Zeit später lädt die Steiner Alm (1027 m) zur Einkehr. Von dort über den Wirtschaftsweg – mit einer Abkürzung vor der Brücke – zurück zum Parkplatz Urwies.

Auch das Finale hat es absolut in sich!

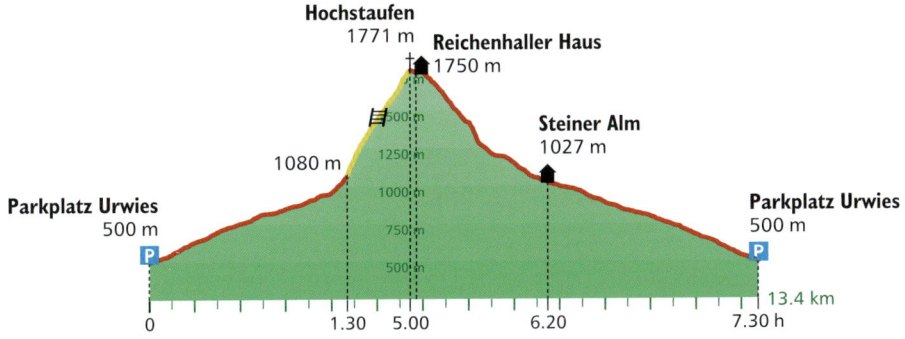

Loferer Steinberge

17 Großes Hinterhorn, 2506 m
»Wilder Hund« und »Nackter Hund«

9.00 Std.
1700 m ↑
1700 m ↓

Unterwegs in den wüsten Steinbergen

Die Loferer Steinberge, mit den benachbarten Leogangern oft in einem Atemzug genannt, ragen als isolierte, wehrhafte Felsburgen an der Grenze zwischen Salzburg und Tirol auf. Sehr ursprünglich, spröde und für große touristische Erschließungen nicht geeignet, sind sie bis heute vollumfänglich eine hochalpine »Fußgängerzone« geblieben, die vornehmlich von gestandenen, ausdauernden Bergsteigern aufgesucht wird. Denn die Wege hinauf sind lang und beschwerlich, die Kargheit wirkt zuweilen bedrückend. Eigentlich passt ein Klettersteig gar nicht recht in diese ungezähmte Bergwelt. Dass man am zentralen Gipfel der Loferer, dem Großen Hinterhorn (auf Tiroler Seite auch als Mitterhorn geläufig), einen solchen installiert hat, darf wohl als Zugeständnis an unsere Zeit gewertet werden. Immerhin geht hier nichts mit dem schnellen Konsum: Da Ausgangspunkt und Einstieg mindestens 1300 Höhenmeter trennen, wundert es kaum, dass dieser Klettersteig längst nicht so überrannt wird wie andere. Mir persönlich hat er freilich gefallen, weniger weil er den wohl alpenweit lustigsten Namen trägt, sondern weil das Ambiente stimmt und die Turnerei am straffen Drahtseil schwierigkeitsmäßig ein gesundes Maß trifft. Wir nehmen zunächst den nachträglich eingerichteten »Wilden Hund« aufs Korn, schleichen anschließend an der Flanke des »Nackten Hundes« – so heißt übrigens ein Felsgebilde im Gratverlauf – über ausgesetzte Bänder, ehe uns der mehrfach steilgestufte, wie eine Himmelsleiter anmutende Schlussgrat regelrecht beflügelt.

Wie auf einer Himmelsleiter fühlen wir uns am Südostgrat des Großen Hinterhorn.

ANFORDERUNGSPROFIL

Schwierigkeit	D
Klettertechnik / Kraft	●●●
Ausgesetztheit	●●
Kondition	●●
Alpine Erfahrung	●●

TOURENINFO

Charakter: Sehr schwierige Route mit den höchsten Anforderungen am »Wilden Hund« (wiederholt D, kann über das Wehrgrubenjoch ausgelassen werden). Am »Nackten Hund« zumindest bis C/D; kraftraubende senkrechte Aufschwünge und exponierte Bänderquerungen im Wechsel. Dazu kommt eine raue, alpine Umgebung, zumindest mit passablem Felssteig beim Abstieg. Als Tagestour ziemlich lang, besser mit Übernachtung.

Höchster Punkt: Großes Hinterhorn (Mitterhorn, 2506 m).
Exposition: Nordost bis Südost.
Jahreszeit: Anfang Juli bis Ende September.
Ausgangspunkt: Parkplatz oberhalb der Militäranlagen im Loferer Hochtal (ca. 800 m). Zufahrt von Lofer (aus dem Ort, nicht von der Umgehungsstraße) Richtung Pass Strub und davor links ab.

Mehrfach geht's in die Vertikale.

Einkehr/Übernachtung: Schmidt-Zabierow-Hütte (1966 m), DAV, Ende Juni bis Anfang Oktober, Tel. +43 6588 7284 oder +43 664 3512018.
Höhenmeter: Hüttenzustieg 1150 Hm. Gipfelroute 550 Hm.
Karten: AV 25, Blatt 9. F&B 50, Blatt 393.

Zustieg

Vom Parkplatz folgen wir Weg Nr. 601 aufwärts und weichen der unteren Steilstufe gleich links haltend aus. Unterhalb der Schwarzwand am Standort der längst verfallenen Steinberghütte (die in der Pionierzeit als Stützpunkt gedient hat) vorbei aufs Untere Trett. Nun steigt der Weg in Kehren mehr nach rechts an. Über die Geländeabstufungen des Mittleren und Oberen Trett erreicht man, zuletzt zunehmend über steinig-karstiges Terrain, die Schmidt-Zabierow-Hütte (1966 m) auf dem Gamskopf. Hinter

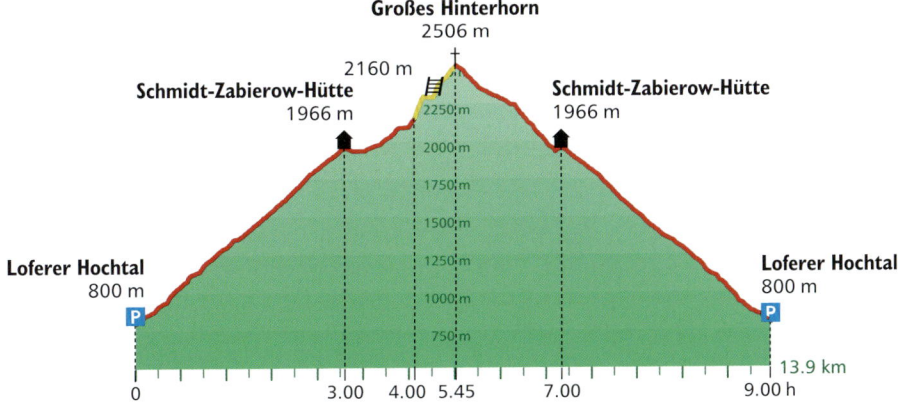

dem Schutzhaus leicht abwärts in die Karstmulde der Großen Wehrgrube, die auf der rechten Seite durchquert wird. Über nackten Fels geht es gegen das Wehrgrubenjoch (2218 m) hinan, doch schert man noch unterhalb nach rechts aus und gelangt zum Einstieg des »Wilden Hundes«.

»Wilder Hund« und »Nackter Hund«
Bereits die ersten beiden Stufen – unterbrochen durch ein Band – setzen den Tarif D, anschließend geht es zunächst mittelschwierig über die von Absätzen gegliederten, kompakten Schichtpakete weiter. Insgesamt rechts haltend zu den nächsten D-Stellen, die teils an Rissen erklettert werden. Erst die letzten Stufen bis zum Ausstieg auf das Horizontalband werden sukzessive moderater.

Hier nun nach rechts zur Fortsetzung am »Nackten Hund«. Zunächst geht es in luftiger Traverse auf manchmal von Stufen oder Kaminen unterbrochenen Bändern bis in eine markante Gratscharte, wobei einige Stellen bereits knapp über den Grad C hinausgehen (dabei teils auch abkletternd!). Im Bereich der Scharte wird das Felsgebilde »Heinrich und der Löwe« überstiegen, um Anschluss an den Südostgrat des Großen Hinterhorn zu erhalten. Dort folgt eine Serie senkrechter Aufschwünge, die mit Drahtseilen, Klammern und Stiften bestens abgesichert ist. Flache Absätze erlauben zwischendurch ein Verschnaufen, weshalb die Anforderungen zwar häufig hoch (C/D), aber nicht durchgängig sind. Ganz am Schluss über leichteres, geröllbedecktes Felsgelände zum Gipfel (2506 m).

Abstieg
Wir steigen in die gebänderte Ostflanke ab und durchmessen sie parallel zum Gratverlauf in Richtung Kleines Hinterhorn (2369 m). An diesem links vorbei gelangt man in den Sattel der Waidringer Nieder (2302 m), wo von links der Griesbacher Steig einmündet. Weiter in leicht absteigender Querung durch die Steilflanken des Breithorn, anschließend in Serpentinen deutlicher hinab, wobei an zwei Stellen ein kurzes Fixseil gespannt ist. Aus einer Geländesenke in wenigen Minuten hinauf zur Hütte oder gleich talwärts über den bekannten Steig ins Loferer Hochtal.

Varianten
Alternativ kann das Wehrgrubenjoch auch von Südwesten mit einem Anstieg durchs wilde Lastal erreicht werden (1300 Hm, 3.30 Std. ab Weißleiten bei St. Ulrich am Pillersee). Ein paar wenig schwierige Leitern gibt es am Südwestgrat des Mitterhorn, der beim Retourweg ins Lastal begangen wird. Noch reizvoller ist in diesem Fall aber der Nuaracher Höhenweg über eine ganze Handvoll Gipfel bis zum Ulrichshorn und von dort talwärts nach St. Ulrich: die schönste Tour überhaupt in den Loferer Steinbergen; Gehzeit ca. 10 Std.!

Kaisergebirge

18 Ellmauer Halt, 2344 m
Kaiserschützensteig und Gamsängersteig

3 Tage
17.00 Std.
2700 m ↑
2700 m ↓

Über die höchste Zinne des Wilden Kaisers

Diese Tour ist gut für ein ganzes, ausgefülltes Wochenende – wiewohl man mit Recht fragen darf, ob sie ausgerechnet dann in die Tat umgesetzt werden sollte, wenn womöglich viele die gleiche Idee haben. Denn das Kaisergebirge und ganz besonders ihr höchster Zacken, die Ellmauer Halt, gehören zu den beliebtesten Bergrevieren im nördlichen Alpenraum. Das Netz der Bergwege – ein paar zünftige Felssteige eingeschlossen – ist außerordentlich dicht geknüpft, von den Möglichkeiten für Kletterer ganz zu schweigen. Und das bei einer Traumkulisse, die sich von den benachbarten Vorgebirgsmugeln sowie den Kitzbüheler Grasbergen buchstäblich abhebt.

Die beiden Klettersteige an der Ellmauer Halt sind im klassischen Stil angelegte Routen. Will heißen: Sie suchen nicht per se die Schwierigkeiten, sondern folgen eher logischen Linien, die allzu happigen Felsbarrieren auch gerne einmal ausweichen, um durch technisch leichteres – aber keineswegs harmloses! – Schrofengelände voranzukommen. Der altehrwürdige, viel begangene Gamsängersteig ist ohnehin bereits vor Zeiten als Normalweg versichert worden: Einen leichten Weg auf die Ellmauer Halt gibt es nicht! Den erst 1986 eröffneten Kaiserschützensteig macht vor allem seine Länge eine Nummer anspruchsvoller. Reine »Eisenfresser« kommen angesichts der freien Strecken allerdings weniger auf ihre Kosten als der versierte Allrounder, der den Berg um des Berges willen besteigt. Und dem dürften dann auch die Seitensprünge zur Kleinen Halt und zur Gamshalt willkommen sein.

Kamin am Gamsängersteig.

Konditionsstarke können beide Routen an einem Tag schaffen, sofern sie bei der Wochenbrunner Alm starten. Aber es gibt ja so viel mehr zu sehen im Kaisergebirge. Wie wär's mit der klassischen Annäherung von Kufstein durchs Kaisertal? Wenn sich abends die Schatten über die waldige Talfurche legen und die Plattenwände, Felsgrate und Gipfelzacken im letzten Licht glimmen, ist man doch jedes Mal wieder aufs Schönste eingestimmt. Am Folgetag packen wir die große Überschreitung an, günstigerweise mit dem Kaiserschützensteig im Aufstieg. Nach einer weiteren Übernachtung in der Gruttenhütte queren wir auf dem Jubiläumssteig durch die Hauptdolomitformation im Wilden Gschloß, steigen dann zum Ellmauer Tor an und durchmessen jenseits die zyklopenhafte, von Fleischbank und Predigtstuhl eingefasste Steinerne Rinne auf dem Eggersteig Richtung Stripsenjoch. Ferratamäßig gewiss nichts Sensationelles, aber welche Landschaftsbilder! So wird eine große, vielfältige Kaisertour daraus, die kaum Wünsche offen lässt.

ANFORDERUNGSPROFIL

Schwierigkeit	**B/C**
Kaiserschützensteig	B/C
Gamsängersteig	B/C
Steinerne Rinne	A/B
Klettertechnik / Kraft	●●
Ausgesetztheit	●●
Kondition	●●●
Alpine Erfahrung	●●

TOURENINFO

Charakter: Große, zweieinhalbtägige Bergtour, überwiegend mit Klettersteigcharakter an der Ellmauer Halt, am letzten Tag nur kürzere, leichtere gesicherte Abschnitte. Schwierigste Stellen an Kaiserschützen- und Gamsängersteig jeweils B/C (auch absteigend), dazu weithin anspruchsvolles Felsschrofengelände mit freien Passagen im I. Grad. Phasenweise erhebliche Steinschlaggefahr (Helm!). Neben solider Bergerfahrung ist Ausdauer wichtig, vor allem am Kaiserschützensteig.
Höchster Punkt: Ellmauer Halt (2344 m).
Exposition: Kaiserschützensteig West bis Südwest, Gamsängersteig Süd. Steinerne Rinne Nord.
Jahreszeit: Ende Juni bis Mitte Oktober.
Ausgangspunkt: Kaisertal-Parkplatz zwischen Kufstein-Sparchen und Ebbs (499 m).
Einkehr/übernachtung: Anton-Karg-Haus (829 m), ÖAV, Tel. +43 5372 62578. Hans-Berger-Haus (936 m), TVN, Tel. +43 5372 62575. Gruttenhütte (1620 m), DAV, Tel. +43 5358 2242. Stripsenjochhaus (1577 m), ÖAV, Tel. +43 664 3559094. Alle ungefähr von Mitte Mai bis Mitte Oktober bewirtschaftet.
Höhenmeter: Bis Hinterbärenbad ca. 400 Hm. Ellmauer Halt inklusive Abstecher 1700 Hm. Dritter Tag über Ellmauer Tor und Stripsenjoch gut 600 Hm.
Karten: AV 25, Blatt 8. F&B 50, Blatt 301.

Zustieg

Am Anfang steht die legendäre Sparchenstiege, die uns den Weg ins bezaubernde Kaisertal eröffnet. Dort auf breiter Trasse an Veiten- und Pfandlhof vorbei immer weiter flach taleinwärts, Waldareale und Lichtungen im Wechsel. Eine zwischenzeitliche Variante führt über die malerische Antoniuskapelle und den Hinterkaiserhof (etwas länger). Unser Weg bleibt stets links vom rauschenden Kaiserbach und erreicht nach gut zwei Stunden das Anton-Karg-Haus (829 m) in Hinterbärenbad. 15 Minuten weiter befindet sich das Hans-Berger-Haus (936 m), beide mit Übernachtungsmöglichkeit.
Der weitere Zustieg führt rechts am Hans-Berger-Haus vorbei in Richtung des Einschnitts zwischen Haltstock und Sonneckstock. Über bewachsenes, teils auch schon felsdurchsetztes Terrain gewinnt man mit einigem Zickzack und dann links eindrehend den Unteren Scharlinger Boden. Über die nächste Geländestufe des mächtigen Kares zum Oberen Scharlinger Boden, wo wir den Steig zur Rote-Rinn-Scharte verlassen und links zum Einstieg in den Kaiserschützensteig (ca. 1700 m) hinüberziehen. Dieser liegt am Fuß der großen Verschneidung, die von einer Wand und einer Plattenrampe (»Haltplatte«) gebildet wird.

Kaiserschützensteig

Scharf links geht es an dieser Rampe vorerst noch ungesichert diagonal aufwärts. Mit ersten Drahtseilen um ein Eck und durch einen schrägen Riss kurzzeitig bergab (B/C). Eine Querung (B) führt über Abbrüchen weiter in die »Grüne Rinne«, die von unten nur sehr schwierig erreichbar wäre. In ihrem Bereich jetzt über schrofiges Gehgelände – manch-

mal von den Händen unterstützt – eine ganze Weile aufwärts. Überaus lohnend ist der Abstecher zum Gipfel der Kleinen Halt (2116 m, A und Stellen I in den Schrofen), von dem man einen atemberaubenden Tiefblick genießt, bevor es auf der Hauptroute weitergeht. Einer ausgewaschenen Felsrinne entsteigt man nach rechts und kommt damit zur nächsten Hürde, die von einem plattigen Aufschwung (B/C) gebildet wird. Unter steilen Felsriegeln weicht man nach rechts aus, erklimmt eine Rinne und passiert mit etwas Höhenverlust diverse Ecken (meist um B). Hinter einer Rippe öffnet sich die spärlich begrünte Hangmulde unterhalb der Gamshalt. Hier auf einer Zickzackspur gegen den Grat empor und eventuell mit einem weiteren Abstecher (deutlich kürzer als bei der Kleinen Halt) nach links zu deren Gipfel (2291 m). Anschließend wird das Finale am Gipfelaufbau der Ellmauer Halt eingeleitet. Man hält sich nah an den Grat mit seinen furchterregenden Abbrüchen zur Linken und gewinnt über eine abwechslungsreiche Folge von Rinnen, Bändern und Kaminen (B/C und leichter) den höchsten Punkt (2344 m), wo die Fernschau nach Süden bis zu den am Horizont gleißenden Gletschern der Hohen Tauern frei wird.

Abstieg über Gamsängersteig

Der Abstieg beginnt über Schuttspuren und ein Diagonalband (»Maximilianstraße«) am Unterstand der Babenstuberhütte vorbei und teilt sich dann kurzfristig. Jetzt entweder durch einen mächtigen Kaminspalt mit leicht überhängender Leiter oder im Bereich der Gratrippe zu einem exponierten Plattenriss (jeweils B/C). Gestufte Felsen (B und I) leiten weiter abwärts zum Abzweig Richtung Rote-Rinn-Scharte (2099 m), über die man auf kürzestem Weg wieder auf die Scharlinger Böden und ins Kaisertal gelangen könnte (anfangs weitere Sicherungen und viel Steilschotter). Am Gamsängersteig wartet indes die originelle Passage entlang der gelben Jägerwand, wo man auf zahlreichen eingebohrten Trittklammern den Kontakt zum losen Untergrund gänzlich verliert (A/B). Links ums Eck schwenken wir auf die nur teilweise gesicherten Schrofenbänder der »Gamsänger« (A/B) ein. In schräger Linie durch die Südwand allmählich immer tiefer, steigt man schließlich vollends zum Karboden im Hochgrubach hinunter. Wer die Tour via Kopftörl in den Hohen Winkel runden

Der Gipfelaufbau der Ellmauer Halt.

möchte, hält sich allerdings dicht unter den Felsen des Kopftörlgrats, ansonsten durchqueren wir das grobe Blockfeld Richtung Karschwelle und setzen den Abstieg bis zur Gruttenhütte (1620 m) fort.

Rückweg über Steinerne Rinne
Eine reizvolle Zugabe ist der Rundkurs über Ellmauer Tor und Stripsenjoch, der mitten durch das Herz des Wilden Kaisers führt. Wir ziehen dazu von der

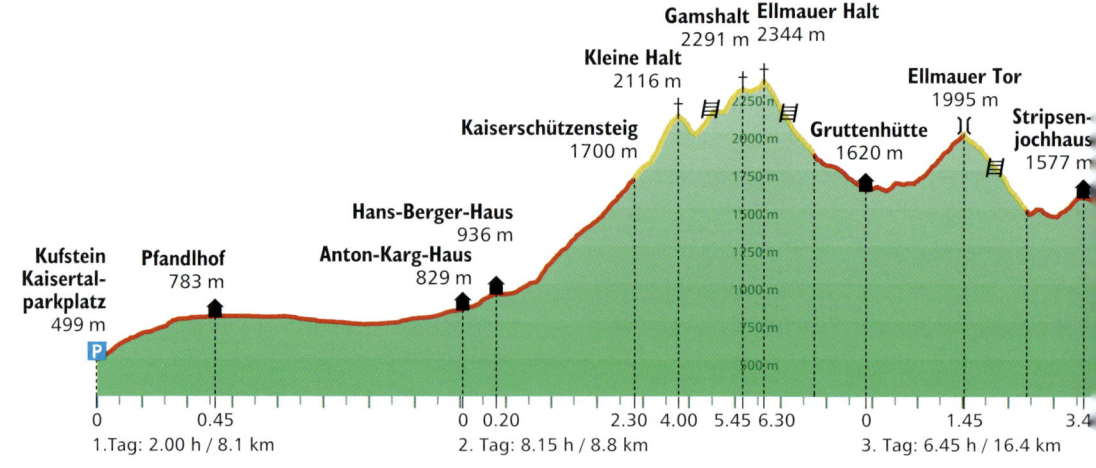

Gruttenhütte fast eben ostwärts weg und gelangen bald ins Wilde Gschloß, eine bizarre, von brüchigen Gräben zerschlissene Felslandschaft. Eine gute, gesicherte Steiganlage (Jubiläumssteig) durchquert dieses Szenario auf Bändern, einmal auch durch einen Felsspalt schlüpfend (A). Am Ende der Traverse steigt man ins schuttreiche Kübelkar auf und erreicht am Scheitelpunkt das Ellmauer Tor (1995 m). Nordseitig öffnet sich jetzt die Steinerne Rinne zwischen den aalglatten Wänden von Fleischbank links und Predigtstuhl rechts. Der Abstieg erfolgt zunächst noch harmlos über Schotter, wird nach unten hin aber deutlich steiler und verlangt dort auch einige Sicherungen (A). Vorsicht aufgrund der Steinschlaggefahr aus den angrenzenden Kletterwänden. Vor dem endgültigen Abbruch der Steinernen Rinne quert der Eggersteig nach links durch die Sockelfelsen der Fleischbank (A/B) und läuft auf dem Wildanger aus. Von diesem Hochtalboden im Gegenanstieg zum Stripsenjoch (1577 m) und seinem viel besuchten Schutzhaus, anschließend auf der anderen Seite zurück ins Kaisertal, wo man beim Hans-Berger-Haus wieder auf den Hinweg trifft.

Der Kaiserschützensteig – eine großartige alpine Route über düsteren Karwinkeln.

Variante

Als Tagestour lässt sich die Kombination Kaiserschützensteig/Gamsängersteig realisieren, wenn man bei der Wochenbrunneralm (1085 m, mautpflichtige Zufahrt von Ellmau) startet. Zunächst erfolgt der Aufstieg über die Gruttenhütte und die Gamsänger bis zur Rote-Rinn-Scharte. Jenseits so weit hinab, bis man rechter Hand zur Haltplatte am Kaiserschützensteig abbiegen kann. Von dort wird die Überschreitung wie dargelegt durchgeführt; Gehzeit insgesamt fast 10 Std. Ab Kufstein muss man mit rund 11 Std. rechnen, wobei die eigentlichen Gamsänger nicht berührt werden.

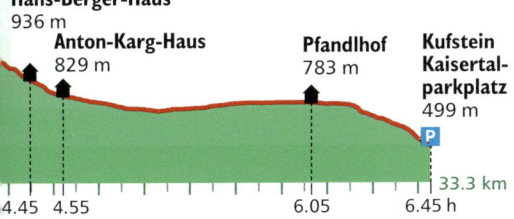

Rofangebirge

19 Haidachstellwand – Hochiss, 2299 m
Achensee 5-Gipfel-Klettersteig

7.10 Std.
1100 m ↑
1100 m ↓

Kleines Ferrata-Enchaînement von Gipfel zu Gipfel

Eine der pfiffigsten Klettersteig-Kreationen gibt es im touristisch gut erschlossenen Rofangebirge zu genießen, und wer weiß, vielleicht wird diese sogar richtungsweisend für zukünftige Anlagen: ein »Gipfelhopping« der besonderen Art, mit vielen buchstäblichen Höhepunkten und einem ständig an- und abschwellenden Adrenalinpegel bei den Begehern. Der »Achensee 5-Gipfel-Klettersteig« verbindet Haidachstellwand, Rosskopf, Seekarlspitze, Spieljoch und Hochiss zu einer einzigen Runde, die – unter Auslassung des schwierigen Rosskopfes – freilich auch schon vorher unter die Wanderfüße genommen werden konnte. Inzwischen sind die zünftigsten Felspartien ans Drahtseil gefesselt, sodass man – für viele ungleich spannender – ebenso auf Klettersteigen verfahren kann. Die Sache trägt zweifellos Merkmale moderner Sportrouten, was Linienführung und Art der Sicherung betrifft, doch bleibt der alpine Rahmen auf der Skyline des Rofan so attraktiv, dass es hier um mehr als nur ums Eisen gehen sollte. Wer sämtliche Sektoren in einem Guss durchzieht und nicht einmal die letzte Bahn verpasst, darf sich als konditionell gut ausgestatteter Ferrata-Profi bezeichnen. Teilbegehungen sind allerdings ohne Weiteres praktikabel; nach jedem Abschnitt ist ein Ausstieg möglich.

Die Rundtour beginnt üblicherweise mit der Haidachstellwand, wobei ich nach persönlicher Eruierung aber nicht die Überschreitung von Südwesten her empfehlen möchte. Denn die kurze Plattenpassage beim Aufstieg kann man sich getrost sparen, um den eigentlichen Klettersteig am Nordostgrat lieber bergauf anstatt im Abstieg zu begehen. Anschließend kehrt man am markierten Steig zum Krahnsattel zurück und nähert sich dem Filetstück der Tour: der Südwand des kühnen Rosskopfes. Kräftig zulangen heißt es in der 100-Meter-Vertikalen über dem Einstieg, und auch auf der Rückseite des Gipfels erlauben ausgesetzte Passagen kein Nachlassen der Konzentration. Den nächsten Aufstieg zur Seekarlspitze hat man mittels luftiger Traverse Richtung Nordwand verlegt, um einen Durchstieg nach Ferrata-Art zu erhalten, während am benachbarten Spieljoch nur die geringfügigen Sicherungen des alten Schrofensteiges blieben. Dieser stellt eine Verbindung zum finalen Sektor an der Hochiss her. Und auch dort suchten die Erbauer nackten Steilfels zwischen Schrofen und fanden ihn an kleinen Pfeilern in der Südostflanke: nochmals ein kleiner Kraftakt, ehe man am höchsten Punkt des Rofan den Schlusspunkt feiert.

Der Rosskopf-Klettersteig beginnt senkrecht.

Passage im Sektor Haidachstellwand.

ANFORDERUNGSPROFIL	
Schwierigkeit	**D**
Haidachstellwand	C
Rosskopf	D
Seekarlspitze/Spieljoch	C/D
Hochiss	C/D
Klettertechnik / Kraft	●●
Ausgesetztheit	●●●
Kondition	●●●
Alpine Erfahrung	●
TOURENINFO	

Charakter: Moderner Klettersteig über mehrere Gipfel, der sich in verschiedene Teilstücke gliedert (dazwischen Wandergelände). Wiederholt sehr ausgesetzt und kraftaufwendig; größter Anspruch am Rosskopf (mit Schlüsselstelle D) und auch sonst nicht zu unterschätzen (öfters C). Gesamtbegehung lange und anstrengende Tagestour, über 3 Std. allein in steilem Klettersteiggelände, jedoch Ausstieg zwischendurch problemlos möglich.
Höchster Punkt: Hochiss (2299 m).
Exposition: Haidachstellwand Nordost, Rosskopf Süd, Seekarlspitze Nordost, Hochiss Südost.
Jahreszeit: Mitte Juni bis Mitte Oktober.
Ausgangspunkt: Bergstation der Rofanbahn (1831 m) von Maurach am Achensee.
Hinweis: Die Rofanbahn verkehrt normalerweise von 8.30 bis 17.00 Uhr, was bei der Tourenplanung (Länge!) ins Kalkül zu ziehen ist.
Einkehr/Übernachtung: Erfurter Hütte (1831 m), DAV, Mitte Mai bis Mitte Oktober, Tel. +43 5243 5517. Außerdem diverse Jausenstationen im Bereich der Bergbahn.
Höhenmeter: Ab Rofanbahn über alle Sektionen ca. 1100 Hm.
Karten: AV 25, Blatt 6. F&B 50, Blatt 321.

Rofangebirge

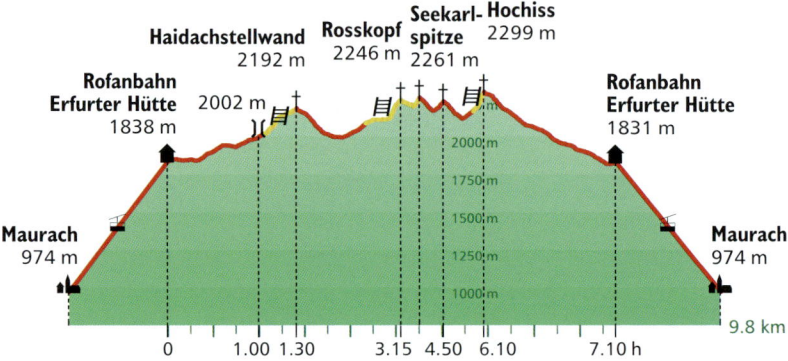

Haidachstellwand

Von der Bergstation durch die Senke beim Mauritzalm-Hochleger und auf dem Grubasteig (Nr. 401) weiter. Nach einem Geländeriegel tritt man in die Gruba-Hochmulden ein und orientiert sich dort rechts Richtung Krahnsattel. Ein kleines Stück südlich befindet sich der Einstieg zur Haidachstellwand auf ca. 2020 m. Am plattigen Auslauf eines Grätchens aufwärts und allmählich über steilere Stufen (fast C) zu einem Köpfl. In seinem Rücken folgt eine Gehpassage, ehe weitere Grataufschwünge (bis B/C) zu meistern sind. Kurz vor dem Ausstieg auf die sanfte, grasig-schrofige Gipfelabdachung ist als Gag eine Seilbrücke installiert. Nun noch etwa 10 Minuten zum Kreuz auf der Haidachstellwand (2192 m). Wer es nur auf diesen Berg abgesehen hat, kann eine Überschreitung nach Südwesten ausführen (kurze Klettersteigpassage, B). Ansonsten zurück zur Hangkante und mit dem markierten Normalweg ohne Schwierigkeiten hinunter zum Krahnsattel.

Rosskopf

Man fädelt von rechts her wieder in den Grubasteig ein und mustert bereits die dolomitenhafte Südwand des Rosskopfes. Die steilen Schotterhalden am Wandfuß werden beim Zustieg vermieden, doch brauchen wir nicht den kompletten Schlenker über die Grubascharte zu vollziehen, weil sich bereits eine problemlos gangbare Abkürzung etabliert hat. Zuletzt quert man kurz links zum Einstieg (ca. 2100 m). Falls jemand den folgenden Abschnitt auslassen möchte: Der Pfad führt weiter am Rosskopf vorbei Richtung Seekarlspitze.

Die Einstiegswand ist mit Grad C/D gleich knackig. Und anhaltend steil und exponiert, aber zumindest ein wenig besser gestuft (C) geht es weiter. Nach einem kurzen Rechtsquergang folgt eine Steilpassage, die sogar in einen kleinen Überhang mündet (Schlüsselstelle, D). Mit dem nächsten Absatz wird es dann

Exponierter Quergang an der Seekarlspitze.

spürbar leichter. Man passiert das sogenannte »Edelweißband« an den oberen Rand eines erdigen Grashanges, den es zu queren gilt. Ein Aufschwung mit anschließender Rampe (B) bringt uns auf den schrofigen Grat, wo noch ein paar gesicherte Stellen (A und B) zum Kreuz auf dem Rosskopf (2246 m) leiten. Der Gipfel wird zur anderen Seite hin überschritten, anfangs durchaus luftig um einen Zacken herum und durch ein Schärtchen (um B). Westseitig schräg abwärts bis zum Grashang und an diesem auf erdigen Spuren, unterbrochen durch kleine Felsstufen, bis in den Kammsattel vor der Seekarlspitze, die von hier ebenfalls problemlos auf der Südseite gequert werden könnte.

Seekarlspitze (vorn) und Hochiss gehören zur Skyline des Rofan.

Seekarlspitze und Spieljoch

Wenige Meter oberhalb des Flankensteiges begibt man sich an einer Engstelle in den nächsten Klettersteigsektor, der mit einem sehr exponierten Wandquergang beginnt (C). Über einen Mini-Vorsprung hinweg kurz abwärts, dann auf ein komfortables Aufwärtsband (A), das gegen die Nordwand hinausleitet. Dort über einen kompakten Aufschwung (C bis D) nochmals sehr steil zum Gipfel der Seekarlspitze (2261 m). Über den grasigen Südhang gelangen wir zurück auf den Schrofensteig und folgen diesem mit kurzen gesicherten Passagen (A) hinauf zum Spieljoch (2236 m). Vom Wiesenhang orientieren wir uns hinüber zum Grat, über den mit ein paar luftigen Stellen (B und kurz C) zum Hochiss-Normalweg abgestiegen wird. Ein rascher Rückweg zur Seilbahn stünde jetzt wiederum offen.

Hochiss

Um auch den letzten und höchsten Gipfel mitzunehmen, wenden wir uns abermals bergauf und schlagen einen weiten Bogen gegen den Gipfelaufbau der Hochiss. Auf ca. 2170 m – etwa dort, wo die Felsen am weitesten herabreichen – erfolgt der deutlich gekennzeichnete Einstieg in den Klettersteig. Anfangs steil und plattig (C), legt sich ein grasiges Stück dazwischen, ehe der zentrale Pfeiler ansetzt (C/D). Teilweise gestuft über weitere Felszonen und zum Schlusswandl (C/D) unter dem Gipfelkreuz der Hochiss (2299 m).

Im Abstieg begehen wir den Normalweg kurz nach Westen, dann scharf links unter der Gipfelwand entlang und zurück auf den bekannten Weg (Nr. 413), der den Sattel östlich des Gschöllkopfes passiert und schließlich Richtung Mauritzalm, Erfurter Hütte und Rofanbahn ausläuft. Eher irritiert gewahren wir den Skyglider »AirRofan«, der einen fragwürdigen Event im Stile von Vergnügungsparks ins Hochgebirge trägt – hoffentlich kein Beispiel, das Schule macht …

Karwendelgebirge

20 Lamsenspitze, 2508 m
Brudertunnel und Gipfelklettersteig

6.45 Std.
1250 m ↑
1250 m ↓

Altbekannter Evergreen im Ostkarwendel

Direkt über dem Dach der Lamsenjochhütte ragt wie ein überdimensionaler Eckzahn die Lamsenspitze in den Himmel – aus dieser Perspektive zweifellos eine der prägnantesten Erscheinungen im Karwendel und besonders eindrucksvoll im Widerschein des ersten Morgenlichts anzuschauen. Sie ist im Grunde ein reiner Kletterberg, wenngleich die ferratamäßige Erschließung entlang der südseitigen »Turnerrinne« schon lange die alpinen Normalos auf den Plan gerufen hat. Diese nehmen den Berg nach wie vor regelmäßig in großer Zahl in Beschlag. Beim Zustieg kann man wahlweise leichter über die Lamsscharte kraxeln oder gleichsam »mit dem Kopf durch die Wand«, sprich den Brudertunnel, gehen. Dieses Felsabenteuer gehört für passionierte Klettersteigler natürlich unbedingt dazu, wobei die technischen Schwierigkeiten jene am Gipfelaufbau sogar übertreffen. Der Ausstieg aus dem düsteren Felsloch ist die Schlüsselstelle und mit seinem Szenenwechsel wohl auch der intensivste Moment der Tour. Oder bietet doch die Gipfelankunft noch eine Steigerung, wenn sich dort das umfassende Panorama entfaltet?

Die Lamsenspitze entsendet ihren Lockruf über dem Falzthurntal.

Karwendelgebirge

ANFORDERUNGSPROFIL	
Schwierigkeit	**C**
Brudertunnel	C
Lamsenspitze	B
Klettertechnik / Kraft	●●
Ausgesetztheit	●●
Kondition	●●
Alpine Erfahrung	●●

TOURENINFO

Charakter: Klassische Gipfeltour mit »zweieinhalb« Klettersteigabschnitten. Brudertunnel-Klettersteig B/C, am Ausstieg kurz etwas schwieriger (nicht ausgesetzt), Gipfelsteig technisch weniger schwierig (maximal B), aber hochalpin inklusive Steinschlaggefahr. Abstieg via Lamsscharte Alpinsteig (kurz A).

Solide Bergerfahrung wichtig, im Rahmen einer Tagestour auch Ausdauer.
Höchster Punkt: Lamsenspitze (2508 m).
Exposition: Brudertunnel Nordost, Gipfelklettersteig Süd.
Jahreszeit: Ende Juni bis Mitte Oktober. Achtung: Im Frühsommer kann der Felstunnel unpassierbar sein!
Ausgangspunkt: Alpengasthof Gramai-Alm (1263 m). Mautpflichtige Zufahrt von Pertisau am Achensee bis zum Ende der Straße ins Falzthurntal.
Einkehr/Übernachtung: Alpengasthof Gramai-Alm (1263 m), privat, Mitte Mai bis Ende Oktober, Tel. +43 5243 5166. Lamsenjochhütte (1953 m), DAV, Mitte Juni bis Mitte Oktober, Tel. +43 5244 62063.
Höhenmeter: Hüttenzustieg 690 Hm. Gipfelroute 560 Hm.
Karten: AV 25, Blatt 5/3. F&B 50, Blatt 321 oder 0151.

Zustieg

Vom großen Gasthof im hinteren Falzthurntal wandern wir weiter einwärts in den Gramaier Grund, wo sich unser Weg auf die linke Seite orientiert und sich einer steileren, von zwei Felsriegeln begrenzten Hangmulde nähert. Dort auf spärlich bewachsenem Schotter in zahlreichen Kehren empor, bis man auf den vom Westlichen Lamsenjoch herüberquerenden Weg trifft. Dies ist der etwas längere Zugang aus der Eng über die Binsalm. Gemeinsam nach links und das letzte Stück sachte ansteigend zur Lamsenjochhütte (1953 m).
Wenige Minuten hinter der Hütte trennen sich die Wege Richtung Lamsscharte und Brudertunnel. Wir zweigen links ab und gehen kurz über Schotterhalden zum nahen Einstieg (ca. 2010 m) am Fuß der rund 150 Meter hohen Felsbarriere hinauf.

Brudertunnel

Der Durchstieg beginnt links haltend mäßig steil, leitet aber schon bald in eine kompaktere Plattenwand hinein, die mithilfe vieler Eisenklammern erklommen wird (bis B/C). Wieder leichter geht es rechts um ein schrofiges Eck und mit einer etwas abdrängenden, aber nicht sehr schwierigen Querung (B) zum Eingangsportal des Brudertunnels. Dort ist es aufgrund von Feuchtigkeit stets etwas rutschig. Nach ein paar sandigen Metern führt eine Klammerreihe über die senkrechte Ausstiegspassage zurück ins Freie (ca. 2170 m): erster Blick nach Süden.

Am Gipfelklettersteig gehen die Schwierigkeiten nicht über Grad B hinaus.

Auf die Lamsenspitze

Wir halten uns nun scharf rechts (links geht's eigentlich zum Hochnissl, doch diese sparsam gesicherte, verwickelte Route ist seit einigen Jahren wegen akuter Felssturzgefahr gesperrt!) und bleiben am oberen Rand der Schutthalden im Lamskar, nehmen zwischendurch den Zugang über die Lamsscharte auf und folgen der deutlichen Spur in den hinteren Karwinkel bis unter den Auslauf der »Turnerrinne«, wo Teil zwei des Klettersteigvergnügens beginnt. Man steigt zuerst in die Rinne ein, begibt sich jedoch alsbald auf die rechte Felsbegrenzung und gewinnt in gut gestuftem Terrain zügig an Höhe (B und leichter). Oberhalb der Rinne gelangt man auf eine Art Gratkanzel und steigt mit einer links ausholenden Schleife über ein Schotterfeld gipfelwärts, zuletzt noch über leichte, ungesicherte Felsen (I). Vom höchsten Punkt der Lamsenspitze (2508 m) schweift der Blick in Tiefen und Fernen, vom bayerischen Oberland bis zum Alpenhauptkamm.

Abstieg

Das Bergab verläuft größtenteils auf der gleichen Route, jedoch nicht wieder durch den Brudertunnel. Stattdessen wechseln wir an der Lamsscharte (2270 m) zurück auf die Nordostseite und bewältigen gleich unterhalb einige gesicherte Passagen über bandartige Absätze und kleine Stufen (A). Dann auf dem Schottersteig weiter unter der Ostwand entlang und schließlich in Windungen hinunter zur Lamsenjochhütte.

Varianten

Alternative Startpunkte sind die Eng (1203 m, Mautstraße von Hinterriß) sowie der Parkplatz im Stallental (ca. 1020 m, Zufahrt von Schwaz über Fiecht). Von dort gelangt man jeweils in 2.30 Std. zur Lamsenjochhütte.

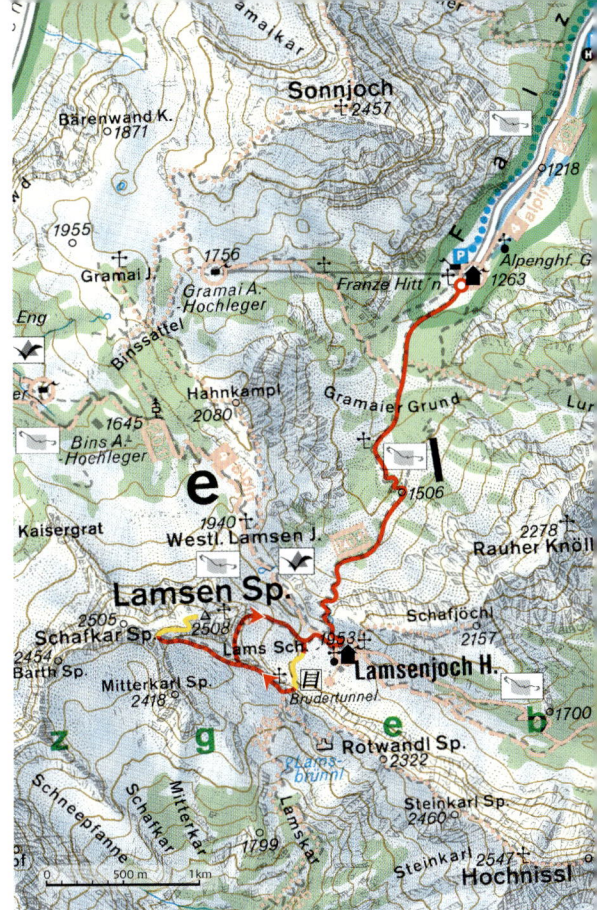

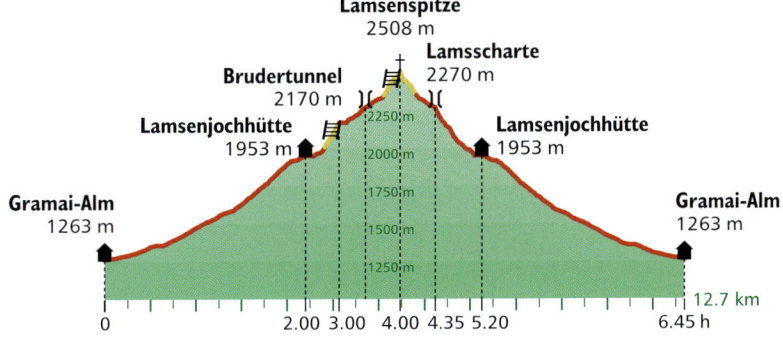

Karwendelgebirge

21 Kleiner und Großer Bettelwurf, 2726 m
Überschreitung aus dem Halltal

10.30 Std.
1950 m ↑
1950 m ↓

Strammer Hüttenklettersteig und pfiffiger Gratklettersteig

Um mehr als 2000 Meter überragen die beiden Bettelwürfe das Inntal bei Hall – typisch graue Karwendelklötze, wuchtig und in ihrer Art ganz schön spröde. Schon lange gesichert ist der Eisengattergrat als Normalweg am Großen Bettelwurf, doch seitdem auch am Kleinen sowie vor allem am Grat dazwischen einige Eisenteile montiert worden sind, hat mit der Überschreitung das Tourenangebot der Bettelwurfhütte nochmals an Attraktivität gewonnen. Und damit nicht genug: Anstelle des rauen Hüttenwegs kann man sich seit einigen Jahren bereits hinauf zum Basislager ins eiserne Vergnügen stürzen. In den südseitigen Plattenwänden stellt der Absamer Klettersteig vor allem schon mal konditionelle Anforderungen – die eine oder andere technische Finesse inklusive. Wohl nur Konditionstiger werden die Gipfelüberschreitung unmittelbar am gleichen Tag anhängen. Im Kernstück der Tour gehen dann vor allem einige senkrechte Aufschwünge ganz schön in die Arme, obwohl sie eigentlich relativ kurz sind. Dieses Attribut trifft auf die Tour im Ganzen allerdings nicht zu: fast 2000 Höhenmeter aus dem Halltal und immer schön der Sonne ausgesetzt …
Zur Belohnung erwartet uns vom hohen Gratfirst eine unermessliche Fernsicht. Während im Süden die ganze zentralalpine Pracht von den Tauern bis zu den Ötztalern als firnglänzende Horizontlinie aufgefächert ist, steht die Gipfelflur der kargen Karwendelketten in krassem Gegensatz dazu. Und wie einschüchternd gleiten die Blicke über die Nordwand ins abgrundtiefe Vomper Loch, einen der abgeschiedensten Winkel im »urweltlichen Gebirg'«.

Blick vom Kleinen zum Großen Bettelwurf.

ANFORDERUNGSPROFIL

Schwierigkeit	**C/D**
Absamer Klettersteig	C
Bettelwurf-Überschreitung	C/D
Klettertechnik / Kraft	●●●
Ausgesetztheit	●●
Kondition	●●
Alpine Erfahrung	●●●

TOURENINFO

Charakter: Große Bergtour in typisch kalkalpinem Fels- und Steilschrofengelände. Am Absamer Klettersteig zur Hütte bereits ziemlich anstrengend mit einigen Passagen bis C. Am Verbindungsgrat zwischen beiden Gipfeln Klettersteig mit anspruchsvollen Einzelstellen nahe der Senkrechten (C/D), sonst nur vereinzelte Sicherungen in unteren Schwierigkeitsgraden. Es muss aber auch freies Alpingelände mit leichten Kletterstellen beherrscht werden. Als Tagestour extrem fordernd, besser mit Übernachtung.
Höchster Punkt: Großer Bettelwurf (2726 m).
Exposition: Süd und West.
Jahreszeit: Ende Juni bis Mitte Oktober.
Ausgangspunkt: Parkplatz am Eingang ins Halltal (ca. 780 m) oberhalb der Ortschaft Absam. Die Weiterfahrt taleinwärts (früher Mautstraße) ist nur noch einigen Taxidiensten gestattet.
Einkehr/Übernachtung: Bettelwurfhütte (2079 m), ÖAV, Anfang Juni bis Anfang Oktober, Tel. +43 5223 53353 oder +43 664 1722468.
Höhenmeter: Hüttenzustieg 1300 Hm. Gipfelüberschreitung ca. 700 Hm.
Karten: AV 25, Blatt 5/2. F&B 50, Blatt 321 oder 322.

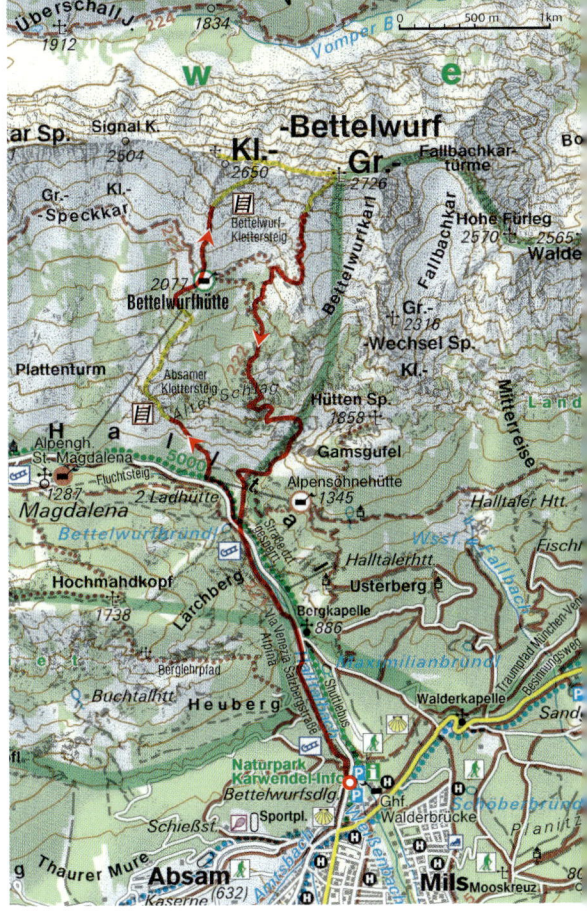

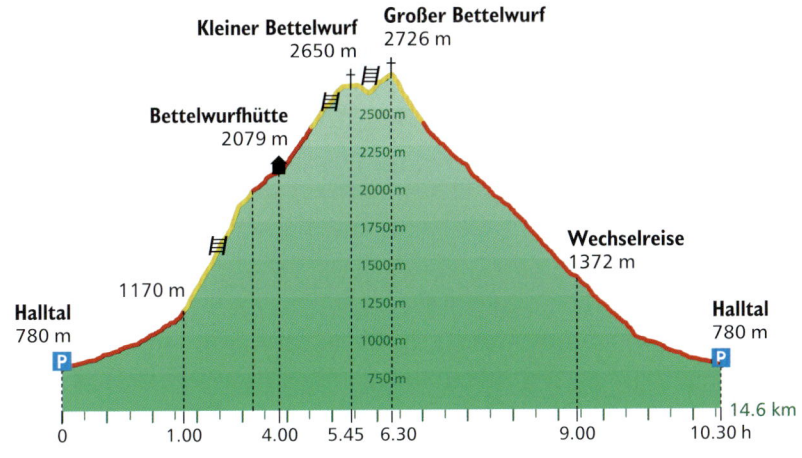

Besondere Begegnung unterm Bettelwurf.

Zustieg
Vom öffentlichen Parkplatz Halltal wandern wir auf dem Sträßchen schnurstracks taleinwärts, bis im Bereich der großen Linksbiegung bei der II. Ladhütte über die Brücke hinweg zum Absamer Klettersteig abgezweigt wird. Rund 100 Höhenmeter müssen jetzt noch bis zum Wandfuß überwunden werden.

Absamer Klettersteig
Bald nach Auftakt bildet eine mit Klammern bestückte Plattenwand gleich die erste Schlüsselstelle (C). Kurz darauf wird eine Schlucht mit Klemmblock gequert; dann geht es eine Weile gut gestuft weiter, ehe es nach dem sogenannten »Balkon« wieder eine C-Stelle zu meistern gilt. Eine Seilbrücke leitet danach über den zweiten Schluchteinriss. Zwischen zwei Steilpassagen befindet sich ein Türmchen mit Klemmblöcken. Der obere Teil des Absamer Klettersteigs wird geprägt von einer längeren Kante (meist um B), die zur »Nase« und zu einem Köpfl aufschließt. An der Ausstiegswand erwartet uns die letzte C-Stelle, bevor noch 300 Höhenmeter in ungesichertem Schrofengelände bis zur Bettelwurfhütte (2079 m) zurückzulegen sind.

Kleiner und Großer Bettelwurf
Ein spärlicher Schrofenpfad leitet entlang der Südrippe des Kleinen Bettelwurf sogleich kompromisslos steil hoch. Auf halber Höhe setzen erste Sicherungen ein, um die kleinen Hindernisse an Felsrampen und charakteristischen Schichtstufen zu entschärfen (meist um B). Man rückt derweil von der Rippe zusehends nach rechts ab und steigt gegen die Gratsenke zwischen beiden Gipfeln an, bis man einer Geröllspur nach links zum Kleinen Bettelwurf (2650 m) folgen kann.
Nach dem Abstecher zurück und an den ersten Aufschwung des Verbindungsgrates heran. Kräftiger Armzug am straff gespannten Drahtseil hilft über das senkrechte Wandl, dem noch weitere folgen (C/D). Am schwierigsten ist wohl eine als Verschneidung ausgeprägte Stufe. Zwischen den eher kurzen Steilstücken dürfen wir auf Absätzen innehalten, bevor es zuletzt überwiegend ungesichert in splittrigem Gratgelände (Stellen I) zum Hauptgipfel des Großen Bettelwurf (2726 m) hinübergeht.

Abstieg
Für das Bergab wählen wir den klassischen Weg über den Eisengattergrat, der in seinem oberen Teil an etlichen Stellen gesichert ist (A/B). Über plattige Rampen und kleine Felsstufen, durch schuttgefüllte Rinnen, über brüchige Schrofen und insgesamt reich gegliedertes Terrain gelangt man tiefer. Auch nach Ende der Drahtseile bleibt man noch ein Weilchen auf dem Gratausläufer, ehe es rechter Hand in die steile Hangmulde hineingeht. Entweder zwecks Einkehr nochmals zur Bettelwurfhütte oder gleich links hinab auf den Hüttenweg, der sich ziemlich rau und schrofig über den »Alten Schlag« abwärtswindet und vor einem Abbruch links zur Wechselreise abdreht. Auf der Schutthalde nun in vielen Kehren tiefer, später mehr nach links und vollends hinab in die Talsohle. Dort noch ein Stück weit hinaus bis zum Parkplatz.

Karwendelgebirge

22 Kemacher, 2480 m
Innsbrucker Klettersteig

5.30 Std.
550 m ↑
900 m ↓

Abwechslungsreiche Gratroute hoch über dem Inntal

Ein eisenhaltiges Balancierstückchen über den Dächern einer Alpenmetropole wie Innsbruck – das kann nur ein Renner sein! So sind an jedem halbwegs schönen Tag unter den vielen, die mit der Nordkettenbahn zum Hafelekar hinaufschweben und das fantastische Stadt- und Bergpanorama beäugen wollen, auch etliche Ferratisti dabei. Über sieben eigenständig benannte Gipfel(chen) nehmen sie ihren Weg und stehen bei starkem Andrang an den neuralgischen Stellen schon mal im Stau. Mit den Schlüsselpassagen wartet der in zwei Teilen gegliederte Innsbrucker Klettersteig jeweils an seinen beiden Enden auf, wobei es besonders der finale Abbruch im Angesicht der sagenumwobenen Frau Hitt ganz schön in sich hat. Doch ist der Verlauf eher inhomogen: Luftige Kraxeleinlagen wechseln nämlich immer wieder mit schrofigem Gehgelände, weshalb das Ganze doch eher unter der Kategorie »Genussferrata« firmiert. Dafür sorgt nicht zuletzt der weite Horizont: Von der Kammlinie der Innsbrucker Nordkette schaut man südwärts bis zum Alpenhauptkamm und auf der anderen Seite hinein ins »urweltliche Gebirg'« des Karwendels – ein Fest für die Augen!

ANFORDERUNGSPROFIL

Schwierigkeit	C/D
Klettertechnik / Kraft	●●
Ausgesetztheit	●●
Kondition	●●
Alpine Erfahrung	●●

TOURENINFO

Charakter: Relativ langer, insgesamt mittelschwerer Gratklettersteig mit viel kleinräumigem Auf und Ab. Schwierigste Passage immerhin C/D, sonst häufig wechselnd zwischen A und C sowie immer wieder schrofiges Gehgelände. Teils aufwendig gesichert (viele Tritthilfen). Sehr beliebt aufgrund des minimalen Zustiegs, dennoch eine ausgewachsene Tagestour. Günstige Abbruchmöglichkeit auf halber Strecke.
Höchster Punkt: Kemacher (2480 m).
Exposition: Unterschiedlich.
Jahreszeit: Mitte Juni bis Mitte Oktober.
Ausgangspunkt: Bergstation Hafelekar (2269 m), erreichbar direkt aus der Innsbrucker City; zuerst mit der neuen Hungerburgbahn und anschließend mit den zwei Sektionen der Nordkettenbahn.
Endpunkt: Station Seegrube (1905 m) der Nordkettenbahn.
Einkehr: Restaurants am Hafelekar und in der Seegrube.
Höhenmeter: 550 Hm Auf- und 900 Hm Abstieg.
Karten: AV 25, Blatt 5/1. F&B 50, Blatt 322.

Typische Gratkraxelei in schrofigem Fels.

Am Innsbrucker Klettersteig überschreiten wir sieben eigenständige Erhebungen. Hier das Gipfelkreuz auf der Kaminspitze.

Innsbrucker Klettersteig

Nachdem wir mit Seilbahnhilfe rasch die Ausgangshöhe gewonnen haben, geht es von der Bergstation Hafelekar in wenigen Minuten zum Einstieg. Hier wartet an einem steilen Gratsporn augenblicklich die erste Schlüsselpassage (C). Der Felsgrat legt sich jedoch bald zurück und leitet auf die Seegrubenspitze (2350 m). Nun mit geringem Ausweichen längs der Schneide weiter in die Seegrubenscharte und dann vorübergehend recht deutlich in die geröllbedeckte Südflanke ausbiegend. In kräftigem Gegenanstieg kommt man über typische Schrofen wieder auf den Grat zurück und gewinnt mit der Östlichen Kaminspitze (2435 m) das nächste Gipfelchen. Rasch schließen sich die Mittlere und Westliche Kaminspitze an, wobei zwischendrin immer wieder anregende Passagen in Scharten bewältigt werden (in einer hängt die legendäre, schwankende »Seufzerbrücke«; hier auch Notausstieg). Nach diesem kleingliedrigen Auf und Ab erfolgt aus der Steinkarscharte der Aufstieg zum höchsten Punkt der Route, dem Kemacher (2480 m), wo man sich endlich in Muße dem großen Panorama widmen

Karwendelgebirge

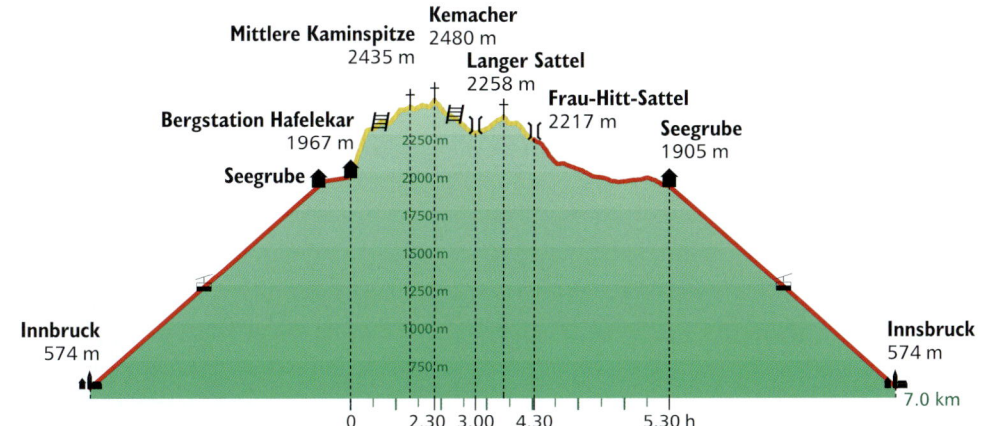

kann. Die westwärts weiterführende Gratschneide ist nur anfangs scharf und wird bald gutmütiger, bevor sie vollends harmlos in die Wiesensenke am Langen Sattel (2258 m) ausläuft. Hier endet der erste Teil des Innsbrucker Klettersteigs mit der günstigen Ausstiegsoption nach Süden auf den Flankensteig (wichtig bei Schlechtwettergefahr!).

Ansonsten im Gegenanstieg zur Östlichen Sattelspitze (2369 m), womit der zweite, kürzere, aber insgesamt etwas anspruchsvollere Teil eingeläutet wird. Jenseits der Kuppe geht es durch eine Rinne in ein wahres Labyrinth aus scharfen Gratzacken, Scharten und weiteren Rinnen hinein. Das bedeutet für uns auf einer kürzeren Distanz wesentlich

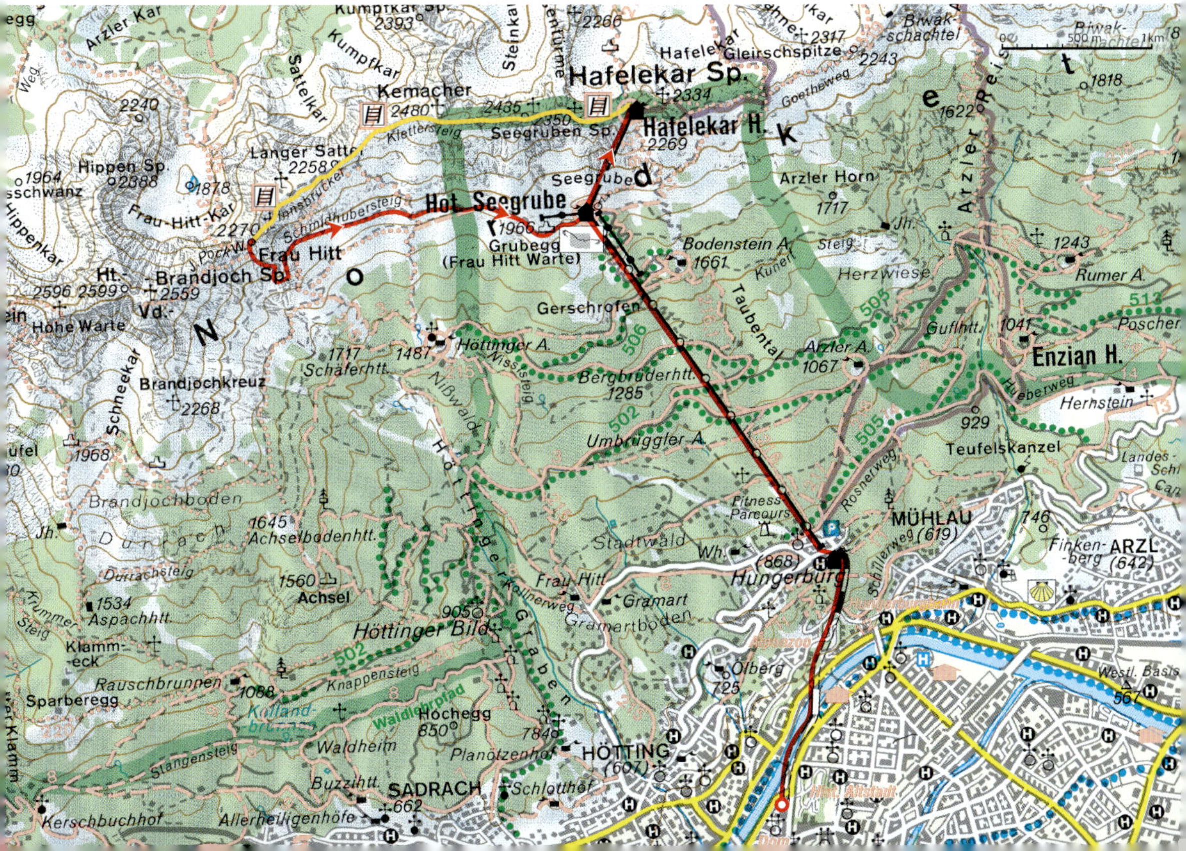

Am westlichen Auslauf des Klettersteigs in der Innbsrucker Nordkette.

mehr Kletterei als zuvor (meist B und vereinzelt C). So windet sich die Route an skurrilen Felsgebilden vorbei, nimmt manche Hürde am Grat auch direkt und leitet auf die Westliche Sattelspitze (2339 m), wo das nahe Ende schon zu erahnen ist. Doch erwartet uns noch die anspruchsvollste Passage über eine mit versetzten Bügelreihen bestückte senkrechte, ja sogar leicht überhängende Felsstufe (C/D) – naturgemäß sehr exponiert. Schließlich auf Pfadspuren am Sockel der versteinerten Frau Hitt (2270 m) vorbei in den gleichnamigen Sattel.

Abstieg
Für den Rückweg zur Seilbahn folgen wir dem Schmidhubersteig über anfangs abschüssige Schrofen bergab, umkurven dabei scharf links eine Geländekante und vollziehen später eine längere, fast horizontale Traverse unter den steilen Gipfelflanken entlang. Zuletzt noch über die seichte Schwelle am Grubegg hinweg und zur Mittelstation Seegrube der Nordkettenbahn.

Tipp
Als nette Zugabe kann man vom Frau-Hitt-Sattel über den stellenweise gesicherten Julius-Pock-Weg auf die Vordere Brandjochspitze (2559 m) steigen, ca. 1.00 Std. Vorerst auf normaler Trasse zum Ostrücken hinauf und zu einem grasigen Fleck. Anschließend wird das Terrain zunehmend felsiger und auch deutlich steiler. Es setzen Sicherungen ein, die im Hin und Her über Stufen und Absätze, kurze Kaminstellen (nur maximal A/B) und Gratpassagen zum Gipfel leiten.

Karwendelgebirge

23 Nördliche Linderspitze – Kirchlspitze
Mittenwalder Klettersteig

5.45 Std.
500 m ↑
1800 m ↓

Beliebtestes »Gipfelhüpfen« im bayerischen Karwendel

Wer sich ganz behutsam an die Materie »Via ferrata« herantasten möchte, kommt womöglich ebenso schnell auf den Mittenwalder Klettersteig, wie all jene, die große Panoramarouten mit etwas Eisengehalt und leicht prickelnder Ausgesetztheit schätzen. Früher noch als »Mittenwalder Höhenweg« tituliert (was aber im Nahbereich einer Seilbahn eine nicht ganz unproblematische Verharmlosung impliziert), ist die großzügig gesicherte Route von der Karwendelgrube über eine Handvoll Gipfel bis zum Brunnsteinanger längst zum Klassiker avanciert und weist zweifellos höchste Begehungszahlen auf. Immerhin wird eine ähnlich tolle Gratüberschreitung wie am Innsbrucker Klettersteig geboten, bei geringeren klettertechnischen Anforderungen allerdings. Kurzum: eine ideale Einsteiger- und Genießertour! Wirklich einsam hat der Autor sie bisher nur einmal bei widrig-winterlichen Verhältnissen erlebt: eindrucksvoll, aber nicht unbedingt zur Nachahmung empfohlen. Normalerweise wuselt es freilich ganz ordentlich, sobald die Karwendelbahn ihren Betrieb morgens aufgenommen hat. Der bequeme Zustieg und die Mischung aus Aussichtsweg und lustig-luftigem Kraxelspaß sind Garant dafür, dass sich der Mittenwalder Klettersteig ungebrochener Beliebtheit erfreut.

Während einer Rast lässt sich der Blick Richtung Wetterstein genießen.

Karwendelgebirge

ANFORDERUNGSPROFIL

Schwierigkeit	B
Klettertechnik / Kraft	●
Ausgesetztheit	●
Kondition	●●
Alpine Erfahrung	●●

TOURENINFO

Charakter: Stark frequentierter Gratklettersteig moderater Schwierigkeit (höchstens B). An allen ausgesetzten Stellen üppig gesichert (wiederholt Leitern), streckenweise auch eher Höhenwegcharakter. Keine kurze Tour, aber mit Seilbahnhilfe normales Tagespensum.

Höchster Punkt: Nördliche Linderspitze (2372 m).
Exposition: Verschieden, oft Nord.
Jahreszeit: Mitte/Ende Juni bis Mitte Oktober.
Ausgangspunkt: Bergstation der Karwendelbahn (2243 m) von Mittenwald.
Endpunkt: Talstation in Mittenwald (912 m).
Einkehr/Übernachtung: Restaurant bei der Karwendelbahn. Brunnsteinhütte (1523 m), DAV, Mitte Mai bis Ende Oktober, Tel. +49 172 8909613.
Hinweis: Die in Karten verzeichnete Tiroler Hütte (2150 m) ist mittlerweile geschlossen.
Höhenmeter: Ab Bergstation knapp 500 Hm Aufstieg und 1800 Hm Abstieg.
Karten: AV 25, Blatt BY10 oder 5/1. LDBV 50, Blatt UK 50-51. F&B 50, Blatt 322.

Mittenwalder Klettersteig

Von der Bergstation entweder direkt durch die Karwendelgrube oder schöner in links ausholendem Bogen den Grat tangierend und somit um die Mulde herum zur Nördlichen Linderspitze (2372 m) hinauf. Im Gipfelbereich beginnt der Klettersteig. Nun teilweise entlang westseitiger Bänder, teils auch direkt auf dem Grat (meist A) zum Kreuzungspunkt mit dem Heinrich-Noë-Steig am Gatterl und in wiederholtem Auf und Ab über die Mittlere sowie die Südliche Linderspitze hinweg. Dabei sind die Steilstufen – speziell am Mittelgipfel – meist mit Leitern bestückt (teilweise B). Schrofig mit kurzer Felsstufe geht es hinab zur Unterstandshütte am Gamsangerl (2188 m), der Einschartung vor dem Steilaufbau der Sulzleklammspitze. Diesem wird jetzt mit einem steinschlaggefährdeten Quergang nach links ausgewichen. Über eine kurze Leiter in einen Kamin (B), anschließend um ein Eck in die schrofige Ostflanke. Hier quert man noch ein Stück, überwindet eine weitere Leiter und steigt zum Grat wenige Meter südlich der Sulzleklammspitze (2321 m) empor. Jetzt zuerst west-, dann ostseitig absteigend in die Scharte vor der Kirchlspitze (2301 m) und erneut am Grat entlang zum letzten Gipfel hinauf. Die Fortsetzung über den Auslauf der felsigen Schneide nach Süden ist ebenfalls noch teils gesichert, ehe ein mäßig steiler Grashang zur Senke des Brunnsteinangers (ca. 2090 m) hinabführt.

Abstieg

Auf kehrenreichem Weg begeben wir uns in die latschenbestandenen Westhänge und halten uns später rechts in

Unterwegs im Bereich der Linderspitzen.

Richtung Brunnsteinhütte (1523 m), wo man mit nach wie vor schönem Wettersteinblick verdientermaßen Einkehr halten wird. Anschließend folgen wir dem gut ausgebauten Hüttenweg talwärts. Hinter der Hängebrücke über die Reiße der Sulzleklamm folgen wir zunächst dem Leitersteig (Nr. 284) und scheren dann am besten mit Nr. 285 aus, um das letzte Stück bis Mittenwald etwas zügiger im Isartal zurückzulegen. Zuletzt unter der Bundesstraße hindurch zur Talstation.

Tipp
Im Bereich der Karwendelbahn gibt es einen weiteren Klettersteig auf die Westliche Karwendelspitze (2384 m), der zwar nur kurz, aber etwas schwieriger ist (Einstufung C). Mit einem Mehraufwand von 45 Minuten kann er in das Programm einbezogen werden.

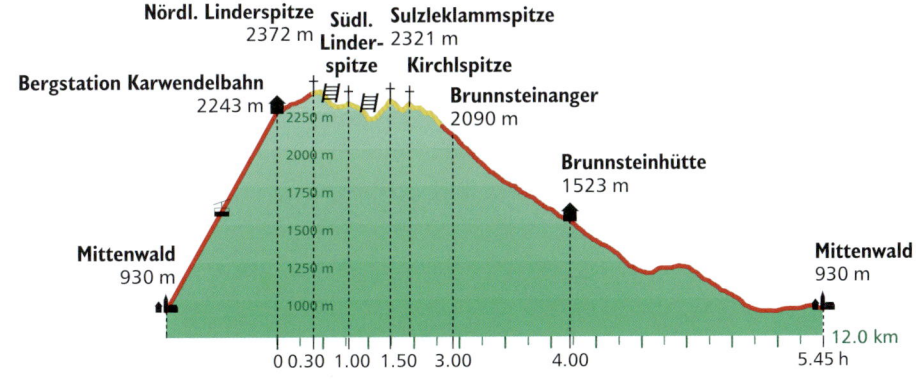

Stubaier Alpen

24 Große Ochsenwand, 2700 m
Schlicker Klettersteig

7.15 Std.
900 m ↑
1650 m ↓

Im Reich der Nordtiroler Dolomiten

Über die Klasse des Schlicker Klettersteigs herrscht bei Bergsteigern meist einhellig Übereinstimmung: einfach großartig! Natürlich trägt dazu zuerst einmal die Kulisse bei. Die Kalkkögel bilden eine Phalanx von teils massigen, teils filigranen Felstürmen, die man eher in den Dolomiten vermuten würde als im Stubai. Kalkformationen inmitten des zentralalpinen Kristallin erscheinen gleichsam als geologische Eskapade, die in dieser Gegend für besonders spannende Kontraste sorgt. Der Schlicker Klettersteig, 1983 eröffnet, führt aus dem gleichnamigen Hochtal auf die wuchtige Große Ochsenwand – und sogar darüber hinweg, denn auch die verwinkelte Abstiegsroute bis in die Alpenklubscharte ist Teil der Anlage. Der eigentliche Anspruch geht von der unteren Steighälfte aus, während die obere vermehrt mit ungesicherter Schrofenkraxelei aufwartet. Wer von der Schlüsselstelle unmittelbar über dem Einstieg nicht ausselektiert wird, für den ist's hauptsächlich noch eine Konditionsfrage. Die ist allerdings nicht zu unterschätzen, wie der Verfasser selbst an einem brütend heißen Augusttag feststellen durfte. Da half auch der frühe Aufbruch aus dem Tal nicht entscheidend – voll der Sonne ausgesetzt, wurde der lange Weg hinauf zum Gipfel ein wahrhaft schweißtreibender. Doch kein Anlass zur Klage: Mit seinen dolomitenhaften Szenerien, den Wandbildungen auf der Südseite und den teilweise skurrilen Felsstrukturen auf der Nordseite, nicht zuletzt mit einem großen Gipfelpanorama, das unter einem blauen Himmel natürlich am besten zur Geltung kommt, ist ein großes Bergerlebnis quasi garantiert. Der Schlicker Klettersteig – fast ein Idealtyp in der alpinen Gattung …

Die wuchtigen Kalkkögel mit der Großen Ochsenwand rechts.

ANFORDERUNGSPROFIL	
Schwierigkeit	D
Klettertechnik / Kraft	●●●
Ausgesetztheit	●●
Kondition	●●●
Alpine Erfahrung	●●

TOURENINFO

Charakter: Sehr anspruchsvoller Klettersteig von alpinem Zuschnitt, vor allem auf den ersten 300 Hm fordernd, dazu sehr lang und auch mit ungesicherten Stellen im I. Grad. Schlüsselstelle (D) gleich am Einstieg, sonst maximal C, dies aber stellenweise auch noch beim Abstieg. Eine Tour für Erfahrene mit bester Kondition.
Höchster Punkt: Große Ochsenwand (2700 m).
Exposition: Südost, beim Abstiegsklettersteig Nord.
Jahreszeit: Anfang Juli bis Anfang Oktober.
Ausgangspunkt: Bergstation Kreuzjoch (2108 m) der Schlicker Bergbahnen von Fulpmes im Stubaital. Man kann auch bei der Mittelstation Froneben (1351 m), wo die Tour planmäßig endet, aufbrechen oder direkt im Tal, dann am besten im Ortsteil Plöven (ca. 1050 m) oberhalb von Fulpmes.
Einkehr/Übernachtung: Alpengasthof Schlicker Alm (1643 m), fast ganzjährig, Tel. +43 5225 62409. Außerdem Restaurants bei den Seilbahnstationen.
Höhenmeter: Zustieg ab Kreuzjoch 200 Hm (nach 300 Hm Abstieg), ab Plöven hingegen fast 1000 Hm. Am Klettersteig ca. 700 Hm.
Karten: AV 50, Blatt 31/5. F&B 50, Blatt 0241.

Wer die knackige Einstiegswand (D) meistert, dürfte auch dem (langen) Rest des Schlicker Klettersteigs gewachsen sein.

Zustieg

Die meisten Anwärter bedienen sich der Seilbahn – mit dem bekannten Nachteil eines eigentlich verspäteten Aufbruchs. Fährt man bis zur Bergstation Kreuzjoch, muss zuerst ein gutes Stück ins Schlicker Hochtal abgestiegen werden. An der Zirmachalm (1936 m) vorbei folgt man dem breiten Wirtschaftsweg, bis eine große Tafel auf den Klettersteig hinweist und uns über einen mäßig steilen, teils latschenbesetzten Schutthang zum Einstieg (gut 2000 m) hinauflotst. Zu besagter Tafel gelangt man auch etwas länger ab Mittelstation Froneben (1351 m) oder direkt aus dem Tal, wobei diese beiden Wege auf der Sandstraße kurz vor der Schlicker Alm (1643 m) zusammentreffen. Der Talzustieg erfolgt dabei vom Fulpmeser Ortsteil Plöven auf durchaus reizvoller Strecke durch das Plövener Loch und beansprucht immerhin an die 3 Std. bis zum Einstieg.

Schlicker Klettersteig

Gleich die erste leicht überhängende Wandstufe (D) ist die schwierigste Stelle des Schlicker Klettersteigs, der auf

Stubaier Alpen

den folgenden 300 Höhenmetern des Pfeilers anhaltend steil bleibt. Es wechseln diverse Wändchen mit Plattenpassagen und eingelagerten Rinnen, auch die eine oder andere Querung ist dabei. Der Fels erweist sich als ziemlich kompakt, nur auf den Absätzen liegt etwas Schutt herum. Tritthilfen in Form von Bügeln etc. sind an den nahezu senkrechten Stellen angebracht und lassen das klettertechnische Niveau nur noch sehr selten knapp über C hinausgehen. Nach einem Aufschwung bei einer abgespalteten Schuppe folgt schrofiges Gehgelände, wobei man bald auf den Gratfirst gelangt und dort ein paarmal auch ohne Sicherungen zugreifen muss (mit Stellen I nicht sonderlich schwierig). Ein kleiner Felsspalt wird einfach übersprungen, ehe man sich dem aufsteilenden Gipfelaufbau nähert. Hier nochmals mit Drahtseilhilfe (B/C) empor und zum höchsten Punkt der Großen Ochsenwand (2700 m), dem dritthöchsten Gipfel der Kalkkögel.

Abstieg

Nicht nur der Südanstieg, auch die Abstiegsroute im Bereich des Nordgrates weist weithin Klettersteigcharakter auf und verlangt volle Konzentration. Bis über eine Schulter hinaus haben wir zunächst schuttreiches Gehgelände vor uns, dann folgen die ersten gesicherten Platten. Als Nächstes gilt es einen tiefen Einschnitt zu durchschreiten (C) – inklusive ein paar Meter Gegenanstieg an der gegenüberliegenden Felsstufe. Ein anregender Wechsel von kniffligen, zerklüfteten Gratpassagen und kurzen Bändern lässt Dolomitenfeeling aufkommen, wobei ein steiler Riss (C) nochmals ein echter Prüfstein ist. Nebenan steht eine imposante Nadel, die passiert wird, bevor es über die letzten Abbrüche (B/C) in eine Scharte hinuntergeht. Von dort auf einem Pfad südseitig unter der Kleinen Ochsenwand (2553 m, kann in 15 Minuten mitgenommen werden) hindurch zur Alpenklubscharte (2451 m), wo die Verbindung von der Adolf-Pichler-Hütte in die Schlick kreuzt.

Dorthin bleiben wir vorerst noch ein Stück hoch am Hang und gelangen anschließend auf dem sehr gut angelegten Serpentinensteig (Gsaller Weg) zügig tiefer. Man muss wirklich nicht unbedingt in der angrenzenden Schot-

Die Abstiegsroute Richtung Alpenklubscharte hält noch eine Menge Spannung bereit.

terreiße abfahren. Über deren Auslauf weiter zum latschengesäumten Boden der Roßgrube und über eine letzte bewaldete Hangstufe direkt zum stark frequentierten Alpengasthof Schlicker Alm. Schließlich auf dem Fahrweg zur Mittelstation Froneben respektive durchs Plövener Loch talwärts.

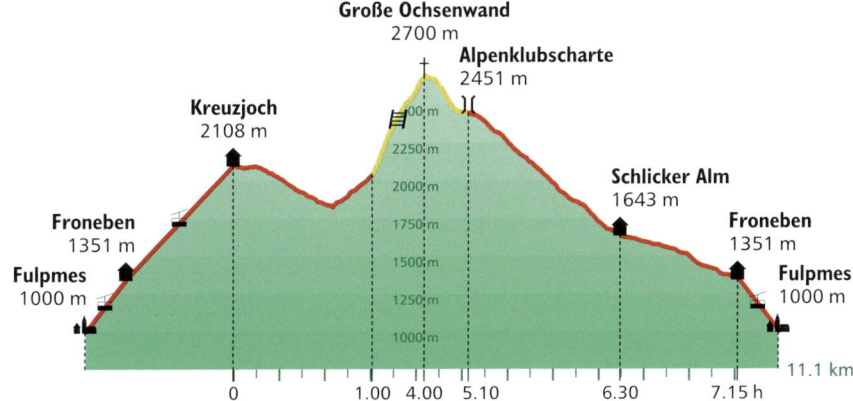

Stubaier Alpen

25 Elferturm und Elferspitze, 2505 m
Überschreitung aus dem Stubaital

6.00 Std.
900 m ↑
900 m ↓

Beliebter Doppelpack im Stubaier Felsengarten

Beinahe verspielt wie die Bauklötzchen eines Riesen wirken die Türme, Zinnen und Zacken des Elferkamms, wenn man sie im großen Rahmen der Stubaier Bergwelt betrachtet. Den Kalkkögeln gegenübergestellt sind sie geologisch ebenfalls der triassischen Kalkdecke zuzuordnen. Und das dolomitenhafte Ambiente hat wohl auch hier seinerzeit zur Anlage von Klettersteigen inspiriert – durchaus knackig, wie jeder zu bestätigen weiß, der schon mal unter der Nordwand des Westlichen Elferturms am Einstieg stand. Kernstück dieses Klettersteigs ist ein gewaltig-grimmiger Schluchtkamin, an dessen Rand man sich buchstäblich emporzwängen muss. Bis zum Gipfel gilt es oft in höchster Ausgesetztheit zu agieren – über die Schlusswand im Übrigen auch wieder hinunter.

Die Gratroute über die Elferspitze, die sich unmittelbar anhängen lässt, ist hingegen eher eine Genuss-Ferrata von mittlerer Schwierigkeit, ohne freilich einiger luftiger Passagen zu entbehren. Hier besticht vor allem eine filigrane Felsarchitektur als landschaftlicher Clou. Das Drahtseil, nach der jüngsten Sanierung übrigens auch in diversen ehedem frei zu überwindenden Passagen installiert, windet sich auf unterhaltsame Weise durch ein veritables Zackenlabyrinth, womit wir wieder beim Spielerischen wären. Beide Steige können ohne Weiteres auch für sich begangen werden – die Kombination ist natürlich umso verlockender. Und sie passt dank Seilbahnzubringer gut in einen abwechslungsreichen Bergtag, der uns auch bei Zu- und Abstieg mit einem herrlichen Stubaier Bergpanorama erfreut.

Zackige Nahkulisse.

ANFORDERUNGSPROFIL	
Schwierigkeit	**D**
Elferturm	D
Elferspitze	C
Klettertechnik / Kraft	●●●
Ausgesetztheit	●●●
Kondition	●●
Alpine Erfahrung	●●

TOURENINFO

Charakter: Am Elferturm sehr steiler, kraftraubender Wanddurchstieg (bis D), jedoch nicht übermäßig lang. Keine Anfängerroute! Am Gratklettersteig insgesamt mittlerer Anspruch, dabei variabler (zwischen A und C) und manchmal durchaus luftig im Auf und Ab. Ehemalige Zweierstellen kommen mittlerweile nicht mehr vor, sichere Beherrschung zerklüfteten Felsterrains muss aber vorausgesetzt werden. In Kombination eine ausgefüllte Tagestour, einzeln begangen gut 4 bzw. 5 Std.
Höchster Punkt: Elferspitze (2505 m).
Exposition: Elferturm Nord, Gratklettersteig unterschiedlich.
Jahreszeit: Ende Juni bis Mitte Oktober, falls schneefrei.
Ausgangspunkt: Bergstation der Elfer-Gondelbahn (1794 m) von Neustift im Stubaital.
Einkehr/Übernachtung: Restaurant bei der Bergstation. Elferhütte (2004 m), privat, Ende Mai bis Mitte Oktober, Tel. +43 5226 2818.

Zustieg

Von der Bergstation wandern wir auf gutem Serpentinenweg zur aussichtsreich gelegenen Elferhütte (2004 m) und weiter am Hang hoch, bei der Gabelung dann rechts Richtung Elfer-Klettersteige. Wo sich der Weg nochmals verzweigt, ist rechter Hand die Nordwandroute ausgewiesen, während man links direkt zum Gratklettersteig gelangen würde. Nach einem Latschenkamm folgt man zeitweise den Bändern am Fuß der Äußeren Elfertürme und beendet die Traverse bei einem Eck (der sogenannte Gamssteig zieht weiter Richtung Zwölfernieder), um kurz zum Einstieg

Spektakulär: die Gipfelwand am Elferturm.

Höhenmeter: Bis zum Elferturm ca. 700 Hm (davon Klettersteig 180 Hm). Am Gratklettersteig zusätzlich gut 200 Hm.
Karten: AV 50, Blatt 31/5. F&B 50, Blatt 0241.

(ca. 2300 m) aufzusteigen. Ein paar Meter führen über ungesicherte Felsen.

Elferturm-Klettersteig

Das mit Klammern entschärfte Einstiegswandl (C) ist senkrecht. Nach einem Absatz folgt die zweite Steilstufe (C), ehe eine unschwierige Passage unmittelbar unter die glatte Nordwand des Turms leitet. Jetzt links querend in die Falllinie der großen, düsteren Schluchtrinne, in der es kurz aufwärts geht, dann aber an die linke Seite hinaus (Vorsicht wegen Steinschlags!). In beachtlicher Steilheit an dieser Begrenzungswand aufwärts, mit der schwierigsten Stelle im Bereich

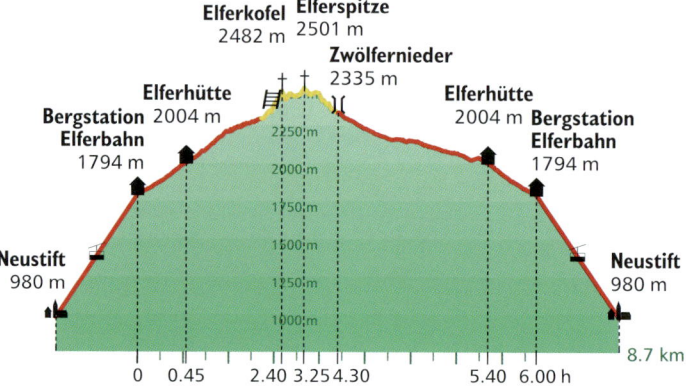

einer kaminartig abgespaltenen Schuppe (D), die diffizil und beengt überstiegen wird. Auch oberhalb wird es trotz Tritthilfen kaum leichter. Endlich queren wir den Schluchtabbruch sehr ausge-

Das zerklüftete Gratgelände über die Elferspitze bietet viel Unterhaltungswert.

setzt nach rechts und gelangen damit in einen schuttbedeckten kleinen Kessel, der Gelegenheit zum Durchschnaufen bietet. Aus der Nische ungesichert über gröbere Blöcke an den Fuß der Gipfelwand, die normalerweise in der Sonne liegt. Sie ist nahezu senkrecht, lässt sich aber in einer Rechts-Links-Kombination über solide Krampen (C) gut überlisten und bringt uns auf den exponierten Westlichen Elferturm (2482 m), auch Breiter Elfer genannt.

Über die letzte Wand muss in jedem Fall auch wieder abgestiegen werden. Dann schlüpft man durch einige Blöcke sowie einen etwas kniffligen Kamin und quert über ein Schuttband zum Anschluss an den Gratklettersteig (der direkte Zustieg mündet an der Elferscharte ein).

Elferspitze-Gratklettersteig

Ein Stück weiter am blockübersäten Kamm befindet sich bei einem Materialhüttchen der Einstieg, beginnend mit einer anstrengenden Kaminpassage (C). Schöne, anregende Passagen folgen entlang der Gratkante, die auch mal eindrucksvoll aufsteilt (B, selten C). Das Gefühl von bodenloser Tiefe wird durch Absätze in den Flanken etwas gemildert. Rast an der Elferspitze (auch Elferkofel, 2505 m), wo der höchste Punkt der Tour gewonnen ist. Auf der Fortsetzung folgt bald ein Abbruch (C), dann wiederholt Gehgelände. Man durchmisst nun einen

An der Zwölfernieder blicken wir zurück auf den Elfer-Felsengarten.

Irrgarten aus kleinen Felszacken, die den Elfergrat säumen, und greift immer mal wieder ins solide verankerte Drahtseil, das nun weiter aufgespannt wurde und somit frühere Freikletterpassagen entschärft. Vor allem einige Abstiege wirken subjektiv recht luftig. Eine kurze Querung am Steilfels liegt dazwischen, zweimal zwängt man sich durch einen engen Felsspalt, Gratzacken werden bald direkt überstiegen, bald umgangen – kurzum: die Route ist spannend und abwechslungsreich bei moderaten Anforderungen (jetzt meist um B). Letzte kurze Stufen bringen uns schließlich zum Auslauf in die Zwölfernieder (2335 m), wo Kalk an Urgestein grenzt.

Rückweg
Man begibt sich auf die Südseite und verlässt alsbald den Abstiegsweg durchs Gratzengrübl Richtung Karalm, um fortan dem »Panoramaweg« zu folgen. Dieser schneidet leicht fallend bzw. horizontal die Flanken des Elferkammes über dem Pinnistal und führt ohne Schwierigkeiten zurück zur Elferhütte.

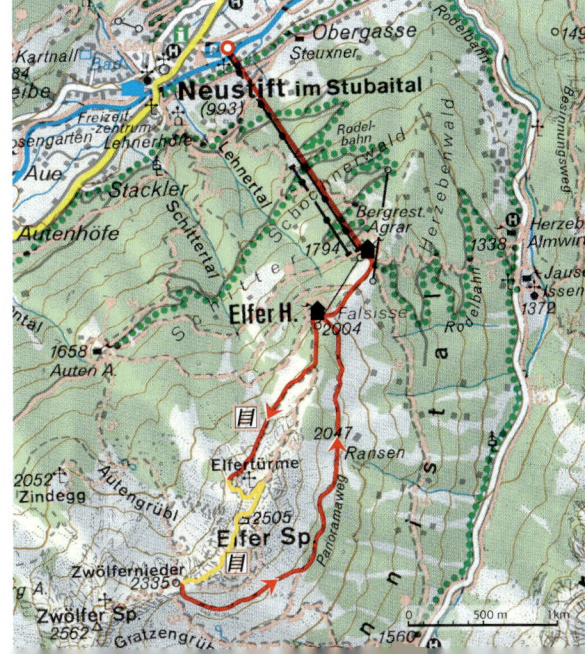

Stubaier Alpen

26 Innere Ilmspitze, 2692 m
Gipfelklettersteig

10.00 Std.
1830 m ↑
1830 m ↓

Im Angesicht des Habicht

Ein fotogenes Felsriff zwischen Pinnis- und Gschnitztal ist der Schauplatz der dritten Klettersteigtour, die ich aus dem Gebiet der Stubaier Alpen vorstellen möchte. Wer rassige Dolomitensteige schätzt, wird hier wieder auf seine Kosten kommen, denn sowohl das »Baumaterial« (Hauptdolomit) als auch die Art der Steiganlage sind offensichtlich den Klassikern der »Bleichen Berge« entliehen. Abgesehen davon besitzt die Gegend auch ihre eigenen Reize, und dazu zählen die weiß schimmernden Girlanden der Gletscher im Panorama sowie beinahe auf Tuchfühlung ein ganz großer Bergklotz, der das eigentliche Aushängeschild im Tourenrevier der Innsbrucker Hütte darstellt: Am Habicht geht wirklich kein Blick vorbei! Wenn man schon den langen Zustieg auf sich nimmt, wie wär's mit einem proppenvollen Zweitageprogramm: Zuerst der Ilmspitz-Klettersteig, dann oben übernachten und anderntags als Krönung die große Bergtour auf den Habicht, mit ein paar gesicherten Passagen notabene. Technisch schwieriger ist allemal unser Klettersteig, der ziemlich kompromisslos neben der Südwestkante zur Inneren Ilmspitze emporzieht. Im unteren Teil geht's gleich rasant los, während speziell die obere Steighälfte mit überraschenden Szenenwechseln punkten kann. Dies gilt übrigens auch für den Normalweg, der allein schon beweist, dass die Ilmspitze kein Ziel für jedermann ist: allenthalben steil, rau und zerklüftet!

Stets ein Blickfang: der Habicht vom Ilmspitz-Klettersteig aus gesehen.

ANFORDERUNGSPROFIL

Schwierigkeit	**C/D**
Klettertechnik / Kraft	●●
Ausgesetztheit	●●
Kondition	●●
Alpine Erfahrung	●●●

TOURENINFO

Charakter: Schwieriger alpiner Klettersteig, teilweise nahe der Senkrechten, aber recht aufwendig (auch mit zahlreichen Tritten) gesichert. Etliche Stellen im Bereich C/D und C, daher nur für Erfahrene. Auch der Abstieg führt teils gesichert durch anspruchsvolles Gelände. Als Tagestour sehr stramm, besser mit Übernachtung.
Höchster Punkt: Innere Ilmspitze (2692 m).
Exposition: Südwest.
Jahreszeit: Ende Juni bis Anfang Oktober.
Ausgangspunkt: Parkplatz beim Gasthof Feuerstein (1281 m), am Ende der öffentlichen Straße ins Gschnitztal.
Einkehr/Übernachtung: Innsbrucker Hütte (2370 m), ÖAV, Mitte Juni bis Anfang Oktober, Tel. +43 5276 295.
Höhenmeter: Hüttenzustieg aus dem Gschnitztal 1190 Hm. Gipfeltour ab Hütte ca. 450 Hm plus fast 200 Hm Gegensteigungen beim Rückweg.
Karten: AV 50, Blatt 31/3. F&B 50, Blatt 0241.

Zustieg
Bei der Materialseilbahn hinter dem Parkplatz in Gschnitz-Obertal wenden wir uns rechts über den Bach an die bewaldete Berglehne und überwinden sie in langem Kehrenreigen bis zu einer Hangverflachung. Auf den Bergwiesen der Alfairalm etwas rechts haltend und weiter ansteigend zum Pinnisjoch mit der Innsbrucker Hütte (2370 m) gleich nebenan.
Der Weg zum Klettersteig ist etwas verwickelt, aber als Höhenweg bereits sehr reizvoll. Vom Pinnisjoch passiert man die ersten Gratpartien auf der Nordseite (hier befindet sich auch ein Klettergarten). Durch eine breite Schuttrinne geht's hinauf zu einer Lücke, von der man auf die andere Kammseite wechselt und die Kalkwand (2564 m) südostseitig im Auf und Ab über teils abschüssige Schrofen quert. An einem breiten Rücken in die folgende Senke hinab, über den nächsten Buckel hinweg und mit abermaligem Höhenverlust auf die steile Südwestkante der Ilmspitze zu. Hier befindet sich der Einstieg (ca. 2450 m).

Ilmspitz-Klettersteig
Aus einem Kamin heraus steilt die Wand links der Kante gleich mächtig auf (C/D). Mithilfe vieler Trittbügel meistern wir die ersten 50 Höhenmeter nahe der Vertikalen. Links haltend wird es jedoch bald deutlich leichter, zeitweise findet sich

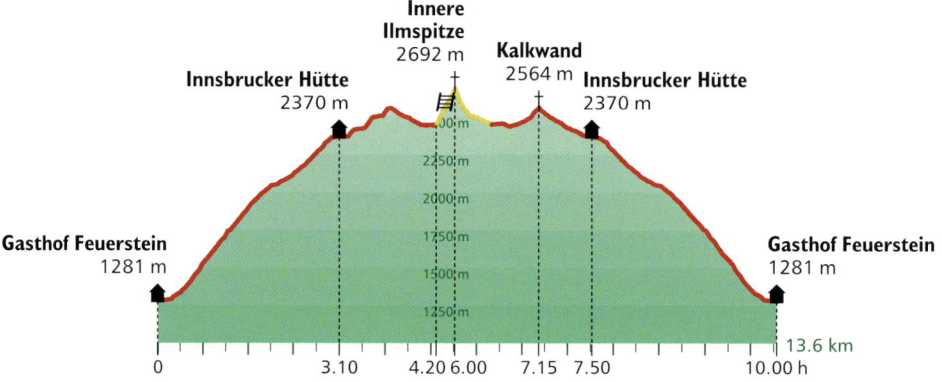

sogar eine Pfadspur im etwas brüchigen Geschröf. Nach einigem Hin und Her leitet eine Rechtstraverse um ein Eck. Durch Rippen, Rinnen und Bänder stark gegliedertes Gelände (B) prägt diesen Mittelteil, wobei zwischendrin auch mal ein paar Meter verloren werden.

Oberhalb einiger kurzer, klammergespickter Aufschwünge (C) erfolgt von der Westseite her ein erneuter Seitenwechsel durch einen kaminartigen Durchschlupf. Dann verlaufen über grimmigen Schluchtrinnen Bänder in »Brentamanier« zu einem gewagten Spreizschritt, der jedoch allenfalls für Kurzgewachsene etwas knifflig ist (B). Aus dem Schärtchen heraus über eine abdrängende Wandstelle (C) und durch eine Rinne zu einem Absatz. Hier merken wir uns den Abzweig der Abstiegsroute (Hinweis am Fels). Es folgt recht gut gestuftes Gelände gemäßigter Schwierigkeit sowie nach einem Band ein düsterer, breiter Kamin mit drohendem Klemmblock, dem man über eine Klammerreihe entsteigt (bis B/C). Noch ein paar Schritte über den Grat – und der Gipfel der Inneren Ilmspitze (2692 m) ist gewonnen.

Abstieg
Zunächst über die Klemmblockpassage zurück zum erwähnten Abzweig und auf einem Band südlich um den Gipfelaufbau herum. Nach Querung einer Rinne geht es an Sicherungen über splittrige Schrofen (meist A) schräg hinab auf die große Schutthalde, die den weiteren ruppigen Abstieg vermittelt. Unterbrochen wird sie allerdings durch eine Felsbarriere, die mittels Klammerreihe überlistet wird (B). Durch den unsoliden Schotter weit hinab, später aus der Rinne rechts hinaus und am Felssockel entlang, wo man auf Steigspuren schließlich wieder leicht ansteigend Richtung Einstieg gelangt. Beim Rückweg zur Innsbrucker Hütte lohnt sich der geringe Mehraufwand für die Besteigung der Kalkwand (2564 m): Zeit zurückzuschauen und den Habicht in voller Pracht zu bewundern!

Tipp
Ein Zustieg zur Innsbrucker Hütte ist auch aus dem Stubaital möglich, wobei man gut daran tut, das Wandertaxi bis zur Karalm (1747 m) in Anspruch zu nehmen (Tel. +43 5226 2380). Das Fahrsträßchen von Neder herauf ist ansonsten ziemlich monoton und langwierig; zu Fuß mehr als 2 Std. Taleinwärts geht es dann auf einem Steig am linksseitigen Hang durch Latschen, Erlengebüsch und schließlich in die Alfagrube, wo man rechts hinüberzieht und das letzte Stück zum Pinnisjoch bewältigt. Ab Karalm 1.45 Std.

Wettersteingebirge

27 Zugspitze, 2962 m
Höllentalsteig und Westroute

10.45 Std.
2200 m ↑
2200 m ↓

»Top of Germany«

Ich möchte an dieser Stelle nicht gegen den hochalpinen Rummelplatz wettern, die Auswüchse, die der Massentourismus an der Zugspitze zeitigt, sind ja hinlänglich bekannt. Fakt ist, dass der Gipfel nicht nur auf den »gemeinen Touri«, der sich von einer der Seilbahnen hinaufhieven lässt, wie ein Magnet wirkt, sondern auch die Bergsteiger seit Generationen anlockt. Die Routen zum Dach Deutschlands sind im besten Sinne des Wortes alpine Klassiker. Und manch einer ist, nachdem er sich vorher vielleicht noch über so viel Trubel und Technik mokiert hat, in aller Gelassenheit wieder zu Tal geschwebt …

Üblicherweise wird die Zugspitze von drei verschiedenen Seiten bestürmt, wobei die Höllentalroute nahezu übereinstimmend als die schönste gepriesen wird. Schon der Auftakt zeigt dramatische Züge, wenn es durch eine tosende Klamm Richtung Höllentalanger hinaufgeht. Eine Nächtigung in der gleichnamigen Hütte sollte auf jeden Fall in Erwägung gezogen werden, denn von den 2200 Steigungsmetern verbleibt noch der größte Teil, für den durchschnittliche Geher von hier an die fünf Stunden benötigen. Inmitten einer Bergumrahmung, die in den Nördlichen Kalkalpen ihresgleichen sucht, bekommt man an »Leiter« und »Brett« erstmals Luft unter die Sohlen, bevor der Höllentalferner in seinem von hohen Felsflanken umkränzten

Aufschwung in der Gipfelflanke, hoch über dem eisigen Winkel des Höllentalferners.

Wettersteingebirge

Bett die nächste aufregende Komponente ins Spiel bringt, bei ungünstigen Verhältnissen oder unzureichender Ausrüstung vielleicht auch einen heiklen Eiertanz. Und schließlich das prickelnde 500-Meter-Finale am fast durchlaufenden Drahtseil – abwechslungsreicher kann man sich einen Weg eigentlich kaum ausmalen. Die alpine Ernsthaftigkeit darf dabei freilich keineswegs außer Acht gelassen werden.

Wer nicht ganz banal und unalpinistisch mit der Seilbahn wieder talwärts gelangen möchte, nimmt sich für den Abstieg am besten die Westroute durchs Österreichische Schneekar zur Wiener-Neustädter-Hütte vor: ein mäßig schwieriger Klettersteig, der älteste übrigens an der Zugspitze (1879 erbaut). Auf diese Weise entsteht eine reizvolle Überschreitung, bei der man ganz verschiedene Seiten des Berges kennenlernt.

ANFORDERUNGSPROFIL

Schwierigkeit	C
Höllentalsteig	C
Westroute	B
Klettertechnik / Kraft	●●
Ausgesetztheit	●●
Kondition	●●●
Alpine Erfahrung	●●●

TOURENINFO

Charakter: Hochalpine Tour, über längere Strecken Klettersteig von mittlerem Schwierigkeitsniveau (maximal C im Aufstieg, B im Abstieg). Bemerkenswert ist die Gletschertraverse auf der Höllentalroute (evtl. Steigeisen nötig). Enormer Höhenunterschied bis zur Zugspitze, wo notfalls die Seilbahn bereitsteht, ab Einstieg jedoch keine zwischenzeitliche Auskneifmöglichkeit. Insgesamt nur für sehr erfahrene, ausdauernde Allround-Bergsteiger bei guten Verhältnissen, üblicherweise mit ein oder zwei Hüttenübernachtungen.
Höchster Punkt: Zugspitze (2962 m).
Exposition: Höllental Ost bis Nordost, Abstieg West.
Jahreszeit: Anfang Juli bis Ende September.
Ausgangspunkt: Hammersbach (758 m), Haltepunkt der Bayerischen Zugspitzbahn und teurer Parkplatz vor dem Ort.
Endpunkt: Eibsee (ca. 1000 m), ebenfalls Parkplätze sowie Stationen der Zahnradbahn und Luftseilbahn zur Zugspitze.
Einkehr/Übernachtung: Höllentalangerhütte (1379 m), DAV, Ende Mai bis Mitte Oktober, Tel. +49 8821 9438548. Münchner Haus (2962 m), DAV, Mitte Mai bis Ende September, Tel. +49 8821 2901. Wiener-Neustädter-Hütte (2209 m), ÖTK, Mitte Juni bis Ende September, Tel. +43 676 7304405.
Höhenmeter: Zur Höllentalangerhütte 620 Hm. Höllentalsteig bis Gipfel 1580 Hm.
Karten: AV 25, Bl. BY8 oder 4/2. F&B 50, Bl. 322.

Zustieg

Von Hammersbach wandern wir auf breitem Weg taleinwärts, zwischendurch über ein längeres Flachstück und schließlich in Kehren zur Höllentaleingangshütte (1045 m) hinauf. Nach Entrichtung der Gebühr ist der Gang durch die eindrucksvolle, schon vor über hundert Jahren ausgebaute Klamm ein erstes Highlight. Als mögliche Umgehung dient im Übrigen der Stangensteig, der vorher rechts ausweicht, oberhalb die Klamm auf hoher Brücke überquert, dann auf der linken Seite mit etwas Auf und Ab weiterführt und sich hinter dem engen Schlund wieder mit der Klamm-route vereinigt. Schließlich weiter in das sich langsam weitende Hochtal, wo wir bei der Höllentalangerhütte (1379 m) von einer großartigen Szenerie gefangen genommen werden. Eingefasst von den mächtigen Berglehnen des Waxenstein- und Alpspitzkammes erscheint im Hintergrund die Zugspitze.

Höllentalsteig

Flach geht es in den Talschluss hinein, bis sich am Ende des Höllentalangers eine mächtige Felsbarriere vor uns aufbaut. Die Abzweigung zur Riffelscharte ignorierend, gelangen wir über einen Vorbau (A) zu einer rund 20 Meter hohen Felsstufe, die mit einer Klammerreihe, »Leiter« genannt, gangbar gemacht wurde (B/C). Drahtseile leiten gleich weiter hinauf zur zweiten legendären Passage, dem »Brett«: Auf kleinen Stiften ist ein atemberaubend luftiger Plattenschuss (B/C) zu queren. Im Höllentalkar schließt sich erst einmal wieder leichteres Gelände an. Der »Grüne Buckel« bietet das letzte anheimelnde Fleckchen, ehe im Vorfeld des Höllentalferners die karge Steinwüste des Moränenschutts beginnt. Auf dem Gletscher zunächst ziemlich gerade empor, später deutlich nach rechts zum Einstieg in die noch sehr hohe Gipfelflanke (bei Firnauflage meist gespurt, bei Blankeis unbedingt Steigeisen verwenden). Die Überwindung der Randkluft kann je nach Verhältnissen zur ernsten Hürde werden. Danach immer den Sicherungen folgend schräg links aufwärts Richtung Irmerscharte, an der sich ein haltloser Tiefblick durchs Bayerische Schneekar zum waldumsäumten Eibsee auftut (C und leichter). Schließlich das letzte steile Stück durch die Nordostflanke bis zum Grat und zum goldfarbenen Kreuz auf dem Zugspitz-Ostgipfel (2962 m). Die monströsen Bauten aus Stahl und Beton kleben wie auch das schindelverkleidete Münchner Haus am Westgipfel, der über einen kurzen Klettersteig (A/B) angeschlossen ist.

Abstieg über die Westroute

Wir lösen uns vom ärgsten Gewusel auf der Plattform und begeben uns am größtenteils gesicherten Südwestgrat abwärts, bis sich der Einstieg in die abschüssige Westflanke öffnet. An den Resten der alten Bergstation vorbei laviert die Route über geröllbedecktes Felsgelände tiefer, wobei man aufmerksam die Markierungen verfolgt. Weiter unten rechts haltend über eine ausgewaschene Runse hinweg und zu einer gesicherten Rippe. Eine Plattenpassage

Wettersteingebirge

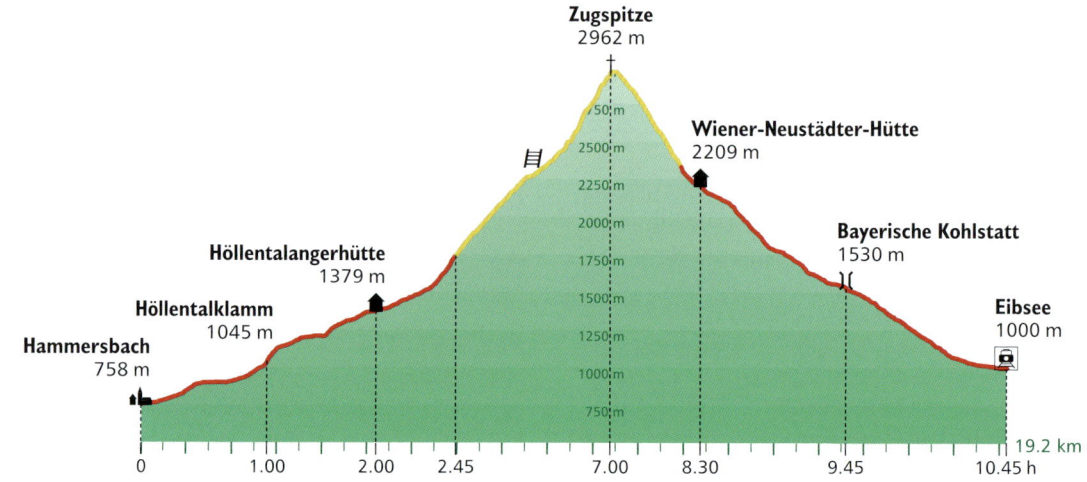

wird danach frei überwunden, ehe wir durch ein Felsloch in eine schräge, kaminartige Verschneidung (B) schlüpfen. Diese originelle Stelle ist als »Stopselzieher« bekannt geworden. Kurz darauf

Die Querung am sogenannten »Brett« verlangt eine Portion Mut und Entschlossenheit.

geht's bereits ins Geröll des Österreichischen Schneekars, an dessen unterem Rand uns die Wiener-Neustädter-Hütte (2209 m) empfängt.

Der Abstieg setzt sich auf den nordseitigen Bändern unterhalb der Ehrwalder Köpfe fort. Man quert dort einige Rinnen und kommt zu einer Gabelung. Während der Georg-Jäger-Steig durchs Gamskar Richtung Ehrwald abzieht, wählen wir Nr. 821 zum Eibsee. An einem Grateck scharf rechts eindrehend, gelangt man im Schrägabstieg über gesicherte Schrofen, Schutthalden und Latschenfelder tiefer und nähert sich der Landesgrenze bei der Bayerischen Kohlstatt. Schließlich durch den Zugwald, zweimal eine Pistenschneise kreuzend, hinunter zu einem breiten Ziehweg, der beim touristischen Komplex am Eibsee ausläuft.

Tipp: Jubiläumsgrat

Wer dem Erlebnis die Krone aufsetzen möchte und die ganz große Wettersteintour anstrebt, kann nach der Höllentalroute im Münchner Haus auf der Zugspitze übernachten, um sich anderntags im Morgengrauen auf den langen Jubiläumsgrat zu begeben: für meinen Geschmack ein »alpiner Klettersteig« im allerbesten Wortsinn und bestimmt ein Highlight schlechthin im nördlichen Alpenraum. Doch Vorsicht: An dieser Tour scheiden sich die Geister! Während vor 100 Jahren in Münchner Alpenvereinskreisen noch heftig gegen den klettersteigartigen Ausbau Front gemacht wurde, tönt es heute ganz anders: »Der Jubiläumssteig ist kein Klettersteig, sondern eine hochalpine Tour« (Zitat). Oha, als ob dies zwei völlig verschiedene Paar Schuhe seien! Jedenfalls sieht man bei Alpenverein und Verlag die Tour ungern in der Klettersteigliteratur auftauchen, weshalb sich der Autor diesem offiziellen Urteil schweren Herzens beugt und sie an dieser Stelle nicht ausführlich beschreibt. Gänzlich unterschlagen möchte er die Sache aber auch nicht. Und anstatt allzu kategorisch und damit für die Leser wenig hilfreich zu sein, hier ein Faktencheck: Allein schon aufgrund seiner Länge ist der Jubiläumsgrat ein außergewöhnliches Unterfangen. Über fünf Kilometer bewegt man sich entlang einer ausgesetzten Gratschneide und hat derweil stundenlange Kletteraufgaben und Balancierakte zu bestehen. Zumal zahlreiche schwierige Passagen eisenhaltig gebändigt wurden, erscheint es vermessen, den teils sehr ausgeprägten Klettersteigcharakter zu leugnen. Die Schlüsselpassage an der Vollkarspitze erreicht den Grad D, also sehr schwierig. Genauso wichtig zu wissen ist allerdings, dass trotzdem noch zuhauf freie Kletterei bis zum Grad II gefordert ist, und zwar hauptsächlich im ersten Teil von der Zugspitze bis vor die Innere Höllentalspitze. Wer hier bald einmal an seine Grenzen stößt, sollte auf jeden Fall umkehren. Und selbst im zwischenzeitlichen Gehgelände wird es nie wirklich einfach, denn die Abschüssigkeit verlangt stets hohe Konzentration. Der Faktor Kondition, sowohl rein physisch als auch in der angedeuteten mentalen Hinsicht, erhöht den Gesamtanspruch des Jubiläumsgrates ganz beträchtlich. Nur ein möglicher

Der Jubiläumsgrat – kein Klettersteig?

Notabstieg über den Brunntalgrat zur Knorrhütte und eine Biwakhütte auf halber Strecke können den Ernst etwas mildern. Und nachdem man an die 7 Std. von der Zugspitze über die drei Höllentalspitzen sowie die Vollkarspitze bis zur Grieskarscharte, dem Endpunkt des eigentlichen Jubigrates, gekraxelt ist, steht noch ein anspruchsvolles Finale bevor: entweder in 2 Std. über die Alpspitze und ihre Ferrata (B) bis zur Seilbahn am Osterfelderkopf oder etwas länger über den Mathaisenkarsteig (B/C) hinunter zur Höllentalangerhütte. Jeder Anwärter prüfe also seine Fähigkeiten selbstkritisch. Aber egal, ob man's nun als Klettersteig betrachtet oder nicht: Gefangen im absoluten Höhenrausch erleben leistungsstarke, erfahrene Bergsteiger am Jubigrat eine Sternstunde!

Mieminger Gebirge

28 Vorderer und Hinterer Tajakopf, 2450 m
»Tajakante« und Coburger Klettersteig

8.45 Std.
1450 m ↑
1450 m ↓

»Magic Line« über dem Seebensee

Die Westlichen Mieminger haben sich zu einer der ersten Klettersteigadressen weit und breit gemausert. Angefangen hat es dort 1990 mit dem talnahen Seeben-Klettersteig, einer Route ganz nach dem Motto moderner Sportferrate. Sie überwindet in Nähe eines Wasserfalls den schattigen Steilriegel der Seebenwände zum oberhalb gelegenen, von einem traumhaften See geschmückten Karboden. Der klassische Weg dorthin führt indes über den »Hohen Gang«, während das Gros der Bergfreunde gemächlich von der Ehrwalder Alm herüberzuckelt.

Fast ein Jahrzehnt nach Eröffnung des Seeben-Klettersteigs wurde erschließungstechnisch in alpinere Höhen vorgestoßen: Man erkannte im Westgrat des massig vorgeschobenen und daher auffällig positionierten, aber bis dato selten bestiegenen Vorderen Tajakopfs eine »Magic Line« und sorgte damit gleich einmal für ein popularitätssteigerndes Schlagwort. Die »Szene« nahm es dankbar auf. Mit ihren sehr schwierigen Aufschwüngen ist die »Tajakante« ein echtes Gustostück für den versierten Klettersteigler, der sich hier auf immerhin 600 Höhenmetern ordentlich austoben kann. Und weil dies anscheinend noch nicht genügte, hat man im Jahr 2007 mit dem

Am Vorderen Tajakopf zeichnet sich die Gratrippe der Tajakante gut ab. Rechts davon der Hintere Tajakopf, eine kurze, aber knackige Zugabe.

Coburger Klettersteig nachgelegt. Nicht minder anspruchsvoll, nur kürzer, lädt er ein, nach dem Vorderen auch den Hinteren Tajakopf zu überschreiten – sofern wir für die halbstündige Zugabe nicht bereits zu ausgepowert sind. Da lässt es vielleicht manch einer gut sein, biegt vorher Richtung Coburger Hütte ab, um sich dort eine deftige Jause schmecken zu lassen und später nochmals ausgiebig das idyllische Spiegelbild des Zugspitzstocks im Seebensee zu bewundern. Denn es geht uns doch nicht bloß um den Sport, oder?

ANFORDERUNGSPROFIL

Schwierigkeit	D/E
Klettertechnik / Kraft	●●●
Ausgesetztheit	●●●
Kondition	●●●
Alpine Erfahrung	●●

TOURENINFO

Charakter: An der Tajakante sehr anspruchsvoller Klettersteig in sportlicher Linienführung mit knackigen Einzelstellen und beachtlicher Länge. Die optionale Fortsetzung auf dem kurzen Coburger Steig steht schwierigkeitsmäßig in nichts nach. Alles solide, aber gewiss nicht übertrieben gesichert, gute Technik im trittarmen Fels sowie Kraftausdauer für Stellen bis D/E notwendig. Als Tagestour aus dem Tal anstrengend, ggf. Hüttenübernachtung erwägen.
Höchster Punkt: Vorderer Tajakopf (2450 m).
Exposition: Überwiegend West, am Coburger Steig Nordwest.
Jahreszeit: Mitte/Ende Juni bis Mitte Oktober.
Ausgangspunkt: Talstation der Ehrwalder Almbahn (1108 m). Zufahrt über eine Stichstraße von Ehrwald.
Einkehr/Übernachtung: Coburger Hütte (1917 m), DAV, Anfang/Mitte Juni bis Mitte Oktober, Tel. +43 664 3254714.
Höhenmeter: Bis zum Einstieg 750 Hm (ab Ehrwalder Alm nur gut 350 Hm). Klettersteig »Tajakante« 600 Hm; über den Hinteren Tajakopf zusätzlich gut 100 Hm.
Karten: AV 25, Blatt 4/2. F&B 50, Blatt 322 o. 352.

Zustieg

Vom großen Parkplatz bei der Ehrwalder Almbahn Richtung Seeben-Klettersteig den Geißbach kreuzend, dann aber rechts ab und auf den von Ehrwald kommenden Weg Nr. 812 einbiegen. Im Wald geht es vorerst sachte, später steiler aufwärts und in Kehren an die Seebenmauer heran, die nun auf einer stellenweise gesicherten Steiganlage (»Hoher Gang«) überwunden wird. Nach dem Ausstieg auf das Plateau (1670 m) durch lichte Lärchenbestände leicht abwärts zum Ufer des Seebensees, der links umkurvt wird. Gleich hinter der Materialseilbahn der Coburger Hütte zweigt linker Hand ein bezeichneter Pfad ab, der sich über die Geröllfelder zum Einstieg am Fußpunkt der Tajakante (Westgrat, ca. 1850 m) emporschraubt. Hierher gelangt man auch von der Hütte binnen 20 Minuten in leicht absteigender Querung.

Klettersteig »Tajakante«

Nach wenigen moderaten Metern schwingt sich die Kante gleich beachtlich auf (bis C/D) – ein erster Test für Physis und Psyche. Mit diversen B-Stellen wird es vorübergehend leichter, doch lassen die nächsten kniffligen Passagen nicht allzu lange auf sich warten. Auf ungefähr einem Drittel der Höhe verlangt die Schlüsselstelle (sie wird mindestens mit D, eventuell sogar mit D/E bewertet!) beherzten Einsatz: eine ganz schmale, von glatter Wand und engem Spalt begrenzte senkrechte Kante. Generell folgt der Klettersteig überwiegend der unmittelbaren Gratschneide, die links öfter von Schrofen begleitet wird, während rechts ein tiefer Abgrund klafft. Absätze gliedern die Turnerei zwischen steileren Passagen. Ein paar trittarme Stellen (C bis D) schließen zu einer markanten Verflachung auf, wo kleine Zacken ebenfalls etwas Versiert-

Mieminger Gebirge

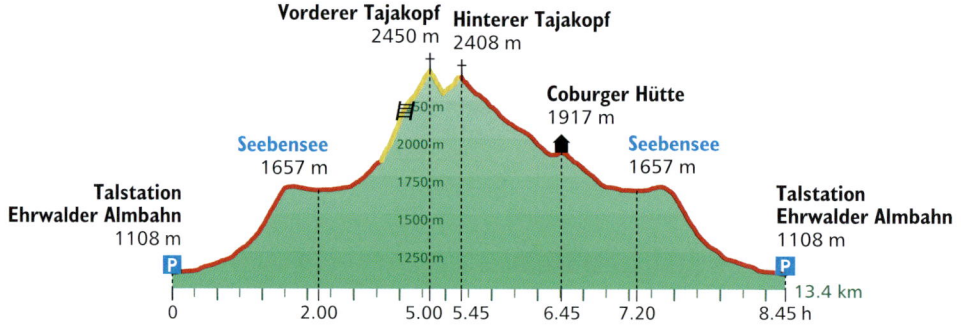

heit erfordern (B/C). Danach verliert sich der Grat vorübergehend in einer seichten, schrofigen Rinne, welche die einzige nennenswerte Unterbrechung der Eisenroute bildet. Rechts haltend setzt sich der Steilfels jedoch fort und wartet auch gleich wieder mit einer Wandstufe (D) auf. Dahinter flacher, aber nach wie vor sehr häufig exponiert weiter, so etwa bei der Querung einer senkrecht aufgestellten Platte. Über letzte Aufschwünge (bis C) erreichen wir schließlich den Südgipfel des Vorderen Tajakopfes (2450 m).

Coburger Klettersteig und Abstieg

Südseitig über kurzzeitig gesicherte Schrofen ins Vordere Tajatörl. Wer nun auf den Coburger Klettersteig verzichten will, begibt sich rechts der Einsattelung schräg abwärts zu einer Rippe, hinter der es über Schuttpassagen auf eine begrünte Ebene hinuntergeht. Dort trifft man auf Weg Nr. 812, dem man am Drachensee vorbei zur Coburger Hütte (1917 m) folgt. Die Gesamtgehzeit verringert sich dadurch um ca. 30 Minuten.

Der Coburger Klettersteig startet hingegen aus dem Törl mit einer extrem steilen Verschneidung (D/E), die uns bei großen Klammerabständen abermals alles abverlangt. Um ein Eck auf den Gipfelgrat und dort weiter zum Hinteren Tajakopf (2408 m). Vom Gipfel aus leitet ein markierter Steig – vom Südgrat leicht links ausbiegend – durch typisches Felsschrofengelände (Stellen I) gegen einen Schuttsattel hinab. Westseitig in den markierten Steig über das Hintere Tajatörl (Nr. 812) einmündend ins Drachenkar, hinunter zum gleichnamigen See und in kurzem Gegenanstieg zur Coburger Hütte, wo man auf die gelungene Tour anstoßen kann. Ein Zickzackweg bringt uns schließlich wieder zum Boden mit dem Seebensee und zu den Verzweigungen Richtung Ehrwalder Almbahn und Hoher Gang.

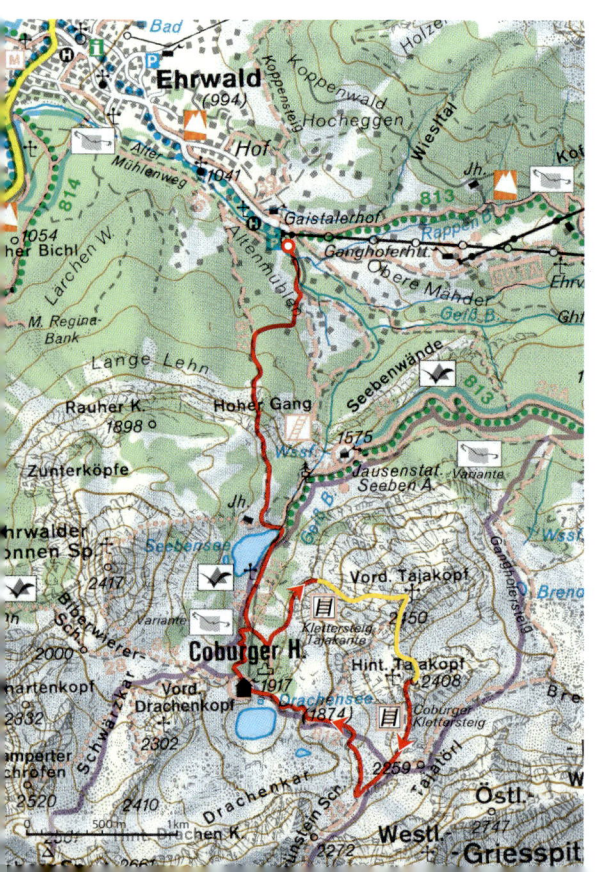

Das letzte Stück an der 600 Meter hohen »Magic Line« der Tajakante.

Varianten

1. Wer dieser Tour den Seeben-Klettersteig (D/E) voranstellt, unternimmt zweifellos eines der extremsten Ferrata-Abenteuer, die derzeit möglich sind. Der anhaltend anspruchsvolle Sportklettersteig verlängert den Zustieg um ca. 30 Minuten und geht ordentlich in die Arme. Man bedenke die Kraftreserven, die man für die Tajakante noch braucht.
2. Möchte man's hingegen bequemer angehen lassen, kann man um den Preis eines späteren Aufbruchs, die Seilbahn zur Ehrwalder Alm (1502 m) nutzen. Von dort sind es ca. 2.00 Std. bis zum Einstieg.

Allgäuer Alpen

29 Großer Daumen, 2280 m
Hindelanger Klettersteig

9.00 Std.
800 m ↑
2150 m ↓

Aussichtsreiche Überschreitung der Daumengruppe

Im Grunde heißt es Eulen nach Athen tragen, den Hindelanger Klettersteig anzupreisen – seine Popularität ist fast zu viel, sodass an schönen Tagen Staus an den Engstellen vorprogrammiert sind. Nur ein paar Meter von der Seilbahn hinüber zum Einstieg – und ein vergnügliches Kraxelabenteuer kann beginnen. Das dürfen wir in diesem Fall ganz wörtlich nehmen, denn der »Hindelanger« erspart seinen Aspiranten allzu nervenaufreibende Turnübungen in der Vertikalen. Hier geht vielmehr alles in eher spielerischer Weise vonstatten – eine anregende Folge von Balancierübungen längs der Gratschneide, die selbst in ihren Steilstücken kaum in Kraft- und Mutproben ausarten. Gleichwohl darf die Route keinesfalls unterschätzt werden, handelt es sich doch vor allem zwischen dem Nebelhorn und der Senke vor dem Großen Daumen um einen reinrassigen Klettersteig, der unbedarfte Wanderer (die sich immer wieder mal daran versuchen!) durchaus in Bredouille bringen kann. Für den Geübten hingegen ist es ein absoluter Genusssteig, der zu unserer Freude nicht schon nach einer Stunde abgehakt ist. Nein, das ständige Auf und Ab über die beiden Wengenköpfe und den zerscharteten Abschnitt an den »Zwiebelsträngen« zieht sich ganz beachtlich.
Und dabei ist das eigentlich erst die halbe Sache. Obgleich es die meisten mit dem Großen Daumen gut sein lassen und über das Koblat zur Nebelhornbahn zurück-

Eine fotogene Plattenpassage jenseits der Wengenköpfe.

kehren, besitzt der Hindelanger Klettersteig noch einen interessanten zweiten Teil: vom Großen auf den Kleinen Daumen und weiter über die Heubatspitze sowie die »Hohen Gänge« bis zum Breitenberg, dem Vorposten über dem Ostrachtal. Der Klettersteigcharakter – am pfiffigsten noch an besagten Hohen Gängen – tritt hier deutlich in den Hintergrund, und auch Überlaufenheit ist plötzlich kein Thema mehr, womit das Bergerlebnis freilich ganz andere Facetten gewinnt. Ich habe die stillere Fortsetzung bis nach Hinterstein jedenfalls noch nie bereut!

Hochbetrieb am Hindelanger Klettersteig.

ANFORDERUNGSPROFIL

Schwierigkeit	C
Klettertechnik / Kraft	●●
Ausgesetztheit	●●
Kondition	●●●
Alpine Erfahrung	●●

TOURENINFO

Charakter: Langer Gratklettersteig mittlerer Schwierigkeit (maximal C, meist um B). Im ständigen Auf und Ab sehr abwechslungsreich, z. B. mit diversen Leitern, aber auch freien Kraxelpassagen in schrofigem Fels. Speziell der zweite Teil ist nur noch sporadisch gesichert und eher eine Gratwanderung, die jedoch ebenfalls solide Trittsicherheit verlangt. Trotz Seilbahnzubringer beachtliches Tagespensum – durchschnittlich, falls nach dem ersten Teil abgebrochen wird (häufige Praxis, dann 6.00 Std. insgesamt). Bereits zuvor mehrere Notausstiege.
Höchster Punkt: Großer Daumen (2280 m).
Exposition: Unterschiedlich.
Jahreszeit: Ende Juni bis Mitte Oktober.
Ausgangspunkt: Nebelhorn (2224 m), Bergstation der Nebelhornbahn von Oberstdorf (drei Sektionen). Die Talstation befindet sich ca. 15 Minuten vom Bahnhof entfernt.
Endpunkt: Hinterstein (866 m) im Ostrachtal. Busverbindung über Bad Hindelang zum Bahnhof Sonthofen.
Einkehr: Restaurant am Nebelhorn, sonst keine Hütte unterwegs.
Hinweis: Wer vor der ersten Bahn starten will, kann im Edmund-Probst-Haus (1927 m) übernachten und in knapp 1 Std. zum Nebelhorn aufsteigen.
Höhenmeter: Bis zum Großen Daumen knapp 600 Hm. Fortsetzung zum Breitenberg gut 200 Hm Aufstiege. Man bedenke, dass sich abwärts über 2000 Hm aufsummieren!
Karten: AV 25, Blatt BY4. LDBV 50, Blatt UK50-47. F&B 50, Blatt 351.

Hindelanger Klettersteig, Teil 1

Von der Bergstation der Nebelhornbahn (am besten schon auf der Terrasse Ausrüstung anlegen) führt ein Schrofensteig in eine Gratsenke und über einen kleinen Kopf (Drahtseil) zum eigentlichen Einstieg. Hier setzt nach wenigen Metern die erste Leiter an (B). Es folgt ein anregender Wechsel von gesicherten Gratpassagen und Gehgelände (A/B und stellenweise I), immer in leichtem Auf und Ab entlang der Schneide, wobei man aus einer deutlichen Einschartung zum Westlichen Wengenkopf (2235 m) aufsteigt. In der nächsten Scharte begegnet uns die erste Ausstiegsoption – das Ende des »Schnupperkurses« sozusagen. Der Klettersteig bleibt seinem Grundcharakter weiterhin treu. Kleinere Auf- und Abstiege schließen zu einer schmalen Schneide auf, die in Kürze in eine Abstiegsleiter mündet (B). Auf einer Rampe um ein Eck herum und in eine breite, offene Einsattelung mit dem zweiten Notausstieg. Eine weitere

Allgäuer Alpen

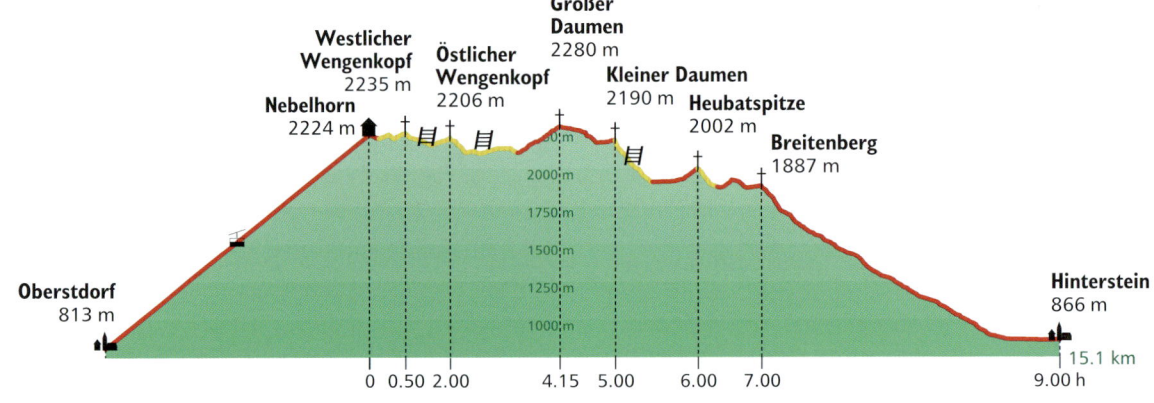

Immer wieder helfen Leitern über Steilstufen hinweg.

lange Leiterpassage am folgenden Aufschwung ist recht anspruchsvoll (B/C) und bringt uns dem Östlichen Wengenkopf (2206 m) nahe.

Dahinter sieht man schon den Gratzug der »Zwiebelstränge«, allerdings perspektivisch stark verkürzt. Es steht noch viel Auf und Ab bevor, vom Gipfel zunächst ein längeres, mit einem eleganten Grat und einer steilen Leiter gewürztes Bergab.

Recht spektakulär ist eine ausgesetzte Traverse mit kurzer senkrechter Stufe im Abstieg (C), die in einen Gegenanstieg mit fotogener Plattenpassage (B) überleitet. Sehr kleinräumig dann die Gliederung im unmittelbaren Bereich der »Zwiebelstränge«, wo an Steilstufen noch wiederholt Leitern auftauchen und zwischen den Schärtchen so manche unerwartete Hürde genommen werden muss, freilich kaum schwieriger als B/C.

Mit einem längeren Gegenanstieg übersteigt man auch den letzten Gratkopf (B) und gelangt in seinem Rücken zum vorläufigen Ende des Klettersteigs. Der breite Gipfel des Großen Daumen (2280 m) ist eine obligatorische Zugabe von 20 Minuten, selbst wenn man über das wellige Koblat auf der Südseite des Kammes wieder zur Nebelhornbahn zurückwandern möchte (Abzweig beim Wiesensattel).

Hindelanger Klettersteig, Teil 2

Ansonsten dürfen wir uns auf die wesentlich stillere Fortsetzung Richtung Breitenberg freuen. Vom Großen Daumen steuern wir die Ostschulter an und steigen über einen Schotterhang steil in die Scharte vor dem Kleinen Daumen (2190 m) ab. Im Gegenanstieg über ein paar schrofige Gratfelsen, lotst uns die Markierung kurz vor dem Gipfel in den brüchigen Felshang zur Linken hinab. Dem alten Drahtseil dort ist zu misstrauen (dadurch I). Nordwestwärts einschwenkend weiter über Felsgelände, das sich im Bereich der Kammsenke abrupt in Grasmatten wandelt. Damit erscheint der Gegenhang zur Heubatspitze (2002 m) vollkommen unschwierig. Doch jenseits empfängt uns mit dem Felsgrat der »Hohen Gänge« abermals eine überraschend luftige Kraxelpartie einschließlich senkrechter Leiter über einen Abbruch hinweg (zumindest B). Aus der folgenden Scharte links des Felskammes nochmals leicht aufwärts (A), bevor der Steig allmählich harmlos, zuletzt durch Latschenfelder, Richtung Breitenberg (1887 m) hinüberzieht. In seiner vorgeschobenen Position bietet der Gipfel eine vortreffliche Aussicht über die ganze Gegend um Bad Hindelang und Hinterstein – ein lohnender Schlusspunkt der langen Grattour.

Abstieg

Freilich gilt es anschließend noch über 1000 Höhenmeter auf einem normalen Bergweg zu »vernichten«. Dieser tangiert zunächst den Ostrücken, entfernt sich aber bald wieder davon nach rechts in die Flanke. Über den Geländevorsprung bei der Oberen Älpealpe (1499 m) in die dahinterliegende Hangmulde und zur Unteren Älpealpe (1306 m). Ein kehrenreicher Waldweg leitet weiter bis zur Ostrach hinunter, die man überschreitet. Zuletzt auf dem Sträßchen in Kürze nach Hinterstein (866 m) und zur Bushaltestelle.

Allgäuer Alpen

30 Schafalpenköpfe, 2320 m
Mindelheimer Klettersteig

8.45 Std.
1500 m ↑
1500 m ↓

Ein Allgäuer Evergreen mit »krimineller« Vergangenheit

Der Mindelheimer Klettersteig ist quasi ein Pendant zum Hindelanger: ebenfalls eine in den Siebzigern angelegte Gratroute, vom Stil her ähnlich, von den Schwierigkeiten auch. Damals wurden diese Touren gemeinhin als ziemlich anspruchsvoll gehandelt, heutzutage hingegen meistens als eher gemäßigt umschrieben. Nun, die Steige selbst sind – bis auf sinnvolle Sanierungsaktionen – natürlich die gleichen geblieben, doch hat sich im Zuge des Klettersteigbooms einfach die Messlatte nach oben verschoben. Eine waschechte Ferrata war vor 40 Jahren neben zahlreichen gesicherten Steigen zumindest im Norden der Alpen noch die Ausnahme – man werfe nur mal einen Blick in veraltete Führerliteratur von anno dazumal. Und sie war bei einigen »Bergfreunden« offenbar auch höchst unerwünscht: Der »Mindelheimer« erfuhr sogar Anschläge seitens Radikaler, die sich wohl für besonders bemächtigte Umweltaktivisten hielten und bei Nacht und Nebel mit der Eisensäge anrückten. Klar, dass solch feige, kriminelle Streiche eine Welle der Empörung auslösten.

Am Einstieg erwartet uns gleich die erste Schlüsselstelle (C).

Dabei wird, wer nicht gerade ein Adrenalinjunkie ist und stets nach maximalen Schwierigkeiten trachtet, in diesem pfiffig angelegten Steig ein gesundes Maß erkennen und gewiss seinen Spaß an den dolomitenhaften Gegebenheiten haben. Ein paar rassige Passagen gibt's allemal, zudem ist der Verlauf über die drei Schafalpenköpfe (das Kemptner Köpfl wird auch noch »mitgenommen«) sehr vielseitig – nach jeder Ecke ist man gespannt, wie's wohl weitergeht. Mit doppeltem Hüttenanschluss versehen, wird die Route in beiden Richtungen viel begangen, vorzugsweise jedoch von der Fiderepass- Richtung Mindelheimer Hütte. In diesem Fall konzentrieren sich die Hauptschwierigkeiten auf die erste Hälfte des Klettersteigs. Mit den landschaftlich reizvollen Hüttenwegen wird eine rundum gelungene, stattliche Bergtour daraus, die auch panoramatechnisch viel zu bieten hat: als Schaustück den Allgäuer Hauptkamm gegenüber, aber auch die Vorarlberger und Ostschweizer Berge beispielsweise.

Allgäuer Alpen

ANFORDERUNGSPROFIL	
Schwierigkeit	C
Klettertechnik / Kraft	●●
Ausgesetztheit	●●
Kondition	●●
Alpine Erfahrung	●●

TOURENINFO

Charakter: Ziemlich langer Gratklettersteig mittlerer Schwierigkeit (maximal C, meist um B), aber häufig exponiert. Nahezu senkrechte Passagen sind durch Bügelreihen entschärft, sonst kletterfreundlicher Fels, mitunter auch schrofig. Als Tagestour konditionell fordernd, mit Übernachtung durchschnittlich.

Höchster Punkt: Nördlicher Schafalpenkopf (2320 m).
Exposition: Unterschiedlich.
Jahreszeit: Ende Juni bis Mitte Oktober.
Ausgangspunkt: Schwendle (ca. 1200 m) im Kleinwalsertal. Zufahrt von Mittelberg (Ortsteil Bödmen) bis zum obersten der gebührenpflichtigen Parkplätze (man wählt den letzten, bereits an der Schotterstraße gelegenen).
Einkehr/Übernachtung: Jausenstationen Wiesalpe und Fluchtalpe. Fiderepasshütte (2065 m), DAV, Ende Mai bis Mitte Oktober, Tel. +43 664 3203676. Mindelheimer Hütte (2013 m), DAV, Ende Mai bis Mitte Oktober.
Höhenmeter: Bis zur Fiderepasshütte 870 Hm. Über den Klettersteig ca. 600 Hm.
Karten: AV 25, Blatt BY2. LDBV 50, Blatt 50-46. F&B 50, Blatt 351 oder 364.

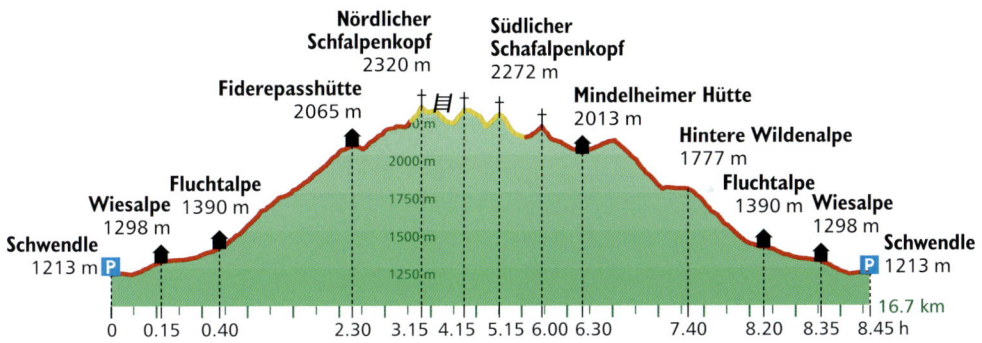

Zustieg

Von Schwendle folgen wir dem Güterweg ins Wildental einwärts zur Wiesalpe (1298 m) und weiter zur Fluchtalpe (1390 m), wo sich die Zustiege zur Fiderepass- und Mindelheimer Hütte gabeln. Wir gehen links und steigen auf gutem Bergweg via Vordere Wildenalpe sowie teils unter der Materialbahntrasse gegen den weiten, grünen Sattel des Fiderepasses mit seiner Hütte (2065 m) an. Südlich davon kurz in eine Senke hinab und in den Schotterfeldern schräg links aufwärts zur engen Fiderescharte (ca. 2200 m), wo sich der Blick auf den Allgäuer Hauptkamm auftut. Scharf rechts kammnah weiter, wird über Schrofen der Einstieg erreicht.

Mindelheimer Klettersteig

Zwei mit Klammern bestückte Wandstufen verlangen gleich beherzten Einsatz, die erste beginnt sogar leicht überhängend und dürfte die schwierigste Stelle des gesamten Klettersteigs darstellen (C). Man gelangt in eine Rinne, entsteigt ihr abermals steil und gewinnt die Grathöhe nahe dem Nördlichen Schafalpenkopf (2320 m), der links in kurzer freier Kletterei (Stellen I) mitgenommen werden kann. Der Klettersteig setzt sich nach rechts fort und überwindet eine großzügig gesicherte Steilstufe im Abstieg (B/C). Der nachfolgende Gratrücken bietet viel Gehgelände, überrascht allerdings mit einer liegenden Leiter, die einen tiefen Spalt überbrückt (A). Vor

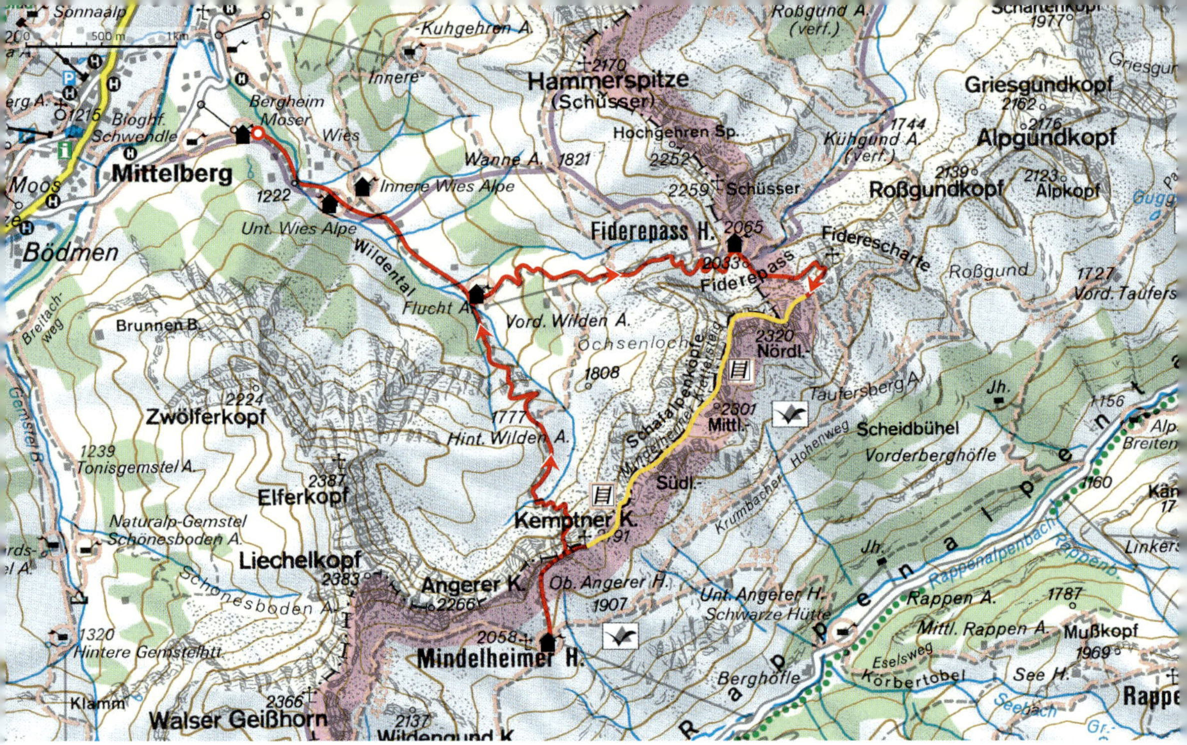

»Action« beim Aufstieg zum Mittleren Schafalpenkopf.

dem nächsten Hindernis lotsen uns die Drahtseile über eine schmale Rampe hinab. Bald darauf folgt ein senkrechter Abbruch, der ebenfalls an solider Bügelreihe überlistet wird (C). Damit gelangt man in die breite Einschartung vor dem Aufbau des Mittleren Schafalpenkopfes. Der Gegenanstieg startet gutgriffig über plattige Passagen, leitet dann in einen Kamin, dem man rechts entkommt, um zu einem schneidigen Zacken hinaufzuklettern (meist B bis C). Jenseits über eine spektakuläre Klammerreihe (B/C) in ein Schartl, von dort wildentalseitig auf eine Bändertraverse mit Zwischenstufe und um ein Eck zurück auf den Grat bzw. in Kürze zum Mittleren Schafalpenkopf (2301 m).

Mit einem Spreizschritt erhält man Anschluss zur begrünten Nebenkuppe und verliert vornehmlich im schrofigen Gehgelände, mit nur leichteren gesicherten Passagen zwischendurch, bis zur nächsten großen Kammsenke an Höhe. Bald darauf erwartet uns im Gegenanstieg zum Südlichen Schafalpenkopf (2272 m) ein unterhaltsamer Wechsel zwischen Bändern und kurzen Stufen, auch eine Kaminpassage ist wieder dabei (maximal B). Die Spur tangiert den Gipfel und führt dann meist ungesichert am Südrücken bergab. Bald ergeben sich zwei Möglichkeiten: entweder links im Bereich einer Steilrinne mit Leiter bergab oder dieser Passage zunächst westseitig ausweichen und durch eine andere Schrofenrinne zum Auslauf. Wir überqueren einen sanften Wiesensattel, ehe die Route nochmals knapp 100 Meter zum kecken Kemptner Köpfl (2191 m) ansteigt. Wenig später lässt sich bei der Kemptner Scharte (2108 m) der Talweg einleiten, doch werden die meisten zuvor eine Einkehr in der nahen Mindelheimer Hütte (2013 m) nicht versäumen wollen.

Abstieg

Der Abstieg erfordert vor allem im oberen Teil Konzentration. Im Zickzack geht es teils mit Drahtseilbegleitung über eine abschüssige Schutt- und Schrofenflanke tiefer. Auf dem Boden angekommen, überschreiten wir einen Bachlauf zur Hinteren Wildenalpe (1777 m) und überwinden nochmals eine etwas steilere Geländepartie zur Fluchtalpe, wo wir auf den bekannten Alpfahrweg treffen.

Die Brücke über einen Felsspalt.

Lechtaler Alpen

31 Steinkarspitze, 2650 m
Steinsee-Klettersteig

7.30 Std.
1400 m ↑
1400 m ↓

Neues aus der Abteilung »Genuss«

Für den Steinsee-Klettersteig darf man dem Erbauer durchaus ein Lob aussprechen: Hier hat jemand den »Mut« gehabt, eine Route moderater Schwierigkeit einzurichten, die in der »Szene« sicherlich kaum aufhorchen lässt, aber gerade beim Durchschnittsbergsteiger Anklang finden dürfte. Meine Frage nach dem »warum so« beantwortete Burkhard Reich, früherer Wirt der Steinseehütte, wie folgt: Er wolle damit nicht nur Spezialisten ansprechen und auch Kindern die Möglichkeit bieten, Erfahrungen zu sammeln. Dann unterhielten wir uns kritisch über die Auswüchse des Schwierigkeitsfanatismus und vor allem sehr begeistert über die interessanten Gesteinsstrukturen an der Steinkarspitze, die steil aufgestellten Felsschichten, an denen man so genussreich emporkraxelt. Und das landschaftliche Drumherum ist sowieso ganz großartig im Gebiet um die Steinseehütte …

ANFORDERUNGSPROFIL

Schwierigkeit	B/C
Klettertechnik / Kraft	●
Ausgesetztheit	●
Kondition	●●
Alpine Erfahrung	●●

TOURENINFO

Charakter: Nicht besonders schwieriger, relativ kurzer Klettersteig (Schlüsselpassage B/C, meist leichter), allerdings in alpinem Gelände, was ganz besonders für den Abstieg gilt. Auch hier stellenweise gesichert (A/B), erhöhte Steinschlaggefahr in der Rinne. Bergerfahrung angezeigt. Als Tagestour ziemlich lang, gemütlicher mit Übernachtung.

Höchster Punkt: Steinkarspitze (2650 m).
Exposition: Ost.
Jahreszeit: Ende Juni bis Ende September.
Ausgangspunkt: Parkplatz bei der Alfutzalm (ca. 1290 m) im Starkenbachtal. Zufahrt von der B171 bei Zams, dabei ein Stück weit östlich der Autobahnanschlussstelle den Abzweig Richtung »Steinseehütte« beachten.
Hinweis: In der Saison verkehrt zweimal täglich auch ein Taxizubringer, Voranmeldung unter Tel. +43 664 4425575.
Einkehr/Übernachtung: Steinseehütte (2061 m), ÖAV, Anfang Juni bis Ende September, Tel. +43 660 4917124.
Höhenmeter: Hüttenzustieg 800 Hm. Gipfeltour gut 600 Hm, davon 250 Hm Klettersteig.
Karten: AV 25, Blätter 3/3 und 3/4 (ungünstiger Blattschnitt). F&B 50, Blatt 351.

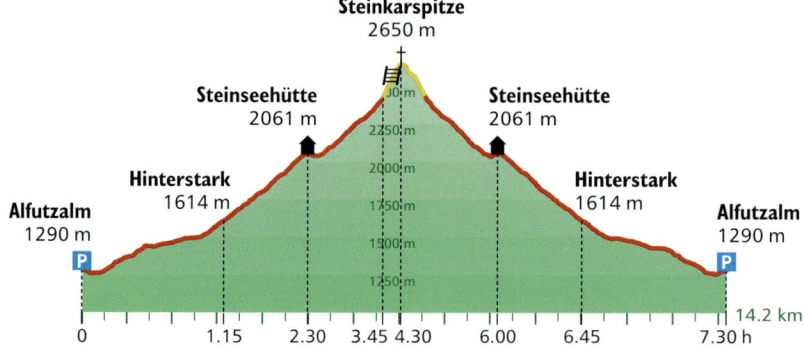

Der Steinsee-Klettersteig bietet moderate Schwierigkeiten um B.

Zustieg

Die öffentlich befahrbare Forststraße vereinigt sich einen Kilometer vor der Alfutzalm (1261 m) mit dem Zustieg von Starkenbach (Nr. 625) und setzt sich hinter dem Parkplatz und dem Bach als Karrenweg fort. Im inneren Starkenbachtal passiert man die Vordere Starkhütte und orientiert sich bei der Verzweigung auf Höhe Hinterstark (1614 m) rechts, um über Latschenhänge weiter bis zur Steinseehütte (2061 m) aufzusteigen.

Nun mit geringfügigem Höhenverlust ein Stück dem Lechtaler Höhenweg Richtung Württemberger Haus folgen, bald aber nach den Hinweisen »Klettersteig« bzw. »Klettergebiet« rechts ab und ins Steinkar hinauf. Der Pfad ist eine Weile sehr gut, wird später aber ziemlich schuttreich. Anhand der blauen Markierung nähern wir uns den Felsen im Karhintergrund und gelangen linker Hand in Kehren etwas beschwerlich zum Einstieg (ca. 2430 m).

Die Steinseehütte mit der Steinkarspitze im Hintergrund.

Steinsee-Klettersteig

Nach einer Linkstraverse geht es an schön geschichteten Felsen stets gut gestuft, mitunter auch etwas schrofig, nicht allzu steil aufwärts (A/B). Nach einem Spalt bildet ein rauer, mit Klammern und Stiften bestückter Plattenschuss (B/C) das Herzstück der Route. Anschließend weiter recht anregend entlang einer schwach ausgeprägten Felsrippe (B) inmitten der Flanke empor und zu einem Minikreuz am Gipfelgrat der Steinkarspitze, deren höchster Punkt (2650 m) nach links in wenigen Minuten zu erreichen ist.

Abstieg

Der Abstieg führt über das erwähnte Kreuz hinaus an splittrigem Fels in die Nordflanke (A). Nach vorläufigem Ende der Drahtseile lotst uns die blaue Markierung schräg abwärts um den Steinkarturm herum in eine Gratscharte, die den Wechsel zurück auf die Südseite vermittelt. Die dort ansetzende Rinne ist aufgrund des losen Gesteins von Steinschlag bedroht und fast durchgängig gesichert (meist A/B). In einer Gruppe bleibt man am besten eng zusammen, um sich nicht gegenseitig zu gefährden. Die Rinne läuft in unmittelbarer Nähe des Einstiegs aus.

Lechtaler Alpen

32 Weißschrofenspitze, 2752 m
Arlberger Klettersteig

5.30 Std.
500 m ↑
800 m ↓

Fulminante Gratferrata über dem Mega-Skirevier von St. Anton

Gewöhnlich hat es die Arlberger Skiarena ja etwas schwer, beim bergsteigenden Publikum zu punkten, zu offenkundig sind die negativen Eingriffe in das Naturgefüge. Um auch das Sommergeschäft ein wenig anzukurbeln, spannte man vor gut drei Jahrzehnten einen Klettersteig zwischen zwei »Stantoner« Seilbahnen auf – und traf damit voll ins Schwarze.

Die ehedem kaum beachtete Weißschrofenspitze und ihre Trabanten rückten schlagartig ins Rampenlicht, wartet die Überschreitung des mehrgipfligen Gratzuges doch mit einer Reihe begeisternder Passagen auf. Da gibt es etwa die »Haizähne«, natürlich rasiermesserscharf, einige höchst exponierte Quergänge oder den vertikalen Kraftakt zur Knoppenjochspitze. Die Adrenalinproduktion kommt dabei ganz sicher in Wallung, und selbst der Abstieg von der Weißschrofenspitze entlässt uns erst ein gutes Stück weiter unten aus dem Steilfelsabenteuer. Keine Frage, der Arlberger Klettersteig zählt auch heute noch zu den Toprouten im nördlichen Alpenraum. Hoffentlich kann man bei allem Einsatz auch das Panorama genießen, denn das ist – sieht man einmal über die Sünden der Pistenerschließung hinweg – ebenfalls klasse!

ANFORDERUNGSPROFIL

Schwierigkeit	D
Klettertechnik / Kraft	●●●
Ausgesetztheit	●●●
Kondition	●●
Alpine Erfahrung	●●

TOURENINFO

Charakter: Streckenweise sehr schwieriger und vor allem exponierter Gratklettersteig in beachtlicher Höhe, der einiges an Kraft und Durchhaltevermögen verlangt. Nicht übertrieben aufwendig gesichert, daher auch gute Klettertechnik von Vorteil. Schlüsselstelle D, oft C/D, selten leicht. Aufgrund doppelter Seilbahnanbindung aber normales Tagespensum. Im Falle von Überforderung oder drohender Wetterverschlechterung gibt es diverse Notausstiege.
Höchster Punkt: Weißschrofenspitze (2752 m).
Exposition: Unterschiedlich.
Jahreszeit: Anfang/Mitte Juli bis Mitte/Ende September.
Ausgangspunkt: Station Vallugagrat (2646 m) der Galzig- und Vallugabahn von St. Anton am Arlberg.
Endpunkt: Bergstation Kapall (2333 m) der Gampen- und Kapallbahn von St. Anton.
Hinweis: Ohne Seilbahnunterstützung ist die Tour ein konditioneller Hammer! Man informiere sich vorher über die Betriebszeiten und etwaige Einschränkungen an bestimmten Wochentagen. Denkbar wäre eine Zustiegsalternative von der Arlbergstraße über die Ulmer Hütte (2279 m).
Einkehr: Restaurantbetriebe bei den Seilbahnen, sonst keine Hütte.
Höhenmeter: Rund 500 Hm Aufstieg und 800 Hm Abstieg, größtenteils am Klettersteig.
Karten: AV 25, Blatt 3/2. F&B 50, Blatt 351.

Mehrere Felsgipfel bestimmen den Verlauf des Arlberger Klettersteigs.

Lechtaler Alpen

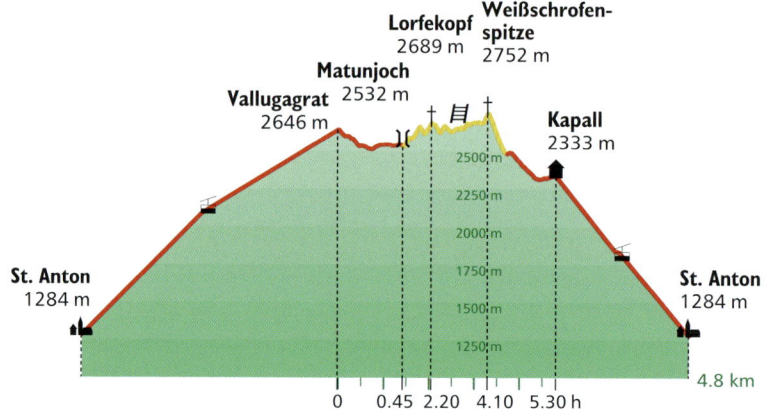

Zustieg
Nachdem wir von St. Anton mit der ersten Sektion bis Galzig und der zweiten bis zur Station Vallugagrat hinaufgeschwebt sind, geht es in kurzem Abstieg durch ein Geröll- bzw. Schneekar nördlich um den Jahnturm herum zum Valfagehrjoch und flach weiter zum Matunjoch (Knoppenjoch, ca. 2532 m), wo bereits der Einstieg erreicht ist.

Arlberger Klettersteig
Der erste Turm wird über leichtere gesicherte Felsen (B) gewonnen, ehe in seinem Rücken eine nahezu senkrechte Abwärtspassage an zum Teil spärlichen Tritten (C/D) den geforderten Standard definiert. Es folgt eine atemberaubend exponierte Querung (C/D) auf schmalsten Gesimsen bis in die Südwand der Knoppenjochspitze (2680 m) hinein, die gleich anschließend sehr anstrengend direkt erklommen wird (D). Auch das ostseitige Bergab in die nächste Scharte (dort Fluchtweg) ist steil und anspruchsvoll (C/D), der Gegenanstieg auf den Lorfekopf (2689 m) dann verhältnismäßig deutlich lockerer (B). Allerdings verschärft der Abstieg in die Lorfescharte (erneut Ausstiegsmöglichkeit) das Niveau schon wieder: zunächst gutmütig, wird die Gratkante zum Ende hin immer steiler.

Links: Wirklich scharf – die »Haizähne«.
Rechts: Rückblick von der Weißschrofenspitze über den Gratverlauf bis zur Valluga.

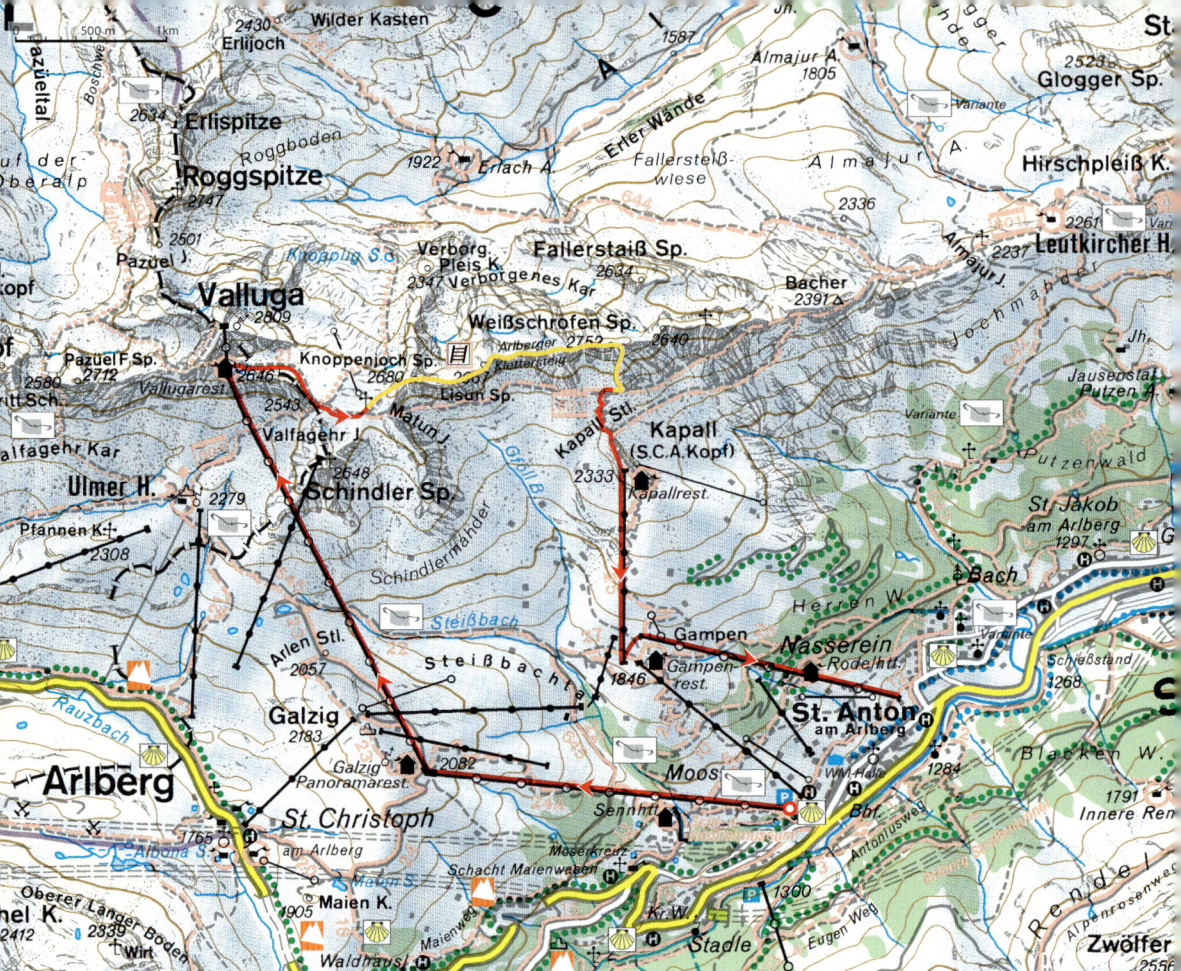

Jetzt, etwa in der Mitte der Überschreitung, kann man sich im mehrheitlichen Gehgelände über die Lisunspitze (2667 m) hinweg ein wenig erholen, bevor es nach einer flachen Gratsenke allmählich wieder ans Eingemachte geht. Der Lisungrat fordert uns als schmale, luftige Schneide, die schließlich in die zerscharteten »Haizähne« überleitet (C): ausgesetzte Kletterei an skurrilen Felsformationen – ein absolutes Highlight der Route! Nach einem weiteren möglichen Notausstieg aus einer Scharte rücken wir der alles überragenden Weißschrofenspitze (2752 m) näher, doch müssen zuvor noch ein sperrender Turm, eine glatte Plattenpassage sowie die letzten schroffen Gratfelsen erklettert werden – also manch anregende Stelle bis zum Schwierigkeitsgrad C/D.

Abstieg

Genau genommen gehört auch der Abstieg von der Weißschrofenspitze zum Klettersteig. Man hält sich an die enorm steile Südrippe, die bis auf eine zwischenzeitliche Schuttpassage ebenfalls durchgängig gesichert ist. Zwar ist das Gelände hier reicher gestuft, doch sind immer wieder Abbrüche zu überlisten, einmal sogar in der Vertikalen (bis C/D). In diesem Bereich von der geraden Linie etwas nach rechts abrückend und über besagtes Schuttfeld zu den letzten Drahtseilen am Wandfuß. Von dort ist es fast nur mehr ein Katzensprung hinunter bis zur Bergstation Kapall, wo diese rassige Ferratatour endet, wie sie begonnen hat: mit einer knieschonenden Seilbahnfahrt zurück ins mondäne St. Anton.

Rätikon

33 Sulzfluh, 2817 m
Sulzfluh- und Gauablickhöhle-Klettersteig

2 Tage
12.00 Std.
1900 m ↑
1900 m ↓

Eine Überschreitung der Extraklasse

Die Sulzfluh gehört zu jenen mächtigen Kalkstöcken, welche die Hauptkette des Rätikon auf der Grenze zwischen Vorarlberg und Graubünden dominieren. Sie ist ein Berg mit vielen Gesichtern – etwa den steilen Südabstürzen oder dem weitläufigen Karrenfeld auf der Nordostseite – und nicht zuletzt ein Berg mit vielen Routen. Zumal die Sulzfluh im Schnittpunkt dreier Hüttenbereiche liegt, besitzt sie allein drei verschiedene Normalwege (übers Karrenfeld, durch den »Rachen« sowie durch den »Gemschtobel«). Neu hinzugekommen sind zwei zünftige Klettersteige, die ich an dieser Stelle zur Kombination anbieten möchte. Je nach Belieben kann die Tour sowohl aus dem Schweizer Prättigau als auch aus dem Vorarlberger Montafon angegangen werden.

Dem zur Schweiz hin orientierten Sulzfluh-Klettersteig durch die Südwand gebührt zweifellos der Rang des Top-Klettersteigs. Er geht mehrfach in die Senkrechte, mitunter sogar etwas darüber hinaus und wartet mit berauschenden Quergängen in maximaler Ausgesetztheit auf. Was trotz üppiger Sicherungen für den Durchschnitts-Klettersteigler schon eine Nummer zu groß sein dürfte. Selbstverständlich eignet sich diese Route nur für den Aufstieg. Der Gauablickhöhle-Klettersteig, der die Felsbarrieren des nordseitigen Karrenfeldes überwindet, kann für Erfahrene hingegen auch im Abstieg empfohlen werden. Damit ergibt sich ja überhaupt erst die mustergültige Überschreitung auf Eisenwegen, wie sie weit und breit wohl wenig Vergleichbares kennt. Ein besonderer Clou ist die Durchschreitung der 350 Meter langen stockdunklen Gauablickhöhle, ein weiteres Highlight das Gipfelpanorama, das bei klarem Wetter einen gewaltigen Ausschnitt der Ost- und Westalpen umfasst.

Markant erhebt sich das Sulzfluh-Massiv im Grenzkamm des Rätikon.

ANFORDERUNGSPROFIL

Schwierigkeit	**D**
Sulzfluh-Klettersteig	D
Gauablickhöhle-Klettersteig	C
Klettertechnik / Kraft	●●●
Ausgesetztheit	●●●
Kondition	●●
Alpine Erfahrung	●●

TOURENINFO

Charakter: Sehr kühne Gipfelüberschreitung auf zwei Klettersteigen, die auch getrennt voneinander begangen werden können. Bergauf ein knackiger, exponierter und aufwendig gesicherter Wanddurchstieg mit Stellen bis D und generell auf weiten Strecken anspruchsvoll. Am Gauablick-Klettersteig ein ganzer Grad leichter (maximal C), in den Steilstufen ebenfalls viele Klammern und mit einer finsteren Höhle zwischendrin. Bei einer Kombination etwas umständliche, aber landschaftlich reizvolle Rückkehr auf die Ausgangsseite, dann auf jeden Fall zwei Tage erforderlich.
Hinweis: Für die Durchquerung der Höhle ist eine Lampe unerlässlich!
Höchster Punkt: Sulzfluh (2817 m).
Exposition: Sulzfluh-Klettersteig Süd, Gauablick-Klettersteig Nord.
Jahreszeit: Ende Juni bis Ende September.
Ausgangspunkt: Parkplatz P6 (ca. 1620 m, gebührenpflichtig) an der Bergstraße von der Prättigauer Ortschaft St. Antönien zur Alpsiedlung Partnun.
Einkehr/Übernachtung: Lindauer Hütte (1744 m), DAV, Anfang Juni bis Anfang Oktober, Tel. +43 664 5033456. Carschinahütte (2236 m), SAC, Mitte Juni bis Mitte Oktober, Tel. +41 79 4182280. Zudem zwei Gasthäuser in Partnun.x
Höhenmeter: Zustieg 730 Hm. Sulzfluh-Klettersteig 460 Hm. Gegenanstiege beim Rückweg via Drusator ca. 700 Hm.
Karten: LKS 25, Blatt 1157. LKS 50, Blatt 238 T. F&B 50, Blatt 374.

Zustieg

Zuerst wandern wir neben dem Schanielabach taleinwärts bis zum stattlichen Alpdorf Partnun (1763 m) mit seinen beiden Berggasthöfen »Sulzfluh« und »Alpenrösli«. Kurz danach links haltend über ausgedehnte Matten aufwärts in die Hangverflachung der Sulz. Während fast höhengleich ein Weg nach Westen zur Carschinahütte (2236 m, möglicher Stützpunkt) weiterführt, nähern wir uns über Schotter den Südwänden und erreichen im Zickzack den Einstieg (ca. 2350 m).

Aufstieg über Sulzfluh-Klettersteig

Plattenpassagen schließen zur ersten senkrechten Leiter auf, die sich in Klammern fortsetzt (C). Ein Stück links versetzt wartet bereits der nächste eisengespickte Aufschwung (C), abgelöst von gestuftem, teils auch schrofigem Felsgelände im gemäßigten Schwierigkeitsbereich (maximal B/C). Nach einer abermaligen Linksquerung folgt eine fast senkrechte Wand mit Klammern (C/D), die uns an die Gratrippe des »Geissrückens« bringt. Knapp links davon aufsteigend erreichen wir die Rastbank an seinem Ende. Halbzeit am Klettersteig!
Mit einer Linkstraverse über das »Grasband« leiten wir anschließend den zweiten Teil ein. Hier gliedern Quergänge, von denen einer ausgesprochen exponiert verläuft, eine Serie klammergespickter Aufschwünge (bis C/D). Weiter oben passieren wir ein Felsköpfl auf einer Seilbrücke (»Deichmann-Steg«, B/C) und gelangen zur wohl schwierigsten Stelle, einer leicht überhängenden Wand (D), die sich unmittelbar in einer ebenfalls kräftezehrenden Diagonale fortsetzt.
Die Erbauer gaben der Passage den Namen »Klagemauer«. Nach einer Leiterbrücke sowie einigen kürzeren Steilstücken (C) legt sich das Gelände schließlich zurück, sodass wir die letzten Meter zum Gipfel der Sulzfluh (2817 m) im harmlosen Schotter zurücklegen können.

Abstieg via Gauablickhöhle

Mit einem nach Westen ausholenden Bogen steigen wir auf die nordseitige Karrenabdachung ab, wo im oberen Teil meist Schneefelder überdauern. Nach Abzweig der Gemschtobelroute (kürzester Abstieg zurück nach Partnun) orientiert man sich an dem nordostwärts ausstreichenden Bergrücken und wendet sich bei der nächsten Weggabelung links Richtung »Rachen«. Bevor es allerdings mit einem markanten Linksknick in das Steilkar hineiniginge, läuft man gerade hinunter bis zum Abbruch, wo

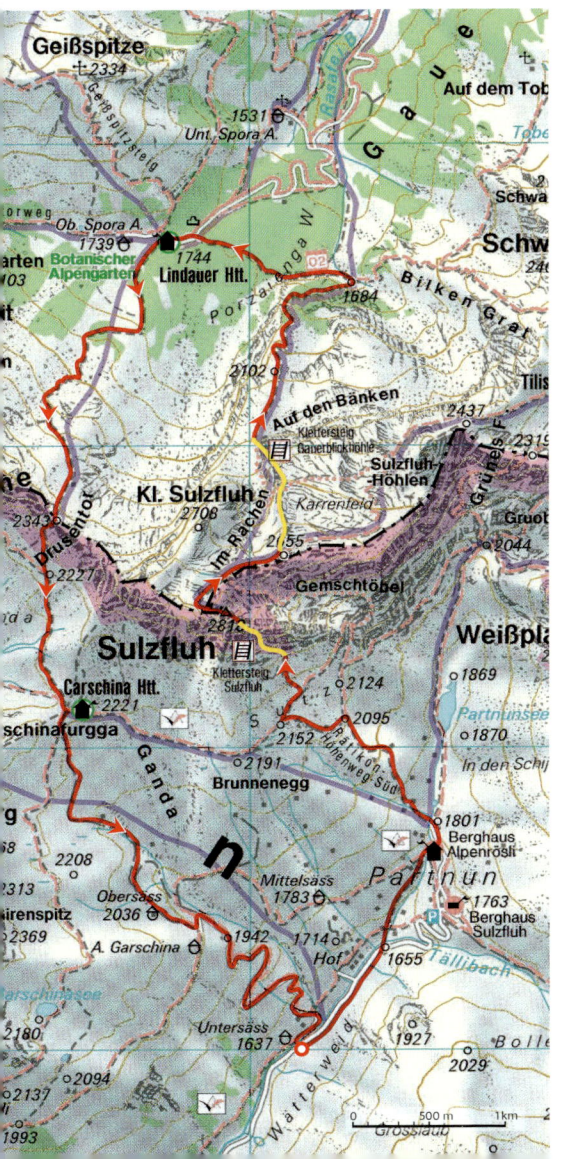

Szenerie am steilen Sulzfluh-Klettersteig in der Südwand.

sich nahe P. 2483 das obere Ende des Gauablickhöhlen-Klettersteigs befindet. Achtung, bei Nebel können Orientierungsprobleme auftreten.

Mehrere Wandstufen mit Klammerreihen leiten gleich ausgesetzt in die Tiefe (bis C). Dann um ein Eck zu einer Rechtsdiagonalen. Unterhalb des Notausstieges (dieser führt gegen das Karrenfeld empor!) folgen die steilsten Stellen, einmal sogar ein paar Meter leicht überhängend an einer Kante (C). Es bieten sich aber stets genügend Griffe und Tritte. Nach einem Absatz bewältigen wir die nächste Steilstufe, von deren Fuß man rechts den Eingang der

Auch der Gauablickhöhle-Klettersteig auf der Nordseite wartet mit einzelnen senkrechten Passagen auf. Hier die C-Stelle am oberen Ende.

Gauablickhöhle erreicht. Im Schein der Stirnlampe durchqueren wir das Loch auf ca. 350 Meter Länge – zuerst leicht aufwärts, später wieder fallend – ohne Schwierigkeiten bis zum Ostportal. Von dort führt ein Quergang weiter zu einem steil abfallenden Pfeiler mit Klammern (B), bevor wir über geneigte Plattenpassagen (meist A/B) am unteren Einstieg auf knapp 2200 m ankommen. Auf der Geländeterrasse der »Bänke« biegt man links haltend alsbald in die Rachenroute ein und folgt dieser mit etlichen Windungen, später auch über abschüssigere Schrofenpartien, bis an den Sockel des Massivs. Während es nordwärts ins Gauertal hinausginge, kann man durch den Pozalengawald mit leichtem Gegenanstieg die unweit gelegene Lindauer Hütte (1744 m) ansteuern.

Rückweg

Um wieder auf die Schweizer Seite zurückzukehren, begeben wir uns hinter dem Alpenpflanzengarten durch ein Wäldchen auf einen bewachsenen Moränenrücken und wenden uns dann nach rechts. An felsdurchsetzten Hängen empor, den Abzweig Richtung Drei Türme passierend und über eine Geländeschwelle in ein Blockkar, aus dem schließlich das zwischen einigen Felszacken eingelagerte Drusentor (2342 m) gewonnen wird. Jenseits bald links haltend am Rande der Hochmulde Grossganda entlang und zur Carschinafurgga bzw. zur Carschinahütte gleich dahinter. Von dort am schnellsten über die Hanglagen der Alp Garschina via Obersäss und Mittelsäss retour zum Parkplatz.

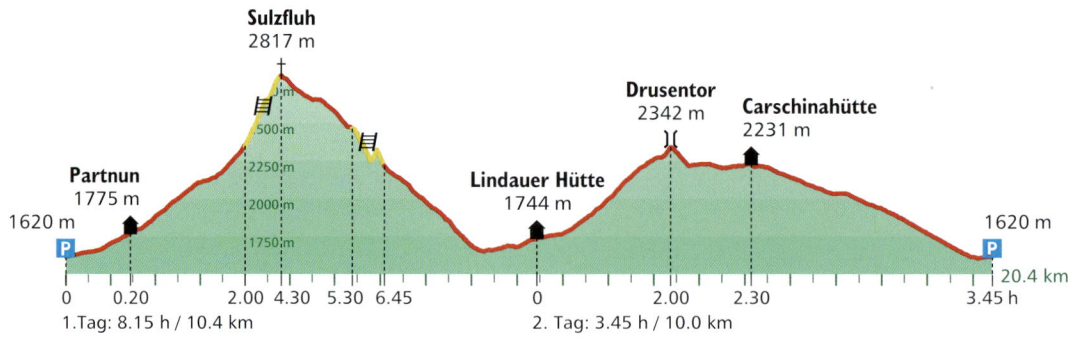

Blick aus dem Portal der Gauablickhöhe ins Montafon.

Varianten

1. Wer lieber von der Vorarlberger Seite ausgehen möchte, fährt aus dem Montafon (Tschagguns) zum Lünerseewerk in Latschau (994 m) und läuft zunächst eine ganze Weile auf Wirtschaftswegen flach ins Gauertal einwärts. Im hinteren Teil beschreibt die Trasse einige Schleifen und steigt dann rechts haltend zur Lindauer Hütte an.

Noch am gleichen Tag nimmt man den Wechsel über das Drusentor in Angriff und nächtigt in der gemütlichen Carschinahütte, um von dort zur großen Überschreitung zu rüsten. Für den ersten Tag sind 5.00 Std. zu veranschlagen, für den zweiten 8.30 Std.

2. Bei einer separaten Begehung steigt man nach dem Sulzfluh-Klettersteig idealerweise über die Gemschtobelroute ab. Diese trennt sich nordseitig unterhalb des Gipfels auf ca. 2700 Meter, führt durch einen markanten Geländetrichter auf der Ostseite steil tiefer, um schließlich rechts hinaus nach Partnun abzudrehen. Gesamtgehzeit 7.00 Std.

3. Bei einem Aufstieg über den Gauablick-Klettersteig (von Latschau aus) ließe sich auf den Gipfel theoretisch sogar verzichten und unweit des Ausstiegs sofort in den »Rachen«, jenen düsteren Karwinkel zwischen Sulzfluh und Kleiner Sulzfluh, einschwenken.

4. Eine Variante, die beide Klettersteige im Bergauf beinhaltet, könnte wie folgt ablaufen: Latschau – Gauablickhöhle – Tilisunahütte (Übernachtung) – Sulzfluh-Klettersteig – Rachen – Latschau.

Ötztaler Alpen

34 Plamorderspitze, 2982 m
»Tiroler Weg«

5.30 Std.
800 m ↑
800 m ↓

Auf einen Fast-Dreitausender hoch über dem Reschen

In einschlägigen Publikationen wird der »Tiroler Weg« meist in höchsten Tönen gelobt – ein Urteil, dem ich teilweise zustimmen kann, allerdings nicht ganz vorbehaltlos. Der Zugang erfolgt über eine wenig ansprechende Skipiste, was sich aber mit Eintritt in das Nauderer Gaisloch abrupt ändert. Großartig ist zweifellos die Lage des Gipfels direkt am Alpenhauptkamm, womit eine bemerkenswerte Aussicht nach Nord- wie nach Südtirol verknüpft ist, die Schweizer Berge im Westen nicht zu vergessen. Tief unten bettet sich der Reschensee in seine Talfurche, am Horizont grüßt der Ortler, doch am faszinierendsten dünkt mir eigentlich die Gipfelflur der Ötztaler Alpen, die man aus einer eher ungewohnten Perspektive beäugt.

Auf der Nordseite fußt die Plamorderspitze mit einem profilierten Gratpfeiler im blockreichen Nauderer Gaisloch. Dort zieht unser »Tiroler Weg«, der allgemein zu den schönsten Urgesteins-Klettersteigen der Alpen gezählt wird, schnurgerade in die Höhe und gewährt Kostproben herrlicher Reibungskletterei in gebietstypischem Gneis. Besonders im oberen Teil prägt sich die Kante scharf aus und kann sehr elegant erklommen werden. Ganz so astrein wie manchmal kolportiert ist die Route aber nicht: Es gibt durchaus auch lose Blöcke und Dreck dazwischen, und mitunter könnte das Drahtseil etwas straffer sein. Im Vergleich mit anderen Klettersteigen erscheint mir eine Bewertung mit D eine Spur zu hoch gegriffen, was freilich keineswegs verharmlosend gemeint sein soll. Etwas Klettererfahrung in alpinem Terrain nahe der Dreitausendermarke ist allemal angezeigt, zumal zusätzliche Tritthilfen die Ausnahme bleiben. Der kurze Abstecher auf ein frei stehendes Türmchen mit der Schwierigkeit D/E ist allerdings eher eine überflüssige Spielerei für Kraftmeier, im Gegensatz zu den Sicherungen, die am obersten Westgrat den Abstieg einleiten.

Das Drahtseil zeichnet die Linie des Nordgrates nach.

Ötztaler Alpen

ANFORDERUNGSPROFIL	
Schwierigkeit	**C/D**
Klettertechnik / Kraft	●●●
Ausgesetztheit	●●
Kondition	●
Alpine Erfahrung	●●

TOURENINFO

Charakter: Schwieriger Urgesteinsklettersteig mit Steilpassagen in kompaktem, teils blockigem Gneis. Schwierigste Stellen um C/D (bei einem optionalen Turmabstecher D/E), verhältnismäßig sparsam gesichert, daher gute Reibungstechnik von Vorteil. Aufgrund der strengen Umgebung und Nordexposition der Route zudem auch solide alpine Erfahrung. Nicht bei Schnee oder Nässe begehen! Konditionell eher moderate Tour.
Höchster Punkt: Plamorderspitze (Westgipfel, ca. 2975 m).
Exposition: Nord.
Jahreszeit: Anfang Juli bis Ende September, sofern eisfrei.
Ausgangspunkt: Bergstation am Bergkastelboden (2173 m), erreichbar mit der Seilbahn 2 km südlich von Nauders.
Einkehr: Bergrestaurant Bergkastel, sonst keine.
Höhenmeter: Ab Bergstation gut 800 Hm.
Karten: AV 25, Blatt 30/4. F&B 50, Blatt 254.

Zustieg

Es empfiehlt sich unbedingt die Auffahrt mit der Seilbahn, weil ansonsten zwei eintönig ermüdende Stunden über Forststraßen fällig wären. Am Bergkastelboden hinter der Bergstation orientiert man sich an der südwärts wegziehenden Zirmbahn und steigt parallel zur Lifttrasse entlang der Piste gerade auf. Oben gewahrt man einen weiteren Lift von rechts. Unmittelbar daneben führt der Weiterweg dürftig markiert in die Blockfelder des Nauderer Gaisloch: ein krasser Übergang ins hochalpine Gelände. Man folgt den Steinmännchen und blassen roten Punkten über das grobe, unsortierte Geröll und hält sich schließlich zum Nordgrat der Plamorderspitze. Knapp rechts von dessen Fußpunkt erfolgt der Einstieg (ca. 2665 m).

Klettersteig »Tiroler Weg«

Der erste Steilaufschwung (C/D) erfordert gleich eine ausgereifte Klettertechnik im kompakten, eigenwillig gestuften und für viele Ferratisti vielleicht ungewohnten Gneis. Anschließend geht es erst einmal moderater weiter entlang der Gratschneide, die sich im unteren Teil als Rippe noch nicht sehr stark herausmodelliert. In den leichten Passagen muss man mit erdigem Gelände und lockerem Gestein rechnen. Ineinander verkeilte Blöcke lassen sich meist gut erklettern (um B). Im weiteren Verlauf steilt die Kante öfters deutlich auf, eine trittarme Platte wird elegant auf Reibung gemeistert (C).
Dann verleitet ein abgespaltener Zacken mutige Spezialisten zu einem kurzen Abstecher – fünf Meter extrem glatt (D/E).

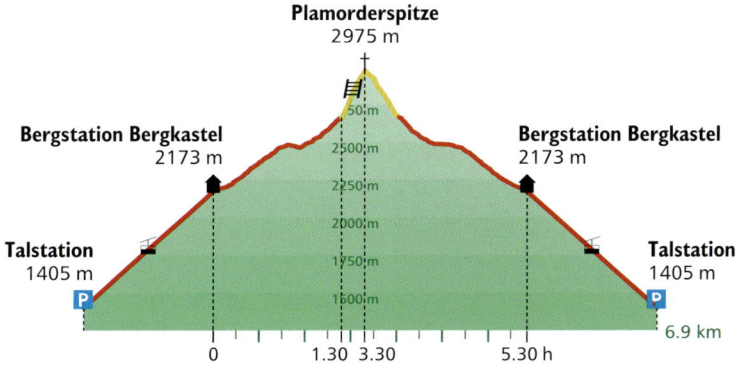

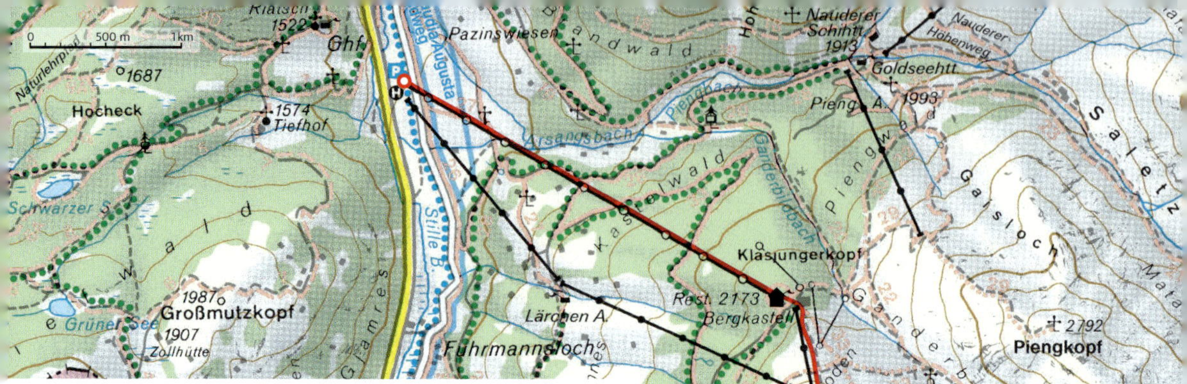

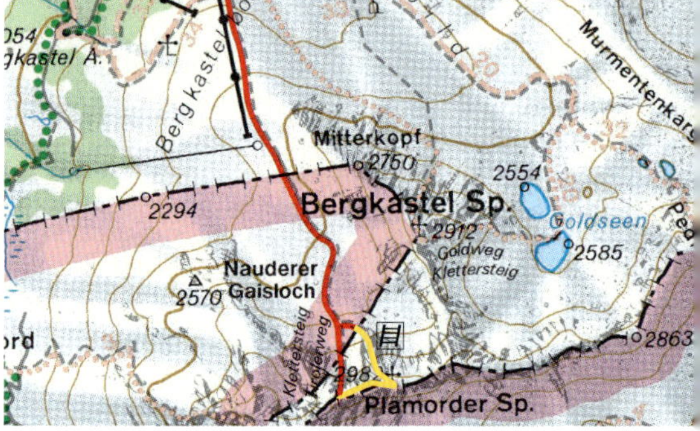

Die eigentliche Route zieht indes mit einer rassigen Passage an scharfer Kante (C/D) links vorbei. In diesem Abschnitt finden wir die luftigsten Stellen. Hinter einem Gratkopf muss über eine Platte kurz in ein Schärtchen abgestiegen werden, ehe eine steile Blockverschneidung (C/D) zum leichteren Schlussgrat (A) überleitet. Durch eine letzte Kerbe erreichen wir das Kreuz auf dem Westgipfel der Plamorderspitze. Der wenige Meter höhere Ostgipfel (2982 m) bleibt abseits und ist nur mittels freier Kletterei zugänglich.

Abstieg
Auch der Beginn der Abstiegsroute ist als Klettersteig ausgebaut: über plat-

Höchster Zacken der Plamorderspitze.

tigen Fels – zuerst mit guten Tritten, dann auf ein paar Metern sehr steil und glatt (C) – hinab auf ein nordseitiges Band. Dieses leitet westwärts zu einem Schärtchen, hinter dem südseitig gequert wird, ehe wir über eine kleine Erhebung hinweg in die nächste Gratlücke gelangen (Stellen A/B). Von dort nordwärts in steilem Bröselgelände durch eine Rinne und auf breiten auslaufenden Schutthalden gegen das Kar hinunter. Deutliche Steigspuren erleichtern die Sache. Man kommt wieder in der Nähe des Einstiegs vorbei und läuft auf bekannter Route zurück zur Seilbahn.

Tipp
Im Einzugsgebiet der Seilbahn gibt es noch einen zweiten Klettersteig, und zwar den »Goldweg« auf die benachbarte Bergkastelspitze (2912 m). Die Schlüsselstelle wird immerhin mit D/E angegeben, ein paar »Durchhänger« bleiben allerdings nicht aus. Insgesamt gilt der Tiroler Weg als die lohnendere Route; unmittelbar kombinierbar sind sie aufgrund unterschiedlicher Zustiege nicht.

Ortleralpen

35 Tschenglser Hochwand, 3375 m
Neuer Südwand-Klettersteig

8.30 Std.
1530 m ↑
1530 m ↓

Vis-à-vis von »König Ortler«

Ein Klettersteig, der bis auf 3375 Meter hinaufführt und dabei noch solch erhabene Kulissen bietet, passt natürlich bestens in das Konzept dieses Buches. Das stolze Suldener Dreigestirn – links die elegante Königsspitze, in der Mitte der Zebrù und rechts der in seiner Größe und Masse alles erschlagende Ortler – ist praktisch ständiger Begleiter. Und auch die Umrahmung des oberen Zaytals, zu der unser Gipfelziel, die Tschenglser Hochwand, selbst gehört, kann sich wahrlich sehen lassen. Ich habe hier im Laufe der Jahre schon zahlreiche (Hoch)touren unternommen, allein an der Hochwand vier verschiedene Routenvarianten ausprobiert und bin immer auch gern auf der vorbildlich geführten Düsseldorfer Hütte eingekehrt. Da stellt sich eine richtige Verbundenheit ein.

Klettersteige im Kristallingestein werden zwar allmählich zahlreicher, bieten aber für die meisten wohl doch eher ein ungewohntes Ferrata-Feeling. Zugegeben, Nässe wirkt sich hier ziemlich negativ auf den Reibungskoeffizienten aus, weshalb die Tour bei verschneiten Felsen tabu sein sollte. Man beachte also die Höhenlage – schon am Einstieg befinden wir uns auf 3000 Meter! Eigentlich sind es ja zwei Klettersteigvarianten, die am Südabbruch der Tschenglser Hochwand emporführen. Der alte Otto-Erich-Steig ist jedoch nur bedingt als solcher anzusprechen und wurde inzwischen teilweise abgebaut, die im Jahr 2002 eingerichtete neue Führe hingegen ziemlich reinrassig: eine Himmelsleiter, auf der man beschwingt dem großen Gipfelkreuz und einem überwältigenden Vinschgaublick entgegenkraxelt.

Ringsum stehen die vergletscherten Dreitausender der Ortlergruppe Parade. Hier Großer Angelus, Vertainspitze und Cevedale (von links).

Ortleralpen

ANFORDERUNGSPROFIL

Schwierigkeit	C
Klettertechnik / Kraft	●●
Ausgesetztheit	●●
Kondition	●●
Alpine Erfahrung	●●

TOURENINFO

Charakter: Hochalpiner Klettersteig mittlerer Schwierigkeit (maximal C) in kantigem Urgestein, entsprechend gute Fußtechnik hilfreich. Sehr solide gesichert, teilweise durchaus luftig. Bergerfahrung schon aufgrund der Höhenlage in jedem Fall wichtig; der Normalweg ist sehr geröllreich und das aktuelle Permafrostproblem kann Unwägbarkeiten hervorrufen. Als Tagestour lang; evtl. übernachten oder mit dem Kanzellift den Zustieg um 1 Std. verkürzen.

Höchster Punkt: Tschenglser Hochwand (3375 m).
Exposition: Süd.
Jahreszeit: Anfang Juli bis Anfang Oktober.
Ausgangspunkt: Sulden (1857 m), Parkplätze beim Kanzellift oder in beschränktem Umfang an der Hauptstraße, wo das Zaytal ausmündet.
Einkehr/Übernachtung: Düsseldorfer Hütte (2721 m), Autonome Provinz Südtirol, Mitte Juni bis Anfang Oktober, Tel. +39 333 2859740.
Höhenmeter: Hüttenzustieg 860 Hm. Gipfelroute 670 Hm.
Karten: Tab 25, Blatt 08. F&B 50, Blatt S2.

Zustieg

Vom Talort Sulden aus folgen wir Weg Nr. 5 ins Zaytal, im unteren, licht bewaldeten Teil in unmittelbarer Bachnähe, später über zwei Böden. Nachdem der Hangweg vom Kanzellift dazugestoßen ist, geht es in gut angelegten Schleifen hinauf zur Geländeschwelle, wo die Düsseldorfer Hütte (2721 m) eine echte Balkonloge vor dem Ortlermassiv einnimmt. Fast ist man geneigt, auf der sonnenverwöhnten Terrasse hängen zu bleiben.

Hinter dem Haus durchmessen wir eine seichte Mulde und wandern weiter ins schon bedeutend kargere obere Zaytal, wo man sich alsbald zwischen eindrucksvollen Moränenwällen wiederfindet. Eine Art Gasse leitet hindurch, ehe man unter einer breiten Geröllrinne vorbeizieht und mit einem Aufwärtsbogen nach links die Felsbegrenzung ansteuert. Wenig höher treffen wir auf die Verzweigungen von neuem Klettersteig, Otto-Erich-Steig und Normalweg. Dem Wegweiser folgend nach rechts über ein Band zum nahen Einstieg (auf gut 3000 m).

Neuer Südwand-Klettersteig

Man gelangt sofort zu einem senkrechten Wandl, das mithilfe künstlicher

Tritte erklommen wird (C). Anschließend etwas schrofig zu einer Rechtsdiagonale und zu einer Leiste an luftigem Eck (B). Im weiteren Verlauf wechseln pfeilerartige Aufschwünge, in denen der Anspruch des Klettersteigs liegt (max. C), mit leichteren, oft plattigen Traversen. Auf etwa halber Höhe erfolgt die Vereinigung mit dem alten, gelb markierten Otto-Erich-Steig. In der blockigen Flanke dicht unter der Gratrippe sind nur wenige Stellen gesichert. Eine Verschneidung bietet nochmals anregende Kletterei (B/C), dann führt eine kleine Leiter auf den Grat, wo man über Blockgelände vorwärtskommt.

Gemeinsam mit dem von links einmündenden Normalweg schließlich noch über eine Plattenpassage, einen sperrenden Block mit Klammern sowie eine weitere, von einem Riss durchzogene Platte (A bis B) zum Gipfel der Tschenglser Hochwand (3375 m).

Abstieg über Normalweg

Zuerst nutzen wir den oberen Teil der Anstiegsroute, schweifen dann nach rechts ab und gelangen über grobes Blockgestein zu einer breiten Geröllrinne, die das weitere Bergab bis zum Wandfuß vermittelt. Weiter über die Düsseldorfer Hütte wie beim Zustieg.

Die neue Anlage an der Tschenglser Hochwand zählt zu den attraktivsten Urgesteinsklettersteigen überhaupt.

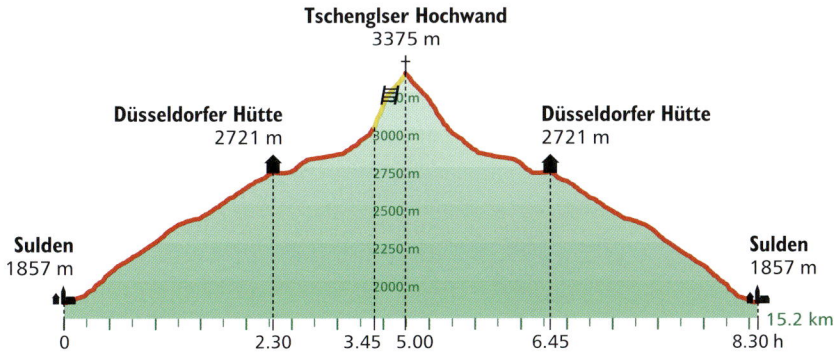

Brentagruppe

36 Brenta-Durchquerung
Via delle Bocchette

4 Tage
21.00 Std.
3000 m ↑
3350 m ↓

Viertägige Traumroute durch die wilde Brenta

Ein Gebirge, dolomitischer noch als die Dolomiten selbst, zerschartet wie eine gewaltige Burgruine, mit einem Füllhorn massiger Türme und filigraner Zacken, verwinkelten Felsszenerien von kolossalem Anstrich und abrupten Perspektivwechseln, wenn man mittendrin steckt – das ist die Brenta! Leidenschaftliche Ferratisti, die meist aus der Sparte »erweitertes Alpinwandern« stammen, verbinden sie mit einem Namen, einem Zauberwort: Via delle Bocchette. In geradezu idealer Weise erschließt uns diese hochalpine Wegekette eine Wunderwelt aus Stein, führt über schmale Bänder quer durch jähe Felsabbrüche, tangiert reihenweise Scharten und Schärtchen (Bocchette) und überwindet so manche hohe Hürde fast spielerisch. Rund vier Jahrzehnte hat es gedauert, bis die »Via« vollständig war: 1972 schloss der Sentiero Benini die letzte Lücke, nachdem man in den Dreißigerjahren die ersten Sicherungen installiert hatte. Mit jenem Sentiero Benini beginnen wir unser Brenta-Abenteuer, haben sich der Zugang per Seilbahn (Funivia del Grostè) und eine Durchquerung von Nord nach Süd doch als vorteilhaft erwiesen. Vier Tage soll diese dauern, stets über hohe, spektakuläre Routen von Hütte zu Hütte, den »Weg als Ziel« aufs Beste verinnerlichend. Der Sentiero Benini eignet sich prima für ein Kennenlernen der typischen Gegebenheiten: prickelnd im Verlauf, szenisch großartig, aber noch ohne größere bergsteigerische Hindernisse. Kurzum, ein Appetithappen und eine echte Verheißung! An der Bocca del Tuckett schließt sich unmittelbar der deutlich anspruchsvollere Sentiero Bocchette Alte an, doch wird meist zur Zwischennächtigung Richtung Tuckethütte abgestiegen.

Steilpassage oberhalb der Bocchetta dei Massodi.

Der längste, der höchste, der kühnste, der schwierigste: Diese Attribute untermauern den Spitzenrang des »Bocchette Alte« im Zuge unserer Brenta-Durchquerung. Schmale Gesimse ebnen den Weg durch eine Felslandschaft voller Dramatik und Urgewalt. Stets lauert nur einen Fußbreit neben uns die bodenlose Tiefe! Ohne die aufwendigen Sicherungen käme man hier wohl nicht sehr weit. Die klettertechnischen Anforderungen bleiben allerdings in einem Rahmen, dass man das außergewöhnliche Landschaftsambiente voll in sich aufsaugen kann. Allenfalls bei Vereisung wird's ziemlich kritisch, wie der Autor aus mehrfacher Erfahrung zu berichten weiß. Und wenn sich der berüchtigte Brentanebel im Felsengewirr verfängt, steigt vielleicht auch ein wenig Beklemmung in uns hoch.

Das private Rifugio Alimonta ist der ideale Stützpunkt zwischen den Sentieri Bocchette Alte und Centrali, wie überhaupt alle Hütten unterwegs sehr reizvolle Standorte besitzen. Was die notorische Platzknappheit in der Hauptsaison vielleicht leichter ertragen lässt. Der »Bocchette Centrali«, mit dem wir den dritten Tourentag einläuten, ist das klassische Kernstück der gesamten Via und ein wahres Fest für Auge und Gemüt. In bemerkenswert komfortabler Linie schneidet er die Felsmassen zwischen Torre di Brenta und Brenta Alta, kommt ganz nah an der legendären »Guglia« vorbei, nutzt abermals die »Jahrmillionenringe« horizontaler Bänder über gähnenden Abgründen, taucht dabei immer wieder in enge Felsnischen und Verschneidungen ein und durchmisst im Ganzen eine Felsarena von beispielloser Architektur.

Normalerweise wird am dritten Tag noch genügend Zeit sein, den Sentiero Brentari anzuhängen. Auch diese hohe Verbindung zwischen Pedrotti- und Agostinihütte hat viel Abwechslung zu bieten und eröffnet allmählich Einblicke in den verwinkelten südlichen Bergraum der Brenta. Dort setzen wir den Schlusspunkt mit dem Sentiero Castiglioni, der vor allem Leiterspezialisten (man wird sich nach ein paar Tagen am Bocchetteweg womöglich so fühlen!) aufhorchen lässt: Gleich im Dutzend überlisten sie eine 200 Meter hohe Steilwand und ermöglichen damit den direkten Übergang zum Rifugio XII Apostoli, von wo wir schlussendlich den Talabstieg antreten. Fazit: Mehr Spannung und Erlebniswert kann eine Bergtour kaum bieten. Aber vielleicht bin ich da einer sachlichen Einschätzung auch nicht wirklich fähig, zu sehr hat sich die Brenta und ihre Via in meinem Herzen verankert …

ANFORDERUNGSPROFIL

Schwierigkeit	C
Sentiero Benini	B
Sentiero Bocchette Alte	C
Sentiero Bocchette Centrali	B
Sentiero Brentari	C
Sentiero Castiglioni	C
Klettertechnik / Kraft	●●
Ausgesetztheit	●●
Kondition	●●
Alpine Erfahrung	●●●

TOURENINFO

Charakter: Einzigartige Serie von Klettersteigen mit ausgeprägt hochalpinem Charakter, technisch wegen üppiger Sicherungen (u. a. viele Leitern!) meist mäßig, teils aber auch ziemlich schwierig. Größtenteils um B, in einigen Abschnitten C-Stellen. Am anspruchsvollsten ist aufgrund von Länge und Höhenlage der Sentiero Bocchette Alte, gefolgt vom Sentiero Brentari. Eisfragmente (Gletscherreste!) erfordern besondere Aufmerksamkeit und regelmäßig Ausrüstung (zumindest Steigeisen). Als Viertageprogramm konditionell nicht allzu anstrengend, jedoch Durchhaltevermögen und längere Konzentrationsfähigkeit nötig. Viel Spielraum für eine individuelle Gestaltung und Varianten.

Höchster Punkt: Spalla di Brenta (3002 m).
Exposition: Bunt gemischt.
Jahreszeit: Anfang Juli bis etwa 20. September (Hüttenschluss).
Ausgangspunkt: Bergstation am Passo del Grostè (2437 m), erreichbar mit der Seilbahn vom Campo Carlo Magno nördlich von Madonna di Campiglio.
Endpunkt: Bergstation am Dos del Sabbion (2101 m), von dort per Sessellift und Gondelbahn nach Pinzolo und mit dem Bus zurück zum Ausgangspunkt.
Einkehr/Übernachtung: Rifugio Tuckett e Sella (2272 m), CAI, Tel. +39 0465 441226. Rifugio Alimonta (2580 m), privat, Tel. +39 0465 440366. Rifugio Pedrotti e Tosa (2491 m), CAI, Tel. +39 0465 948115. Rifugio Agostini (2410 m), CAI, Tel. +39 0465 734138. Rifugio XII Apostoli (2489 m), CAI, Tel. +39 0465 501309. Alle Hütten 20. Juni bis 20. September bewirtschaftet.
Höhenmeter: Abschnitt Benini (1. Tag) 550 Hm. Bocchette Alte (2. Tag) 970 Hm. Bocchette Centrali und Brentari (3. Tag) 700 Hm. Castiglioni und finaler Gegenanstieg (4. Tag) 750 Hm (jeweils im Aufstieg).
Karten: AV 25, Blatt 51. Tab 25, Blatt 053.

Sentiero Benini

Bei der Seilbahnstation am weiten, steinigen Passo del Grostè schlagen wir nach Markierung 305 südliche Richtung ein und nähern uns über die leicht ansteigenden, karstigen Grostèdi dem Felsaufbau der Cima Grostè. In dem Plattengelände an ihrem Fuß weicht der Sentiero Benini nach links aus und gewinnt mit ersten Sicherungen die Bänder auf der Ostseite. Damit umkurven wir den Gipfel sehr elegant und kommen in seinem Rücken am Auslauf der Südrinne vorbei zur Bocchetta dei Camosci (2770 m), wo sich ein überraschender Durchblick nach Westen öffnet. Die Route selbst bleibt aber am ostseitigen Felssockel und folgt dort ansteigenden Schutt- und Felsbändern (A) ohne ernsthafte Hürden. Direkt unterhalb der Cima Falkner erreicht der Beniniweg seine größte Höhe (»Quota 2900«); ein Gipfelabstecher ist mit elementarer Klettererfahrung möglich (Stellen I). Der folgende Abstieg weist reizvolle, gut gestufte B-Stellen auf, wobei man bei der Verzweigung zweier kleiner Varianten der linken über eine Rippe den Vorzug geben sollte. Etwas tiefer wieder auf ein Band, das vor einer Nische kurzzeitig schmal und etwas abdrängend ist (B). Mit der leicht ansteigenden Traverse passieren wir nun den Campanile di Vallesinella und erreichen bei einer geräumigen Terrasse die Bocca Alta di Vallesinella: Wechsel auf die Westseite. Dort sind unter der Nordabdachung der Cima Sella eventuell einige Firnfelder zu begehen, ehe sich auf ausgedehnten Felsbänken die Route gabelt. Eine Abkürzung zum Rifugio Tuckett führt jetzt rechts am Castelletto Superiore vorbei über den Sentiero Dallagiacoma (A/B). Die Originalroute schwenkt indes in die steilen Südabbrüche der Cima Sella hinein, vollzieht dort eine Abstiegsdiagonale über eine Reihe exponierter Leitern und Bänderquerungen (B) und läuft am Nadelöhr der Bocca del Tuckett (2648 m) aus. Wer nicht sofort in den Sentiero Bocchette Alte einsteigen möchte (nur bei bester Kondition und stabilem Wetter!), begibt sich nun über das nicht immer harmlose Eisfeld der Vedretta di Brenta Inferiore abwärts und wandert auf der rechten Seite des Troges über Schutt und Platten hinaus zum Rifugio Tuckett (2272 m).

Sentiero Bocchette Alte

Nach dem Wiederanstieg zur Bocca del Tuckett zieht der verwegenste aller Brentasteige rechter Hand auf einer Art Riesentreppe mit großen Absätzen höher. Über die einzelnen Aufschwünge helfen solide Sicherungen, teils auch Leitern (maximal B/C). Nach rund 300 Höhenmetern schwenkt man von der Nordschulter der Cima Brenta auf das ostseitige Garbariband, das den Gipfelaufbau in luftiger Höhe schneidet (der Abzweig zum Gipfel – Stellen I bis II in freier Kletterei! – befindet sich oberhalb einer Stufe). Von seinem Ende über Leitern steil abwärts (B/C) zur berüchtigten Eisrinne, die inzwischen mehr und mehr ausapert und mittels lockerem Seil überbrückt wird. Weiter geht es auf mustergültigen Bändern quer durch atemberaubende Wände mit eingelagerten Nischen, dann um ein Eck zur Felsschulter der Spalla di Brenta (3002 m): höchster Punkt des gesamten Bocchetteweges. Exponierte Gratpassagen im Bergab (B mit Leiter) und ein verwinkelter Verlauf um einen Zacken in der Bochetta Alta dei Massodi schließen auf zur langen, fast senkrechten »Scala degli Amici«, die uns bis knapp an die Dreitausendermarke zurückbringt (B/C). Jenseits des schuttbedeckten Spallone dei Massodi (2999 m) wird der Abstieg zur Bocchetta dei Massodi eingeleitet, teils gestuft,

Typische Bänderpassage am Sentiero Benini.

teils über schuttbedeckte Bänder, von einem Absatz nochmals über Steilgelände mit mehreren Leitern (meist um B). Zwischendurch kann man auf die waghalsige Variante des Sentiero Detassis abzweigen, dessen ultralange und teils überhängende Leiterserie (»Scala degli Dei«, C) jedoch nicht jedermanns Sache sein dürfte. Da zieht der Rucksack ganz schön nach außen! Empfehlenswerter erscheint, den Quergang über eine Felsleiste (C) in die Bocchetta dei Massodi (2790 m) zu vollziehen und aus dieser heraus nochmals aufwärts zu klettern (B). Man erreicht die Geröllschulter der Cima Molveno und steigt drüben über letzte gesicherte Stufen bis zum Rand der Vedretta dei Sfúlmini ab. Von dort rasch zu den flachen Steinbänken, auf denen das Rifugio Alimonta (2580 m) platziert ist.

Sentiero Bocchette Centrali

Über Felsplatten und Schutt zurück zum spaltenlosen Gletscher und schräg hinauf zum Einstieg bei der Bocca degli Armi (2749 m). Die berühmte Bänderroute beginnt mit einer Serie steiler, aber kurzer Leitern (B) und führt damit bereits auf das erste charakteristische Felsband, das am Torre di Brenta um mehrere Ecken läuft, stets vom Drahtseil begleitet. Verblüfft stehen wir plötzlich im Angesicht der Guglia di Brenta, jener unglaublich schlanken Turmgestalt, die eigentlich Campanile Basso heißt. Neben der mächtigen Brenta Alta wirkt sie wirklich zierlich. Wir gehen eine tiefe Nische aus und verbleiben noch eine ganze Zeit auf den Horizontalbändern im Ostabbruch der Sfúlmini und des Campanile Alto – unterbrochen nur durch kleinere Stufen (A und selten B). Nach einem Durchschlupf wird nahe einer Rippe mit skurrilem Felsgebilde die längere Abstiegspassage Richtung Bocchetta di Campanile Basso (2620 m) eingeleitet. Nur abschnittsweise gesichertes Felsterrain (A/B) mit einer überdachten Rampe bringt uns hinab in die enge Bresche am Fuß der Guglia. Dort tritt man in die Westwand der Brenta Alta über, quert recht luftig auf und ab (zwischendurch eine Leiter, maximal B) und schwenkt immer weiter um den massigen Bergkörper herum auf herrliche, teils überdachte Felsbänder (A). Nach einer gefassten Quelle, die direkt aus der Wand sprudelt, geht es mit einer

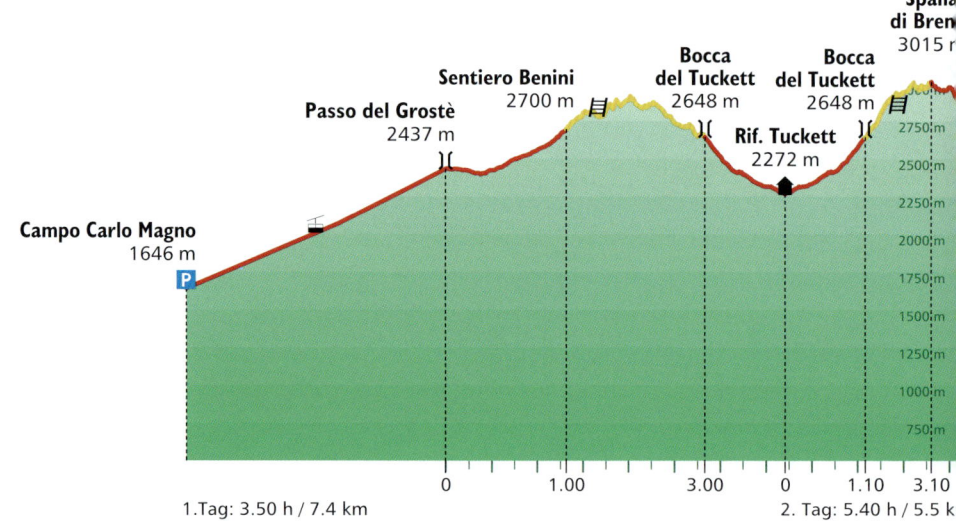

1.Tag: 3.50 h / 7.4 km   2. Tag: 5.40 h / 5.5 k

Eine verwegene Routenführung zeichnet besonders den Sentiero Bocchette Alte aus.

letzten Leiter (B) hinunter zum südlichen Einstieg des »Bocchette Centrali«, wenige Schritte unterhalb der Bocca di Brenta (2552 m). Wir überschreiten diese wichtige Scharte im Hauptkamm der Gruppe und treffen kurz darauf beim Rifugio Pedrotti (2491 m) ein.

Sentiero Brentari

Auf in die südliche Brenta! Wir umkurven mit Nr. 304 den Sockelfels der Brenta Bassa und gelangen in ein schuttreiches Hochkar unter der Cima Tosa. Oft kann man rechts am Felsriegel Bergsteiger beobachten, die in einem senkrech-

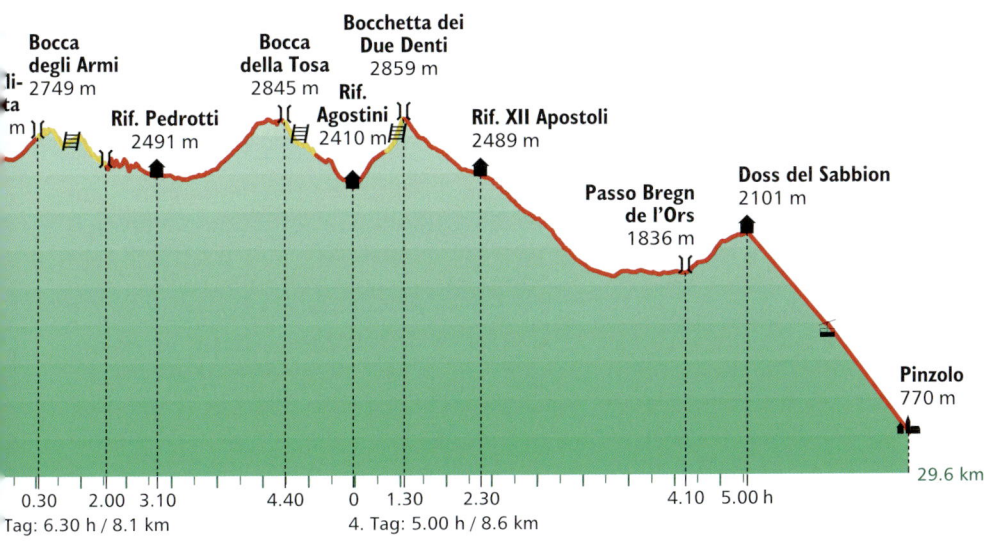

Der Sentiero Bocchette Centrali schneidet die Ostwände von Torre di Brenta, Sfúlmini und Campanile Alto, ehe er hinter der Brenta Alta (links) verschwindet.

ten Kamin die Schlüsselstelle des Normalwegs auf den höchsten Brentagipfel bewältigen. Unsere Spur zieht links haltend über Restschneefelder zum Einstieg an der Sella della Tosa hinauf – eine tolle Aussichtskanzel notabene. Versetzte Bänder, deren Zwischenstufen mit Leitern und Stegen gangbar gemacht sind, ziehen nun eine interessante Linie hinüber zur engen Bocca della Tosa (2845 m). Der eigentliche Anspruch des Sentiero Brentari liegt jedoch im westseitigen Abstieg. Mit einer abwechslungsreichen Folge von Steilstufen, kurzen Querungen und mehreren Leitern tasten wir uns gegen den tiefen Gletscherwinkel hinab. Die Schwierigkeiten bewegen sich im Bereich B, an kompakten Platten im unteren Teil sogar C. Auf der Vedretta d'Ambiez angekommen, wendet man sich auf die rechte Seite karauswärts, gelangt bald in die Schuttvorfelder und steuert das etwas tiefer gelegene Rifugio Agostini (2410 m) als Etappenziel an.

Sentiero Castiglioni

Ein paar Gehminuten oberhalb der Hütte biegen wir nach links ab und nähern uns am Südsporn der Cima d'Ambiez vorbei der morgens sonnenbeschienenen Ostwand der Bocchetta dei Due Denti. Dort ist bereits das verschachtelte Leitersystem des Sentiero Castiglioni auszumachen. Die Steilheit der Route beeindruckt fürs Erste und übertrifft in dieser Hinsicht wohl auch die bisherigen Abschnitte, doch handelt es sich hier fast ausschließlich um technisch unkomplizierte »Feuerwehrleitern« (im vollen Dutzend) – abgesehen von den Absätzen ohne wesentliche Felsberührung. Für die anstrengendsten Passagen in der Vertikale darf dennoch Grad C gelten. Mit leichtem Linksdrall gelangen wir in die Ausstiegsrinne mit den letzten Leitern zur Bocchetta dei Due Denti (2859 m) und gewahren jenseits ein eher unspektakuläres Gelände, aber auch den majestätischen Adamello am westlichen Horizont. Ein kurzer Abste-

Brentagruppe

cher zur Cima SUSAT (2888 m) liegt sicher noch drin, bevor wir nach einer kurzen Drahtseilpassage auf der rechten Seite der Karbucht über Firn, Geröllmoränen sowie durch eine schwache Senke das an der Abbruchkante zum Val Nardis gelegene Rifugio XII Apostoli (2489 m) anlaufen. In der Nähe befindet sich eine sehenswerte Felsenkapelle.

Abstieg

Der weitere Abstieg (Nr. 307) führt zuerst nordwärts an der Kante entlang und taucht dann links in den Schrofentrichter ab. Ziemlich weit rechts ausholend in eine Schottermulde und im Bereich des Tovo Randolan abermals steiler und teils rutschig bis auf die Böden im Val Nardis hinab. Bei der Verzweigung geht man links und quert damit über dem Talschluss des Val d'Agola entlang fast höhengleich zum Passo Bregn de l'Ors (1836 m). Zuletzt im Gegenanstieg über den grasigen Südrücken zur Bergstation auf dem Dos del Sabbion (2101 m), von wo über 1300 Höhenmeter knieschonend mithilfe der Technik »vernichtet« werden.

Varianten

Das Variationspotenzial am Bocchetteweg ist enorm. Viele lassen es mit den ersten drei Teilstücken gut sein und steigen von der Bocca di Brenta über die Rifugi Brentèi (2182 m) und Casinei (1825 m) zum Parkplatz Vallesinella ab. Wer nur die Schleife über das Rifugio XII Apostoli aussparen möchte, gelangt über die Bocca d'Ambiez auf den Sentiero Martinazzi und damit ebenfalls zum Rifugio Brentèi. Im Bereich der vergletscherten Scharte weicht der Klettersteig (Sentiero dell'Ideale) in die Felsen aus und erreicht dort Schwierigkeitsgrad B bis C.

Eine leichtere Variante zum je nach Verhältnissen prekären Sentiero Bocchette Alte bietet der Sentiero SOSAT. Er verbindet Tuckett- und Alimontahütte auf halber Höhe und ist mit rund 3 Std. zu veranschlagen. Auf dem Programm stehen die Durchquerung eines Bergsturzareals sowie die hauptsächlichen Klettersteigpassagen vor und hinter einer gewaltigen Schluchtrinne, die mit zahlreichen Leitern aufwarten (maximal B).

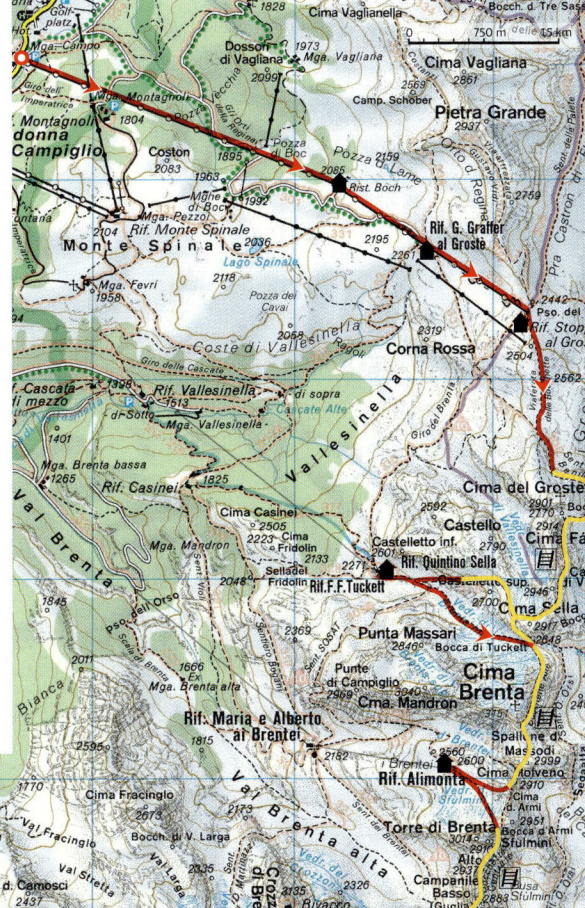

Gardaseeberge

37 Monte Casale, 1632 m
Via ferrata »Che« Guevara

7.45 Std.
1400 m ↑
1400 m ↓

»Bigwall« über dem Sarcatal

Es kann einem schon etwas mulmig im Bauch werden, beim Anblick dieser erdrückend wirkenden Wand des »Dain Alt«, die das nördliche Eingangstal des Gardasees beherrscht und wie ein überdimensionaler Parabolspiegel die Morgensonne einfängt. 1400 Höhenmeter bis zum Ausstieg auf die liebreizende Gipfelwiese des Monte Casale – die meisten davon am Drahtseil – verlangen gehörigen Tribut in Form von Schweiß, der selbst an frischen nordföhnigen Spätherbsttagen (ideal!) noch ganz schön fließen kann. Im Hochsommer ist das konkave Gemäuer der reinste Glutofen. Doch abgesehen von den konditionellen sind die technischen Anforderungen erstaunlich moderat. Wir haben hier eine lange, anregende Plattenkletterei vor uns, die immer wenn es richtig steil wird, durch solide Klammern unterstützt wird. Und mit jedem Meter wachsen die Tiefblicke …

Mein Urteil steht jedenfalls fest: Der Rang des attraktivsten Klettersteigs in der Gardaseeregion – wenn man nicht nach Schwierigkeitssuperlativen, sondern nach der Ausgewogenheit zwischen sportiven Elementen und szenischem Rahmen misst – gebührt eindeutig der Ferrata »Che« Guevara. Solch eine »revolutionäre« Route brauche auch einen entsprechenden Paten, dachten sich wohl die Erbauer Anfang der Neunzigerjahre …

Mit zunehmender Höhe werden die Tiefblicke Richtung Lago di Toblino immer berauschender.

Im Plattenpanzer der Ostwand.

ANFORDERUNGSPROFIL

Schwierigkeit	C
Klettertechnik / Kraft	●●
Ausgesetztheit	●●
Kondition	●●●
Alpine Erfahrung	●●

TOURENINFO

Charakter: Sehr langer, sonnenexponierter Klettersteig mittlerer Schwierigkeit, solide mit Drahtseilen und Trittbügeln ausgestattet (kürzere Passagen C, meist B und A), vereinzelte Kletterstellen I. An heißen Sommertagen nur bedingt empfehlenswert. Der Abstieg ist phasenweise ruppig und bei Nässe unerquicklich. Eine Tour für geübte Ferratisti mit erstklassiger Kondition.
Höchster Punkt: Monte Casale (1632 m).
Exposition: Ost.
Jahreszeit: April bis November.
Ausgangspunkt: Pietramurata (248 m) im Sarcatal, ausgeschilderter Parkplatz im Gewerbegebiet am nördlichen Ortseingang, gegenüber der Firma Ewotex.
Einkehr: Rifugio Don Zio Pisoni (1610 m), an Wochenenden.
Hinweis: Abstieg auch über die Via ferrata Rampin (Nr. 426) möglich; ziemlich ruppig.
Höhenmeter: Insgesamt fast 1400 Hm, größtenteils am Klettersteig.
Karten: Tab 25, Blatt 055. Kom 50, Blatt 071.

Zustieg

Im Industriegebiet dem Hinweis »Ferrata« folgend und links von der großen Kiesgrube in den Pinienwald. Hier aufwärts und rechts haltend zum baldigen Einstieg.

Via ferrata Ernesto »Che« Guevara

Nach anfänglichen Querungen bildet ein Aufschwung mit Riss (C) die erste Prüfung. Danach etwas flacher über Platten (B) und nach rechts ohne Sicherungen zu einer Schotterbucht in Falllinie der großen konkaven Wand. Nun wechseln gesicherte Stufen (bis B) und Gehgelände ab, bis man durch die Schrofen links auf einen breiten Absatz mit Pinienwäldchen gelangt. Hier nähern wir uns dem alten Einstieg (675 m) hinter einem kleinen Pfeiler (kurz I). Im nachfolgenden kompakten Plattenpanzer kommt man am straff gespannten Drahtseil gut voran (überwiegend B). Unterbrochen durch Bänderquerungen windet sich die Route aufwärts, hinter einer Minikanzel wieder aufsteilend zur Stelle »Tiramisu« (ca. 900 m). Nach einem weiteren Pfeileraufschwung (B/C) folgt ein längeres Band (A) nach links

Gardaseeberge

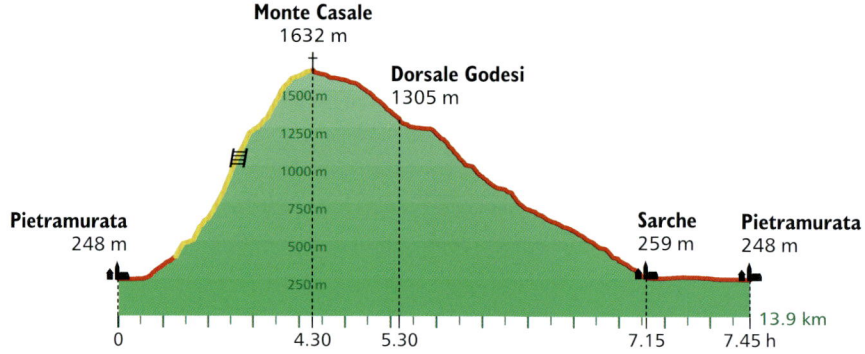

zu einer eindrucksvollen Klammerreihe an geneigter Plattenwand (B). Links haltend über gestufte Schrofen (A/B) weiter und dann ab gut 1100 m Höhe in Gehgelände, wo der Pfad durch Bäume und Buschwerk laviert. Unter einer Wand befindet sich das Steigbuch (ca. 1200 m). Dem senkrecht aufstrebenden Gipfelaufbau wird weiterhin links ausgewichen, wobei eine breite Geröllrinne mit Drahtseilhilfe zu queren ist (A). Über eine herrliche Aussichtskanzel (ca. 1400 m) mit Blick nach Süden zum Gardasee steigt man zu zwei letzten, relativ anspruchsvollen, aber nur mehr kurzen und nicht sonderlich ausgesetzten Felsstufen (bis C) an. Am Schluss muss noch eine erdige Rampe zwischen Bäumen bewältigt werden, ehe man auf das überraschend weitläufige Wiesenplateau des Monte Casale aussteigt. Hier zum Kreuz an der Abbruchkante und natürlich auch zum allerhöchsten Punkt (1632 m) mit Rastbank.

Abstieg

Quer über die Wiesen zum nahen Rifugio Don Zio Pisoni (1610 m) und dort mit Nr. 427 nordwärts. Über Lichtungen geht es allmählich in den steileren Bergwald hinunter, wo uns ein etwas unangenehmer Zickzackkurs erwartet. Bei Dorsale Godesi (1305 m) wählen wir den rechten Abzweig und queren in den bewaldeten Nordhang hinein. Dann wieder recht steil, später in Schleifen flacher abwärts, wobei man vorübergehend auch eine breitere Trasse nutzt. Stets den Wegweisern nach Sarche folgend geht es am Casino forestale (große Lichtung) vorbei und zu einem Parkplatz an der SS 237. Vorsicht beim Überqueren der viel befahrenen Straße in der Kehre! Ein steiniger Pfad leitet schließlich hinunter nach Sarche (259 m). Man geht aber nicht bis in den Ortskern, sondern dreht gleich vorn in den Weinarealen südwärts ab und läuft noch ca. 2 km zurück nach Pietramurata (zuletzt an der Straße).

Die Via ferrata »Che« Guevara: der längste Klettersteig in den Gardaseebergen, technisch aber nicht besonders schwierig.

Gardaseeberge

38 Cima Capi und Cima Rocca, 1089 m
Sentieri Susatti, Foletti, Camminamenti und Laste

5.15 Std.
850 m ↑
850 m ↓

Genussvolle Rundtour an den Südausläufern der Rocchetta

Dass Klettersteigler rund um den Gardasee ein reiches Betätigungsfeld in allen Schwierigkeitsgraden vorfinden, ist allgemein bekannt. Während es die sportlich motivierten Freaks wie magnetisch zum Monte Albano und Dain Picol zieht, verschlägt es Gemäßigtere mit Vorliebe ans Rocchetta-Massiv, das mit einem dichten Wegenetz teilweise militärischen Ursprungs überzogen ist. Gegen das Valle di Ledro und die Ponaleschlucht werden mit Cima Capi und Cima Rocca zwei interessante Nebengipfel aufgeworfen, in deren Bereich es nicht weniger als vier gesicherte Steige gibt – jeder für sich keine große Angelegenheit, aber in Summe doch eine recht eisenhaltige Runde, die man am besten vom schmucken Dörfchen Biacesa aus angeht. Nach dem Zustieg über den Sentèr dei Bech bietet der Sentiero Susatti am Südgrat der Cima Capi gleich die am meisten anregende Kletterübung. Die Querverbindung zum Fuß der Cima Rocca stellt anschließend der Sentiero Foletti her, ehe wir uns oberhalb des Bergkirchleins San Giovanni dem »Schützengräbensteig« (Sentiero dei Camminamenti oder auch Sentiero attrezzato delle Gallerie di Guerra genannt) zuwenden. Mit seinen zwei Varianten – über den Gipfel hinweg und durch den düsteren Stollen retour – offenbart er seine kriegshistorische Herkunft am deutlichsten. Nur noch wenige Sicherungen braucht es dann am Sentiero delle Laste, der im Bergab den Kreis Richtung Biacesa schließt.

An einem klaren Herbsttag, als in den Nord- und Zentralalpen schon garstige Schneestürme ihr Unwesen trieben, vereinnahmte mich hier einmal mehr das typische »Gardasee-Feeling« mit dem unvergleichlichen Charme des Südens. Dazu Szenenwechsel auf Schritt und Tritt und immer wieder dieser herrliche Seeblick …

Italienisches Flair: Das Bergdorf Biacesa, Ausgangspunkt der Tour.

ANFORDERUNGSPROFIL	
Schwierigkeit	**B**
Klettertechnik / Kraft	●
Ausgesetztheit	●
Kondition	●●
Alpine Erfahrung	●

TOURENINFO

Charakter: Leichtere gesicherte Steige auf mäßigem Höhenniveau, aber immerhin bis zu 1000 Meter über dem Gardasee. Klettersteigcharakter am stärksten ausgeprägt beim Sentiero Susatti, wie beim kurzen Foletti aber maximal Grad B, auf den beiden anderen Teilstücken sogar nur A. Alle Sicherungen bestens in Schuss. Typisch ist das mit Buschwerk und Gehölz durchsetzte Fels- und Schrofengelände. Durchschnittliches Tagesprogramm.
Hinweis: Für die Stollenstrecke am Sentiero Camminamenti Lampe notwendig.
Höchster Punkt: Cima Rocca (1089 m).
Exposition: Überwiegend Süd.
Jahreszeit: März oder April bis November.
Ausgangspunkt: Biacesa (418 m) im Valle di Ledro. Zufahrt von Riva auf der SS 240 bis hinter den langen Tunnel.
Übernachtung: Bivacco Arcioni (858 m), nicht bewirtschaftet, aber stets zugänglich.
Höhenmeter: Etwa 850 Hm.
Karten: Tab 25, Blatt 061. Kom 50, Blatt 071. Zudem empfehlenswert: Carta Escursionistica 1:30.000 (erhältlich im Tourismusbüro Riva).

Der erste Streich: Sentiero Fausto Susatti.

Zustieg

In Biacesa der Beschilderung folgend in den hinteren Ortsteil und dort auf den Sentèr dei Bech (Nr. 470), der leicht auf und ab die nieder bewaldete Südflanken durchläuft. Nach Passieren einer Aussichtskanzel geht es unter einer Felswand entlang und zur Vereinigung mit Route 405, die von der alten Ponalestraße durchs Valle Sperone heraufkommt. Nahe einem Gratrücken mit ersten Sicherungen kommen wir an alten Kriegsstellungen vorbei und gelangen etwas höher zum eigentlichen Einstieg des Sentiero Susatti (ca. 720 m) am Südgrat der Cima Capi.

Sentiero Fausto Susatti

Man windet sich nun durchgängig bestens gesichert am angenehm gestuften, da und dort von Buschwerk bedrängten Grat empor. Das straff gespannte Drahtseil mit ein paar zusätzlichen Tritthilfen hält die Schwierigkeiten auch für weniger Geübte im Rahmen (meist A, einige Stellen B). Über den zuletzt abflachenden Gratkamm erreichen wir die italienische Flagge auf der luftigen Cima Capi (909 m) und dürfen den Blick auf den tief unter uns schimmernden Gardasee voll auskosten. Anschließend überschreiten wir den Gipfel gen Nordwesten und kommen nach kurzem Abstieg

Corna Frea, ein Eckpfeiler des verzweigten Rocchetta-Massivs.

an der Krete entlang zu einer Gabelung. Während die Fortsetzung des »Susatti« quer durch den Nordabbruch der Cima Rocca die Bocca Pasumèr anpeilt, biegen wir links in den Sentiero Foletti ein.

Sentiero Mario Foletti

Dieser beginnt mit einer Querung glatter Platten (A). Die alten Trittschienen wurden inzwischen durch solide Klammern ersetzt. Am Sockel der Felswände geht es an einer Rampe hoch, ehe eine zweite Traverse an Klammern in eine Abstiegsrinne (teilweise B) mündet.

Danach endet der gesicherte Abschnitt bereits; ein Waldpfad führt weiter zum Bivacco Arcioni (858 m) und zum nahen Kirchlein San Giovanni. Hier befindet sich auch die Kreuzung der Sentieri Camminamenti und Laste.

Sentiero dei Camminamenti

Mit Nr. 471 geht es jetzt der Cima Rocca entgegen. In besonders steilen Partien ist der zunächst durchs Gehölz leitende Steig gesichert (A), zweimal taucht die Route auch ins Bergesinnere ein, wobei man dem ersten Stollen über eine steile Leiter entkommt (A/B). Bevor wir auch den dritten, langen Tunnel erkunden (Lampe!), überschreiten wir jedoch den Gipfel der Cima Rocca (1089 m) durch die charakteristischen Schützengräben von der Süd- auf die Nordseite (A). Nach rechts stürzt der wilde Trichter des Valle Sperone ab. Noch ein gutes Stück oberhalb der Bocca Pasumèr (auch Bocca Sperone) biegen wir zur erwähnten Galleria di Guerra ab und unterqueren die Cima Rocca damit zurück auf die Ausgangsseite.

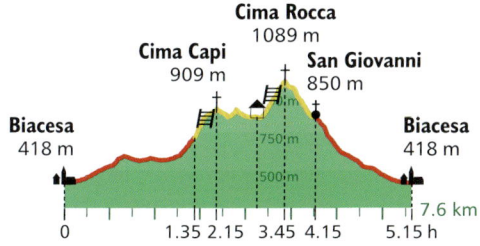

Sentiero delle Laste

Ab San Giovanni wird der Abstieg durch den steilen Buschwald mit Nr. 471 fortgesetzt. Sanierte Sicherungen helfen auch am Sentiero delle Laste über felsige Stellen hinweg (A), doch besitzt die Sache hier eher Wanderwegcharakter – besonders nach unten hin, wo angenehme Schleifen durch die Flanke ziehen. Zuletzt auf den bekannten Sentèr dei Bech einmündend zurück nach Biacesa.

Tipp: Via dell'Amicizia

Steigt man von der Bocca Pasumèr über die Bocca d'Enzima Richtung Santa Barbara ab, lässt sich die Via dell'Amicizia, der legendäre Leitersteig auf die Cima SAT (1246 m), in die Tour integrieren. Die Gehzeit erhöht sich damit allerdings auf über 10 Std.! Gängiger ist eher eine eigenständige Unternehmung von Riva del Garda (66 m) aus: Auf gutem Weg über die Bastione und die Capanna Santa Barbara (560 m, Einkehr an Wochenenden) zum Einstieg am östlichen Vorbau. Gestufte Bänder und Absätze sowie eine Gehpassage schließen zur ersten, nach oben hin senkrechten Leiter auf. Nach einer weiteren baumbestandenen Terrasse folgt ein Aufschwung, der in einer Wandnische auf die ultralange Leiter mündet – für viele eine ordentliche Mutprobe. Das Finale der Via dell'Amicizia bietet hoch über den Dächern von Riva noch kürzere Steilstücke mit Leitern, ehe man im Rücken der Cima SAT über eine kleine Wandstufe Anschluss an den Sentiero dei Crazidei erhält und auf diesem den Abstieg vollführt. Das Schwierigkeitsniveau bewegt sich bei B bis C (sehr luftig auf den Leitern!); für die 1200 Hm sind 5.45 Std. zu veranschlagen, rund 2.00 Std. davon am Klettersteig.

Auf der Via dell'Amicizia, dem berühmten Leitersteig über den Dächern von Riva.

Vicentiner Alpen

39 Cima Carega, 2259 m
Sentiero Pojesi und Via ferrata Campalani

6.50 Std.
1000 m↑
1000 m↓

Am Südsaum der Alpen: unterwegs in den Monti Lessini

Für Bergsteiger aus Verona, Vicenza oder Venedig sind sie die Hausberge, für uns eher die »Namenlosen« am fernen Alpenrand. Monti Lessini – nie davon gehört? Dass im Mittelalter deutschstämmige Zimbern auswanderten, um an ihrem Fuß die »Dreizehn Gemeinden« zu gründen, ist beinahe vergessen. Wenn wir schon die weite Reise auf uns nehmen, dann darf es ja meist der Gardasee sein – da weiß man schließlich, was man hat. Einen Abstecher auf die östliche Seite des Adige habe ich indes nie bereut. Dieser Typus südlicher Voralpen geizt nämlich keineswegs mit landschaftlichen Reizen, punktet vielmehr mit verschachtelten Dolomitszenerien und einem markanten Relief, mit kurzweiligen Alpinsteigen und einer großen Aussicht. Vom Hautgipfel der Cima Carega blickt man bei klarem Wetter gar bis zur Adria und zum Appenin! Mitunter ist allerdings auch die südalpine Wetterküche aktiv und hüllt diese Berge in dichten Nebel.

Mit diesem Tourenvorschlag möchte ich zwei Eisenwege in den Monti Lessini kombinieren, und zwar den technisch nicht schwierigen, aber verschlungenen Sentiero alpinistico Angelo Pojesi (ehemals Sentiero alpinistico Cesare Battisti) und die kurze, knackige Ferrata Carlo Campalani. Kennzeichen des Erstgenannten sind längere Bändertraversen und ein raffinierter Verlauf durch Schrofen und Rinnen inmitten einer imposanten Felswildnis. Die »Campalani« hingegen sitzt übersichtlich an einem Felssporn der Carega und kann ob ihrer Kürze leicht unterschätzt werden. Zumindest zwei Passagen sind jedoch nicht ganz ohne. Wer diese lieber im Aufstieg bewältigt, unternimmt die Runde in umgekehrter Richtung.

ANFORDERUNGSPROFIL

Schwierigkeit	D
Sentiero Pojesi	B/C
Via ferrata Campalani	D
Klettertechnik / Kraft	●●
Ausgesetztheit	●●
Kondition	●●
Alpine Erfahrung	●●

TOURENINFO

Charakter: Sentiero Pojesi abschnittsweise gesicherter Alpinsteig mit recht abenteuerlicher Routenführung, in den Klettersteigpassagen leicht bis mäßig schwierig (maximal B/C). Alpines Gepräge und zum Teil erhöhte Steinschlaggefahr! Fortsetzung von der Costa Media bis zur Cima Carega unschwierig. Ferrata Campalani kurz, aber mit steilen und recht exponierten Einzelstellen (Kamin C/D, Überhang am Wandfuß D); Drahtseile und sicherungsunfreundliche Ketten im Wechsel. Als Tagestour anstrengendes Programm, aber vorzeitige Rückzugsmöglichkeit ab Costa Media.
Höchster Punkt: Cima Carega (2259 m).
Exposition: Sentiero Pojesi West bis Nordwest, Ferrata Campalani Nordost.
Jahreszeit: Mitte Juni bis Ende Oktober.
Ausgangspunkt: Rifugio Alpino Revolto (1336 m), am Ende der öffentlichen Straße ins Valle d'Illasi. Anreise von der italienischen A4 (Ausfahrt Verona Est) über Tregnago und Giazza.
Einkehr/Übernachtung: Rifugio Alpino Revolto (1355 m), CAI, Tel. +39 045 7847021. Rifugio Passo Pértica (1522 m), privat, Tel. +39 045 7847011. Rifugio Fraccaroli (2238 m), CAI, Tel. +39 347 0452218. Rifugio Scalorbi (1767 m), ANA, Tel. +39 045 7847029. Alle Hütten etwa Mitte Juni bis Mitte oder Ende September bewirtschaftet, außerhalb der Saison fallweise an Wochenenden.
Höhenmeter: Insgesamt gut 1000 Hm bis zur Cima Carega.
Karten: Tab 25, Blatt 056.

Sentiero Angelo Pojesi

Nach der langen Anfahrt durchs Valle d'Illasi gibt es einen kurzen Zustieg, der vom Rifugio Revolto der geschotterten ehemaligen Militärstraße zum Rifugio Passo Pértica (1522 m) folgt. Hier beginnen sowohl die sauschwere Sportferrata »Biasin« (durch einen fast senkrechten 100-Meter-Kamin auf einstiger Fünfer-Route) als auch unser Sentiero Pojesi auf der Westseite des Passes. Wir gelangen in Kürze auf ein gut gesichertes Band, das insgesamt leicht ansteigend die Steilwände durchschneidet (A). Um eine Kante verschwindet es in einem wilden Kessel mit mehreren Rinnen, den es auszugehen gilt. Schotter und gesicherte Felsquerungen wechseln hier. Auf der gegenüberliegenden Seite unter einer markanten Zinne entlang und anschließend mit weniger gesicherten Stufen problemlos aufwärts zu einem Geländevorsprung, der überstiegen wird. Dahinter in einem Rinnengeflecht steil abwärts (B) und auf einem Band nach rechts um ein Eck in eine große Rinne. Dort wieder bergauf! Wo sich die Rinne teilt, halten wir uns links und gewinnen über weitere Kletterpassagen (z. B. eine Klammerreihe, B) einen Absatz. Links abermals recht steil in einer rinnenartigen Verschneidung (B/C) empor und schließlich im Gehgelände über einen schrofigen Hang bis auf den Kamm der Costa Media (2098 m), wo man auf den Sentiero delle Creste (Nr. 108) trifft. Südwärts ließe sich jetzt der Rückweg einleiten, doch folgen wir der Kammroute in die entgegengesetzte Richtung

Klammerreihe am Sentiero Pojesi, der seinen Kurs quer durch wild zerklüftete Gefilde zieht.

und wandern in leichtem Auf und Ab über die Cima Madonnina zum Rifugio Fraccaroli (2238 m), das vom Gipfel der Cima Carega (2259 m) nur noch wenig überragt wird. Fünf Minuten über einen unschwierigen Felshang und wir stehen am höchsten Punkt der Monti Lessini.

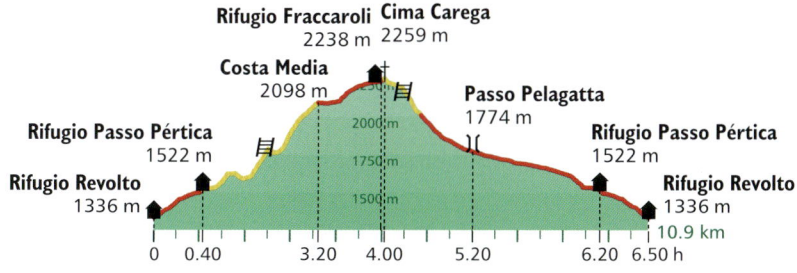

Via ferrata Campalani und Abstieg

Kurz zurück zur Hütte und in den Sattel, an dem der Südostausläufer ansetzt (falls man die Ferrata meiden will: vorher links ausscheren). Nach Überschreitung eines Kopfes geht es über den schrofigen Kamm abwärts zum Beginn der Sicherungen. Sie lotsen uns in die Abbrüche zur Linken, die diagonal über Rampen und Absätze durchstiegen werden. Erste Schlüsselstelle ist ein enger Kamin (C/D). Anschließend eine Kante traversierend und zur leicht überhängenden Einstiegswand, wo außer der Kette bloß ein Bügel hilft (D).

Durch die große Geländemulde des Vallone della Teleferica setzen wir den Abstieg fort und treffen unweit des Rifugio Scalorbi (1767 m) auf eine breite ehemalige Militärstraße. Dieser folgend in leichtem Gefälle zum Passo Pértica und zurück zum Ausgangspunkt.

Tipp

Wer eine kürzere Anfahrt und dafür eine längere (zweitägige) Tour bevorzugt, nähert sich den Monti Lessini am besten über Rovereto und den Passo Pian del-

Der Sentiero Pojesi: vielleicht kein Klettersteig im strengen Sinn, aber ein toller Abenteuerpfad in den Monti Lessini.

le Fugazze. Mit Start am Campogrosso (1456 m) gehört das erste Abenteuer dem (ungesicherten) Sentiero Alto del Fumante und dem anschließenden Abstieg bis zum Rifugio Passo Pértica. Tags darauf steigt man unmittelbar in den Sentiero Pojesi ein und schließt die Rundtour nach der Ferrata Campalani über die Bocchetta dei Fondi zurück zum Ausgangspunkt. Gehzeiten 4.30 Std. plus 6.30 Std.

Vicentiner Alpen

40 Cinque Cime, bis 2040 m
Sentiero attrezzato Falcipieri

7.00 Std.
1200 m ↑
1200 m ↓

Abenteuerpfade am Pasubio

Im Trentino sind die Spuren des Ersten Weltkriegs vielerorts gegenwärtig. Ein besonders hart umkämpftes alpines Schlachtfeld war seinerzeit das Pasubio-Massiv südöstlich von Rovereto, ein massiger, ausladender Kalkstock mit sanft gewellter Karsthochfläche, dessen stark unterminierter Kernbereich 1922 zur »Zona sacra« ausgerufen wurde. Auch die einzigartige, windungsreiche Strada delle Gallerie mit ihren 52 (!) Tunnels in den Südflanken des Forni-Alti-Kammes ist ein Relikt aus jenen Kriegszeiten und einer der kühnsten Nachschubwege, der je von Soldaten ins Gebirge trassiert wurde. Viel später hat man genau über den zerklüfteten Grat eine andere Route angelegt, die durchaus schon in die Kategorie »Klettersteig« fällt: der Sentiero attrezzato Gaetano Falcipieri. Zwar wird man nicht gerade übermäßig als Felsartist auf die Probe gestellt, im steten Auf und Ab über die Cinque Cime, die fünf Gipfel des Forni-Alti-Kammes, aber allemal spannungsreich unterwegs sein. Pfiffig windet sich das Steiglein über Stock und Stein, immer mit fantastischer Aussicht über die Alpenrandberge des Südens. Und die parallel verlaufende Strada delle Gallerie ist nicht bloß der ideale Rückweg, sondern ein Erlebnis für sich …

Über die Gipfel des Forni-Alti-Kammes führt der Klettersteig, in der Südflanke – gut erkennbar – die Strada delle Gallerie.

Vicentiner Alpen

ANFORDERUNGSPROFIL

Schwierigkeit	**B/C**
Klettertechnik / Kraft	●
Ausgesetztheit	●
Kondition	●●
Alpine Erfahrung	●●

TOURENINFO

Charakter: Anspruchsvoller Bergpfad mit wiederholten Klettersteigelementen (meist A und B) sowie ungesicherten Stellen im I. Grad. Oft schmale Wegführung durch Latschen- und Schrofenterrain, entsprechend ausgeprägte Trittsicherheit wichtig. Rückweg über die Strada delle Gallerie technisch leicht, aber oft holprig in den zahlreichen Tunnels. Als Tagestour ziemlich lang, aber vorzeitige Abbruchmöglichkeiten vorhanden.
Hinweis: Für die Strada delle Gallerie ist eine Lampe nötig!
Höchster Punkt: Cima del Soglio Rosso (2040 m).
Exposition: Unterschiedlich, an der Strada delle Gallerie Süd.
Jahreszeit: Mitte Juni bis Ende Oktober.
Ausgangspunkt: Bocchetta Campiglia (1216 m). Zufahrt über die SS 46 (Rovereto – Schio), östlich unterhalb des Passo delle Fugazze am Ponte Verde abzweigen und einer Bergstraße über den Passo Xomo folgen (dort nochmals links).
Einkehr/Übernachtung: Rifugio Achille Papa (1929 m), CAI, Anfang Juni bis Mitte Oktober, Tel. +39 0445 630233.
Höhenmeter: Mit Gegensteigungen ca. 1200 Hm.
Karten: Tab 25, Blatt 056.

Sentiero attrezzato Falcipieri

Vom Parkplatz an der Bocchetta Campiglia geht es dem Hinweis für den Sentiero Falcipieri nach sogleich im Wald steil hinauf. Schon bald trifft man auf die ersten Felsen mit Sicherungen an kleineren Zacken. Dabei erweist sich ein Kamin (B/C) bereits als ein wenig knifflig. Bei kurzen Zwischenabstiegen gelangt man in die Nähe der parallel geführten Strada delle Gallerie.

Wir bleiben jedoch stets in Gratnähe, wo die Route abwechslungsreich, teilweise auch recht steil sowie da und dort gesichert aufwärtszieht. Ein Aufschwung leitet das Kernstück der Ferrata ein, die anschließend mit ihrem Clou aufwartet: die fast senkrechte Leiter an der Guglia del Bovolo (B) – nicht schwierig im klettertechnischen Sinn, aber ziemlich ausgesetzt und damit für viele eine Mutprobe.

Ein ebenso luftiges Band führt vom Ende der Leiter nach rechts um ein Eck (B). Danach geht's wieder entspannter weiter, man kommt sogar für einige Zeit auf einen harmlosen Latschensteig, der dem Kamm zur Cima Bella Laita (1881 m) folgt. Sie ist der erste offizielle Gipfel der Cinque Cime, topografisch aber eigentlich eher eine Schulter des höheren Monte Cuaro (1939 m), der kurz darauf erreicht ist.

Nun folgt ein gesicherter Abstieg (B) in die Forcella Camossara (1875 m), von der ein südseitiger Ausstieg zur Tunnel-

Vicentiner Alpen

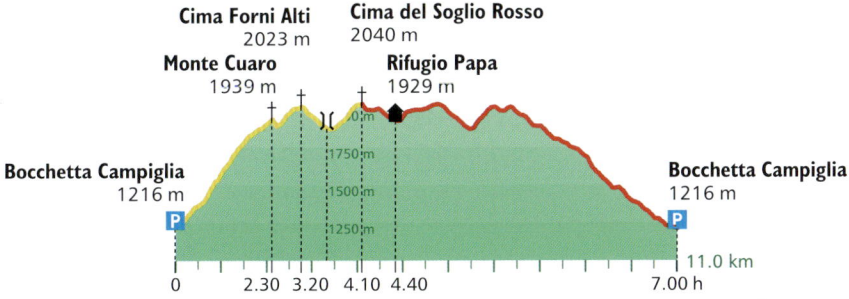

straße möglich ist. Auf der Kammroute geht es hingegen wieder steil aufwärts, mit originellen Kraxelpassagen über einen Vorgipfel zum höchsten Punkt des Monte Forni Alti (2023 m) – ein hervorragender Platz, um einmal ausgiebig die Aussicht zu würdigen.

Bis zum Passo di Fontana d'Oro (1875 m), wo man abermals die Strada delle Gallerie tangiert (beste Abbruchmöglichkeit) und wo außerdem eine kürzere, nordseitige Wegvariante Richtung Rifugio Papa abzweigt, verliert man erneut einiges an Höhe, das im Gegenanstieg zur Cima del Soglio Rosso (2040 m) wieder wettgemacht wird. Anschließend erwartet uns als fünfter Gipfel noch die Cima dell'Osservatorio, ehe man rasch zum Rifugio Achille Papa (1929 m) an den Porte del Pasubio absteigt.

Rückweg über Strada delle Gallerie

52 durchnummerierte Stollen sind auf der stets gut ausgebauten »Strada delle Gallerie« zu durchschreiten – von ganz kurz (ca. 10 Meter) bis zu immerhin 318 Metern in einem Spiraltunnel. Das erste Stück ab Rifugio Papa schneidet die Südflanken in leichtem Gegenanstieg, dann verliert man langsam, aber stetig an Höhe. Achtung: Die Tunnels sind weder beleuchtet, noch mit Drahtseillauf versehen – trotz der breiten Trasse heißt es umsichtig und unter gelegentlichem Einsatz einer Taschenlampe gehen! Nachdem man von 52 auf 1 heruntergezählt hat, ist bald auch die Bocchetta Campiglia erreicht.

Luftige Aufwärtstraverse (B) am Sentiero Falcipieri.

Palagruppe

41 Pala-Runde
Vie ferrate del Portòn, Velo und Sentiero Buzzati

10.45 Std.
1750 m ↑
1750 m ↓

Verschlungene Pfade hoch über dem Primiero

Die Pale di San Martino im Südwesten der Dolomiten – bei uns als Palagruppe geläufig – sind ein Paradies für anspruchsvolle Berggänger: steilwandige Gipfel mit festem, griffigem Kletterfels, perfekte, wildromantische Kulissen und ein reiches Tourenangebot, auch für passionierte Ferratisti. Diese finden im Südteil des Pala-Hauptzuges, rund um Cima di Ball und Sass Maor, gleich eine ganze Handvoll interessanter Routen, die sich oft sogar verbinden lassen.

Die Via ferrata del Portòn erschließt den Übergang von der Pradidalihütte auf die Westseite und führt durch einen düsteren Schluchtwinkel, wo man sich von den Felsmassen regelrecht gefangen fühlt. Vom Portòn, dem U-förmigen Ausstiegstor, bietet sich die Möglichkeit, mit dem Sentiero Nico Gusella einen Rundkurs um die Cima di Ball zu schließen (siehe Variante), andererseits steht ein weites Auslaufprogramm Richtung Süden offen: über die Via ferrata del Velo, die unterhalb der bei Kletterern hochgerühmten »Schleierkante« (Spigolo del Velo) entlangführt, zur gleichnamigen Hütte und weiter über die Cima della Stanga zum Anschluss an den Sentiero attrezzato Dino Buzzati. In verschlungener, teils origineller Routenführung windet sich dieser an den letzten, zackenreichen Ausläufern der Pala-Hauptkette talwärts. Eine Alternative wäre im Übrigen der Sentiero del Cacciatore – ähnlich abenteuerlich, aber nur hie und da einmal mit Eisen bestückt …

Am Sentiero Buzzati überschreiten wir den Cimerlo und blicken Richtung Feltriner Dolomiten.

Unverwechselbares Gipfelduo: Sass Maor (rechts) und Cima della Madonna, gesehen von der Cima della Stanga.

ANFORDERUNGSPROFIL

Schwierigkeit	C
Via ferrata del Portòn	C
Via ferrata del Velo	B/C
Sentiero Buzzati	C
Klettertechnik / Kraft	●●
Ausgesetztheit	●●
Kondition	●●
Alpine Erfahrung	●●

TOURENINFO

Charakter: Großzügige Rundtour mit längeren gesicherten Abschnitten, am anspruchsvollsten auf der Ferrata del Portòn (mit vielen Klammern bis C und teils ziemlich exponiert). Sonst eher nur mittelschwierig, der Sentiero Buzzati passt in die Kategorie »alpiner Schleichpfad« und präsentiert sich recht ruppig. Zumindest eine Hüttenübernachtung obligatorisch, als Tagestour ein Mammutprogramm.
Höchster Punkt: Cima della Stanga (2550 m).
Exposition: Portòn Ost, Velo West und Buzzati meist Süd.
Jahreszeit: Anfang Juli bis Ende September.
Ausgangspunkt: Albergo Cant del Gal (1180 m) im Val Canali. Zufahrt von Fiera di Primiero zuerst Richtung Passo Cereda und dann links ins Hochtal abzweigen.
Einkehr/Übernachtung: Rifugio Pradidali (2278 m), CAI, 20. Juni bis 20. September, Tel. +39 0439 64180. Rifugio Velo della Madonna (2358 m), CAI, 20. Juni bis 20. September, Tel. +39 0439 768731. Außerdem Gasthäuser im Val Canali.
Höhenmeter: Hüttenzustieg 1100 Hm. Ferrata del Portòn 300 Hm. Gegenanstiege über die Cima della Stanga ca. 350 Hm.
Karten: Tab 25, Blatt 022.

Zustieg

Beim Gasthaus Cant del Gal wenden wir uns dem linken Talast (Val Pradidali) zu und wandern zunächst auf breitem Weg Nr. 709 einwärts. Weiter auf Steig zur Örtlichkeit »Pedemonte«, wo zahlreiche gut ausgebaute Kehren über die steile Talstufe ansetzen. Später von der rechten auf die linke Seite des Einschnitts und das letzte Stück hinauf zum Rifugio Pradidali (2278 m), umrahmt von der Ostwand der Cima di Ball, dem Südabbruch des Torre Pradidali und der orgelpfeifengleichen Westwand der Cima Canali. In Richtung des Wandsockels der Cima di Ball überschreiten wir eine kleine Kuppe und steigen in die dahinterliegende, oft mit Lawinenschnee gefüllte Schlucht zum Beginn der Via ferrata del Portòn ab.

Via ferrata del Portòn

Mit einer fast senkrechten Klammerreihe (C) geht's kernig los. Nach ca. 100 Höhenmetern meistern wir immer weiter links haltend in dichter Folge luftige Traversen auf schmalen Felssimsen im Wechsel mit Aufschwüngen, die meist mit Trittbügeln versehen sind (A bis C variabel). So schwenkt man allmählich in die mächtige Portòn-Schlucht ein, deren Grund schließlich über eine weitere Bügelreihe im Bergab und eine letzte Querung betreten wird (C). In dem geröllbedeckten Schlund auf Steigspuren aufwärts und links durch eine düstere Rinne mithilfe einer Leiter bis in die Ausstiegsscharte »Il Portòn« (2460 m), wo der Blick auf das Gipfelpaar Sass Maor und Cima della Madonna, mit der Schleierkante im Profil, frei wird.

Via ferrata del Velo

Auf der Westseite der Scharte wenden wir uns links und schlagen einen Bogen hinüber zum Sockelfels der Cima della Madonna. Der gesicherte Teil beginnt mit einem Klemmblock über einen Spalt. Eine rinnenartige Verschneidung führt steil abwärts (B), dann passiert man ein luftiges Eck zur Nische einer Schluchtrinne, bevor einige Abstiegsstufen zwischen zwei Bändern bereits zum Ende der Ferrata führen (B/C und leichter). Man vollendet die Traverse um den Vorbau der Schleierkante herum und erreicht in kurzem Gegenanstieg das Rifugio Velo della Madonna (2358 m). Hier können wir mit Vorteil nächtigen.

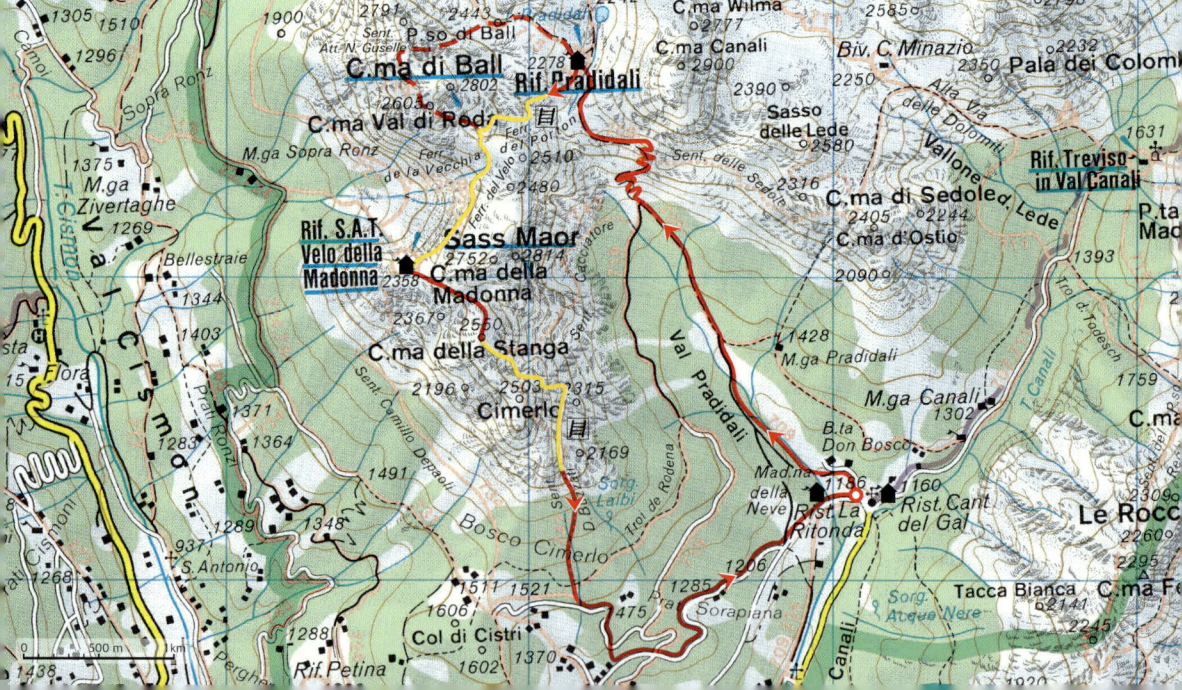

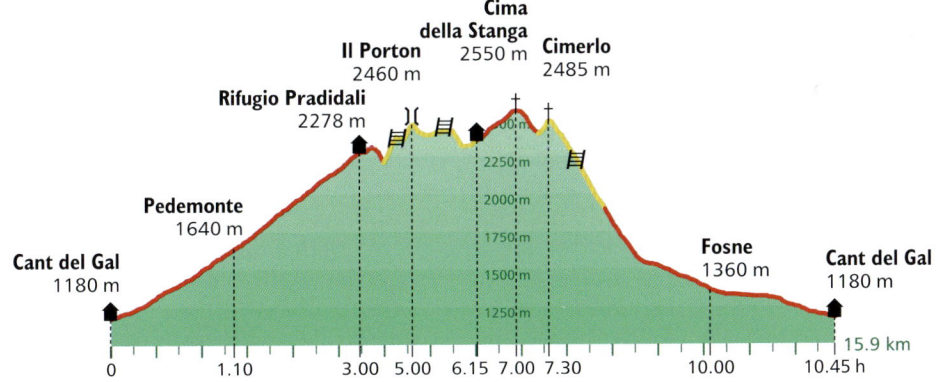

Sentiero Dino Buzzati

Der Weiterweg von der Hütte ist anfangs weitgehend unschwierig. Über das Kar des Cadinot tangiert man einen Kammsattel und erreicht über Schutt und Schrofen den Gipfel der Cima della Stanga (2550 m), wo man ganz vom Sass Maor in Bann gezogen wird. Jenseits passieren wir den Abzweig des Sentiero del Cacciatore (ca. 2430 m) und orientieren uns linksseitig am Kammverlauf Richtung Cimerlo. Einige Felshindernisse werden pfiffig überwunden, indem Drahtseile über gestuften Fels und um eine Kante herum in eine Kaminrinne mit Klemmblockabschluss leiten (bis B). Oberhalb ist man nur noch wenige Meter vom Gipfel des Cimerlo (2503 m) entfernt – ein Seitensprung, den man wegen der vorzüglichen Aussicht über das Primiero nicht versäumen sollte. Anschließend südseitig über Graspleisen abwärts, bis man rechts einen düsteren Felsspalt bemerkt, der früher knifflig durchstiegen werden musste. Inzwischen führt eine längere, teils senkrechte und versetzte Bügelreihe (C) außen an der Wand hinab, gefolgt von einigen geneigten Drahtseilpassagen. Die Route läuft mit weiteren gesicherten Passagen (A/B) durch eine labyrinthisch anmutende Felslandschaft mit Latschengürteln, überwindet dabei noch eine gestufte Wand (B) und tritt über längere Geröllabschnitte allmählich in den Bergwald des Bosco Cimerlo ein. Hier wird der Steig angenehmer. Auf Höhe der Prati Fosne schließlich links haltend auf ein Asphaltsträßchen, das uns in leichtem Gefälle über gut 2 km zurück nach Cant del Gal bringt.

Variante

An der Forcella del Portòn können wir uns auch rechts dem Sentiero Gusella zuwenden, um die Cima di Ball zurück in den Pradidalikessel zu umrunden. Der Pfad führt über schrofiges Gelände bis zum Überstieg an einer schütter bewachsenen Geländerippe hinauf, dahinter kurz durch eine Rinne abwärts und im teilweise gesicherten Auf und Ab (A/B) quer durch die Felsflanke. Wieder kräftig steigend wird die zwischen Cima di Val di Roda und Cima di Ball eingelagerte Forcella Stephen (ca. 2700 m) gewonnen; zum erstgenannten Gipfel kommt man in wenigen Minuten über einen harmlosen Schuttsteig hinauf. Anschließend steigen wir in die ostseitige Steilrinne ein, folgen aber alsbald den Sicherungen über die plattigen Felsen zur Rechten. An abgestuften Rampen (B) bis zum Auslauf ins Geröll, auf passabler Spur hinunter zum Passo di Ball (2443 m) und weiter zum Rifugio Pradidali. Gehzeit ab Portòn 2.00 Std., ab Hütte insgesamt 4.00 Std.

Palagruppe

42 Cima della Vezzana, 3192 m
Via ferrata Bolver-Lugli

9.30 Std.
2200 m ↑
1050 m ↓

Über die höchste Palazinne

Wie hatte ich noch gleich im Vorwort formuliert? »Irgendwie sehe ich am liebsten die große Bergtour dahinter …« Genau um eine solche handelt es sich in diesem Kapitel ganz bestimmt, schon wenn man die Ferrata Bolver-Lugli für sich nimmt, umso mehr, wenn man nach ihrer Durchsteigung die Cima della Vezzana überschreitet und dabei noch viel reichere Eindrücke aus der steinernen Welt der Pala mitnimmt, als es in der schroffen Südwestwand möglich ist. Dort erscheint die von Hilde, Gunther und Sigurd Langes 1921 als Dreier-Kletterei eröffnete Linie, die im Jahr 1970 mit fest verankertem Drahtseil nachgezeichnet wurde, als ein einziges Highlight – neben den wachsenden Tiefblicken auf die »Pala-Metropole« San Martino, wo man zeitig am Morgen aufgebrochen ist (ich würde angesichts des Tourenausmaßes nicht unbedingt dazu raten, die erste Liftfahrt zum Col Verde abzuwarten).

Stille Bereiche der Pala erlebt, wer die Cima della Vezzana Richtung Nordosten überschreitet.

Bis zum Ausstieg am Spallone del Cimòn, immerhin schon nahe der Dreitausendmetermarke, gibt es für uns allerhand zu tun. Die Route fordert, ohne den Erfahrenen jedoch zu überfordern – eine Kletterei wie aus einem Guss, möchte man sagen. An der roten Blechschachtel des Bivacco Fiamme Gialle eingetroffen, kann man dann die Retourschleife zur Rosetta-Bergstation antreten. Aber ganz ohne Gipfel? Ich habe seinerzeit der Tour mit dem Cimòn della Pala sicher die schönste Krone aufgesetzt. Nur kann ich die verwickelte Kletterei bis zum III. Grad in diesem Kontext nicht ruhigen Gewissens empfehlen und möchte stattdessen lieber auf die handzahmere Cima della Vezzana nebenan verweisen.

Dort steht man sogar noch acht Meter höher und damit auf dem Hauptgipfel der ganzen Palagruppe. Und mit dem Abstieg über die etwas hochtrabend als Ferrata ausgewiesene »Gabitta d'Ignoti« ins Val Strut und dem anschließenden Sentiero delle Farangole zum großen steinern-bleichen Altopiano ergibt sich fürwahr eine Dolomitentour der Superlative – ganz im Sinne des auserwählten Mottos …

Der Cimòn della Pala von Süden. Rechts von der Hauptwand zieht die Via ferrata Bolver-Lugli empor.

ANFORDERUNGSPROFIL

Schwierigkeit	C/D
Klettertechnik / Kraft	●●
Ausgesetztheit	●●
Kondition	●●●
Alpine Erfahrung	●●●

TOURENINFO

Charakter: Ferrata Bolver-Lugli auf gut 400 Hm steile, ausgesetzte Routenführung mit Schwierigkeiten um B und C, kurzfristig eine Spur höher. Fast nur Drahtseile, jedoch kein reiner Kraftakt dank des griffigen, kletterfreundlichen Gesteins. Am Vorbau sowie über die Cima della Vezzana stellenweise I, im Bereich der Ferrata Gabitta d'Ignoti sowie später am Sentiero delle Farangole nochmals einige Sicherungen (A bis B). Enormer Höhenunterschied, schon bis zum Ausstieg der »Bolver-Lugli« konditionell anspruchsvoll, über den Gipfel ein ziemlicher Brocken. Dazu kommt der strenge, hochalpine Anstrich (je nach Verhältnissen auch Eisausrüstung nötig), also nur für rundum Bergerfahrene!
Höchster Punkt: Cima della Vezzana (3192 m).
Exposition: Südwest, bei der Gipfelüberschreitung auch Kletterpassagen Nordost.
Jahreszeit: Anfang Juli bis Ende September.
Ausgangspunkt: Talstation der Rosettabahn (ca. 1500 m) in San Martino di Castrozza oder Mittelstation am Col Verde (1965 m).
Endpunkt: Bergstation der Rosettabahn (ca. 2650 m).
Einkehr/Übernachtung: Rifugio Pedrotti alla Rosetta (2581 m), CAI, Mitte Juni bis Ende September, Tel. +39 0439 68308. Bivacco Fiamme Gialle (3005 m) und Bivacco Brunner (2667 m), stets offene Biwakschachteln. Restaurants an der Rosetta-Bergstation und Mittelstation Col Verde.
Höhenmeter: Ab San Martino bis Bivacco Fiamme Gialle 1500 Hm (ab Col Verde gut 1000 Hm). Überschreitung der Cima della Vezzana einschließlich Gegensteigungen ca. 700 Hm zusätzlich.
Karten: Tab 25, Blatt 022.

Zustieg

Von der Talstation in San Martino auf geschottertem Fahrweg hinauf zur Mittelstation am Col Verde (1965 m). Mit Lift spart man 460 Hm und gut 1 Std., erzeugt dadurch jedoch einen unverhältnismäßig späten Aufbruch. Nun auf gutem Steig (Nr. 706) links haltend gegen den Wandfuß hinauf. Der Einstieg in die Felsen erfolgt auf knapp 2300 m

(Tafel für die Ferrata Bolver-Lugli), zunächst jedoch an einem schrofigen Vorbau, der überwiegend ungesichert zu ersteigen ist (teilweise ausgetretene Spur, aber auch Stufen I. Grades). Erst auf etwa 2550 m beginnt der eigentliche Klettersteig.

Via ferrata Bolver-Lugli

Zuerst links in einer kaminartigen Rinne hinauf zu einem Absatz, dann in der mehr oder weniger freien, wenig gegliederten Wand an guten natürlichen Griffen und Tritten steil empor (meist B bis C). Die schwierigsten bzw. exponiertesten Passagen (vereinzelt bis C/D) folgen, nachdem ein kleiner Zacken bei einem Schärtchen passiert ist. In sehr kletterfreundlichem Dolomitfels arbeiten wir uns durch Rinnen und Kamine, über Rampen sowie gestufte Aufschwünge höher. Nach einer letzten anspruchsvollen Verschneidung kreuzt man eine Rinne nach rechts und gelangt mit abnehmenden Schwierigkeiten (B) zum überraschenden Ausstieg, der neben ein paar Türmchen in den hohen Schuttkessel, Spallone del Cimòn genannt, erfolgt. Hier zieht die Spur im Bogen hinauf zum Bivacco Fiamme Gialle (3005 m).

Bis zum Passo del Travignolo (2925 m) verliert man wieder ein paar Meter und erschaudert dort womöglich beim Blick in die nordwestseitig abbrechende Eisrinne. Wir wenden uns rechts den steinigen Gipfelhängen zu und gewinnen zuerst den hohen Sattel (3030 m) zwischen Vezzana und Nuvolo und nach einer weiteren halben Stunde über Schutt und Felsschrofen den allerhöchsten Punkt (3192 m).

Abstieg

Über die nordöstliche Gipfelabdachung (je nach Verhältnissen Schotter bzw. Schnee) abwärts zu einer Passage mit gestuften Felsen und den Sicherungen der Via ferrata Gabitta d'Ignoti. Um eine Geländekante herum zu einer kurzen Aufwärtstraverse, die auf eine Schulter leitet (der direkte Abhang hierher ist in der Regel unangenehmer). Nochmals drahtseilgesichert mit Querung einer Eisrinne auf die Schneefelder am Fuß der Nordflanke und den Passo di Val Strut (2870 m) tangierend nach rechts ins Val Strut hinab. In dem geröligen Karschlauch dürfte der Abstieg rasch vonstattengehen; links duckt sich das Bivacco Brunner (2667 m) unter einen Felspfeiler der Ziròcole. Die Steigspuren münden schließlich in den quer verlaufenden Sentiero delle Farangole, dem wir nun nach rechts (Süden) folgen. Er führt über den phasenweise kaum ausgeprägten Balkon oberhalb des Val delle Comelle und weist speziell unter dem Valle delle Galline einige ausgesetzte Passagen auf (Sicherungen). Mit etwas Auf und Ab gelangt man zum flachen Pian dei Cantoni und hat jetzt noch einen etwas anhänglichen Gegenanstieg hinauf zum karstigen Altopiano und zum Rifugio Rosetta (2581 m) zu absolvieren. Dort trennt uns dann nur mehr ein Katzensprung von der Bergstation der Funivia della Rosetta.

Palagruppe

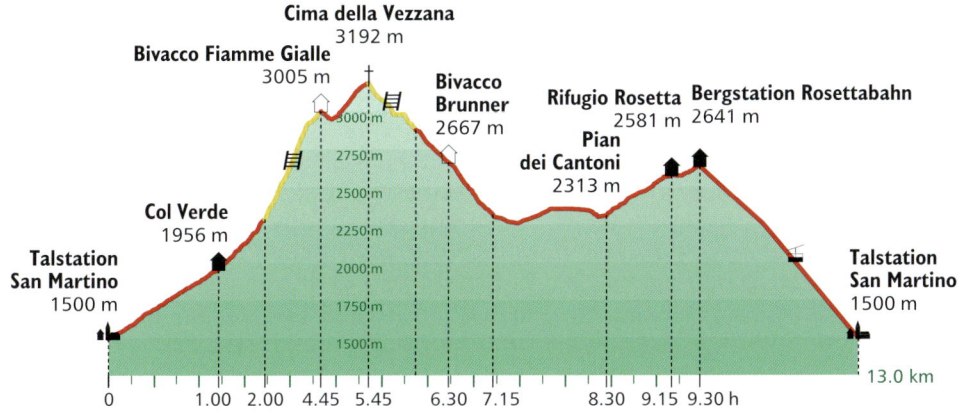

Variante

Lässt man die Cima della Vezzana aus oder steigt über ihre südseitige Normalroute wieder ab, geht es vom Passo del Travignolo in den Trichter des Valle dei Cantoni hinunter (oft Schneefelder). Weiter unten schaltet sich ein kleiner Felsriegel dazwischen, der rechts im gestuften Gelände überwunden wird (I). Das Hochtal wird verlassen, indem man am Felssockel rechts um ein Eck herumzieht und im Gegenanstieg durch eine kleine Karmulde den Passo Bettega (2667 m) gewinnt. Jenseits den Sockel der Cima Corona umkurvend und über einen letzten Wall zum Rifugio Rosetta (2581 m). Ab Bivacco Fiamme Gialle ca. 2.00 Std., ab Gipfel 2.30 Std.

Am Ausstieg der »Bolver-Lugli« befindet man sich bereits fast 3000 Meter hoch.

Schiaragruppe

43 Schiara, 2565 m, und Pelf, 2506 m
Vie ferrate Zacchi, Berti, Sperti, Màrmol, Guardiano

3 Tage
19.30 Std.
3420 m ↑
3420 m ↓

Fünf auf einen Schlag

Vor den Toren Bellunos markiert die Schiara gleichsam das südliche Ende der Dolomiten, ein Ende, das nicht in sanftem Decrescendo ausläuft, sondern nochmals einen großen Schlussakzent setzt. Wuchtig entwachsen die schroffen Gipfel tiefen, schluchtartigen Tälern und prägen damit ein urwüchsig-südalpines Antlitz. Die Schiara hat sich überregional vor allem als Klettersteigdorado einen Namen gemacht. Fünf verschiedene Routen zählt man hier auf engstem Raum, sprich am Hauptgipfel und seinen unmittelbaren Trabanten, dem Monte Pelf sowie den Pale del Balcon im Südwestausläufer: allerhand Futter für erlebnishungrige Ferratisti. Will man jeden Meter kennenlernen, jedes einzelne Eisenteil betasten, so benötigt man zumindest zwei Anläufe vom Rifugio 7° Alpini, dem üblichen »Basislager« unter der Schiara-Südwand.

Als Bravourstück gilt die Via ferrata Luigi Zacchi hinauf zum Bivacco Bernardina, wo man das alpine Wahrzeichen der Gruppe – die Felsnadel der Gusela del Vescovà – zum Greifen vor sich hat, und wo sich zudem unmittelbar die Ferrata Antonio Berti gipfelwärts anschließt. Um eine richtige Überschreitung des Monte Schiara zu vollziehen, müsste man anschließend über die Ferrata Màrmol absteigen. Höchst verlockend erscheint allerdings auch die abwechslungsreich über die Pale del Balcon lavierende Ferrata Gianangelo Sperti, die den Abenteuercharakter dieser Bergwelt

In diesem Felsszenario sucht die Via ferrata Sperti ihre Durchschlupfe.

vielleicht am besten vermittelt. Damit steht nach vorherigem Hüttenzustieg unser Programm für den ersten großen Bergtag in der Schiara.

Die »Màrmol« lässt sich tags darauf auch prima mit der (verhältnismäßig kurzen) Ferrata Marino Guardiano am Monte Pelf verbinden. Zumal sich der Nabel der Schiarawelt unverrückbar am Hauptgipfel befindet, steht dieser Berg ein bisschen im Schatten, erweist sich aber gleichwohl als massiges Bollwerk mit respektablen Wandbildungen und einem reizvollen Normalweg, auf dem man aus der Felsregion über herrliche Edelweißwiesen allmählich wieder in die verwachsenen Talschluchten zurückkehrt – ein Gang durch alle Vegetationsstufen der Südalpen. Das ursprüngliche Flair der Schiaragruppe wird jedenfalls lange in uns nachhallen, ebenso wie die ausgiebigen Ferrata-Streifzüge in diesem Revier. Sie treffen zweifellos das richtige Maß und gehören damit zu den Glanzlichtern in den Dolomiten.

Im unteren, gemeinsamen Teil der Vie ferrate Zacchi und Màrmol.

ANFORDERUNGSPROFIL	
Schwierigkeit	**C**
Via ferrata Zacchi	C
Via ferrata Berti	C
Via ferrata Sperti	B/C
Via ferrata Màrmol	B/C
Via ferrata Guardiano	C
Klettertechnik / Kraft	●●
Ausgesetztheit	●●
Kondition	●●●
Alpine Erfahrung	●●●

TOURENINFO

Charakter: Ein groß(artig)es Netzwerk alpiner Klettersteige rund um die beiden höchsten Schiaragipfel, dabei mittleres bis gehobenes Niveau. Schwierigste Passagen auf der Zacchi, Berti und der kurzen Guardiano C, bei Sperti und Màrmol etwas geringer (B/C). Zu beachten ist jedoch vor allem die Länge des anspruchsvollen, ausgesetzten Geländes! Teilweise verwickelte Routenverläufe, ganz besonders auf der Sperti. Insgesamt ein Programm für zweieinhalb Tage mit hohen Anforderungen an Bergerfahrung und Ausdauer.
Höchster Punkt: Monte Schiara (2565 m).
Exposition: Zacchi und Màrmol Süd, Berti und Guardiano West, Sperti unterschiedlich.
Jahreszeit: Ende Juni bis Ende September.
Ausgangspunkt: Case Bortot (694 m), Wanderparkplatz kurz hinter dem Restaurant. Zufahrt von Belluno über Bolzano Bellunese und Gioz.
Einkehr/Übernachtung: Rifugio 7° Alpini (1502 m), Anfang Juni bis Ende September, Tel. +39 0437 941631. Außerdem vier stets offene Biwakschachteln: Bivacco Ugo della Bernardina (2320 m), Bivacco Sperti (2000 m), Bivacco del Màrmol (2266 m) und Bivacco Medassa (1340 m).
Höhenmeter: Hüttenzustieg 920 Hm. Ferrata Zacchi und Berti bis Monte Schiara 1070 Hm, Ferrata Sperti ca. 130 Hm Gegensteigung. Ferrata Màrmol und Guardiano bis Monte Pelf 1150 Hm plus 150 Hm beim Talabstieg.
Karten: Tab 25, Blatt 024.

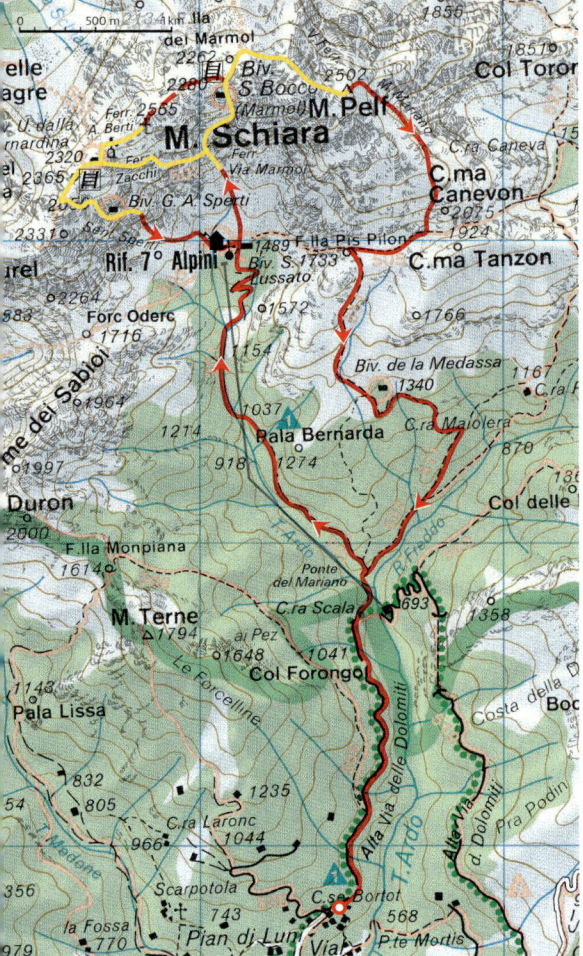

den Kamin zu einem Band, an dem eine Leiterserie ansetzt (B). Gleich darauf stemmen wir im nächsten Kamin aufwärts (B/C) und gelangen auf eine Latschenrippe, wo sich die »Màrmol« nach rechts von der »Zacchi« verabschiedet. Letztere zieht stets seitlich eines markanten, schluchtartigen Einrisses weiter, wobei ein kurzer Kamin (C) die kniffligste Stelle bildet. In diagonaler Linie gewinnen wir die Höhe des Pfeilerkopfes und nähern uns der Hauptwand. Hier rechts haltend auf eine gut gangbare Rampe (B), die weiter oben – nach kurzem Quergang – auf eine exponierte Rippe überleitet. Höchst anregend mit viel Luft unter den Sohlen steigt man teils auf Leitern bis unter senkrechte Wände auf (bis C), erreicht dort Gehgelände und quert über schrofige Bänder, die sich vorübergehend zu einem luftigen Gesims verschmälern, weit nach links hinüber zum Bivacco Ugo della Bernardina (2320 m). Unmittelbar daneben verblüfft uns die freistehende, rund 40 Meter hohe Felssäule der Gusela del Vescovà.

Via ferrata Berti
Praktisch nahtlos schließt sich die Fortsetzung des Klettersteigs Richtung Gipfel an. Unter massiven Wänden steigt man schräg empor und hat in einer Kaminrinne mit leicht überhängender Leiter (C) gleich die nächste Hürde zu meistern. Die »Berti« folgt im Wesentlichen dem Südwestgrat, der sich allerdings in reichlich zerklüftete Detailstrukturen aufschlüsselt (meist B-Gelände). So geht es um ein Eck herum und weiter über kleine Rippen und Rinnen, ein luftiger Kantenaufschwung und zwei Leitern sind noch dabei sowie schließlich ein gutmütiger Gratrücken (A), der zum höchsten Punkt der Schiara (2565 m) leitet.
Wer die Überschreitung mit Abstieg über die Via ferrata Màrmol ausführen möchte, folgt dem Gratverlauf nach

Hüttenzustieg
Zu Beginn auf breiter, schön angelegter Trasse hoch über der wilden Talschlucht leicht ansteigend nordwärts, nach Passieren einiger kleiner Runsen wieder gut 100 Höhenmeter verlierend bis zum Ponte del Mariano (681 m), wo der Torrente Ardo erstmals übersetzt wird. Nun weiterhin mit Nr. 501 in bewaldetem Terrain bergauf, den Bachgrund noch dreimal kreuzend und schließlich in Kehren zum malerisch an der Waldgrenze gelegenen Rifugio 7° Alpini (1502 m).

Via ferrata Zacchi
Auf gutem Steig gegen die Schiara-Südwände hinauf, wo sich bei einer Art Felsportal der Einstieg befindet. Mit den ersten Drahtseilen gewinnt man ein kleines Podest und überwindet den folgen-

Schiaragruppe

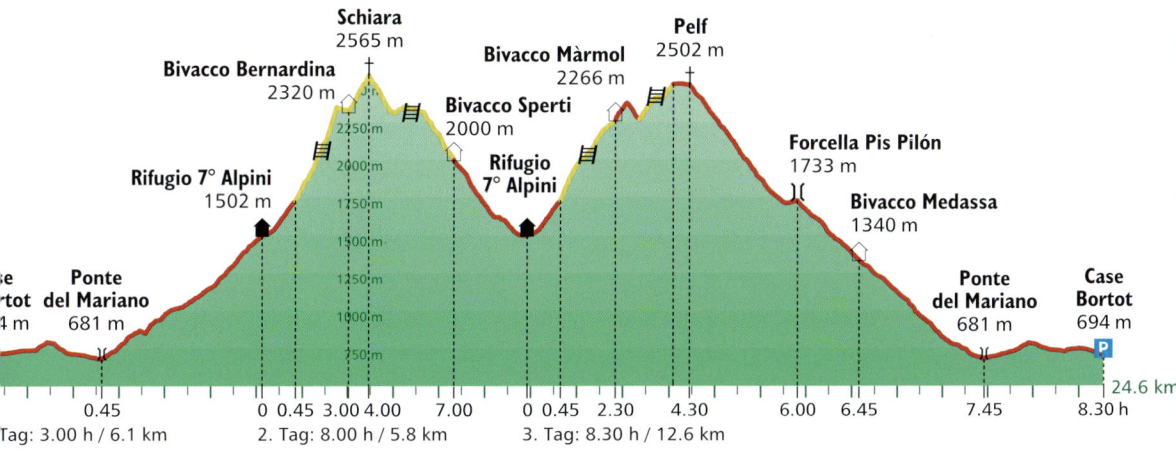

1. Tag: 3.00 h / 6.1 km
2. Tag: 8.00 h / 5.8 km
3. Tag: 8.30 h / 12.6 km

Nordosten über den Vorgipfel (2531 m) hinweg (vereinzelt A) und trifft dann im Schrofengelände oberhalb des Biwaks auf den Klettersteig. Wer hingegen – wie nachfolgend beschrieben – die »Sperti« anzuschließen gedenkt, muss über die »Berti« zunächst wieder absteigen.

Via ferrata Sperti

Vom Bivacco Bernardina in die nahe Scharte hinab, unterhalb der schlanken Gusela entlang und vor einem Felsaufbau am Grat durch eine Scharte auf die Südseite. Man folgt dort einem Band und wechselt alsbald wieder zurück auf die Nordseite zur nächsten Schuttterrasse. Das Spiel wiederholt sich in ähnlicher Weise, wobei von Süden her durch eine Rinne zu einer engen Gratscharte angestiegen wird. Dahinter über gestufte Felsen schräg abwärts und das an einer nahen Kerbe ansetzende Couloir etwas ausgesetzt queren. Man übersteigt einen kleinen Absatz und führt die nächste absteigende Traverse zu einem Schärtchen aus, von dem eine Rinne jenseits auf die Schuttfelder nahe der wichtigen Forcella Sperti (ca. 2250 m) führt. Dort angelangt geht es südostseitig mit Leiterhilfe in den düsteren Schlund einer gewaltigen Schluchtrinne hinein. Darin fast durchgängig gesichert steil bergab (erhebliche Steinschlaggefahr!).

Wo die Rinne ungangbar abbricht, quert man nach links auf ein Band, passiert eine Zweigschlucht und steigt von einem Vorsprung im Bereich einer Rippe zum Rasenfleck mit dem Bivacco Sperti

Danteske Umgebungen prägen die Schiara-Klettersteige, wie hier an der Ferrata Màrmol.

Kapelle beim Rifugio 7° Alpini, direkt unter den Schiara-Wänden gelegen.

(2000 m) ab. Die Route weist bis hierher zahlreiche B-Stellen auf, kurzzeitig mal eine Nuance schwieriger. Auch unterhalb geht es über etwas brüchige Stufen und Rinnen vorerst noch gesichert weiter (B und leichter), bevor schließlich ein richtiger »Weg« einsetzt, der uns über einige Bachrunsen hinweg zum Rifugio 7° Alpini zurückbringt.

Via ferrata Màrmol
Wir beginnen diesen Tourentag wie den vorherigen und bewältigen nochmals die ersten Passagen gemeinsam mit der »Zacchi«. Auf der Latschenrippe oberhalb eines Kamins dann rechts weg und auf ausgesetzten Bändern die Nische eines tiefen Schluchteinrisses queren (B). Hinter der gegenüberliegenden Kante gelangt man über einen Schrofenhang auf das nächste exponierte Band (Stelle B/C) und steuert damit den großen Felsentrichter östlich der gelben Schiarawände an. Hier entspannter über gutmütig gestufte Absätze (A/B, teils auch frei) aufwärts zu einem Schärtchen neben einem Zacken. Danach heißt es nochmals kräftiger zupacken, bevor das Bivacco del Màrmol (2266 m) über den Abhang zwischen dem gerade durchstiegenen Amphitheater und der grimmigen Màrmolschlucht erreicht wird. Der Schrofenpfad wird noch gut 100 Höhenmeter aufwärts bis zum Abzweig der Schiara-Gipfelroute verfolgt, um dahinter an Sicherungen (A/B) in die Forcella del Màrmol (2262 m) – dem Bindeglied zum Bergkörper des Monte Pelf – abzusteigen.

Via ferrata Guardiano
Über ein Band beginnt die Anschlussferrata in einer schräg nach links ansteigenden Linie durch den steilen Felsvorbau des Pelf-Nordwestgrates. Die Schlüsselstelle (C) verlangt beherzten

Einsatz, ist aber relativ kurz. Oberhalb legt sich das Gelände in Platten und Schrofen zurück. Man folgt jetzt im Wesentlichen dem Nordwestgrat, der in einigen nicht besonders schwierigen Felspartien nochmals gesichert ist (A bis B), und gewinnt über den höchsten Punkt (2506 m) sowie einige seichte Scharten die signalisierte östliche Spitze (2502 m) des Pelf, die traditionell als Gipfel angesehen wird.

Abstieg

Zunächst halten wir uns an den ost- bzw. südostwärts gerichteten Schrofenrücken. Bald übernehmen Grasmatten die Herrschaft. Die schmale Trittspur zieht an den felsigen Crode de Càneva vorbei und wendet sich in den Wiesen mehr nach rechts, um in die Scharte unmittelbar vor dem Sass del Mel zu gelangen. Rechts haltend weiter in eine Hangmulde, wo der Weg über die Forcella Càneva dazustößt, und eine Runse querend Richtung Forcella Pis Pilón (1733 m). Im Wechsel über diese Scharte kann binnen 30 Minuten wieder das Rifugio 7° Alpini erreicht werden, falls wir dort noch Ausrüstung liegen haben. Ansonsten ist aber die Fortsetzung mit Nr. 511 etwas günstiger: Wenige Schritte vor der Scharte links hinab und über Wiesen- und Strauchhänge ins Vallon de la Medassa. Man passiert das an einen Felsen gebaute Bivacco de la Medassa (1340 m) und taucht kurz darauf in schattigen Wald ein. Hier auf gutem Serpentinenweg tiefer bis zur Einmündung in den Weg 507, der über dem Rui Frét entlangzieht und sich am Ponte del Mariano (681 m) mit dem Hüttenweg verbindet. Die reichlich 100 Höhenmeter Gegenanstieg über der Ardo-Schlucht sind nun unvermeidlich.

Der Gipfelgrat der Schiara nach einem Wettersturz.

Civettagruppe

Moiazza Sud, 2878 m
Via ferrata Costantini

10.00 Std.

1530 m ↑
1530 m ↓

Viel Erfolg bei der Meisterprüfung!

Seit ihrem Bau im Jahr 1974 ist die Via ferrata Gianni Costantini in aller Munde, wird sie als der absolute Top-Klettersteig in den Dolomiten gehandelt. In jedem Fall hat sie es geschafft, die im touristischen Abseits gelegene Moiazza (ein südliches Anhängsel der Civetta) ein Stück weit aus ihrem Dornröschenschlaf zu wecken. Warum sollte es hier auch weniger Bergglück zu ernten geben, als über dem Grödner Tal oder rund um Cortina? Die Anforderungen der »Costantini« sind jedenfalls in allen Belangen von erlesener Qualität, sei es, was die Schlüsselstelle betrifft, die Länge oder die Ausgesetztheit. In untrainiertem Zustand sollte man hier erst gar nicht antreten …

Vom latschengesäumten Felssockel unweit des Rifugio Carestiato zieht die Route kompromisslos in die Höhe, und zwar über südexponierte Rampen und Pfeiler, die an der Pala del Belia und der Cattedrale abgestuft sind. 900 eisenhaltige Höhenmeter liegen hinter uns, bis sich der Horizont an der Cresta delle Masenade öffnet. Womit das Klettersteigvergnügen aber noch lange kein Ende nimmt. Im Gegenteil, die landschaftlich eindrucksvollsten Abschnitte im höchsten Stockwerk kommen erst noch. Auf den Abstecher zur Cima Moiazza Sud wird man wohl nur bei sich ankündigenden Konditionsmängeln oder Wetterverschlechterung schweren Herzens verzichten. Legendär dann die luftige Traverse über die Cengia Angelini – berauschend wie die schönsten Brentasteige. Die stattliche Höhe müssen wir natürlich irgendwann wieder hergeben, was von der Forcella delle Nevere aus am Rande eines wilden Schluchttrichters geschieht. Nach rund sieben Stunden ohne größere Unterbrechungen am Drahtseil trotten wir schließlich hinüber zum Rifugio Carestiato – beeindruckt und sicher rechtschaffen müde. Fürwahr: Die »Costantini« lässt sich wohl nur in Superlativen messen …

ANFORDERUNGSPROFIL

Schwierigkeit	**D/E**
Klettertechnik / Kraft	●●●
Ausgesetztheit	●●●
Kondition	●●●
Alpine Erfahrung	●●●

TOURENINFO

Charakter: Sehr schwieriger, oft exponierter und vor allem ausgesprochen langer Klettersteig in durchgehend alpinem Ambiente. Extreme Schlüsselstelle (Quergang, D/E), sonst mehrfach D und C sowie etliche freie Felspassagen, also keineswegs übersichert. Überhaupt nur selten unschwieriges Gehgelände während einer gewaltigen Überschreitung; auch der Abstieg gehört zum Klettersteig und verlangt hohe Konzentration (B/C). Erfahrung auf schwierigen Routen unerlässlich, denn alle Tugenden müssen in hohem Maße erfüllt sein. Notausstiege unten sowie auf halber Höhe (nicht unproblematisch), im Gratbereich zwei weitere. Nicht bei unsicherem Wetter einsteigen!

Höchster Punkt: Cima Moiazza Sud (2878 m).
Exposition: Überwiegend Süd.
Jahreszeit: Anfang Juli bis Mitte Oktober, falls schneefrei.
Ausgangspunkt: Passo Duràn (1601 m), Straßenverbindung zwischen Ágordo und dem Val di Zoldo.
Einkehr/Übernachtung: Zwei Gasthäuser am Passo Duràn. Rifugio Carestiato (1834 m), CAI, Mitte Juni bis Ende September, Tel. +39 0437 62949. Bivacco Ghedini (2601 m), stets offener Notunterschlupf.
Höhenmeter: Zum Einstieg 280 Hm. Klettersteig bis Moiazza Sud 1150 Hm. Abstieg mit ca. 100 Hm Gegensteigungen.
Karten: Tab 25, Blatt 015 oder 025.

Die Cengia Angelini ist ein landschaftliches Highlight der Tour.

Zustieg

Beim Rifugio Tomè am Passo Duràn steigen wir den erodierten Wiesenhang hoch und treffen im lichten Wald auf ein Schottersträßchen, dem man an den Almwiesen von Duràn vorbei zum Rifugio Carestiato (1834 m) folgt. Von dort sind es nur noch wenige Minuten bis zum Einstieg am südseitigen Wandsockel (ca. 1850 m).

Via ferrata Costantini (Aufstieg)

Die »Costantini« beginnt forsch mit einer schwierigen Aufwärtsquerung entlang einer steilen Plattenverschneidung nach links (bis D). Wer hier schon Probleme hat, sollte die Ausstiegsmöglichkeit in die seitliche Geröllschlucht wahrnehmen. Ansonsten windet sich die Route über eine große Rampe (um C) aufwärts und erreicht bei einem Absatz zwischenzeitlich Gehgelände. Oberhalb kommt man bei einer Wandeinbuchtung zur schwierigsten Stelle, einem glatten Linksquergang (D/E). Auch die sich anschließende Wandstufe ist sehr kraftintensiv (D, ein paar Bügel), ehe es mit wechselnden Schwierigkeiten über weitere Aufschwünge zum markanten Band bei der Pala del Belia (2295 m) hinaufgeht. Über dieses als Cengia delle Masenade bezeichnete Band besteht eine Fluchtmöglichkeit, die allerdings orientierungsmäßig nicht unkompliziert verläuft und etwas Schrofenkletterei erfordert (spärliche Bezeichnung).

An der Pala del Belia setzt unmittelbar ein Steilstück (D) an, über das wir in eine plattig eingefasste Felsschlucht gelangen. Der Ausstieg aus dem Trichter

Auch ungesicherte Passagen kommen auf der »Costantini« vor.

ist wiederum steiler (C). Man übersteigt eine Gratrippe und quert ungesichert ein Stück nach rechts, um dann an geneigter und gut gestufter Wand relativ moderat (abwechselnd B und Stellen I) Richtung Cattedrale (2557 m) emporzukraxeln. Nach einer Querung um ein Eck folgen ein Aufschwung sowie ein schöner Linksbogen, dann ein gestufter Grat mit Platte, der – zum Ende wieder leichter – zur Cresta delle Masenade (2737 m) aufschließt: reizvolle Passagen bis maximal Grad C in diesem Bereich.

Auf der Kammhöhe ist sicherlich eine kleine Rast fällig, bevor wir dem Gratverlauf nach links (Nordwesten) folgen, zwischendurch über eine gesicherte Passage (B) abwärts in die Forcella delle Masenade (2650 m). Wichtig: Die Abstiegsmöglichkeit in den Vant della Moiazza und zum Bivacco Grisetti könnte uns binnen 3 Std. bis zum Passo Duràn zurückbringen. An der nordseitigen Plattenabdachung des Grates nähern wir uns indes einem Felsriegel, der den Weiterweg zu sperren droht. Man quert über ein Band nach rechts leicht abwärts und gewinnt über eine doppelte Wandstufe mit Kamin (bis D) die Geröllfelder oberhalb. Ein Stück höher verzweigt sich die Route zur Cengia Angelini einerseits sowie zum Gipfel der Moiazza Sud nach rechts.

Da wir diesen nicht versäumen wollen, erklimmen wir eine Plattenwand (C/D) diagonal zum Grat, folgen hier sehr anregend der Kante, wechseln dann

Civettagruppe

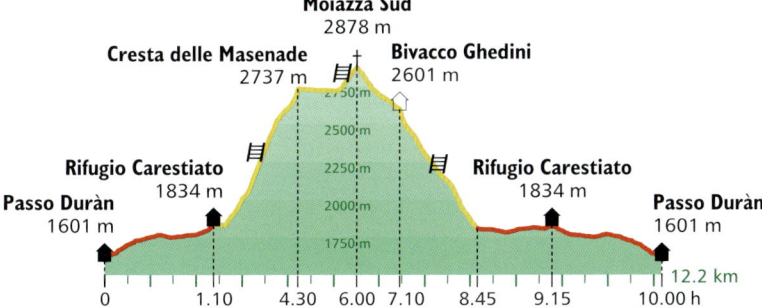

links hinüber zu einem weiteren plattigen Gratstück (leichter als zuvor) und erreichen zuletzt ungesichert durch ein Schärtchen den Steinmann am höchsten Punkt (2878 m).

Via ferrata Costantini (Abstieg)

Am Gipfelaufbau muss auf gleicher Route wieder abwärtsgeklettert werden, bevor wir bei P. 2784 in die Cengia Angelini, das wunderbare »Engelsband«, einbiegen können. Es durchläuft exponiert, aber nicht schwierig (A/B), teilweise sogar regelrecht überdacht, imposante Wandfluchten, passiert zwei prägnante Kanten und schwenkt dann rechts auf die Seite des Vant delle Nevere ein. Ohne Sicherungen verbleibt man hier zunächst noch nahe am Wandsockel, verlässt diesen dann durch einen kleinen Kamin und steigt über Schotterfelder rasch zum Bivacco Ghedini (2601 m) an der Forcella delle Nevere hinunter.

Südseitig bricht der Trichter des Van dei Cantoi grimmig in die Tiefe ab; an seiner rechten Felsbegrenzung erfolgt das weitere Bergab. Dabei wechseln plattige Felsen und Schuttabschnitte, die (noch häufigen) gesicherten Passagen erreichen den Grat B, kurzfristig vielleicht B/C, und erheischen weiterhin Aufmerksamkeit. Im unteren Bereich prägt sich langsam ein passabler Steig aus. Wir folgen ihm zum Auslauf der mächtigen Reiße und stoßen dort auf den quer verlaufenden Dolomiten-Höhenweg Nr. 1. Durch Latschen und Block- bzw. Schuttgelände im Vorfeld der hohen Moiazza-Südwände geht es mit minimalen Gegensteigungen zurück zum Rifugio Carestiato.

Kurz vor dem Ausstieg auf die Cresta delle Masenade.

45 Civetta, 3220 m
Vie ferrate Alleghesi und Tissi

8.45 Std.
1600 m ↑
1600 m ↓

Ein Dolomitenthron der Extraklasse

Keine Frage, im Konzert der großen Dolomitengipfel spielt die Civetta eine Hauptrolle. Ihre Nordwestwand, die sich wie eine gewaltige Steinorgel über dem Vorbau mehr als 1000 Meter lotrecht in die Höhe türmt, gilt als absolutes Glanzstück der Bleichen Berge und erhielt nicht umsonst glorreiche Titulierungen: »Wand der Wände«, »Königreich des sechsten Grades« … Wenn wir uns der Civetta als alpiner Normalo nähern wollen, sind wir dort freilich an der falschen Adresse. Anders hingegen auf der Zoldaner Ostseite, die sich zwar ebenfalls steilfelsig, aber gegliederter präsentiert. Der Sentiero Tivan nutzt hier geschickt die Schwachstellen und laviert als leichteste (aber keineswegs leichte) Route gipfelwärts. Kenner rühmen indes vielmehr die Via ferrata degli Alleghesi, die am Ostpfeiler der Punta Civetta emporzieht und später über den Nordostgrat dem höchsten Punkt zustrebt: ein großer, packender Anstieg, der durch die Schau über die weite Gipfelflur der Dolomiten sowie die Vogelperspektive auf den dunkelblauen Lago di Alleghe gekrönt wird. Und wer nicht nur ein Kenner, sondern auch ein Könner ist, schlägt beim kleinen Rifugio Torrani den Normalweg für den Abstieg aus und wählt stattdessen die rassige Via ferrata Attilio Tissi – technisch an ein paar Stellen sogar noch eine Nummer schwieriger als die »Alleghesi«, aber über ihren 300-Meter-Felsriegel ins Van delle Sasse deutlich kürzer. Wie auch immer wir die Civetta angehen, sie bleibt eine immense Herausforderung …

Beim Zustieg zum Civettamassiv.

ANFORDERUNGSPROFIL	
Schwierigkeit	**C/D**
Via ferrata degli Alleghesi	C
Via ferrata Tissi	C/D
Klettertechnik / Kraft	●●
Ausgesetztheit	●●
Kondition	●●●
Alpine Erfahrung	●●●

TOURENINFO

Charakter: Große Gipfelüberschreitung auf anspruchsvollen Klettersteigen im Dreitausenderniveau. Beide Routen ausreichend gesichert, die Tissi ist technisch etwas schwieriger (bis C/D), aber nur halb so lang wie die Alleghesi (maximal C), deshalb von Nord nach Süd empfohlen. Nur bei sicherem Wetter und eisfreien Verhältnissen für Bergsteiger mit ausgiebiger Erfahrung und Top-Kondition (ggf. Unterbrechung im Rifugio Torrani). Eine der größten Dolomitentouren!
Hinweis: Auch der Abstieg über den Normalweg ist anspruchsvoll und vielfach gesichert (bis B).
Höchster Punkt: Civetta (3220 m).
Exposition: Alleghesi Ost bis Nord, Tissi Südwest.
Jahreszeit: Anfang Juli bis Ende September.
Ausgangspunkt: Casera della Grava (1627 m). Zufahrt aus dem Val di Zoldo Richtung Passo Duràn und kurz hinter Chiesa rechts auf eine steile Bergstraße abzweigend.
Einkehr/Übernachtung: Rifugio Torrani

Wolkenfetzen verfangen sich im Felsgemäuer und sorgen für eine urweltliche Stimmung.

(2984 m), CAI, Anfang Juli bis Ende September, Tel. +39 0437 789150.
Höhenmeter: Zustieg 730 Hm. Via ferrata Alleghesi 870 Hm. Etwas Gegenanstieg zur Forcella delle Sasse.
Karten: Tab 25, Blatt 015 oder 025.

Zustieg
Von der Casera della Grava zunächst auf einem breiten Schotterweg zur Forcella della Grava (1784 m), hier links und kurz darauf bei der Materialseilbahn des Rifugio Torrani rechts. Ein Steig führt weiter Richtung Col Grand (1927 m) und in ständig ansteigender Hangquerung am Abzweig des Normalwegs (guter Einblick in die Ostflanke!) sowie dem Fußpunkt der Crepa Bassa vorbei zum Einstieg der »Alleghesi« (ca. 2350 m) kurz vor dem Schinal del Bech. Bis hierher gilt durchwegs Markierung 557. Von Norden trifft im Übrigen der Zugang vom Rifugio Coldai ein.

Via ferrata degli Alleghesi
Der zwischen zwei Karbuchten hochschießende Ostsporn der Punta Civetta gibt nun die Leitlinie vor. Nach den ersten Drahtseilen über den geneigten Vorbau gerät eine mit Klammern und Leiter gangbar gemachte Wandstufe (C) zur ersten Prüfung. Es schließen sich eine Folge steiler Rinnen sowie einige Felsstufen und komfortable Absätze im Wechsel an. Ein Band führt nach links zu einem engen, senkrechten Kamin, der wiederum mit Klammern bestückt ist (Schlüsselstelle, C). Durch reich gegliedertes Terrain – Rinnen, diverse Wändchen und Bänder – geht es in herrlich

Die Begleitkulisse der »Alleghesi« ist stets eindrucksvoll.

griffigem Fels weiter bis knapp unter die Punta Civetta (2920 m), wo sich die Route deutlich nach links wendet. Wir queren den Turm auf einem ostseitigen Band und verfahren nach kurzem Intermezzo auf der Schattseite genauso mit der Punta Tissi (2992 m). Damit gelan-

gen wir in die Gipfelflanke, die lediglich bei Schnee oder Vereisung noch zur kritischen Hürde werden kann. Sonst über Geröllfelder und letzte gesicherte Aufschwünge (maximal B/C) zum obersten Nordostgrat, der leicht zum höchsten Punkt der Civetta (3220 m) leitet.

Abstieg über Via ferrata Tissi

Durch die geröllreiche Ostflanke des Gipfels geht's recht ruppig im Hin und Her zum Rifugio Torrani (2984 m), Einkehrstation und rettende Zuflucht bei aufkommendem Schlechtwetter. Knapp unterhalb rechts haltend und über einen kleinen felsigen Riegel (B) in die darunterliegende Schnee- bzw. Schottermulde des Pian della Tenda. Auf der linken Seite setzen bald angenehme Bänder ein, die vorerst nur von kleinen Stufen getrennt sind (A bis B). Unter einer mächtigen Wand mit schwarzen Wasserstreifen (daher häufig nass) senkt sich die Route über steilere Wändchen und plattige Absätze hinab (teils schon C). Nach einer weiteren Querung bilden eine Kaminpassage, eine mit C/D bewertete Wandstufe und eine elegant zu kletternde schmale Rampe (C) die Hauptschwierigkeiten, ehe letzte Stufen zum unteren Einstieg (ca. 2610 m) führen.

Es schließen sich typische Wandfuß-Schotterhänge an. Wir vermeiden allerdings den Abstieg bis in den Grund des Kares und queren über Steigspuren nach links unter der Civetta Bassa ent-

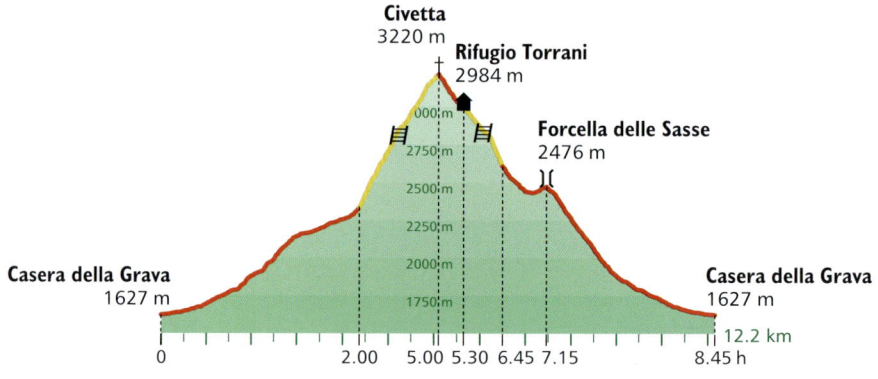

Padónkamm

47 Mesola (Sas de Mezdi), 2727 m
Via ferrata delle Trincee

5.00 Std.
550 m ↑
550 m ↓

Panoramaroute zwischen Marmolada und Sella

Dunkle vulkanische Tuffgesteine statt bleicher Dolomit – dieser geologische Umstand stempelt die Via ferrata delle Trincee zu einer Besonderheit unter den Dolomiten-Klettersteigen. Die hoch über dem Fedàiasee, am gezackten Gratkamm der Mesola verlaufende Route besitzt ihren Ursprung im Ersten Weltkrieg, wie man heute noch an vielen Relikten (und am Namen) ablesen kann. Die »Schützengräben« (Trincee) wurden einst von den Österreichern gebuddelt, die hier am Padónkamm der italienischen Marmoladafront entgegenzutreten versuchten. Es könnte sich im Grunde um eine echte Genussferrata handeln, wäre da nicht der knackige Auftakt am Sas de Mezdi. Hier braucht man Kraft oder besser noch eine ausgereifte Klettertechnik, um dem kompakten, trittarmen Eruptivgestein die nahezu senkrechten Meter abzuringen. Doch die Schwierigkeiten sind inhomogen, denn hinter dem Sas de Mezdi reduziert sich das Niveau spürbar, und wer sich der Hammerpassage am Anfang nicht gewachsen fühlt, trickst sie einfach aus und umgeht den ersten Gipfel auf der Südseite über Grasschrofen. Die nachfolgende Strecke hinüber zur Mesolina weist dann zeitweise sogar Höhenwegcharakter auf, garniert mit einigen gesicherten Passagen und finsteren Stollen. Umso mehr dürfen jetzt die großen Schaustücke in den Mittelpunkt rücken: im Norden die Sella mit ihrem pyramidalen Piz Boè, entgegengesetzt die breite Gletscherbrust der Marmolada!

Luftig wird die Gipfelkrone des Sas de Mezdi überschritten. In diesem Teil konzentrieren sich die Schwierigkeiten.

Padónkamm

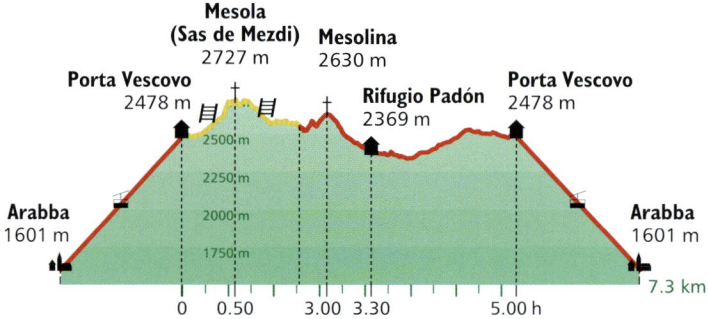

ANFORDERUNGSPROFIL

Schwierigkeit	D
Klettertechnik / Kraft	●●●
Ausgesetztheit	●●●
Kondition	●
Alpine Erfahrung	●●

TOURENINFO

Charakter: Klettersteig mit sportlichem Anspruch vor allem im ersten Teilstück über den Sas de Mezdi (Schlüsselpassage D, oft C). In weiterer Folge nur noch abschnittsweise gesichert (einzelne Stellen C und meist deutlich leichter), aber Trittsicherheit und Schwindelfreiheit stets wichtig. Das Gelände besteht aus körnigen Vulkaniten und eingelagerten Graspleisen. Mit Seilbahnhilfe konditionell moderates Tagespensum.
Hinweis: Lampe für die Stollen notwendig!
Höchster Punkt: Sas de Mezdi (2727 m).
Exposition: Unterschiedlich.
Jahreszeit: Ende Juni bis Mitte Oktober.
Ausgangspunkt: Porta Vescovo (2478 m), erreichbar mit der Seilbahn von Arabba.
Einkehr: Rifugio Gorza (Rifugio Porta Vescovo, 2478 m). Rifugio Padón (2369 m), Mitte Juni bis Ende September, Tel. +39 0437 722002. Bivacco Bontadini (2552 m), stets offener Notunterschlupf.
Höhenmeter: Am Klettersteig gut 400 Hm. Rund 150 Hm Gegenanstieg beim Rückweg zur Porta Vescovo.
Karten: Tab 25, Blatt 06, 07 oder 015.

Absolute Besonderheit der Via ferrata delle Trincee ist das eigenwillige vulkanische Gestein.

Via ferrata delle Trincee

Von der Seilbahnstation an der Porta Vescovo hält man sich ostwärts, quert ein Stück und gewinnt mit einigen Kehren bereits den Einstieg an der Westwand des Sas de Mezdi (nach dem ganzen Kamm auch La Mesola genannt). An kompakter, nahezu senkrechter Wandstufe geht es sofort kraftraubend empor (D), dann etwas gegliederter und mehr im Zickzack über Platten und Verschneidungen zum Gipfelgrat (um C). Diesem folgend zu einer Hängebrücke (A) und nochmals kurzfristig schwierig bis auf die Spitze des Sas de Mezdi (2727 m). Dahinter steil (C) in die folgende Scharte hinab, wo eine unmarkierte Pfadspur auf der Südseite als Notausstieg sowie als Umgehungsmöglichkeit des ersten Abschnitts fungiert. In Reichweite ist

jetzt auch die gesonderte Variante am Sasso dell'Eremita.
Die Fortsetzung führt am Grat kurz aufwärts und nach einem Bänderquergang zu einer anspruchsvollen Steilpassage (C), die hinunter zum Felsansatz auf der Nordseite führt. Jetzt auf gewöhnlichem Steig nordostseitig unterhalb des Zackengrates entlang zum nächsten Sattel mit einer Ausstiegsmöglichkeit nach Süden. Danach wieder mehrheitlich über den mitunter gesicherten Kamm und schließlich mit fortwährend leichtem Höhenverlust auf die Südseite ausweichend (aufmerksam die nicht immer deutlichen Markierungen verfolgen!). Nach einem kurzen Tunnel leitet eine ansteigende Querung (B bis C) zum Eingang in den langen Stollen, der uns erst in der Nähe des Bivacco Bontadini (2552 m) wieder entlässt. Bevor wir von dort zum Passo Padón mit seiner Hütte und Sesselliftstation absteigen, sollten wir unbedingt noch die 90 Hm zum Gipfel der Mesolina (2642 m) anhängen.

Rückweg

Der Rundenschluss vollzieht sich am schönsten über den südseitig auf halber Höhe verlaufenden Sentiero Geologico Arabba – stets mit der firnglänzenden Marmolada im Blickfeld. Nach einer längeren Traverse über Wiesenterrassen dreht man hinter einem Geländerücken scharf nach rechts ab, gewinnt zwischenzeitlich gute 100 Höhenmeter und geht die letzte Hangbucht zurück zur Porta Vescovo aus. Alternativ könnte man ab Passo Padón nordseitig durchs Skigebiet direkt nach Arabba absteigen.

Tipp

Außerhalb der Betriebszeiten der Seilbahn oder um dem morgendlichen Andrang auszuweichen, geht man am besten zeitig beim Staudamm des Lago di Fedàia (2054 m) los und wird dann am oft stark frequentierten Klettersteig die Nase vorn haben (1.30 Std. über

Die sehr schwierige Einstiegswand.

Weg Nr. 698 bis zum Einstieg). Beim Rückweg auf den unbezeichneten Direktabstieg im Bereich der Padónwiesen (Pré de Padón) achten. Gesamtgehzeit ca. 5.45 Std.

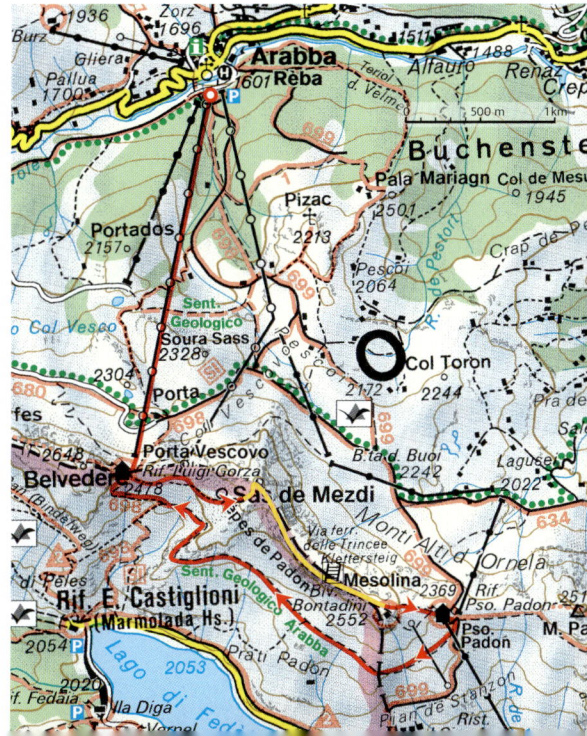

48 Rosengarten-Durchquerung
Rotwand, Santnerpass, Kesselkogel und Molignon

3 Tage
18.30 Std.
3000 m ↑
3700 m ↓

Ein Klettersteig-Enchaînement durch König Laurins Reich

Der Rosengarten gehört zu den berühmtesten Massiven in den Dolomiten. Seine Westfront strahlt mit dem abendlichen Alpenglühen romantische Verheißung bis nach Bozen aus und erweckt in uns Bergwünsche, denen ein dicht gesponnenes Wegenetz einschließlich mehrerer attraktiver Klettersteige zur Realisierung verhilft. Diese lassen sich sogar zu einer richtigen Durchquerung von Hütte zu Hütte verknüpfen – eine absolute Traumroute, die uns von einer gewissen »Fast-Food-Mentalität« entbindet und die Erlebnisse intensiviert: drei Tage lang auf hohen Routen unterwegs sein, Stimmungen im naturkonformen 24-Stunden-Rhythmus einfangen, Abstand gewinnen von den Niederungen des Alltags …

Den Auftakt machen die Sägezähne des Masarèkammes, die von einem Genuss-Klettersteig par excellence überzogen werden. Weniger Geübte erfahren bei dem labyrinthischen Verlauf allerdings eine veritable Feuertaufe, denn die pfiffige Route wartet durchaus mit anspruchsvollen Einzelstellen auf. Dies ist zunächst auch im Anschluss zum Rotwand-Klettersteig der Fall, der sich bei der eigentlichen Gipfelüberschreitung dann aber zahmer zeigt. Die Masarè-Rotwand-Kombination ist mittlerweile ein Klassiker im Südlichen Rosengarten und wird gern als Tagestour von der Paolinahütte ausgeführt.

Wir hingegen beziehen Quartier in der Rosengartenhütte, um von dort den Standortvorteil zu nutzen und zeitig in der Früh zum Santnerpass hinauf unterwegs zu sein. Keine schlechte Taktik angesichts dieses Publikumsmagneten mit Liftanschluss. Der Durchstieg gelingt in verzwickter Routenführung über Bänder, Rinnen und kleine Scharten, technisch jedoch einfacher, als man es im Anblick der grimmigen Felsmauer vermuten würde. Respekt ist aber allemal angebracht, vor allem in der hinterhältigen Eisrinne, die schon öfters Opfer forderte. Das Herz des Rosengartens, so sagt man, schlägt im Gartl, wo der Legende nach König Laurins verwunschenes Reich liegt und die Vajolettürme steinernen Flammen gleich in den Himmel ragen. Über den Santnerpass treten wir sozusagen durch die Hintertür ein und verlassen es durch die meist stark bevölkerte Gartlschlucht ins Vajolettal.

Dort drängt sich bereits das nächste Ziel ins Blickfeld – keine ausgewiesene Schönheit wie die schlanken Türme, sondern eher eine klobige, ungeschlachte Masse, aber doch ein Berg von Rang und Namen: Der Kesselkogel ist nämlich der einzige Dreitausender im Rosengarten! Zwei markante Diagonalbänder, eines auf der West- und eines auf der Ostseite, vermitteln die logischen Anstiege, die beide gut gesichert sind und schon so manchen Klettersteig-Novizen auf den rechten (Eisen-)Weg gebracht haben. Besser als mit dem Übergang vom Vajolettal in den herbschönen Antermoiakessel können wir im Übrigen unseren zweiten Tourentag kaum runden.

Merklich ruhiger als bisher geht es in der Regel am Molignon zu, der als massives Bollwerk das hintere Val Duron vom Südtiroler Grasleitenkessel scheidet. Möglicherweise ist dies den doch recht knackigen Anforderungen der Via ferrata Laurenzi geschuldet, vermutlich jedoch eher den weiten Anmarschwegen aus den umliegenden Tälern. Von der Antermoiahütte bedeutet die Überschreitung des mehrgipfligen Molignonzuges hinüber zum Tierser Alpl den krönenden Abschluss unseres Klettersteig-Enchaînements, das wir natürlich bis zum letzten Schritt im hinreißenden Tschamintal auskosten: Zauber des Rosengartens, er hat uns längst gefangen genommen …

ANFORDERUNGSPROFIL

Schwierigkeit	**D**
Masaré-Rotwand-Klettersteig	C
Santnerpass-Klettersteig	B
Kesselkogel-Überschreitung	A/B
Via ferrata Laurenzi	C/D
Klettertechnik / Kraft	●●
Ausgesetztheit	●●
Kondition	●●
Alpine Erfahrung	●●●

TOURENINFO

Charakter: Bemerkenswerte Klettersteigkette, die in drei Tagen eine vollständige Durchquerung der Rosengartengruppe ergibt. Unterschiedlich anspruchsvolle Teilstücke: Am schwierigsten ist der Laurenzi-Gratklettersteig (nach Sanierung maximal C/D), wenn auch inhomogen und zwischendurch mit Geh- und Einsergelände. Der abwechslungsreiche Masarè-Rotwand-Klettersteig weist mehrfach C-Passagen im Auf und Ab auf. Technisch deutlich leichter (maximal B), aber von betont hochalpinem Charakter sind Santnerpass-Klettersteig (hier auch freie Kletterstellen) und Kesselkogel-Überschreitung. Bergerfahrung sehr wichtig; Ausweichrouten über Wanderwege stets vorhanden. Gleichmäßige Etappen von ca. 6 Std.
Höchster Punkt: Kesselkogel (3002 m).
Exposition: Bunt gemischt.
Jahreszeit: Anfang Juli bis Ende September.
Ausgangspunkt: Karerpass (1745 m), Scheitelpunkt der Straße zwischen Eggental und Val di Fassa.
Endpunkt: St. Zyprian (1073 m) im hinteren Tierser Tal. Busverbindung mit dem Karerpass.
Einkehr/Übernachtung: Rotwandhütte (Rifugio Roda da Vaèl, 2280 m), CAI, Tel. +39 0462 764450. Rosengartenhütte (Kölner Hütte, 2339 m), CAI, Tel. +39 0471 612033. Santnerpasshütte (2734 m), Tel. +39 337 1435665.

Drei Stunden spannungsreiches Felsabenteuer bietet die Via ferrata Laurenzi am Molignon.

Gartlhütte (Rifugio Re Alberto I, 2621 m), privat, Tel. +39 334 7246698. Rifugio Vajolet (2243 m), CAI, Tel. +39 0462 763292. Rifugio Preuss (2243 m), privat, Tel. +39 368 7884968. Grasleitenpasshütte (Rifugio Passo Principe, 2599 m), privat, Tel. +39 339 4327101. Rifugio Antermoia (2497 m), Tel. +39 0462 602272. Tierser-Alpl-Hütte (2440 m), privat, Tel. +39 0471 727958. Alle Hütten von Mitte oder Ende Juni bis Ende September bewirtschaftet (Rosengarten und Tierser Alpl evtl. bis Mitte Oktober).
Höhenmeter: 1. Tag: 1320 Hm Aufstieg, 730 Hm Abstieg; 2. Tag: 1200 Hm Aufstieg, 1040 Hm Abstieg; 3. Tag: 500 Hm Aufstieg, 1930 Hm Abstieg.
Karten: Tab 25, Blatt 06 oder 029.

Zustieg

Vom Karerpass folgen wir Markierung 548 durch die licht bewaldeten Südflanken schräg rechts aufwärts. Man nähert sich einem Grabeneinschnitt, bleibt aber links davon und nimmt kurz vor Erreichen der Rotwandhütte (2280 m) den alternativen Zugang von der Sesselliftstation am Rifugio Paolina auf. Nun scharf links über einen Schrofensteig in Kehren hinauf zum Beginn des Klettersteigs bei der Punta Masaré (2585 m).

Der Kesselkogel (hier von Osten), höchster Gipfel und einziger Dreitausender im Rosengarten.

Masaré-Rotwand-Klettersteig

Der erste Zacken wird westseitig umgangen. Aus der Scharte durch einen steilen Kamin, dann um ein Eck nach links und steil aufwärts zum nächsten Zacken (bis C). Durch einen Spalt in einen engen Kamin mit Tritthilfen, der in die folgende Gratscharte hinabführt (C). Am nächsten Turmaufschwung geht es kurz über eine Rippe hinweg und erneut luftig abwärts auf ein Band (B bis C), danach vorübergehend leichter über eine nur teilweise gesicherte Schrofenpassage (A/B) bis auf eine Graterhebung. Abermals erfolgt ein steiles Bergab auf ein ostseitiges Band (C). Nach Querung einer Felsnische (B) um ein Eck herum und weiter überwiegend absteigend (B bis C), schließlich eine letzte Kante passierend auf den Schrofenhang unter dem Torre Finestra (Fensterlturm). Hier gibt es eine vorzeitige Abstiegsmöglichkeit zurück zur Rotwandhütte.

Wir folgen nun der linken Wegspur bis auf eine Abbruchkante zwischen Fensterl- und Teufelsturm, wo die einzige schwierige Passage der Fortsetzung zur Rotwand bevorsteht: ein paar Meter in einem Riss hinunter, dann links mit luftigem Abwärtsquergang (Stifte) über die Wandstufe in die Nische am Blötzerjoch (bis C). Beim Gegenanstieg folgen noch ein paar unproblematische gesicherte Stellen (A/B), ehe sich das Gelände zum Gipfel der Rotwand (2806 m) hin deutlich zurücklegt.

Der Abstieg leitet dann über den nur mäßig steilen Nordgrat, der auch ohne die reichlich vorhandenen Drahtseile (A) kaum den I. Grad übertreffen würde, in den Passo Vaiolon (2560 m). Hier wenden wir uns auf die Westseite und steigen durch die breite Geröllrinne bis auf den Hirzelweg ab, um dieser beliebten und bestens ausgebauten Panoramameile unter den Wänden entlang nordwärts zum Etappenziel Rosengartenhütte (2339 m) zu folgen. Nebenan befindet sich die Bergstation des Laurin-Sessellifts von der Frommer Alm.

Santnerpass-Klettersteig
Gleich hinter der Hütte wird eine felsige Geländestufe mithilfe einiger Drahtseile erstiegen. Wo sich die Routen zum Tschagerjoch und Santnerpass teilen, gehen wir links und queren nordwärts über die breite Schuttterrasse. Bis zum Einstieg in die Felsflanke werden wieder ein paar Höhenmeter verloren. Nun hart an den Wänden über ein schräg ansteigendes Band aufwärts. Anfangs finden sich kaum Sicherungen, aber bereits leichte Kletterstellen. Man steigt über eine Rippe bei einem Felszacken hinweg (A), hält sich weiter entlang der Wand und peilt das nächste Schärtchen zwischen ihr und einem weiteren abgespalteten Zacken an. Jenseits kurz abwärts (B) und in die berüchtigte Eisrinne, die im Laufe der Saison gewöhnlich ausapert und dann

Eine klasse Route hoch über dem Fassatal: die Via ferrata Masaré.

kein Problem mehr darstellt. Man quert sie vorsichtig und klettert an den gegenüberliegenden Felsen steil und luftig empor, überwindet noch eine Rippe und steigt am Rande der letzten Rinne zum Santnerpass aus (meist B). Etwas links befindet sich das gleichnamige kleine Schutzhaus (2734 m).

Unterhalb der Laurinswand auf einem Schuttsteig in die Gartlmulde hinab. Im Anblick der einzigartigen Vajoletürme passieren wir die Gartlhütte (2621 m) und kommen in den steileren Teil des Hochkars, das jetzt mehr einer steil eingefassten Rampe gleicht. Der zwischendurch mit Drahtseilen versehene Fels- und Schuttsteig führt dem Gelände angepasst direkt hinab zu den Rifugi Vajolet und Preuss (2243 m), wo wir Halbzeitpause am zweiten Tourentag einlegen.

Kesselkogel-Überschreitung

Anschließend begibt man sich durchs obere Vajolettal – eine Hauptschlagader im Wanderverkehr des Rosengartens – hinauf zum Grasleitenpass (2599 m) und seiner Hütte, um dort rechts zum Kesselkogel abzudrehen. Über einen Schutthang betritt man ein ansteigendes Band, das mit einer Unterbrechungsstelle (Leiter) und vorübergehend auch als kaminartige Rinne ausgeformt unter massiven Felsen aufwärtszieht (A). Links abknickend schließt sich eine schräge Rampe an (A/B). Gegen Ende von einem Schärtchen auf ein Band und auf den Gipfelgrat, der ohne weitere Hürden bis zum Kreuz auf dem Kesselkogel (3002 m) leitet: Top of Rosengarten!

Wir überschreiten den Gipfel und steigen von einigen Drahtseilen geleitet hinunter zu einem Diagonalband, das nach links die Ostwand des Berges durchzieht (A). Von seinem unteren Ende über eine reich gegliederte Wandstufe mit Hilfe von Leitern tiefer (A/B) und über einen schmalen natürlichen Verbindungssteg zu einem durch eine tiefe Kluft von der Hauptmasse abgetrennten Vorbau hinüber. An diesem Schrofensporn folgen weitere gesicherte Passagen (A), ehe eine Rechtsquerung am großen Felsspalt vorbei das Ende des Klettersteigs anzeigt. Auf den vom Passo d'Antermoia kommenden Weg Nr. 584 einmündend, durchmessen wir den weiten, ebenen und schuttgefüllten Bergkessel und kommen am Kleinod des Antermoiasees vorbei zur gleichnamigen Hütte (2497 m), die uns für die zweite Nacht aufnimmt.

Via ferrata Laurenzi

Anderntags gehen wir erneut am nahen, sagenumwobenen See vorbei

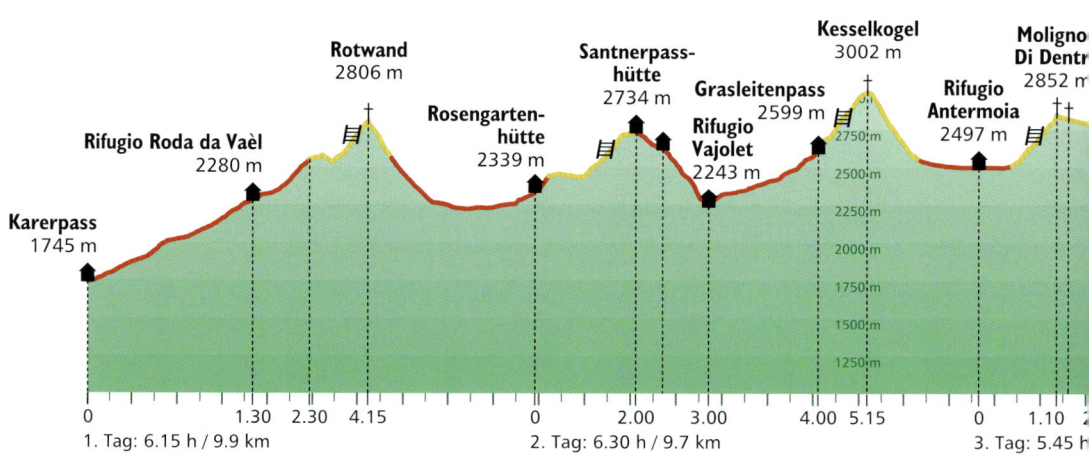

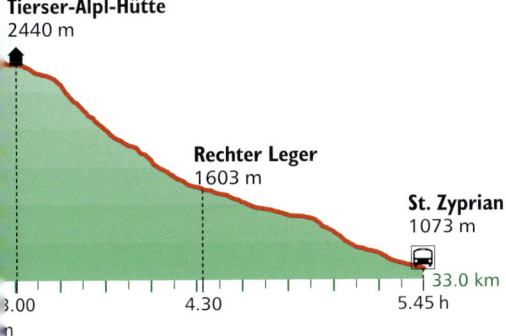

und halten uns in Kürze rechts, wo wir über eine Geröllreiße und eine kleine Gratrippe zum Beginn der Sicherungen gelangen. Bereits die kompakte Einstiegswand setzt die Maßstäbe für den Laurenzi-Klettersteig (C/D). Weiter oben neigt sich das Gelände zurück; in einer Links-Rechts-Schleife geht es über schuttige Absätze, Bänder und Rinnen auf den Gipfelrücken des Inneren Molignon (2852 m). Dahinter leiten Steigspuren im Geröll hinab zu einem plattigen Quergang links des Grates, bevor eine kaminartige Rinne zu einer ganz engen Scharte führt. Der unmittelbar anset-

Die Ostroute am Kesselkogel ist auf unserer Durchquerung für den Abstieg vorgesehen.

zende, nahezu senkrechte Aufschwung (C/D) ist die zweite Schlüsselpassage der Tour. Anschließend über den Mittleren Molignon (2820 m) hinweg und in weiterer Folge mehrheitlich am stark gegliederten Grat entlang. In abwechslungsreichem Verlauf passiert man diverse Zacken und Schärtchen, teils auf leistenartigen Absätzen querend, wobei die Ausgesetztheit die technischen Schwierigkeiten (meist um B) übertrifft. In leichterem Gehgelände wird schließlich noch der Äußere Molignon (2779 m) überschritten, ehe der Klettersteig linker Hand über eine gut gestufte Felsflanke (A) zum Molignonpass (2598 m) ausläuft. Von dort nordwestwärts weiter über eine sanfte Geröllabdachung, die mit einer kurzen gesicherten Schrofenstufe am Tierser-Alpl-Joch und seiner Hütte (2440 m) endet.

Abstieg
Um den Talabstieg einzuleiten, wandern wir in die lang gestreckte Hochmulde auf der Westseite hinab und wenden uns dann links gegen den Steiltrichter des Bärenlochs. In steileren Felsschrofen ist der Steig nochmals gesichert (A), ehe er auf eine begrünte Hangmulde ausläuft. Immer weiter rechts haltend erreichen wir den Grund des wildromantischen Tschamintals und dort die malerische Wiese beim Rechten Leger (1603 m) – ein herrlicher Rastplatz, um nochmals innezuhalten. Zum Ausklang auf breitem Weg (Nr. 3) mit mehrmaligem Kreuzen des Tschaminbachs talauswärts Richtung Tschaminschwaige (Jausenstation) und das letzte Stück hinab zur Bushaltestelle in der Streusiedlung St. Zyprian (1073 m).

Tipp
Als Zugabe für den letzten Tag empfiehlt sich der Maximiliansteig, der direkt über dem Tierser Alpl am Gratkamm zwischen dem Großen Roßzahn (2653 m) und der Roterdspitze (2655 m) verläuft. Schwierigkeitsgrad B mit einigen Stellen I; der Mehraufwand beträgt etwa 1.45 Std.

Sellagruppe

49 | Cima Pisciadù, 2985 m
Via ferrata Brigata Tridentina

6.00 Std.
1050 m ↑
1050 m ↓

Am Nordbollwerk der »Gralsburg Ladiniens«

Von offiziellen »Verkehrszählungen« ist mir zwar nichts bekannt, doch um die Via ferrata Brigata Tridentina, in Insiderkreisen schlicht »Pisciadù-Klettersteig« genannt, als einen der meistfrequentierten Eisenwege der Dolomiten zu erkennen, muss man nur mal an einem halbwegs schönen Tag dort gewesen sein. Kein Wunder: Die Kulisse ist einfach stark, die Schwierigkeiten treffen (für viele) das rechte Maß – will heißen, nicht extrem, aber auch nicht ohne einen gewissen Kick –, zudem gibt's unten unmittelbaren Straßenanschluss und oben lockt eine Hütte mit Pasta und Vino rosso. Wohlwissend, dass für die meisten beim Rifugio Pisciadù Endstation ist, möchte der häufiger mal zu klassischer Bergsteigerei neigende Verfasser das eigentliche Tourenziel auf die stolze Cima Pisciadù verschieben. Der vorderhand unnahbar wirkende Felsaufbau über dem breiten Terrassenband der Sella ist letztlich eine Fleißaufgabe von – hin und zurück – rund zwei Stunden und so etwas wie das i-Tüpfelchen. Denn auf diese Weise erklimmen wir nicht nur die Sellafestung vom Sockel bis ins höchste Stockwerk, sondern gewinnen auch reiche Eindrücke ihres monumentalen Aufbaues. Unten der kompakte Schlerndolomit, oben der Hauptdolomit, getrennt durch eine schmale Zone Raibler Schichten – so lautet die Geologie auf eine Kurzformel gebracht. Vom Gipfel gewahren wir auch, was man vorher kaum erahnt: das karge, wüstenhafte Hochplateau als regelrechtes Flachdach der Sella. Da bietet der Blick ins ladinische Alta Badia einen versöhnlichen Kontrast ...

Die Sella-Bastion von Norden.

Sellagruppe

ANFORDERUNGSPROFIL

Schwierigkeit	C
Klettertechnik / Kraft	●●
Ausgesetztheit	●●
Kondition	●●
Alpine Erfahrung	●●

TOURENINFO

Charakter: Längerer, teils exponierter Klettersteig zu einer prächtig gelegenen Hütte, im unteren Teil mittelschwer (bis B/C), nach der Ausstiegsmöglichkeit schon schwieriger (weithin C-Passagen). Etliche Sicherungen auch beim rauen Abstieg, nur wenige bei der technisch sogar leichteren Gipfelbesteigung, die gleichwohl solide alpine Erfahrung verlangt. Achtung: Bei Schnee und Eis kann es in den schattigen nordseitigen Winkeln heikel werden. Je nach Programm konditionell mäßig oder durchschnittlich.
Höchster Punkt: Cima Pisciadù (2985 m) oder P. 2610, falls auf den Gipfel verzichtet wird.

Exposition: Nord bis Ost.
Jahreszeit: Anfang Juli bis Ende September.
Ausgangspunkt: Parkplatz »Pisciadù« (1956 m) an der Ostrampe der Grödner-Joch-Straße (Verbindung von Alta Badia nach Gröden).
Einkehr/Übernachtung: Rifugio Pisciadù (2585 m), CAI, Ende Juni bis Ende September, Tel. +39 0471 836292.
Höhenmeter: Klettersteig bis zur Hütte 630 Hm. Gipfel zusätzlich 420 Hm.
Karten: Tab 25, Blatt 05, 06 oder 07. AV 25, Blatt 52/1.

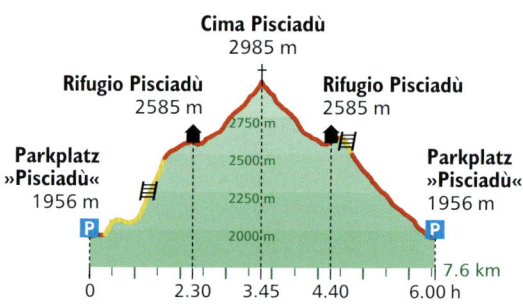

Der Pisciadù-Klettersteig zählt zu den beliebtesten überhaupt in den Dolomiten.

Pisciadù-Klettersteig

Vom Parkplatz auf dem linken Steig zum ersten Wandsockel, der mittels Klammern und Drahtseilen gleich luftig überwunden wird (B/C). Gemeinsam mit einer vom Grödner Joch kommenden Spur laufen wir über die Terrasse unter dem massigen Brunecker Turm entlang, bis sich links davon eine markante Einbuchtung öffnet. Sie vermittelt nun den weiteren Durchstieg, wobei man im sehr abschüssigen, aber reich strukturierten und überall gut gesicherten Fels rasch an Höhe gewinnt. Die Route nimmt einen doppelbogigen Verlauf, nähert sich dabei zweimal der Pisciadùfallrunse und weist an einer Klammerreihe sowie der nachfolgenden ausgesetzten Querung im Mittelteil die vorerst größten Hürden auf (B/C). Später weitet sich die steile Rampe zu einem zahmeren Schrofenkessel, durch den all diejenigen, die ihr Limit bereits ausgeschöpft haben, ohne Schwierigkeiten nach oben auf den Sellabalkon aussteigen können (Pfadspur).

Die Fortsetzung leitet hingegen in die jähe Ostwand des Exnerturms hinein, wo die Ferrata ihre größten Trümpfe ausspielt. Passagen nahe der Senkrechten – ziemlich anhaltend im Grad C, nun öfters mit Stiften und Bügeln sowie einer Leiter bestückt – führen fast bis auf die Turmhöhe und mit einer Querung zur finalen Hängebrücke über einen tiefen Spalt. Kurz darauf ist der Ausstieg erreicht und eine Viertelstunde später über einen leichten Schrofensteig auch die Pisciadùhütte (2585 m).

Gipfelroute

Mit dem Dolomiten-Höhenweg Nr. 2 (lokale Bezeichnung 666) geht es nach kurzem Abstieg zum Pisciadùsee auf der linken Seite des Hochkessels schräg bergan, dann über einige gesicherte Felsen ins Zweigkar des Val de Tita. Bei einer ausgedehnten Verflachung, wo die Hauptroute rechts umbiegt, verlässt man diese und kraxelt auf markierten Steigspuren über den gut gestuften, schrofigen Südrücken (Stellen I) bis zum Gipfel der Cima Pisciadù (2985 m, automatische Wetterstation) empor.

Abstieg

Ab Hütte mit Markierung 666 westwärts über das breite, blockübersäte Sella-Ringband kurz aufwärts zu einer Geländeschwelle, die uns bei P. 2610 ins schluchtartig eingefurchte Val Setùs entschwinden lässt. Die steile Felsbarriere im oberen Teil ist praktisch durchwegs als Klettersteig ausgebaut (A bis B über Felsstufen und kaminartige Rinnen), bevor man links haltend auf die Schutt- oder Schneefelder des Karschlauchs gelangt. Nun kehrenreich hinaus zur Mündung, wo zuerst eine Querverbindung nach links zum Grödner Joch abzweigt. Wir halten uns geradeaus und steigen schließlich zum Parkplatz an der Ostrampe der Passstraße ab.

Cima Pisciadù und die gleichnamige Hütte, Ziel unseres Klettersteigs.

Geisler-Puezgruppe

50 Sas Rigais, 3025 m
Überschreitung von der Cislesalm

6.00 Std.
1000 m ↑
1000 m ↓

Am Scheitel einer Südtiroler Bilderbuchkulisse

Wer die Dolomiten nach gemäßigten Klettersteigen mit hohem Landschaftsreiz durchforstet, wird bald einmal auf den Sas Rigais stoßen. Gemeinsam mit der benachbarten, scharf geschnittenen Furchetta bildet er die höchste Kote der Geislerspitzen, jener Traumkulisse im Villnösser Talschluss, die fast jeden zweiten Alpenkalender ziert. Durchaus imposant ist die Zackenkontur auch drüben über der Grödner Cislesalm, wo speziell unser Sas Rigais dem Gipfelstürmer jedoch nicht gar so wehrhaft entgegentritt. Zwei gesicherte Routen stempeln ihn zum Ideal einer leichten Klettersteig-Überschreitung, die in beiden Richtungen empfohlen werden kann. Dass man damit gleichzeitig einen Dreitausender einheimst, schmälert die Beliebtheit natürlich überhaupt nicht – entsprechend hoch geht's in der Regel her an diesem Berg, der überdies ein fantastisches Panorama zwischen der schneeweißen »Skyline« des Alpenhauptkamms und protzigen Dolomitenklötzen bietet.

ANFORDERUNGSPROFIL

Schwierigkeit	B
Klettertechnik / Kraft	●
Ausgesetztheit	●
Kondition	●●
Alpine Erfahrung	●●

TOURENINFO

Charakter: Dreitausender-Überschreitung auf mäßig schwierigen Klettersteigen, die auch für Neulinge, sofern sie Geländegängigkeit, Trittsicherheit und allgemeines Berg-Knowhow mitbringen, geeignet sind. Beide Routen weisen ähnliches Niveau auf (B). Mit Seilbahnhilfe durchschnittliche Tagestour.
Höchster Punkt: Sas Rigais (3025 m).
Exposition: Ost bzw. Südwest.
Jahreszeit: Ende Juni bis Anfang Oktober.
Ausgangspunkt: Col Raiser (2107 m), Bergstation der Seilbahn von St. Christina im Grödner Tal.
Einkehr/Übernachtung: Almhotel Col Raiser (2107 m), privat, Mitte Juni bis Ende Oktober, Tel. +39 0471 796302. Regensburger Hütte (2037 m), Autonome Provinz Südtirol, Anfang Juni bis Mitte Oktober, Tel. +39 0471 796307.
Höhenmeter: Insgesamt ca. 1000 Hm.
Karten: Tab 25, Blatt 05.

Der Sas Rigais – Hauptgipfel der Geislergruppe.

Zustieg

Von der Bergstation am Col Raiser wandern wir nordwärts Richtung Piera Longia und dann rechts haltend unter den Wänden der Fermeda und Odla entlang. Mit geringen Höhenunterschieden zum Wegekreuz am Plan Ciautier, wo auch der Zustieg von der Regensburger Hütte dazukommt. Am Südsockel des Sas Rigais gabeln sich die beiden Gipfelanstiege. Zur Ostroute orientieren wir uns rechts und steigen in dem Geröllschlauch des Wasserrinnentals (Val dla Salieres), einem von hohen Felsflanken umstandenen Karwinkel, bergan. Auf passabler Schuttspur wird die Was-

Geisler-Puezgruppe

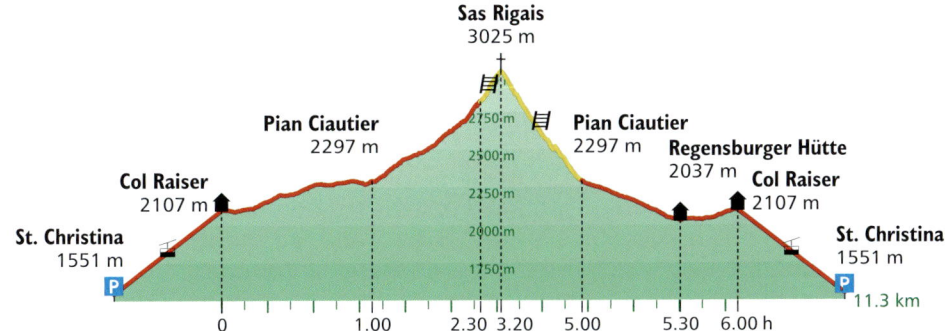

serrinnenscharte (2696 m) zwischen Furchetta und Sas Rigais tangiert – ein eindrückliches Fenster zur steil abbrechenden Nordseite. Nun links am Vorbau über Schuttspuren und leichte Schrofen noch etwas aufwärts bis zum Einstieg (gut 2800 m).

Aufstieg über Ost-Klettersteig

Nach kurzem Quergang zu einer Rinne prüft uns ein Wandl mit Tritthilfen (B) als Schlüsselstelle. Dann kraxeln wir ein Weilchen am Rande einer seichten Rinne aufwärts. Zwischenzeitlich ungesichert im weniger geneigten Schrofenterrain weiter und zum letzten Drahtseil (A), das von rechts her zum Gipfel des Sas Rigais (3025 m) führt.

Abstieg über Südwest-Klettersteig

Zuerst halten wir uns an den gesicherten Südgrat (A/B), der anschließend rechter Hand in die Flanke verlassen wird. Auch hier sind etliche Felsstufen klettersteigartig zu überwinden, ehe bei einer Zweigrippe die Drahtseile vorübergehend enden. Auf schrofigem Steig im Kartrichter weiter abwärts, an der Querverbindung zur Mittagsscharte (»Villnösser Einstieg«: B/C) vorbei und auf ein zerklüftetes Rinnensystem zu. Dort über einige recht originelle Passagen – etwa eine Wandstufe sowie eine kleine Kriechstelle unter überhängendem Fels (B und leichter) –, ehe durch die von der Mittagsscharte herabziehende Hauptrinne bis zur Wiesensenke am Plan Ciautier abgestiegen wird.

Wer auf schnellstem Wege zum Col Raiser zurück möchte, kann bereits kurz vorher rechts abzweigen und durch die Schuttreißen am Südwandsockel der Odle queren. Ansonsten über die Böden der Cislesalm Richtung Regensburger Hütte (2037 m) und von dort zum Col Raiser oder zu Fuß auf breitem Weg direkt zur Talstation (1 Std. zusätzlich).

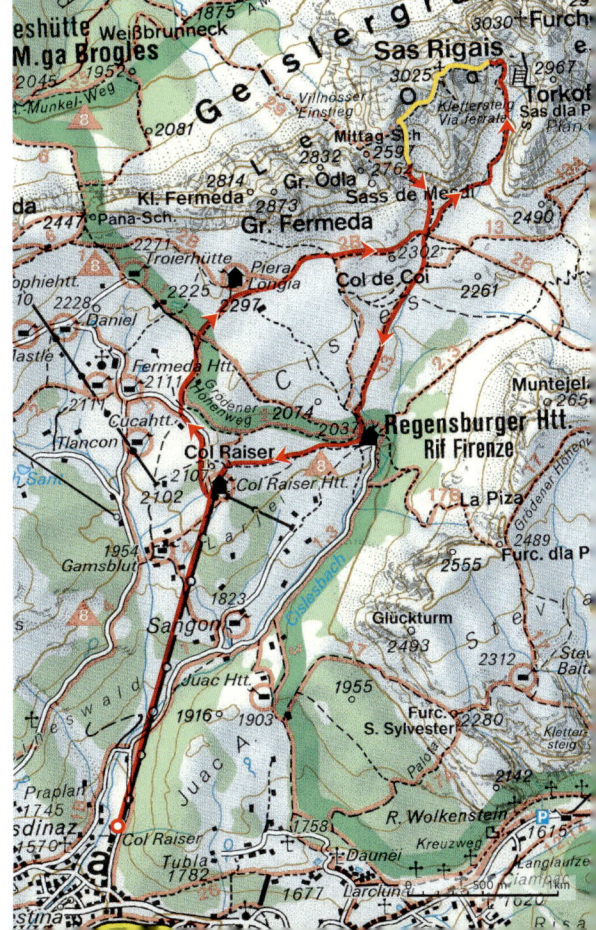

Fanesgruppe

51 Südliche Fanisspitze, 2980 m
Via ferrata Tomaselli

6.15 Std.
1000 m ↑
1000 m ↓

Prüfstein für gestandene Dolomiten-Ferratisti

In der Rangliste der Dolomiten-Klettersteige gebührt der Via ferrata Cesco Tomaselli nach wie vor einer der vorderen Plätze. Sie stellt eine Herausforderung an alle, die über die Bergsteiger-Lehrjahre hinaus sind. Schon der Anblick des Felsaufbaus der Südlichen Fanisspitze kann nicht über die gesalzenen Anforderungen dieser Route hinwegtäuschen, deren Ursprünge übrigens auf die Frontlinie im Ersten Weltkrieg zurückgehen. Aber keine Angst: Die maroden Holzleitern, die heute noch in der Wand kleben, sind nicht mehr für uns gedacht. In der jetzigen Form ausgebaut wurde die Ferrata Tomaselli im Jahr 1969 und avancierte danach rasch zu einem Klassiker. Nach supersteilem Aufstieg über die Südseite des Fast-Dreitausenders ist übrigens auch der jenseitige Abstieg bis zur Selletta Fanis Teil der Klettersteiganlage, die vom Einstieg weg mit einem Füllhorn animierter Einzelstellen aufwartet. Da kann man nur genug Muße wünschen, um nebenbei auch die herrliche Umgebung zu würdigen. Das Triumvirat der Tofane gegenüber gibt zweifellos das eindrücklichste Schaustück ab.

ANFORDERUNGSPROFIL

Schwierigkeit	D
Klettertechnik / Kraft	●●●
Ausgesetztheit	●●●
Kondition	●●
Alpine Erfahrung	●●

TOURENINFO

Charakter: Sehr schwieriger Gipfelklettersteig in griffigem Fels mit kraftintensiven senkrechten Passagen und einer bemerkenswerten Exponiertheit. Häufig im Bereich D und C, weitgehend ohne künstliche Tritte, nur zwischendurch Gehgelände, und auch im oberen Teil des Abstiegs noch Stellen bis C. Klettergeschick und reichlich Erfahrung auf Dolomiten-Klettersteigen angezeigt, konditionell im Rahmen einer normalen Tagestour.
Höchster Punkt: Südliche Fanisspitze (2980 m).
Exposition: Süd in der Hauptroute, aber Nord beim Abstiegsklettersteig.
Jahreszeit: Anfang Juli bis Mitte Oktober.
Ausgangspunkt: Passo Falzàrego (2105 m), Straßenverbindung zwischen Cortina und Buchenstein bzw. Agordino. Man kann von dort auch zuerst mit der Seilbahn zum Lagazuoi (2752 m) hinauffahren.
Einkehr/Übernachtung: Keine am Weg, evtl. das Rifugio Lagazuoi (2752 m), privat,

Mitte Juni bis Anfang Oktober, Tel. +39 0436 867303.
Höhenmeter: Zustieg 580 Hm. Klettersteig 330 Hm. Gegensteigung beim Rückweg ca. 100 Hm.
Karten: Tab 25, Blatt 03 oder 07.

Die Gipfelformation der Fanisspitzen.

Zustieg
Vom Passo Falzàrego geht es unter dem Südabbruch des Kleinen Lagazuoi auf gut angelegtem Serpentinensteig (Nr. 402) aufwärts. Man lässt die Abzweigung zur Galleria links (siehe Tipp) und begibt sich am Wandfuß entlang in den karförmigen Einschnitt, der zur Forcella Travenanzes (2507 m) emporleitet. Hier mit Markierung 20b geradeaus weiter und unter der Kette des Lagazuoi Grande queren. Man überschreitet dabei die Forcella Gasser Depot in einer Zweigrippe und hält sich links zur Forcella Granda hinauf. Gleich dahinter befinden sich das Bivacco della Chiesa (2652 m, ohne Einrichtung) und wenige Schritte daneben der Einstieg am südwestseitigen Wandsockel.

Via ferrata Tomaselli
Die erste diagonale Aufwärtsquerung kommt gleich zur Sache: Am senkrechten, bauchig-trittarmen Fels wird um eine Kante herum die berüchtigte Schlüsselstelle gemeistert (D). Danach anhaltend steil, aber etwas besser gestuft höher (C/D), bis eine Phase im Geröll der Cengia Alta Erholung bringt. Hier kreuzen wir die Alta Via Veronesi (Ausstiegsmöglichkeit rechts). Nach einem Stück gemeinsamen Verlaufs geht es auf der »Tomaselli« scharf rechts weiter und über ein Band bis zu einer luftigen Kanzel am Südgrat hinaus. Nun steil an der Kante hinauf, dann wieder in die linksseitige Wand ausweichend, wo kompakter Fels ein anregendes, mitunter auch kräftezehrendes Emporklettern bietet (überwiegend C bis D). Immerhin sind zwischen den nahezu senkrechten Passagen winzige Absätze eingelagert. Durch eine sehr steile Verschneidung (D) erreichen wir nochmals die Gratkante, bevor eine sehr luftige, von einem Riss durchzogene raue Platte (C) den Schlussakzent zum Gipfel der Südlichen Fanisspitze (2980 m) setzt.

Die Bergketten der Ampezzaner Dolomiten sind stets etwas fürs Auge.

Abstieg

Wir folgen den Drahtseilen auf der Nordseite über gestuften Steilfels hinab. Nach etlichen Absätzen mehr nach rechts und mit zwei, drei kniffligen Zügen an senkrechten oder sogar leicht überhängenden Stellen (C), zuletzt mit einer Abwärtstraverse, in die Selletta Fanis (auch Forcella dei Quaire, ca. 2820 m). Dieser Sattel entbindet uns vom Eisen und leitet in das südseitige Geröllcouloir, an dessen Auslauf zurück in die Forcella Granda gequert wird. Von dort am schnellsten auf dem Hinweg retour zum Passo Falzàrego, zwecks Abwechslung aber interessanter auf der Westseite der Kette insgesamt leicht ansteigend Richtung Lagazuoi Piccolo. Auf den mäßig steilen Hängen unterhalb kann man in die Forcella Lagazuoi (2572 m) abdrehen und via Forcella Travenanzes die Tour beenden.

Tipp

In der Südflanke des Lagazuoi vermittelt ein langer, feuchter Kriegsstollen historischen Anschauungsunterricht und obendrein ein leicht prickelndes Gefühl am sichernden Drahtseil. So kann die spiralförmig angelegte »Galleria Lagazuoi«, während des Ersten Weltkriegs durch italienische Alpini ausgesprengt, auch Ouvertüre oder Ausklang der Tour auf die Fanisspitze sein. Gehzeit vom Passo Falzàrego bis zur Bergstation 2.00 Std., Schwierigkeitsgrad A. Unerlässliches Equipment ist eine Lampe.

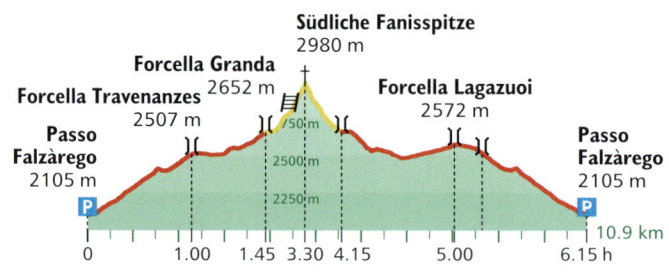

Ampezzaner Dolomiten

52 Tofana di Rozes, 3225 m
Via ferrata Lipella

7.30 Std.
1400 m ↑
1400 m ↓

Von Band zu Band durch eine Riesenflanke

Sieht man einmal von der Marmolada ab, so ordnen sich im weiten Rund der Conca d'Ampezzo die höchsten Dolomitengipfel an, jeder für sich ein unverwechselbares Unikum. Der westliche Bergraum über Cortina wird dabei von den drei gewaltigen Tofane beherrscht, die alle mit Ferrataehren gesegnet sind. Von Cortina aus schießt allerdings auch ein viel dickeres Drahtseil, der sogenannte »Himmelspfeil« (Frecchia nel cielo), hinauf und degradiert den Mittelgipfel damit zum allgemeinen Rummelplatz. Die liebste unter den Schwestern ist mir ohnehin die deutlich abgesetzte und damit besonders profilierte Tofana di Rozes, mit ihrer pfeilerbewehrten Südwand das Schaustück über der Falzàregostraße, vertikale Spielwiese für Kletterer der schärferen Richtung. Der Klettersteigler wendet sich indes der geschickt durch den Westabsturz lavierenden Via ferrata Giovanni Lipella zu, die Kenner zu den längsten und schönsten Klettersteigen der gesamten Dolomiten zählen.

Nach einer aussichtsreichen Hangquerung verschwindet die Route erst einmal in einem düsteren Kriegsstollen, um anschließend das Bändersystem der Westflanke ausführlich zu inspizieren. Weil es die Natur so eingerichtet hat, dass der gebankte Dolomit mit seinen Schichten leicht nach Norden einfällt, werden die in den »Etagenwechseln« gewonnenen Höhenmeter fast unmerklich wieder zunichte gemacht. Nach der Ausstiegsoption bei den Tre Dita gewinnt die »Lipella« in ihrem oberen Teil jedoch nochmals an Schärfe, bevor man am Nordwestgrat aussteigt und eine halbe Stunde später vom Gipfel ein wahrhaft überwältigendes Panorama abnehmen kann.

Die gebänderte Westwand der Tofana di Rozes ist Schauplatz der langen Via ferrata Lipella.

Gleich über dem Einstieg verschwinden wir im Castelletto-Stollen.

ANFORDERUNGSPROFIL	
Schwierigkeit	**C/D**
Klettertechnik / Kraft	●●
Ausgesetztheit	●●
Kondition	●●●
Alpine Erfahrung	●●●

TOURENINFO

Charakter: Sehr langer, anstrengender Klettersteig im ständigen Wechsel zwischen Bändertraversen und Steilstufen. Nach oben hin tendenziell zunehmende Schwierigkeiten (Notausstieg auf halber Höhe vorhanden). Technische Schwierigkeiten bis C/D, vor allem aber eine Frage der Kondition. Auch der nordseitige Abstieg bedarf Konzentration und ist nur bei schneefreien Verhältnissen relativ leicht. Insgesamt eine große Tour auf einen Dolomiten-Dreitausender!
Hinweis: Lampe für den Felstunnel wichtig.
Höchster Punkt: Tofana di Rozes (3225 m).
Exposition: West.

Jahreszeit: Anfang Juli bis Ende September.
Ausgangspunkt: Rifugio Dibona (2083 m). Zufahrt von Cortina über die Ostrampe der Falzàregostraße und eine teils grobschottrige Stichstraße.
Einkehr/Übernachtung: Rifugio Dibona (2037 m), privat, Mitte Juni bis Ende September, Tel. +39 0436 860294. Rifugio Giussani (2580 m), CAI, 20. Juni bis 20. September, Tel. +39 0436 5740.
Höhenmeter: Zustieg knapp 400 Hm. Klettersteig bis Gipfel ca. 1000 Hm (Zwischenabstiege inklusive).
Karten: Tab 25, Blatt 03.

Zustieg
Vom Rifugio Dibona westwärts ansteigend zum Fuß der Südwand und unter den senkrecht aufstrebenden Pfeilern entlang – bei einer Gabelung auf dem oberen Weg – bis zum Einstieg der »Lipella« (ca. 2450 m) hinter einem Eck.

Via ferrata Lipella
Eine erste aufwendig gesicherte Rampe mit zwei Leitern (B) führt zu Felsdächern und in die lange, stockfinstere Galleria del Castelletto, die ziemlich steil im Berg emporzieht (Seilgeländer) und uns erst nahe dem Castelletto-Felsen wieder ans Tageslicht freigibt. Es folgen eine Querung und ein kurzer, steiler Abstieg an

Ampezzaner Dolomiten

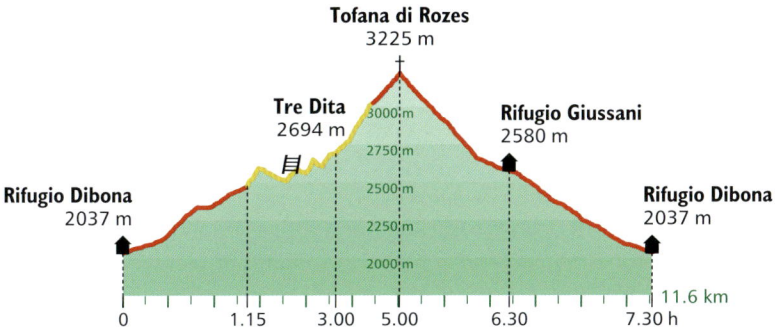

Drahtseilen (B) bis auf eine breite Geröllterrasse, die als herrlicher Laufsteg über dem oberen Val Travenanzes entlangzieht. Der leichte Höhenverlust während der Traverse wird durch Wechsel auf das nächste, höher gelegene Band ausgeglichen. Dieses Spiel wiederholt sich mehrmals, wobei in den Steilstufen vorerst der Anspruch des Klettersteigs liegt (öfters bis C oder sogar etwas darüber), während die Bänder selbst nur manchmal etwas ausgesetzter sind (meist A/B oder leichter).

Das schönste läuft durch eine kapitale Felsnische. Bis zur Verzweigung an den Tre Dita (2694 m), wo man notfalls um die Kante in die Nordflanke hineinqueren und damit rasch zum Rifugio Giussani gelangen kann, ist aufgrund der Neigung der Bänder in Gehrichtung (Norden) kaum ein effektiver Höhengewinn, aber zumindest eine höchst anregende Traverse durch den gesamten Westabbruch des Berges herausgesprungen. Doch dies wird sich nun ändern. Wir folgen dem Hinweis »Cima« über ein nach rechts ansteigendes Geröllband, jedoch nicht bis zu dessen Ende, sondern bugsieren uns über einige heftige Aufschwünge (bis C/D) inmitten der mächtigen, konkaven Wandbucht bis zum Gipfelrücken empor. Dort sind die klettertechnischen Hürden überwunden – auf Geröllspuren geht es nur noch mäßig steil aufwärts zum Gipfelkreuz auf der Tofana di Rozes (3225 m).

Abstieg
Zunächst ebenfalls wieder über den Nordwestgrat zurück, dann rechts haltend in die Flanke. Hier muss man sich im Gewirr der Steigspuren zurechtfinden und den kleinen, oft abwärts geschichteten Felshindernissen so gut es geht ausweichen. Wir orientieren uns allmählich immer mehr nach rechts und vollziehen am Fuß der Flanke einen Bogen zum Rifugio Giussani (2580 m) in der Forcella Fontananegra. Von dort durch ein kleines Blocklabyrinth ins Vallon de Tofana und auf breitem Serpentinensteig hinab zum Rifugio Dibona.

Am ersten Band.

Ampezzaner Dolomiten

53 Sorapìss-Runde
Vie ferrate Berti, Vandelli und Sentiero Minazio

2 Tage
14.00 Std.
2300 m↑
2300 m↓

Drei der spannendsten Höhensteige in den Dolomiten

Der Sorapìss erscheint ringsum – besonders aber von Norden – als geschlossene Felsenfestung. Wer am Misurinasee flaniert, kann kaum daran vorbeisehen. Doch trotz dieses klassischen Kulissenbildes muss der Kern dieses Massivs eher als alpintouristisches Aschenbrödel der Ampezzaner Dolomiten bezeichnet werden. Offenbar halten die bollwerkartigen Wände das Publikum auf Distanz. Dabei gibt es für Abenteuerlustige die fantastische Möglichkeit einer vollständigen Umrundung auf hohen, gesicherten Steigen. Dieser großartige Ring gliedert sich in drei Abschnitte, mit denen sich zwei ausgefüllte Bergtage gestalten lassen: Nach Zustieg zum Bivacco Slataper landen wir als Erstes auf der Via ferrata Francesco Berti, die sogleich mit den ernsthaftesten Hürden der Tour aufwartet, später an den hohen Westabstürzen über dem Val Boite entlangzieht (welch ein Panoramaweg!) und schließlich in den hufeisenförmig umschlossenen Circo del Sorapìss einbiegt. Am nächsten Morgen überlisten wir auf der Via ferrata Alfonso Vandelli die gebänderte Wand des Ostauslegers hinauf zur Schulter der Croda del Fogo und gelangen jenseits zum romantisch gelegenen Bivacco Comici, wo Anschluss an den Sentiero attrezzato Carlo Minazio besteht. Dieser am latschengesäumten Felssockel der Tre Sorelle verlaufende Pfad mag für reine »Eisenfresser« eher unergiebig sein, dafür kommen Landschaftsästheten umso mehr auf ihre Kosten. Vor uns liegen beinahe die gesamten Marmarole auf dem Präsentierteller, breiten ihre Hochkare und langen, zerklüfteten Gratzüge aus, ein bisschen so wie im Karwendel, nur noch viel urwüchsiger, einsamer und mit südalpinem Flair behaftet. Wie überhaupt der ganze Sorapìssring voller packender Landschaftsbilder steckt und für mich ein absolutes Touren-Highlight der Dolomiten bedeutet!

Am Ausstieg der Via ferrata Vandelli können wir einen Rückblick in den Sorapìss-Kessel werfen.

ANFORDERUNGSPROFIL	
Schwierigkeit	**C**
Via ferrata Berti	C
Via ferrata Vandelli	B/C
Sentiero Minazio	A
Klettertechnik / Kraft	●●
Ausgesetztheit	●●
Kondition	●●
Alpine Erfahrung	●●

TOURENINFO

Charakter: Alpine Höhenrouten mit längeren Klettersteigstrecken vor allem auf den Ferrate Berti und Vandelli, hier stellenweise schon relativ schwierig (bis C) über luftige Bänder und Steilstufen. Technisch leichter, aber ziemlich ruppig im Verlauf ist der Sentiero Minazio. Sicherer Umgang mit rauen alpinen Gegebenheiten (Trittsicherheit, Orientierungssinn!) mindestens ebenso wichtig wie das Klettersteighandling. Für Konditionsstarke ideales Zweitageprogramm mit Etappen von rund 7 Std.
Höchster Punkt: Forcella del Bivacco (2670 m).
Exposition: Berti und Vandelli größtenteils West, Sentiero Minazio Südost.
Jahreszeit: Anfang Juli bis ca. 20. September.
Ausgangspunkt: Rifugio Scotter-Palatini (1580 m), erreichbar mit dem Sessellift von San Vito di Cadore oder außerhalb der Betriebszeiten auch mit eigenem Kfz über eine Schotterstraße (in diesem Fall kann man den etwas höher gelegenen Parkplatz anfahren).
Einkehr/Übernachtung: Rifugio Scotter-Palatini (1580 m). Rifugio San Marco (1823 m), CAI, Mitte Juni bis Ende September, Tel. +39 0436 9444. Rifugio Vandelli (1928 m), CAI, 20.

Einsatz ist in der Schlüsselstelle (C) der Ferrata Berti gefordert.

Juni bis 20. September, Tel. +39 0435 39015. Außerdem Bivacco Slataper (2600 m) und Bivacco Comici (2000 m) als Notunterschlüpfe.
Höhenmeter: Zustieg 1000 Hm und Ferrata Berti 300 Hm (1. Tag). Ferrata Vandelli 500 Hm und Sentiero Minazio einschl. Rückweg über Forcella Grande 500 Hm (2. Tag). In Summe ca. 2300 Hm.
Karten: Tab 25, Blatt 03.

Zustieg

Vom Ende der Schotterstraße oberhalb des Rifugio Scotter (kleiner Parkplatz) gelangen wir über einen Waldweg rasch zum gemütlichen Rifugio San Marco (1823 m) und setzen den Aufstieg mit Nr. 226 in den Giou Scuro fort. Der schluchtartige Geländeeinschnitt weitet sich oberhalb zur Forcella Grande (2255 m), wo erstmals die Südwandflucht des Sorapìss vor uns auftaucht. Man hält sich an den links weiterführenden Pfad (Nr. 246), um nach einer Querung an einem Sporn vorbei über etwas unangenehme Geröllhalden zum Bivacco Slataper (2600 m) hochzusteigen. Nun westwärts über flache Steinbänke noch ein kurzes Stück zur Forcella del Bivacco (2670 m) hinauf, wo wir unvermittelt vor einem Abbruch stehen.

Der Sorapìss lädt zu einer großzügigen Umrundung ein.

Via ferrata Berti

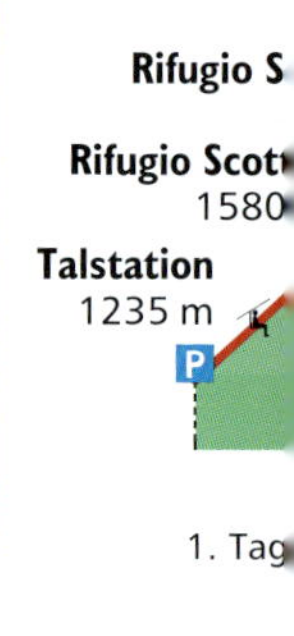

Ein luftiges Band leitet nach rechts in die Felswand hinein, die mit soliden Drahtseilen sowie einer Reihe von Leitern (bis B/C) gangbar gemacht ist. An ihrem Fuß durchquert man einen abschüssigen Schuttkessel nach rechts unter einem tiefen Schluchteinriss hindurch zur gegenüberliegenden Wand. Der Steilanstieg zu einem Horizontalband (teils mit Leitern, C) ist die technische Schlüsselstelle der Tour. Anschließend gelangen wir um ein markantes Eck auf die Cengia del Banco (A/B), die als zunehmend breitere Schuttterrasse die Südwestflanke der Croda Marcora durchzieht (bald ohne Sicherungen). Bis zu einer auffälligen Felsschulter müssen wir nochmals spürbar Höhe gewinnen, bevor die Route rechts einschwenkt und sich über schuttbeladene Felsen in den Karbereich unweit der Forcella sora la Cengia del Banco (2416 m) absenkt. Durch die abgeschiedenen Hochmulden der Tondi di Sorapìss allmählich Richtung Osten, dabei an der Ausmündung des wilden westlichen Sorapìss-Gletscherbeckens vorbei, über eine seichte Karschwelle hinweg und schließlich an einem langen, streckenweise noch etwas unangenehmen Schutthang bergab bis zum türkisfarbenen Lago di Sorapìss. Es beeindruckt die Umrahmung des grandiosen »Circo«, die wir am Abend vom Rifugio Vandelli (1928 m) aus noch lange bewundern können.

Via ferrata Vandelli

Auf anfangs gutem Weg (Nr. 243) sowie über nackte Felsbänke nähern wir uns dem nächsten Klettersteigabschnitt mit Einstieg (ca. 2100 m) am Westwandsockel des Corno Sorelle. In Kürze kommt man in einen mit mehreren Leitern gespickten Kamin (B/C) und steigt links an einer Kante noch etwas höher, ehe längere Bänderquerungen beginnen. Lediglich von kurzen Felsstufen und Rinnentraversen unterbrochen, führen sie mal gutmütig breit, mal als ziemlich luftige Leisten weit nach links um diverse Vorsprünge herum (A und B, selten schwieriger).

Der Sentiero Minazio weist nur leichtere gesicherte Passagen auf.

Schließlich befreit sich die Route aus der schattigen Wand hinauf zur Nordschulter der Croda del Fogo, die auf knapp 2400 m einen begrünten Absatz bildet. Auf der Ostseite folgen wir einem leichteren Schrofenpfad abwärts in Richtung

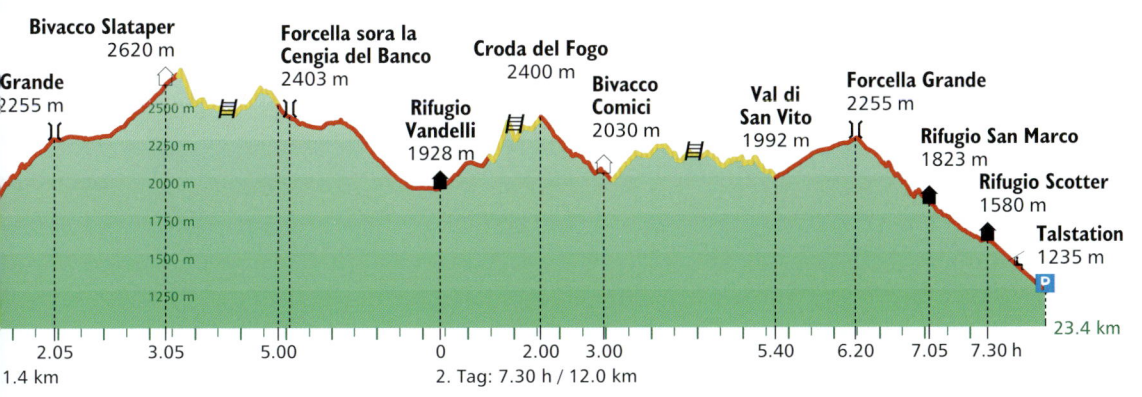

eines grasigen Plateaus, das aber nicht überschritten wird, obwohl es einladend aussieht. Die dürftigen Markierungen weisen stattdessen links in eine breite Geröllrinne, um weiter unten die Felsabbrüche mit einer Rechtsschleife zu umkurven. Über Latschenbänder, Geröllhalden und kurze gesicherte Stellen (A) erreicht man das Bivacco Comici (2000 m) in der Busa del Banco.

Sentiero Minazio

Von der Biwakschachtel noch einige Meter bergab, bis der Sentiero Brovedani talwärts abzweigt, dann Gegenanstieg im Zickzack zur Forcella Bassa del Banco (2128 m). Unser Sentiero Minazio quert nun im Bereich der Colli Neri die gesamte Südostflanke über dem Val di San Vito, dabei laufend leicht an- und absteigend. Man bewegt sich am oberen Rand der Latschen, die teilweise bis an den Felssockel heranreichen und meistens ganz gut freigeschlagen sind.

Einige abschüssige Strecken auf Bändern gilt es mit Drahtseilunterstützung zu bewältigen (kaum schwieriger als A), ansonsten handelt es sich um einen gewöhnlichen, gleichwohl ruppigen Bergpfad. Wichtiger Richtungsentscheid bei einer Gabelung: Während man geradeaus ins Kar des Fond di Rusecco und im Gegenanstieg zum Bivacco Slataper gelangen würde, steigen wir in die Sohle des Val di San Vito ab und peilen auf Weg Nr. 226 am markanten Torre Sabbioni vorbei die weite Forcella Grande (2255 m) an. Hier schließt sich der Kreis; durch den Giou Scuro geht es hinab zum Rifugio San Marco und weiter zum Parkplatz beim Rifugio Scotter.

Variante

Der Einstieg in die Sorapiss-Runde kann auch vom Passo Tre Croci (1809 m) aus erfolgen. Von dort ist das Rifugio Vandelli über Weg Nr. 215 binnen 1.45 Std. zu erreichen.

Einsame Dolomiten: die Welt der Marmarole.

Ampezzaner Dolomiten

54 Punta Fiames u. Punta Erbing, 2301 m
Via ferrata Michielli Strobel und Terza Cengia

8.45 Std.
1450 m ↑
1450 m ↓

Kanten und Bänder an den Hausbergen von Cortina

Im Umkreis der Dolomiten-Metropole Cortina d'Ampezzo gehört der Pomagagnon eher zu den Kleineren, doch schiebt sich sein breiter, gezackter Felskamm mit aus grünen Almwiesen aufstrebenden, diagonalgebänderten Südwänden so elegant in den Vordergrund, dass er trotzdem viel Bewunderung erhält. Während Kletterer dort ein vielseitiges Tummelfeld finden, sind die Möglichkeiten für den alpinen Normalverbraucher eher eingeschränkt. Zumindest die Punta Fiames wird von beiderlei Spezies geschätzt, denn die große Zunft der Ferratisti hat die »Michielli Strobel« längst zu einem ihrer Favoriten gekürt: anregend steil, aber nicht extrem, dazu mit langer Saison und nicht so grimmig hochalpin wie die Routen an den Dreitausender-Massiven der Umgebung. Diese spenden wenigstens eine beispiellose Kulisse! Wer am Pomagagnon mehr erleben möchte, für den gibt's noch die pfiffige Route über das »Dritte Band«, die Terza Cengia. Diagonal durch die Südwände leitend, handelt es sich weder um einen echten Klettersteig noch um einen Wanderweg, sondern vielmehr um einen eigenwilligen Abenteuerpfad, der wenig Vergleichbares kennt. Mit der Punta Erbing wird sogar noch ein weiterer Gipfel erklommen.

ANFORDERUNGSPROFIL

Schwierigkeit	**C**
Via ferrata Michielli Strobel	C
Terza Cengia	B
Klettertechnik / Kraft	●●
Ausgesetztheit	●●
Kondition	●●●
Alpine Erfahrung	●●

TOURENINFO

Charakter: Auf der Ferrata Strobel steiler und exponierter Verlauf, aufgrund reichlicher Steighilfen technisch maximal C. Ruppiger Abstieg über die Grava del Pomagagnon. Die Terza Cengia ist als steiles, abschnittsweise luftiges Band deutlich leichter, jedoch nur sparsam gesichert (A bis B) und weist zumeist recht heikles Gehgelände (stellenweise auch I) auf. Getrennt voneinander zwei normale Tagestouren von ca. 5 Std., kombiniert hingegen sehr strammes Programm.
Höchster Punkt: Punta Erbing (2301 m) oder Punta Fiames (2240 m) bei der kürzeren Variante.
Exposition: Ferrata Strobel West, Terza Cengia Süd.
Jahreszeit: Anfang Juni bis Ende Oktober.
Ausgangspunkt: Albergo Fiames (1293 m), direkt an der SS 51 nördlich von Cortina.
Einkehr: Albergo Fiames (1293 m). Rifugio Col Tondo (1437 m).
Höhenmeter: 950 Hm zur Punta Fiames. Etwa 500 Hm zusätzlich über die Terza Cengia.
Karten: Tab 25, Blatt 03.

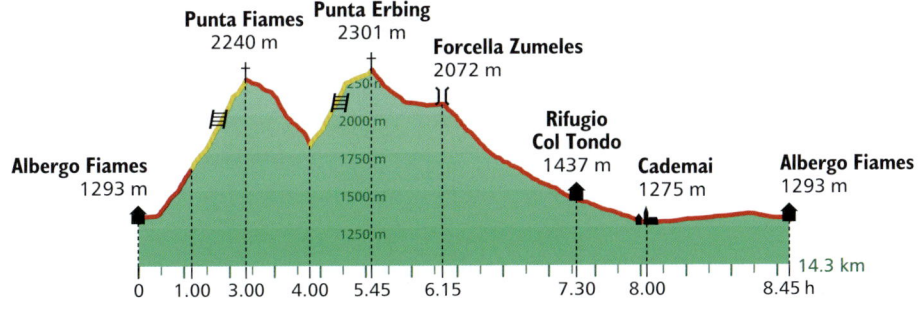

Zustieg

Gegenüber dem Albergo Fiames in den Bergwald, zwei geschotterte Fahrwege kreuzend und durch die Latschen am Rande einer großen Geröllreiße aufwärts. Am westseitigen Wandfuß, wo eine Schlucht in besagte Reiße ausläuft, befindet sich die Einstiegstafel. Wir steigen rechts noch ohne Sicherungen auf einem Band an, ehe auf gut 1700 m die eigentliche Ferrata beginnt.

Via ferrata Michielli Strobel

Über eine Folge von Felsstufen, Kaminen und Rissen sogleich steil und animiert aufwärts (bis C), unterbrochen nur durch kurze Bänder. Auf einer Latschenböschung gewinnt man vorübergehend leichteres Gelände. Der Pfad zieht zum nächsten Wandansatz hinauf und hält sich danach rechts zu einer Kanzel, die sich als herrlicher Rastpunkt erweist. Weiter über die Rippe links neben einem mächtigen Schluchteinriss und zu einer senkrechten Wandstufe, die mithilfe einer Leiter und ein paar Klammern überwunden wird (wiederum bis C). Manch einer wünscht sich hier vielleicht zwei Bügel mehr. Auch die anschließenden Meter sind noch recht knackig, dann legt sich das Gelände zum nächsten schuttdurchzogenen Latschenbalkon zurück. Mit den letzten harmlosen Drahtseilpassagen erreichen wir den schuttigen Gipfelrücken der Punta Fiames (2240 m), wo wir die Blicke über das Talbecken von Cortina schweifen lassen können.

Abstieg

Knapp unterhalb des Gipfels biegen wir ostwärts ab, queren dort den Nachbarzacken der Punta della Croce nordseitig und gelangen zur Forcella del Pomagagnon (2178 m). Hier südwärts in die breite, aber sehr steile Geröllrinne hinab, wo

Eindrücke von der Terza Cengia. Im Hintergrund die Tofane.

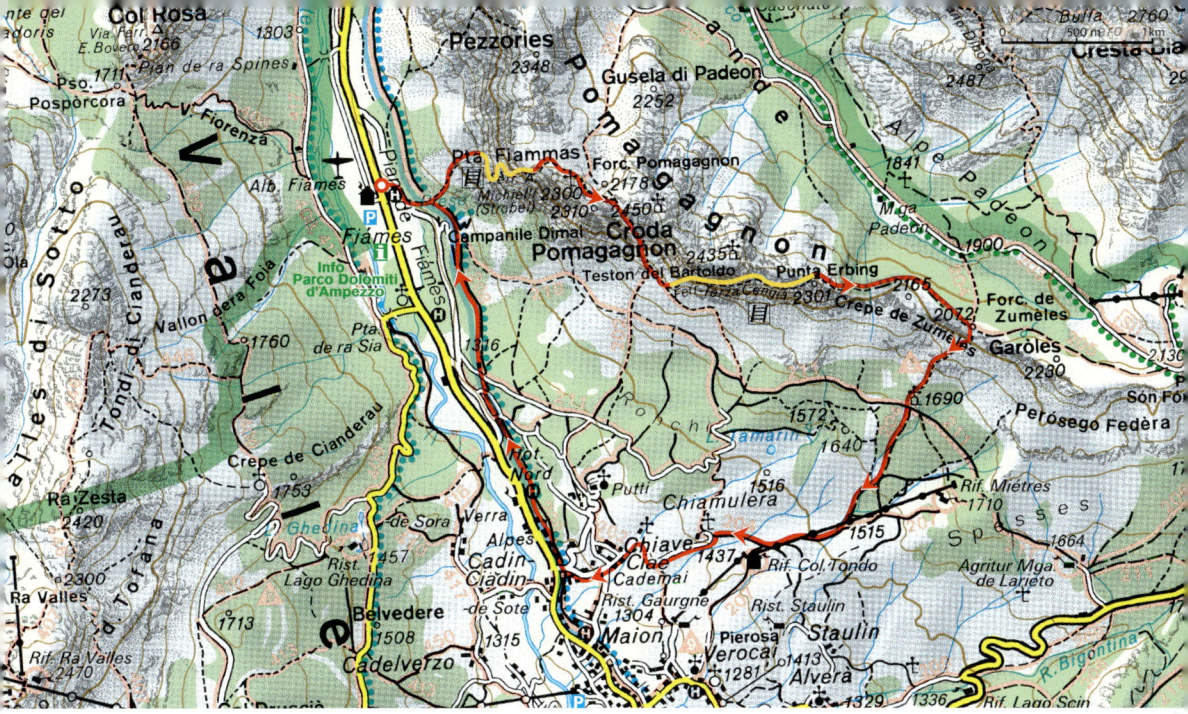

wir mit Rutschspuren vorliebnehmen müssen. Am Auslauf ist eine Entscheidung fällig: entweder rechts abdrehen und auf Latschenpfaden zurück zum Albergo Fiames oder wie nachfolgend beschrieben über das »Dritte Band«.

Terza Cengia del Pomagagnon

Auf der anderen Seite der Reiße über einen Schutthang zum Ansatz der Terza Cengia. Diese formiert sich als steile Rampe in den Wänden der Croda del Pomagagnon, deshalb auch die Bezeichnung »Passeggiata della Croda«. Statt der unerquicklichen Spuren im wandnahen Schutt sollte man die kompakteren Felsen rechts zur Kante hin nutzen (etwas Kraxelei). Hinter einem Eck verschmälert sich die Cengia zu einem latschengesäumten Band, das nach wie vor diagonal hinaufzieht (erste Drahtseile an ausgesetzten Stellen). Nach einer weiteren Kante muss man kurz in eine Wandeinbuchtung absteigen, dann folgt abermals ein steiles Aufwärtsstück, das sich zuletzt auf sandigen Felsen recht heikel präsentiert (loses Seilende). Im obersten Abschnitt leitet unser Band schließlich in die Scharte neben der Punta Erbing (2301 m), die über Steigspuren in wenigen Minuten zu erreichen ist.

Abstieg

Vom Gipfel kurz zurück und auf der felsig-schuttigen Nordabdachung Richtung Osten. Durch einen rinnenartigen Abhang gelangt man in baumbestandenes Terrain und wandert auf einem gutmütigen Weg nahezu horizontal weiter. An einer unbedeutenden Kammerhebung der Crepe de Zumeles vorbei zur Forcella Zumeles (2072 m), wo sich der Durchschlupf auf die Südseite öffnet. Mit Nr. 204 geht es auf bestens angelegtem Zickzackweg abwärts und bald schon aus dem schottrigen in grasbewachsenes Terrain. Bei einem ebenen Wiesenboden kreuzt man Weg Nr. 211 und läuft weiter durch Waldwiesen, bis man auf die Fahrpiste zwischen Miétres und Col Tondo stößt. Von der Liftstation beim Rifugio Col Tondo (1437 m) weiter hinab nach Chiave bzw. Cademai, zwei Weilern nördlich von Cortina, und von dort entlang der abgebauten Bahntrasse (jetzt ein breiter, geschotterter Rad- und Wanderweg) noch rund 3 km zurück Richtung Albergo Fiames.

Ampezzaner Dolomiten

55 Cristallo

Sentieri De Pol, Dibona und Via ferrata Bianchi

2 Tage
14.30 Std.
2170 m ↑
2170 m ↓

Alte Frontsteige an den Cristallo-Ausläufern

Trubel und Einsamkeit liegen am Cristallostock dicht nebeneinander. Ausgerechnet der Hauptgipfel ist ein Ziel für anspruchsvolle Individualisten, für Bergsteiger alter Schule sozusagen, geblieben – und das ist gut so. Nach fast fünfstündigem Anstieg mit pikanten Kletterstellen blickte der Autor von dort ganz allein hinüber zur benachbarten Cima di Mezzo, die zur selben Zeit einem Ameisenhaufen glich. Persönlich mitgewuselt wurde dann ein Jahr später auf der Via ferrata Marino Bianchi. Denn hier tritt regelmäßig viel Volk an, um einen Dreitausender im Schnellverfahren einzuheimsen: Seilbahnanschluss bis Kote 2918 (so war es jedenfalls unlängst bis zum Abrüsten des betagten Stehgondellifts und wird es nach Neuprojektierung einer modernen Seilbahn wahrscheinlich auch wieder werden …) – und hinein ins eiserne Vergnügen! Mitunter wird dabei vergessen, dass die Spritztour ins Hochgebirge dennoch kein Spaziergang ist …

Lassen wir auch als Klettersteiggeher dem Berg lieber mehr Ehre zuteilwerden: An den Ausläufern des Cristallo hat man zwei alte Routen wieder flottgemacht, die im Ersten Weltkrieg dem Ausbau der Frontstellungen dienten. Während die Italiener damals den lang gezogenen westlichen Kammzug besetzt hielten, hausten die österreichischen Kaiserjäger weiter nördlich am Forame. Um 1970 entstand entlang der alten Kriegssteige zwischen Forcella Stauniés und dem Zurlon der abschnittsweise gesicherte Sentiero Ivano Dibona, der sich mit seinem anregenden Auf und Ab über mehrere Scharten, den luftigen Bändertraversen und dem Dauerpanorama der Ampezzaner

Die schwankende Hängebrücke ist ein Clou am Sentiero Dibona.

Dolomiten bald großer Beliebtheit erfreute. Vergleichbare Bedeutung konnte der wenige Jahre später ebenfalls restaurierte Sentiero ferrato René De Pol nicht erlangen. Er bietet in den Winkeln auf der Schattseite häufig ein besonders düsteres Szenario und ist klettertechnisch eine Nuance schwieriger. Die Schrecken todbringender Kampfhandlungen werden freilich hier wie dort sofort wieder gegenwärtig, doch darf heutzutage im längst befriedeten Europa die Freude an den großartigen Landschaftsbildern sicher überwiegen.

Wir kombinieren beide Steige vorteilhaft von Ospitale aus und basteln daraus ein attraktives Zweitageprogramm mit hohem Nächtigungsort im Rifugio Lorenzi. Die populäre Ferrata Bianchi auf den Cristallo-Mittelgipfel ist in diesem Fall eine reizvolle Zugabe, die wir am Ende des ersten oder besser noch am frühen Morgen des zweiten Tourentages einbinden können – vermutlich ohne jenes Gedränge, das sich zu den Betriebszeiten der Seilbahn zuverlässig einstellt.

Ausgesetzte Passage zwischen Cresta Bianca und Forcella Padeon.

ANFORDERUNGSPROFIL

Schwierigkeit	**C**
Sentiero ferrato De Pol	B/C
Via ferrata Bianchi	C
Sentiero Dibona	B
Klettertechnik / Kraft	●●
Ausgesetztheit	●●
Kondition	●●●
Alpine Erfahrung	●●

TOURENINFO

Charakter: Die Sentieri De Pol und Dibona sind langwierige, nur abschnittsweise gesicherte Alpinsteige mit häufigem Gehgelände, das in abschüssigen Felsschrofen und Schutthängen allerdings Routine und gute Geländegängigkeit verlangt. In den Klettersteigpassagen meist um B oder leichter, sehr anstrengend im Bergauf (hier für den Sentiero De Pol vorgesehen, aber auch umgekehrt möglich). Via ferrata Bianchi hingegen reinrassiger, in den Schlüsselpassagen schwieriger Gipfelklettersteig (mehrmals bis C), von der Seilbahnstation aus sehr viel begangen. Höhenlage beachten, keinesfalls bei Schnee! Insgesamt ein Zweitageprogramm, das bei Bedarf auch abgespeckt werden kann.

Höchster Punkt: Cima di Mezzo (3154 m).
Exposition: Oft Nordwest, besonders am Sentiero Dibona aber unterschiedlich.
Jahreszeit: Anfang Juli bis Ende September.
Ausgangspunkt: Ospitale (1491 m), Gasthaus an der SS 51 zwischen Cortina d'Ampezzo und Toblach.
Einkehr/Übernachtung: Albergo Ospitale (1491 m). Rifugio Lorenzi (2932 m), privat, in Abhängigkeit vom Neubau der Seilbahn bis auf Weiteres geschlossen, Tel. +39 0436 866196.
Höhenmeter: Über Sentiero De Pol bis Rifugio Lorenzi gut 1600 Hm. Ferrata Bianchi knapp 300 Hm. Sentiero Dibona 270 Hm (bei 1700 Hm Abstieg).
Karten: Tab 25, Blatt 03.

Zustieg

Bevor das eigentliche Bergauf eingeleitet wird, überschreiten wir den Bachgraben und laufen uns in der Talsohle auf dem ehemaligen Bahndamm – heute ein breiter Schotterweg – warm. Nahezu eben gelangt man nordostwärts zum Pian del Forame (1495 m), wo der Sentiero ferrato René De Pol ausgewiesen wird. Ein ziemlich steiler Pfad zieht jetzt im Bergwald empor. Auf knapp 1800 m wenden wir uns bei einer Gabelung links; die weiter in den Kessel führende Spur steuert direkt auf die Forcella Verde zu und wird vom Ende des Klettersteigs manchmal im Abstieg begangen. Wir queren indessen eine ganze Weile meist leicht aufsteigend nach links und gelangen auf gut 2000 m am Wandsockel des Forame (Kavernen) entlang zum Einstieg an der »Parete Nera«.

Sentiero ferrato René De Pol

Der Klettersteig überwindet in abwechslungsreichem Verlauf mehrere Steilstufen, nutzt dazwischen aber auch zweimal leichtere, ungesicherte Schutterrassen (Cengia Bassa bzw. Alta) und berührt immer wieder ehemalige Kampfstellungen in düsteren Winkeln. Die schwierigsten Passagen befinden sich in einer kaminartigen Rinne (B/C) sowie in den letzten Metern vor dem Ausstieg auf eine Kanzel nahe dem Forame de Inze (2385 m). Diese Erhebung überschreitend an die Wände des Forame-Hauptgipfels (2445 m) heran, der mit Zwischenabstieg auf der Westseite umgangen wird. Über den Kamm des Forame de Fora sowie auf der Fortsetzung der Traverse werden noch zwei kleine Gegenanstiege fällig, ehe bei der begrünten Forcella Verde (2380 m) die gesicherte Route des Sentiero De Pol endet. Der günstigste Abstieg kann von hier durchs Val Pra del Vecia nach Cimabianche (Im Gemärk, 1530 m) genommen werden, ruppiger ist jener auf der Westseite.

Wir setzen die Tour allerdings bergwärts fort, indem wir dem spärlich bezeichneten Steig durch karge, schuttreiche Hochkare (Gravon del Forame) folgen. Rechts an einem Felsbug vorbei gewinnen wir mühsam die Forcella Grande (2874 m) und treffen dort auf die Trasse des Sentiero Dibona. Auf ihr wieder fast durchgängig gesichert (bis B) hinauf zur Grathöhe unweit des Cristallino d'Ampezzo (3008 m), der über einen Stichklettersteig (B) mitgenommen werden kann. Dann über zwei Leitern abwärts zur berühmten Hängebrücke des »Ponte Cristallo«, durch einen kurzen

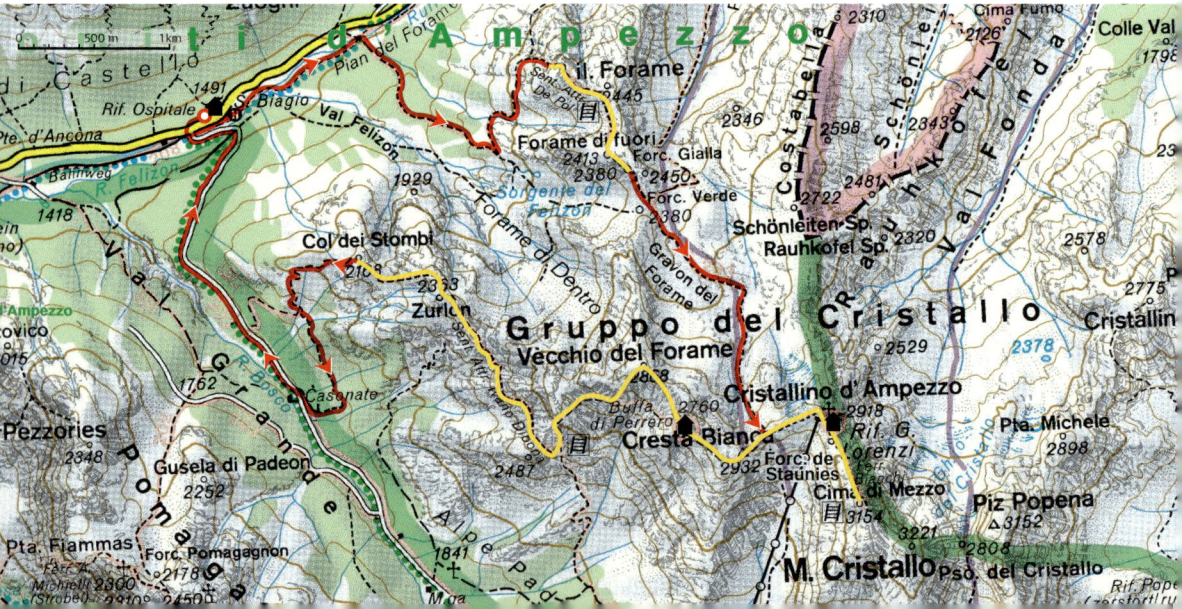

Eine triste Gebirgslandschaft prägt den Sentiero René De Pol, hier zwischen Forame und Forcella Verde.

Tunnel und teils über Eisenstiegen (A) hinab in die Forcella Stauniès (2918 m), ehemals Bergstation des Lifts von der Tre-Croci-Straße. Ein paar Meter höher steht das Rifugio Lorenzi (2932 m), unser derzeit leider vakantes Nachtquartier.

Via ferrata Bianchi

Unmittelbar neben der Hüttenterrasse greift man zum ersten Drahtseil am Nordwestgrat, der von Beginn an einige luftige Passagen (B) bereithält. Nach kurzem Zwischenabstieg durch eine Rinne (B) in die folgende Einschartung erwartet uns bald ein knackiger Aufschwung mit Leiter (C). Vorübergehend leichter weiter über einen Schuttabsatz zum nächsten Grataufschwung (die auf das rechtsseitige Band leitenden Spuren weisen die spätere Abstiegsvariante aus). An der folgenden Wandstufe liegt nach der zweiten Leiter die schwierigste Stelle in einem senkrechten Riss (mindestens C). Danach flacht die Gratschneide zwar deutlich ab, bleibt aber durchaus luftig und bringt uns über eine Einsattelung zur Cima di Mezzo (3154 m).

Der Abstieg verläuft prinzipiell über den Klettersteig, wobei im oberen Abschnitt jedoch eine sehr sinnvolle Ausweichstrecke über die Schuttbänder am Gratsockel besteht (Drahtseillauf). Weiter unten ist mit viel Gegenverkehr zu rechnen.

Sentiero Ivano Dibona

Der erste, weithin gesicherte Teil ist uns ja schon vom Vortag bekannt. Ab Forcella Stauniès (2918 m) startet der Sentiero Dibona ziemlich spektakulär zur schwankenden Hängebrücke, die einen tiefen Spalt überspannt. Leitern bringen uns auf die Grathöhe und zum Abzweig Richtung Cristallino d'Ampezzo (3008 m), den man nicht auslassen sollte. Anschließend über steilen, gut gestuften Fels (A und B) hinab zum Kreuzungspunkt in der Forcella Grande (2874 m), wo wir über den Sentiero De Pol heraufkamen.

Als Nächstes wird die Cresta Bianca (2932 m) von der Südseite her passiert, ehe schräge Bänder in die Forcella Padeòn (2760 m) und zu einer Kriegs-

Ampezzaner Dolomiten

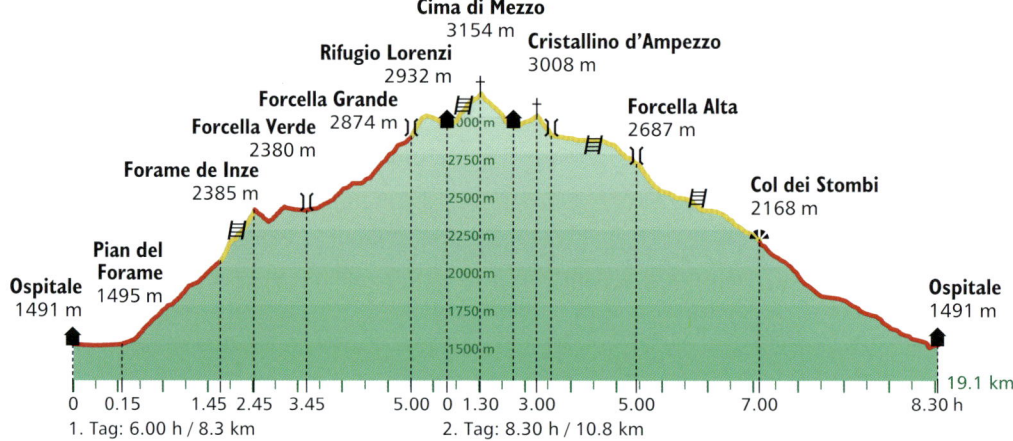

1. Tag: 6.00 h / 8.3 km
2. Tag: 8.30 h / 10.8 km

baracke als Notunterstand hinableiten (meistens A oder Gehpassagen). Wir bleiben jetzt auf der Südseite und que-

Leiter an der Via ferrata Marino Bianchi.

ren – nach kurzem Gegenanstieg zu einer Schulter – die bröseligen Steilflanken des Vecio del Forame entlang markant ausgewitterter, luftiger Schichtbänder (A). In splittrigem Geröll schräg abwärts und um mehrere Ecken in die Nähe der Forcella Alta (2687 m). Im Bereich einer Rinne folgt ein unangenehm sandiger und ziemlich haltloser Steilabstieg, der sich weiter unten in einen zwar gangbaren, aber gefährlichen Fluchtweg talwärts fortsetzt.

Mit dem Sentiero Dibona geht es hingegen rechter Hand erneut auf Bändern um eine Kante herum und hinüber zum nächsten Einschnitt an der Forcella Bassa (2417 m). Ein höchst abwechslungsreicher Verlauf bleibt der Route auch in der zerschlissenen Südwestflanke des Zurlonkammes erhalten. Immer wieder geht es leicht auf und ab, zwischendurch nochmals die Grathöhe tangierend und von Zeit zu Zeit an alten Kriegsruinen vorbei. Schließlich erreicht man über die Forcella Zurlon (2363 m, letzte Sicherungen) einen weiteren sandigen Hang, der gegen den Col dei Stombi (2168 m) hinabführt. Von diesem letzten Ausläufer des langen Gratzuges auf gutem, kehrenreichen Weg hinunter ins Val Padeòn, wo man auf eine breite Trasse stößt. Mit ihr schließt sich die Runde Richtung Ospitale.

Sextener Dolomiten

56 Elfer-Runde
Vie ferrate Roghel, Cengia Gabriella und Alpinisteig

2 Tage
13.00 Std.
2000 m ↑
2000 m ↓

Ein Klettersteigring der Extraklasse

Durchquerungen charismatischer Landschaftsszenerien auf einer Folge von Klettersteigen sind natürlich ganz besondere Leckerbissen, denn auf welche Weise könnten wir unserer Leidenschaft je ausgiebiger frönen? In diesem Sinne darf ich meinen Lesern das Touren-Highlight der Sextener Dolomiten nicht vorenthalten: In der großteils dem Comelico und Cadore zugewandten Elfergruppe lassen sich drei verschiedene Vie ferrate zu einer grandiosen Runde schließen – die Namen Roghel, Cengia Gabriella und Alpinisteig sprechen für sich! Letzterer wird häufig auch eigenständig aus dem Fischleintal begangen, während die beiden anderen hauptsächlich als hochalpine Verbindung zwischen Berti- und Carduccihütte fungieren. Dabei stellt die Via ferrata Aldo Roghel die mit Abstand größten Ansprüche, denn in der grimmigen Schluchtrinne hinauf zur »Scharte zwischen den Türmen« kann einen leicht einmal der Mut verlassen. Nach der Routenverlegung in den Neunzigern ist sie eher noch schwieriger, aber zumindest ein wenig sicherer vor Steinschlag geworden. Ist man drüben im abgeschiedenen Cadin di Stalata angelangt, darf man sich auf die Cengia Gabriella, jene traumhafte Bänderroute quer durch die Wandfluchten des Monte Giralba, freuen: ein Weg, der auch bestens in die Brenta passen würde! Ähnliches Flair vermittelt die legendäre Strada degli Alpini, wobei die spektakulärsten Bänder hier erst durch die Soldaten im Ersten Weltkrieg gangbar gemacht wurden. Eine letzte Prüfung kann die nordseitige, bei schlechten Verhältnissen sehr prekäre Traverse zwischen Elfer- und Sentinellascharte sein, bevor man durchs Vallon Popera den Kreis schließt. Summa summarum eine Rundtour landschaftlicher Superlative – Dolomiten pur eben!

Ein auffälliges Band zeichnet den Verlauf des Alpinisteigs in der Nordflanke des Elfer.

Sextener Dolomiten

ANFORDERUNGSPROFIL

Schwierigkeit	D
Via ferrata Roghel	D
Via ferrata Cengia Gabriella	B/C
Alpinisteig	B
Klettertechnik / Kraft	●●●
Ausgesetztheit	●●●
Kondition	●●●
Alpine Erfahrung	●●

TOURENINFO

Charakter: Große, zweitägige Klettersteigrunde mit hohen Anforderungen an Trittsicherheit, Konzentrationsfähigkeit und Durchhaltevermögen. Knackpunkt ist die Ferrata Roghel, ein steiler Wanddurchstieg im Bereich einer nordostseitigen Schluchtrinne, der gute Klettertechnik und starke Nerven verlangt (bis D, auf der Abstiegsseite maximal B/C). Cengia Gabriella und Alpinisteig sind Höhensteige mit atemberaubenden Bänderquerungen, auf längeren Strecken ebenfalls mit Klettersteigcharakter auf mäßig schwierigem Niveau (um B). In der Gesamtheit eine Tour für Bergerfahrene mit guter Ausdauer; unbedingt wegen der Verhältnisse vergewissern!
Höchster Punkt: Passo della Sentinella (2717 m).
Exposition: Roghel Nordost und im Abstieg Südwest. Cengia Gabriella meist Ost und Süd. Alpinisteig West und Nord.
Jahreszeit: Anfang Juli bis Ende September.
Ausgangspunkt: Rifugio Lunelli (1568 m). Zufahrt von Sexten oder Auronzo über die Kreuzbergpassstraße mit Abzweig nach Bagni di Valgrande und weiter bis zum Parkplatz im Talschluss (tagsüber nur noch mit Shuttle-Bus).
Einkehr/Übernachtung: Rifugio Lunelli (1568 m). Rifugio Berti (1950 m), CAI, Ende Juni bis Ende September, Tel. +39 0435 67155. Rifugio Carducci (2297 m), CAI, Mitte Juni bis Anfang Oktober, Tel. +39 347 6861580. Notunterkunft im Bivacco Cadore (2219 m).
Höhenmeter: Ferrata Roghel einschl. Zustieg 1000 Hm. Cengia Gabriella bis Rifugio Carducci 500 Hm. Alpinisteig 500 Hm. Insgesamt ca. 2000 Hm.
Karten: Tab 25, Blatt 010 oder 017.

Zustieg

Vom Parkplatz über den Boden »Selvapiana« taleinwärts gegen die steile Felsbarriere, der unser Weg links haltend mit einer Reihe von Kehren ausweicht. Oberhalb der Geländeschwelle kann man bereits kurz vor dem Rifugio Berti bei einem Holzsteg links abzweigen. Nun über den Geröllhang in Kehren gegen die markante Steilrinne hinauf, wobei am schattigen Wandfuß der Guglie di Stalata mitunter länger Schneereste

Felslandschaft über dem Cadin della Stalata.

überdauern. Die Drahtseile beginnen schließlich auf gut 2300 m.

Via ferrata Roghel

Nach anfänglichen Plattenpassagen nach rechts erfolgt der Durchstieg zumeist in den Begrenzungsfelsen der Kaminrinne, später auch mal im Schluchtgrund selbst, und verlangt uns – zumal mit nicht ganz leichtem Rucksack bepackt – vollen Einsatz ab. Zwischen nahezu senkrechten Passagen (mehrmals C bis D bei wenigen Tritthilfen) verschaffen besser gestufte Felsen einen Hauch von Entspannung (teils um B), doch die Exponiertheit bleibt an einem Klemmblock vorbei bis zum Ausstieg in die Forcella fra le Guglie (ca. 2560 m) enorm. Jenseits der Scharte durch eine schräge, bandartige Rinne zuerst links abwärts, dann mit markantem Richtungswechsel in diagonaler Traverse, später mehr gerade über die geneigte und gutgriffige Wand der Prima Guglia di Stalata hinab (maximal B/C). Die Ferrata endet in einer geröligen, nach Süden offenen Schluchtrinne, durch die man ins obere Cadin di Stalata gelangt. Ein Stück tiefer im Kar befindet sich das Bivacco Battaglion Cadore (2219 m) als möglicher Unterschlupf, doch wird man bei guter Verfassung und sicherem Wetter sofort in den nächsten Abschnitt einfädeln.

Via ferrata Cengia Gabriella

Wir gehen also den hinteren Karwinkel auf markierter Geröllspur aus (Wechsel von Nr. 109 zu Nr. 110) und kommen zum Beginn der Sicherungen am Ausgang einer schattigen Rinne. Man entsteigt dieser nach einigen Metern links auf ein Band und bewältigt einen etwas luftigen Quergang durch mehrere kleine Nischen (A und B). Dann verbreitert sich das Band in der Ostflanke und dacht als Terrasse schuttreich ab. In südlicher Richtung wird absteigend ein Kessel ausgegangen (Einmündung des verwegenen direkten Leiterzustiegs vom Bivacco Cadore), ehe die Cengia Gabriella wieder mehrere Einbuchtungen durchläuft. Hier handelt es sich auf längeren Strecken um unschwieriges Gehgelände. Nach weiterem Höhenverlust in einer Rinne gelangen wir zu einem sandigen, überdachten Band (A/B). Dahinter leitet ein Schrofenhang den nächsten Gegenanstieg ein und führt rechts an einem markanten Turm vorbei zum wohl spannendsten Klettersteigabschnitt: In verwickelter Routenführung

Im Südosten der Sextener Dolomiten ist die Landschaft besonders urtümlich und wild. Im Hintergrund die Croda di Ligonto.

über ein abschüssiges Felsband, das direkt in einen Aufschwung überleitet, und zu einer doppelten Schluchtrinne, die gequert wird (Stellen B bzw. B/C). Nach weiterer Aufwärtsquerung und einer gutmütigen Wandstelle steigt man auf einen begrünten Hang aus. Hinter einer Ecke tritt jetzt erstmals der mäch-

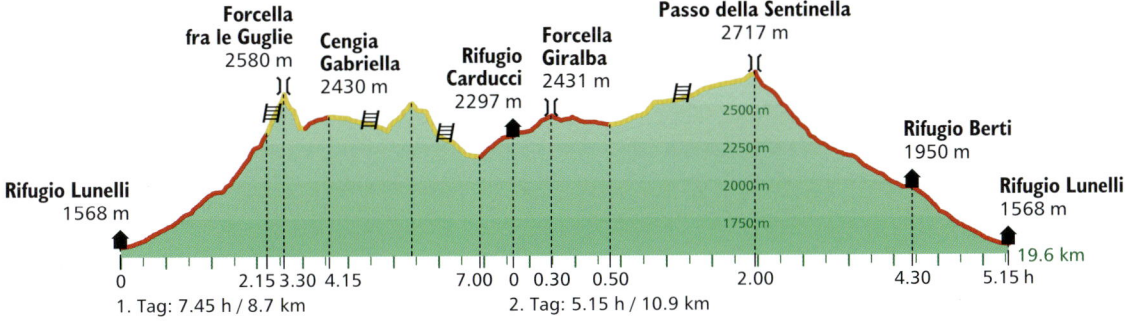

241

tige Zwölfer ins Blickfeld, nachdem zuvor vor allem die zerklüfteten Massive der Cima Bagni und Croda di Ligonto die Szenerie beherrscht haben. Über ein breites Geröllband wird die nächste Wandbucht am Monte Giralba di Sotto ausgegangen, ehe nochmals ein längeres Klettersteigfinale – diesmal im Bergab – wartet. Sehr kleinräumig gegliedert hangeln wir uns durch Rinnen, über Absätze und Bänder (B) tiefer und steigen von einem Schärtchen in ein nordseitiges, manchmal schneegefülltes Couloir ein (Drahtseile an der felsigen Begrenzung zur Linken helfen). Die Rinne mündet in das steile Trennkar zwischen beiden Giralba-Gipfeln, wo wir absteigend den Felsfuß des Monte Giralba di Sopra umkurven. Auf den breiten Hüttenweg im Val Giralba Alta einmündend, wird schließlich im Gegenanstieg das Rifugio Carducci (2297 m) angesteuert.

Alpinisteig
Für den Zustieg zum Alpinisteig überschreiten wir zunächst die Forcella Giralba (2431 m) auf die Südtiroler Seite, wo man den Steig von der Zsigmondyhütte aufnimmt und nach rechts über eine Geländeschwelle bis zum Auslauf des Inneren Lochs absteigt. An der gegenüberliegenden Wand der Mitria beginnt die eigentliche Strada degli Alpini mit dem legendären »Salvezzaband«. Es umrundet einen ausladenden Wandvorsprung (A), um bald darauf in der düsteren Schluchtnische des »Busento« zu verschwinden. Dort werden die berühmten Schattenrissmotive aufgenommen. Anschließend gehen wir die mitunter schneegefüllte Einbuchtung des Äußeren Lochs aus und gelangen unter dem Elferturm hindurch auf die breite Geröllterrasse in der Westflanke des Elfer. Schräg ansteigend bringt sie uns auf die Schulter knapp oberhalb der Elferscharte (2610 m, Notausstieg ins Anderteralpenkar). Hier beginnt der anspruchsvollste Teil des Alpinisteiges quer durch die Nordabstürze Richtung Sentinellascharte, der bei harten Lawinenkegeln oder Vereisung sehr tückisch

Abdrängendes Band an der Cengia Gabriella.

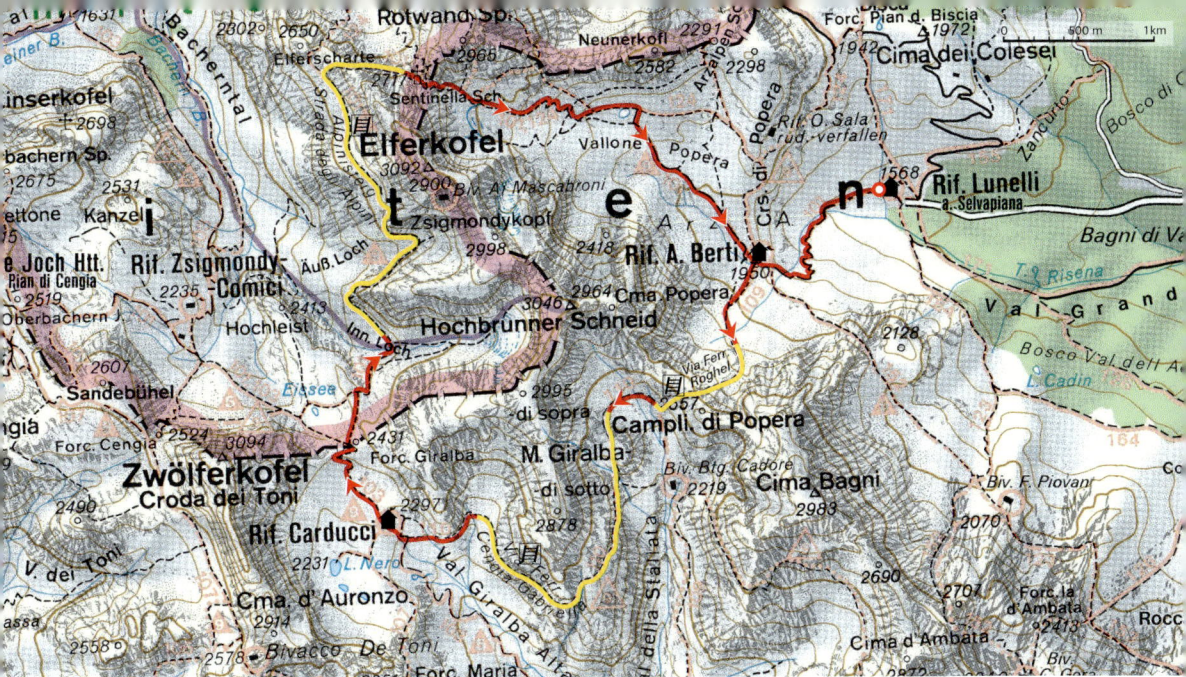

sein kann. Weiterhin nutzen wir vorwiegend luftige Bänder, müssen allerdings auch einige Unterbrechungsstellen (schutt- oder schneegefüllte Couloirs wie die »Coutandin-Rinne« und kleinere Wandstufen) meistern. Die technische Schwierigkeit übersteigt den Grad B nicht, die Umgebung ist jedoch streng hochalpin! Zuletzt etwas leichter hinauf zum Scheitelpunkt am Passo della Sentinella (2717 m).

Abstieg

Drüben auf steiler, sandiger Spur (manchmal auch Firn) ins Vallone Popera hinab, wo man bald auf einen kleinen Moränenrücken trifft und später etwas nach links ausholend am Lago di Popera vorbei den flacheren Auslauf des Hochtals bis zum Rifugio Berti mitvollzieht. Von dort auf bekanntem Weg zurück zum Ausgangspunkt.

Tipp: Sextener Rotwand

Wer über genügend Kraftreserven verfügt, kann im Anschluss an den Alpinisteig die schwierige Via ferrata Zandonella hinauf zum Nordgipfel der Sextener Rotwand (2936 m) begehen. Der Einstieg befindet sich unterhalb der Sentinellascharte im oberen Teil des Vallone Popera, und zwar links vom sogenannten Canalone 2°. In gut gestuftem Steilfels zieht die Route relativ geradlinig durch die Südwand bergauf (mehrfach zumindest C), wobei lediglich zwei kurze Leitern den natürlichen Kletterrhythmus am straffen Drahtseil unterbrechen.

Bei verfallenen Kriegsbauten quert man auf einem Band nach rechts, erreicht durch eine Rinne ein Gratschärtchen und bald darauf den Gipfel hoch über dem Tal von Sexten. Pfiffig ist die Möglichkeit eines Rundkurses, denn die Ferrata Zandonella wartet zusätzlich mit einer Ostroute auf, die vom Grat bald in eine gegliederte Wand übergeht (Stellen B bis C) und später durch den Karschotter des »Circo Est« auf die gegenüberliegende Seite leitet. Dort im Gegenanstieg zu einer markanten Scharte (»Forcella A« genannt) und auf ein etwas höheres Band (C), das horizontal durch die verwinkelte Mauer der Guglie zieht und uns schließlich in den Canalone 2° entlässt. Durch den losen Schotter rutscht man wieder zum bezeichneten Steig im Vallone Popera hinunter. Der Mehraufwand für diese Zusatzschleife beträgt fast 3 Std.

57 Paternkofel, 2744 m
Innerkoflersteig und Schartensteig

7.30 Std.
1300 m ↑
1300 m ↓

Im Bannkreis der Drei Zinnen

Es ist für einen Berg bestimmt nicht leicht, sich unmittelbar an der Seite des berühmtesten Felsensembles der Dolomiten zu behaupten, sich seinem Schatten gleichsam zu entziehen. Doch dem Paternkofel gelingt dies ganz passabel. Als profiliertes, auf drei Gratkämmen gestütztes Felshorn kommt er vor allem Richtung Dreizinnenhütte prima zur Geltung – untrennbar verbunden die Geschichte um den dramatischen Tod des legendären Sextener Bergführers Sepp Innerkofler, der im Kriegsjahr 1915 bei einem Himmelfahrtskommando auf dem Gipfel sein Leben ließ. Und wenn mit den Füßen abgestimmt wird, dann hat der Paternkofel plötzlich sogar die Nase vorn. Schließlich bleibt er anders als die Drei Zinnen nicht bloß Kletterern vorbehalten, locken doch nicht weniger als drei gesicherte Routen, die in der Gamsscharte, knapp 100 Meter unterhalb des Gipfels, zusammentreffen. So können De Luca-Innerkofler-, Passporten- und Schartensteig – alles restaurierte Kriegsstrassen mit spannender Linienführung – beliebig untereinander kombiniert werden. Darüber hinaus ist der Paternkofel natürlich ein erstklassiger Logenplatz, nicht nur was den Galablick auf die steinerne Dreifaltigkeit der Zinnen angeht, sondern auch was sonst noch so im weiten Dolomitenrund Parade steht.

Die Dreizinnenhütte mit dem kühnen Horn des Paternkofel.

ANFORDERUNGSPROFIL

Schwierigkeit	B/C
Klettertechnik / Kraft	●
Ausgesetztheit	●
Kondition	●●
Alpine Erfahrung	●●

TOURENINFO

Charakter: Klettersteige auf Basis alter Kriegssteige und von lediglich mäßiger Schwierigkeit, Schlüsselstelle B/C, am Schartenweg leichter (A/B). Geeignete Einsteigertour, falls allgemeine Bergerfahrung gewährleistet ist. Mit Übernachtung in der Dreizinnenhütte nicht zu anstrengend, als Tagestour hingegen stramm (ab Auronzohütte jedoch deutlich kürzer).

Hinweis: Für die Galleria Paterna ist eine Lampe unerlässlich.

Höchster Punkt: Paternkofel (2744 m).

Exposition: Nordwest und Süd.

Jahreszeit: Ende Juni bis Mitte Oktober.

Ausgangspunkt: Parkplatz Fischleinboden (1454 m). Zufahrt von Sexten bis zum Ende der öffentlichen Straße.

Einkehr/Übernachtung: Talschlusshütte (1526 m), privat, Anfang Juni bis Mitte Oktober, Tel. +39 0474 710606. Dreizinnenhütte (2405 m), CAI, Ende Juni bis Ende September, Tel. +39 0474 972002. Büllelejochhütte (2528 m), privat, Mitte Juni bis Anfang Oktober, Tel. +39 337 451517. Zsigmondy-Comici-Hütte (2224 m), Autonome Provinz Südtirol, Mitte Juni bis Anfang Oktober, Tel. +39 0474 710358.

Höhenmeter: Zustieg 950 Hm. Klettersteig zum Paternkofel 340 Hm.

Karten: Tab 25, Blatt 010 oder 017.

Unterwegs am Innerkoflersteig.

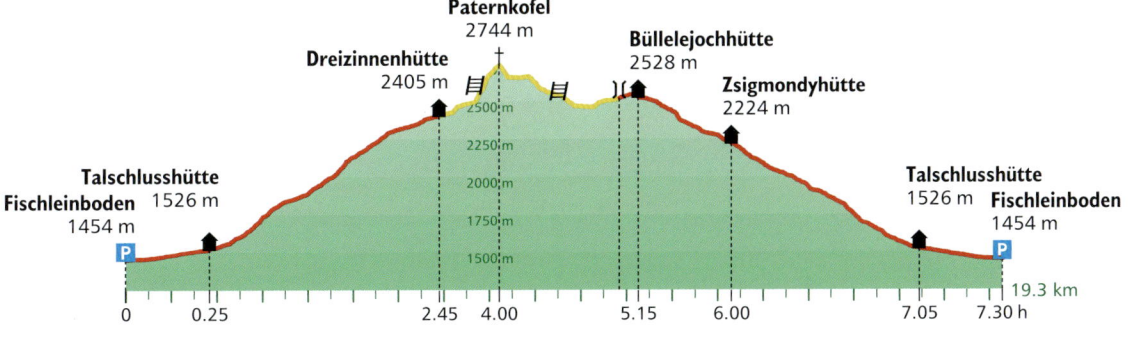

Hochbetrieb zwischen Passportenscharte und Paternsattel.

Zustieg
Den Dolomitenhof links liegen lassend laufen wir flach ins Fischleintal einwärts, an der Talschlusshütte (1526 m) vorbei und zu einer großen Wegverzweigung am Fuße der Einser-Nordwand, aus der sich am 12. Oktober 2007 ein gewaltiger Felssturz ereignete. Während links der Anstieg zur Zsigmondy-Comici-Hütte ausgewiesen wird, wählen wir Nr. 102 rechts ins Altensteintal hinein. Auf gepflegtem Weg über eine steiler ansteigende Talstufe ins Gebiet der Bödenalpe und mit einem weiten Linksbogen zum Toblinger Riedl, wo die Dreizinnenhütte (2405 m) ihren hochgerühmten Platz einnimmt.

De Luca-Innerkofler-Steig
Hinter dem skurrilen Felsturm des »Frankfurter Würstels« treten wir in einen ersten Stollen ein, der noch durch einige Fenster erhellt wird. In der anschließenden »Galleria Paterna« wird es dann vollkommen finster und auch deutlich steiler (Drahtseillauf). Wo man wieder ans Tageslicht gelangt, beginnt ein Klettersteig, der links der Steilwände durch band- und rinnenartige Strukturen zur Gamsscharte (2650 m) hinaufleitet (B und leichter). Dort nach rechts eine Nische querend und über ein glattpoliertes Wandl (Schlüsselstelle, B/C) auf die geröllbedeckte Gipfelabdachung, wo als letztes Hindernis eine kleine ungesicherte Stufe (I) wartet. Über Schutt zum Sepp-Innerkofler-Gedenkkreuz auf dem Paternkofel (2744 m).

Schartensteig
Zurück bei der Gamsscharte folgen wir dem deutlich ausgeprägten Bänder-

weg Richtung Osten. Drahtseile und einige Holzstege überbrücken die eine oder andere Kluft. Auf der Südseite der Gamsspitzen tangiert die Route bis zur Forcella dei Laghi mehrere Gratkerben und muss mitunter von einem Band aufs nächste wechseln (einmal durch eine recht tiefe Rinne). An jeder Ecke ändert sich die Nahkulisse, was die Spannung aufrechterhält. Später unterhalb der Bödenknoten rechts ausbiegend und am Felsfuß hinüber ins Büllelejoch (2522 m). Hier könnten wir einen Rückweg zur Dreizinnenhütte auf der Nordseite des Kammes einschlagen. Ansonsten zur nahen Büllelejochhütte (2528 m) hinüber.

Abstieg

Die reizvollste Fortsetzung leitet hinter dem Oberbachernjoch hinunter zur Zsigmondy-Comici-Hütte (2224 m) und von dort nordwärts einschwenkend hart am Felssockel des Einserkofel entlang zurück ins Fischleintal (Wege Nr. 101 und 103). Damit hat man nicht nur den Paternkofel überschritten, sondern gleichzeitig die beliebteste Sextener Hüttenrunde integriert.

Varianten

1. Ein alternativer – und oft bevorzugter – Zustieg ergibt sich vom Rifugio Auronzo (2320 m), das vom Misurinasee auf extrem teurer Mautstraße angefahren werden kann. Dem Erlebniswert kommt aber eher der beschriebene Zugang aus dem Fischleintal zugute.

2. Aus der Gamsscharte zieht nach Süden der Passportensteig weg: Zuerst über geröllbedeckte Felsabsätze gegen das Kar hinab, dann rechts auf ein ansteigendes Band und durch die Passportenscharte auf die Westseite wechselnd. Dort über weitere luftige Bänder (schwierigste Stelle an einer Unterbrechung, B) sowie durch kurze Tunnels zum Ende des Klettersteigs oberhalb des Paternsattels (2454 m), wo man sich in die Wanderkarawane Richtung Dreizinnenhütte einreiht.

3. Einen Kurztrip von der Hütte bietet der an eine Westernkulisse erinnernde Toblinger Knoten (2617 m), dessen zwei Eisenwege ebenfalls zu den Hinterlassenschaften aus dem Ersten Weltkrieg gehören. Für den Aufstieg wird meist der steile, verwegene Leiternsteig gewählt (C; der Name ist wirklich Programm!), während sich für den Abstieg der deutlich leichtere Feldkurat-Hosp-Steig (A/B) empfiehlt. Gehzeit: 1.30 Std.

Schobergruppe

58 Glödis, 3206 m
Klettersteig über den Südostgrat

8.30 Std.
1540 m ↑
1540 m ↓

Fast schon eine Hochtour

Klettersteige im Dreitausenderniveau der Zentralalpen sind bislang noch eine Seltenheit. Als im Jahre 2006 am Glödis, einem überaus formschönen Gipfel inmitten der herben Schobergruppe, ein solcher installiert wurde, war das gewiss eine sinnvolle Aktion. Denn der ehemalige Normalweg entpuppte sich häufig als heikle Angelegenheit in abschüssigem Steilschrofengelände, und so verlegte man die Route kurzerhand von der Flanke auf den blockigen Grat, entschärfte die ausgesetzte Kletterei mit soliden Drahtseilen und schuf damit einen sehr reizvollen Anstieg auf einen stolzen Tauerndreitausender. Aus dem Herzen der Schobergruppe bewundern wir den Großglockner, mustern die umliegende Gipfelflur in Osttirol und Oberkärnten und stellen fest, dass eine pfiffige Ferrata sehr wohl den Spaß am Berg fördern kann, jedoch keineswegs das alleinige Kriterium bedeutet. Denn auf Gipfeln wie dem Glödis erkennen wir erst die tieferen Reize des Unterwegsseins im Gebirge …

Variante mit Seilbrücke.

ANFORDERUNGSPROFIL	
Schwierigkeit	B
Klettertechnik / Kraft	●
Ausgesetztheit	●
Kondition	●●●
Alpine Erfahrung	●●

TOURENINFO

Charakter: Hochalpine Gipfelroute in blockigem Kristallingestein, auf den letzten 250 Hm durchgängig als Klettersteig ausgebaut. Technisch nur mäßig schwierig (B), auf kurzer Variante C, aber etwas Klettertalent von Vorteil und bei ungünstigen Bedingungen deutlich anspruchsvoller. Man bedenke, dass dies auch der Normalweg für den Abstieg ist. Selbst mit Hüttenübernachtung beachtliche Ausdauer erforderlich.
Höchster Punkt: Glödis (3206 m).
Exposition: Südost.
Jahreszeit: Anfang Juli bis Ende September.
Ausgangspunkt: Parkplatz Seichenbrunn (1668 m) im Debanttal. Zufahrt (im oberen Teil geschottert) von Unternußdorf oder von der Iselsbergstraße.
Einkehr/Übernachtung: Lienzer Hütte (1977 m), ÖAV, Anfang Juni bis Anfang Oktober, Tel. +43 4852 69966.
Höhenmeter: Etwa 1540 Hm ab Parkplatz, 1230 Hm ab Hütte.
Karten: AV 25, Blatt 41. F&B 50, Blatt 181.

Zustieg

Zuerst laufen wir schnurstracks ins hintere Debanttal hinein, am schnellsten auf dem breiten Güterweg (es gibt auch einen als Naturlehrpfad ausgestalteten Steig, der aber länger dauert). Nach rund einer Stunde treffen wir bei der Lienzer Hütte (1977 m) ein und schlagen dort den Franz-Keil-Weg (Nr. 914) ein. Bevor dieser links haltend

Steile Urgesteinsplatten werden zum Teil mittels Leitern überwunden.

kräftiger Richtung Gartl emporzieht, achten wir auf den Rechtsabzweig der Glödisroute, überqueren einen kleinen Boden mit dem Debantbach und steigen nordwärts in einem mehrfach abgestuften Taleinschnitt höher. Auf ca. 2500 m dreht man markant rechts ab (geradeaus ginge es zum Kalser Törl) und ersteigt in wechselnder Steilheit zunehmend karge Hänge. Blockschutt und Schliffgelände, je nach Jahreszeit auch noch größere Schneefelder, prägen den weiteren Aufstieg bis zur Kante des Südostgrates, den man bei P. 2911 gewinnt. Rund 60 Meter höher setzt der finale Klettersteig ein.

Glödis-Klettersteig
Nach kurzer Querung zu einer Rinne klettert man im Wesentlichen entlang der grobblockigen, ab und zu von Erde durchsetzten Schneide (A bis B). Rechts davon ist noch der alte parallel verlaufende und mittlerweile aufgelassene Normalweg zu erkennen. Im Bereich des Rinderschartls entweder von rechts her über eine gestufte Steilpassage (B) oder auf der verschärften Variante über eine Dreiseilbrücke mit anschließender Plattenwand (Leiter und Stifte, C). Alsbald wieder gemeinsam weiter über schön strukturierte Gratpartien (maximal B) zum Ausstieg, der direkt auf den Glödis-Gipfel (3206 m) erfolgt.

Abstieg
In jedem Fall über den Klettersteig zurück; vom Ausprobieren des verfallenden Steiges durch die Flanke ist dringend abzuraten.

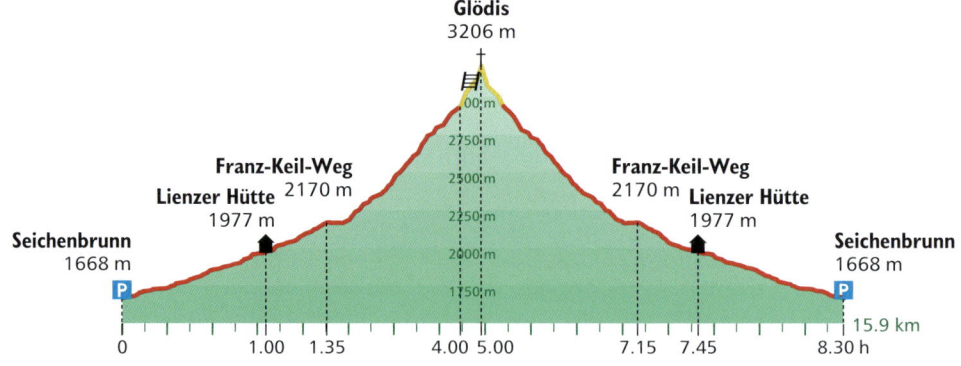

Gailtaler Alpen

59 Lienzer-Dolomiten-Enchaînement
Seekofel-, Laserz-, Panorama- und Madonnen-KS

3 Tage
20.00 Std.
2500 m ↑
2500 m ↓

Neues Ferratadorado im Herzen der Lienzer Dolomiten

Früher nahmen Klettersteigenthusiasten von den Lienzer Dolomiten wenig Notiz. Außer den abschnittsweise gesicherten Normalrouten auf die Große Sandspitze und den Spitzkofel gab's da wenig zu ernten, was sich aber inzwischen gründlich geändert hat. Insbesondere rund um den zentralen Laserzkessel gibt es jede Menge spannender Eisenwege. Die mittendrin gelegene Karlsbader Hütte ist mithin nicht nur wie eh und je eine gefragte Adresse in der Kletterzunft, sondern auch bei den Ferrata-Jüngern zu einem »Hot spot« avanciert. Der Autor hat sich daraufhin ausgiebig umgetan und sein persönliches Fazit bereits gezogen: Am besten plant man hier gleich einen mehrtägigen Aufenthalt ein und klappert alles der Reihe nach ab – drei Tage lang »Klettersteig total«!

Wer den Zustieg über den legendären Rudl-Eller-Weg wählt, greift bald einmal ins erste Drahtseil. Drei Stunden bis zur Karlsbader Hütte, da bleibt allemal noch Zeit für eine der kürzeren Touren, zum Beispiel auf den Seekofel, der direkt über dem Hüttendach in den Himmel spitzt. Der jüngste Klettersteig im Laserzkessel überzeugt durch mittlere Schwierigkeiten und eine interessante Routenführung entlang dem Südwestgrat. Obgleich der Ablauf des Programms im Prinzip beliebig (und in der Praxis wohl auch von der Wetterprognose abhängig) ist, ließe sich der mittlere Tag prima mit der »Königstour« füllen. Den Auftakt macht dabei der anhaltend fordernde Laserz-Klettersteig durch die Westabstürze der Kleinen Laserzwand, seines Zeichens die technisch schwierigste Ferrata im Umkreis. Wer genügend Schmalz in Armen und Beinen hat, hängt unmittelbar den sogenannten Panorama-Klettersteig

Der neue Klettersteig am Seekofel ist zur Normalroute an diesem Kletterberg aufgerückt.

Gailtaler Alpen

an und baut die Tour damit zur ganz großen Überschreitung aus – rund fünf Stunden lang fast nonstop am Drahtseil! Der Name kommt übrigens nicht von ungefähr: Die abwechslungsreiche Gratroute berührt im steten Auf und Ab ein halbes Dutzend Gipfelzacken, zuletzt mit der Großen Sandspitze auch noch den allerhöchsten! 2000 Meter tiefer bettet sich Lienz in sein Talbecken. Freilich sollte für diese lange, hochalpine Tour nicht nur unsere Kondition, sondern auch das Wetter optimal aufgelegt sein, denn selbst der Abstieg über den Ari-Schübel-Steig offenbart noch einigen Ernst. Am Madonnen-Klettersteig über die beiden Gamswiesenspitzen orientiert man sich eigentlich mehr Richtung Kerschbaumer Tal, doch lässt sich der Einstieg ebenso gut von der Karlsbader Hütte aus erreichen. Anregende Felspassagen, homogene Schwierigkeiten zwischen B und C sowie das Ambiente gleich zweier Arenen der Lienzer Dolomiten machen auch diesen Steig zu einem echten Schmankerl, sodass wir uns am Ende einig sein dürften: Diese vier neuen Routen wurden mit Augenmaß eingerichtet und passen bestens in die erste Riege der »alpinen Klettersteige«!

ANFORDERUNGSPROFIL

Schwierigkeit	D
Seekofel-Klettersteig	C
Laserz-Klettersteig	D
Panorama-Klettersteig	C/D
Madonnen-Klettersteig	C
Klettertechnik / Kraft	●●
Ausgesetztheit	●●
Kondition	●●
Alpine Erfahrung	●●

TOURENINFO

Charakter: Veritabler »Klettersteigcluster« mit vier verschiedenen Routen auf engem Raum, insgesamt anspruchsvoll. Mit Maximalschwierigkeiten bis C sind Seekofel- und Madonnen-Klettersteig relativ gesehen am leichtesten beherrschbar. Luftiges Auf und Ab beim Panorama-Klettersteig ebenfalls um Grad C, aber deutlich länger und anstrengender, ganz besonders in Verbindung mit dem Laserz-Klettersteig, einem steilen und exponierten Wanddurchstieg, der schon eher Grad D erreicht und ohne »Durchhänger« auskommt. Sämtliche Routen solide, aber nicht aufwendig gesichert (wenig künstliche Tritte), meist kletterfreundlicher Fels in den Steilpassagen, sonst zuweilen brüchig, und stets eine alpine Note. Programm für drei volle Tage bei guter Ausdauer.
Höchster Punkt: Große Sandspitze (2772 m).
Exposition: Seekofel Südwest, Laserz-Kletter-
steig West, sonst unterschiedliche Ausrichtungen.
Jahreszeit: Ende Juni bis Ende September.
Ausgangspunkt: Parkplatz kurz vor der Lienzer-Dolomiten-Hütte (1616 m). Zufahrt von Lienz/Tristach über eine Mautstraße.
Einkehr/Übernachtung: Lienzer-Dolomiten-Hütte (1616 m). Karlsbader Hütte (2261 m), DAV, Mitte Juni bis Ende September, Tel. +43 664 9759998.
Höhenmeter: Zustieg Karlsbader Hütte gut 700 Hm. Seekofel ca. 550 Hm. Laserz-Klettersteig 400 Hm, Panorama-Klettersteig ca. 400 Hm zusätzlich. Madonnen-Klettersteig samt Zustieg ab Hütte knapp 500 Hm. In Summe über 2500 Hm.
Karten: Kom 50, Blatt 47. F&B 50, Blatt 182.

252

Hüttenzustieg über Rudl-Eller-Steig

Direkt ab Parkplatz kann man durch Waldparzellen und über einen ersten gesicherten Geländeriegel zur Weißsteinalm (1751 m) aufsteigen oder diese leichter vom Fahrweg hinter der Lienzer-Dolomiten-Hütte aus ansteuern. Anschließend auf teils recht erdigem Steig durch Latschen, lichten Wald und Grasgelände Richtung Auerlingköpfl. Eine Art Verschneidung hält die nächste Drahtseilpassage bereit. Danach gelangen wir an den Fuß einer steilen Schotterrinne, die mit Sicherungen an den rechten Begrenzungsfelsen bis zum Hohen Törl (2233 m) hinauf bewältigt wird. Eine eisenhaltigere Variante führt nebenan über die Zellinköpfe. Jenseits der Scharte kurz abwärts und quer durch abschüssige Flanken unter dem Einstieg des Laserz-Klettersteigs entlang. Um ein Geländeeck schwenkt man links ein, erreicht über leichte Grashänge den breiten Schotterweg und kurz darauf die Karlsbader Hütte (2261 m) an der Schwelle zum Laserzsee.

Seekofel-Klettersteig

Das direkt von der Hütte aus einsehbare Schotterkar zwischen Seekofel und Teplitzer Spitze vermittelt den weiteren Zugang. Man folgt der blauen Markierung und einer passablen Spur auf der rechten Seite aufwärts. Nach einigem Zickzack wird die Ödkarscharte (2596 m) und damit der Einstieg erreicht. Erste Gratpassagen führen zu einer Abwärtsdiagonale über eine Platte (B), die man auf Reibung begeht. Aus dem folgenden Schärtchen im Bereich der Kante empor und sehr schön um ein Eck zu einer schattseitigen Traverse. Teils querend, teils durch Rinnen oder über Stufen aufsteigend, überwinden wir luftige Gratabschnitte (maximal B/C) und kommen zu einer Verzweigung. Ambitionierte folgen nun der kniffligeren Variante links: über eine Rampe zum Grat, dann mittels nordseitiger Traverse

Passage zwischen Galitzenspitze und Daumen (Panorama-Klettersteig).

auf kleinen Leisten zur exponierten Diagonale am kompakten Wandfels des Eggerturms (C), welche die schwierigste Passage darstellt. Im Zweifel kann dieses Stück südseitig über Schuttbänder umgangen werden (eine Ministufe dazwischen B/C, sonst deutlich leichter). Hinter dem Eggerturm über ein kniffliges Wandl (B/C) kurz abwärts, dann wieder gemeinsam weiter und zu einer letzten gesicherten Rinne (B). Unter Umgehung der schroffen Zacken folgt noch ein Stück brüchiges Gehgelände, ehe wir am 2009 errichteten Gipfelkreuz des Seekofel (2744 m) anschlagen. Der Rückweg erfolgt ebenfalls über den Klettersteig (jetzige Normalroute).

Laserz-Klettersteig

Wir nehmen die Trasse des schon bekannten Rudl-Eller-Weges auf und achten unter dem Westwandsockel der Kleinen Laserzwand auf einen Hinweis, der uns über einen Grashang zum nahen Einstieg (ca. 2180 m) lotst. Nach den ersten moderat geneigten Metern zieht die Route im festen Fels rasch scharf an. Mal links, mal rechts, arbeitet man sich in der Wand bei zunehmender Exponiertheit nach oben (durchwegs C und C/D). Eine Kantenquerung (Stifte) mutet besonders tollkühn an. Erst das Erreichen einer Schluchtrinne, die nach rechts gekreuzt wird, ermöglicht eine zwischenzeitliche Entspannung. Nach ein paar leichteren Passagen (um B) erwartet uns ein Pfeiler, dessen senkrechter Aufschwung mit guten Tritten versehen ist (C/D). In lockerer Folge wechseln angelehnte Passagen mit Steilstufen – alles in allem sehr anregend bewegt man sich in gehobenem Ferrataniveau nun weithin ohne künstliche Tritte nach oben. Ein kleiner Überhang (fast schon D, aber nicht so ausgesetzt) bildet dabei eine weitere schwere Stelle, ebenso wie etwas später die von links angegangene Kante (C/D). Ein paar Meter leichtes Gelände enden unter einer Rinne, der man sofort nach rechts entsteigt, um über die letzten gestuften Passagen den Ausstieg zum unbedeutenden Gipfel der Kleinen Laserzwand (2568 m) zu gewinnen. Mit kurzem Abstieg in den nahen Sattel treffen wir auf den markierten Schrofensteig von der Karlsbader Hütte zur Großen Laserzwand (Rückkehrmöglichkeit binnen 40 Minuten).

Panorama-Klettersteig

Passen alle Umstände, lässt sich vorteilhaft direkt in die große Gratüberschreitung zur Sandspitze einfädeln. Man steigt bis unter die Scharte zwischen

Am Laserz-Klettersteig geht es gut zwei Stunden lang richtig zur Sache!

Auf der Kleinen Gamswiesenspitze mit Blick in den Laserzkessel.

Laserzwand und Rotem Turm auf und quert Letzteren über einen blau markierten Pfad zum Beginn der Drahtseile (wer ab Karlsbader Hütte zusteigt, benötigt bis hierher gut 1 Std.). Diese führen als Erstes über leichte, geneigte Felsen zum Kleinen Laserzkopf hinauf, ehe gratnah in etwas gesuchter Routenführung über steile Minizacken Richtung Großer Laserzkopf (2718 m) gewechselt wird. Eine Querung sowie eine kurze steile Kante (B/C) bringen uns zu seinem Kreuz. Anschließend in gegliedertem Terrain mit einigen kleinen Rinnen in die Galitzenscharte hinab (Notausstieg). Ein plattiger Aufschwung und eine nach links führende Rampe, die schließlich in eine Steilstufe mündet, leiten von der Nordseite wieder auf den Grat (B/C) und in Kürze auf die Große Galitzenspitze (2710 m). Jenseits erneut an der Krete abwärts, die Kleine Galitzenspitze sowie das Böse Mandl übersteigend und teils luftig in die »Böse Scharte« vor dem Daumen (oft um B oder eine Spur schwieriger). Auch hier existiert ein Notausstieg, den man bei Konditionsmängeln wahrnehmen sollte. Denn der Aufschwung zum Daumen – zunächst mit einer Folge von Steilstufen, dann kurz plattig und schließlich durch einen senkrechten Kamin mit Trittbügeln – erfordert beherzten Einsatz (anhaltend um C). Und auch die Fortsetzung aus der Daumenscharte, über klammergespickte Schichtstufen und einen längeren Plattenschuss (C) hinauf zur alles überragenden Großen Sandspitze (2772 m) hat es durchaus in sich.

Abstieg über Ari-Schübel-Steig

Damit nicht genug – auch der Abstieg über die Normalroute weist Klettersteigcharakter auf und ist unbedingt

Gailtaler Alpen

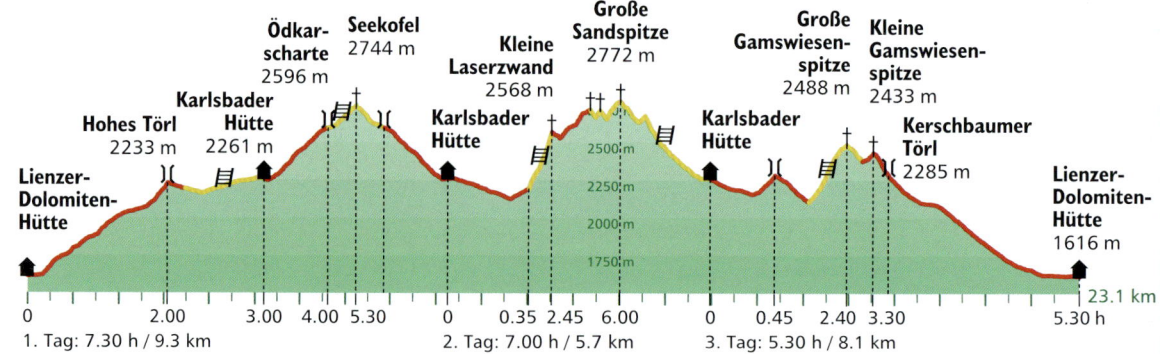

ernst zu nehmen. Über schuttbedeckte Felsen (einige Drahtseile) geht es auf die Südseite, wo die ehemals berüchtigte Wandstelle mit ihren originellen Dreiecksbügeln nicht mehr aktuell ist. Stattdessen quert man ein höheres Felsband und gelangt dann leicht in die Rinne zwischen Großer und Kleiner Sandspitze. Um Letztere herum und abermals Steigspuren über Schutt und leichte Felsen folgend bis zu einer Gabelung. Den kürzesten, allerdings recht steinschlaggefährdeten Abstieg vermittelt nun der grün bezeichnete Gebirgsjägersteig durch eine wilde Schluchtrinne (Stellen B und I). Die etwas angenehmere Variante führt hingegen mit dem Ari-Schübel-Steig in längerer Traverse nach links und mittels Drahtseilen ins enge Schartenschartl hinab (A/B). In der ansetzenden Schuttrinne hält man sich vorläufig an die linke Begrenzung, bevor der Trichter breit ausläuft und ein zunehmend besserer Steig den Kreis zur Karlsbader Hütte schließt.

Madonnen-Klettersteig

Von der Hütte gilt es zunächst, über das Kerschbaumer Törl (2285 m) auf die Westseite zu wechseln. Ein guter Weg zieht mit geringem Höhenverlust unter dem Nordabbruch der Teplitzer Spitze hindurch und dann mit Holzbalken stabilisiert zum Sattel hinauf. Jenseits wird so weit abgestiegen, bis der scharfe Rechtsabzweig Richtung Große Gamswiesenspitze erfolgen kann. Man weicht in Kürze vom Normalweg ab und folgt den blauen Zeichen hinauf zum Einstieg (knapp 2200 m) am südwestlichen Schrofenvorbau.

Mäßig schwierig und reich strukturiert geht es zuerst an einer Art Sporn hinauf (meist B, an kurzen Steilstellen B/C). Hinter einer Gratkante queren wir oberhalb einer tiefen Rinne, die schließlich von einer Hängebrücke überspannt wird. Auf der anderen Seite wieder steiler aufwärts und durch einen Spalt (C) an der namengebenden Madonna vorbei. Kurz vor dem Ausstieg auf die Gipfelwiesen der Großen Gamswiesenspitze (2488 m) stellt eine exponierte Kante (C) die Schlüsselstelle dar.

Mit dem Wiesenpfad knapp 100 Höhenmeter abwärts in die Trennlücke zwischen beiden Gipfeln, wo der Normalweg einen Ausstieg offeriert. Davon ungerührt geht es nochmals animiert zur Sache: Schöne Reibungskletterei an Platten (B/C) bringt uns an der Nordseite höher. Entlang der Gratschneide übersteigt man ein Vorgipfelchen, passiert eine ausgesetzte Scharte (B/C) und erreicht um diverse Ecken den Gipfel der Kleinen Gamswiesenspitze (2436 m), die auch bei Kletterern sehr gefragt ist. Der Abstieg kann von hier direkt ins Kerschbaumer Törl genommen werden, und zwar über einen kleinen, abschüssigen Schrofenpfad mit drei leichteren gesicherten Stellen (A bis B).

Am stattlichen Laserzsee befindet sich die Karlsbader Hütte als zentraler Stützpunkt in den Lienzer Dolomiten.

Rückweg

Nun entweder zurück zur Karlsbader Hütte oder mit einer deutlichen Abkürzung direkt zur breiten Schottertrasse, die bis zur Lienzer-Dolomiten-Hütte verfolgt wird. Im oberen Teil können auf dem sogenannten Egerländerweg einige Schleifen abgeschnitten werden.

Varianten

Der Ablauf des Tourenprogramms ist nur beispielhaft. Natürlich lässt sich jeder Steig einzeln begehen – der Madonnen-Klettersteig auch vom Schutzhaus Kerschbaumer Alm (1902 m) aus – oder eine andere Reihenfolge wählen. Gebirgsjägersteig und Ari-Schübel-Steig bilden im Verbund die klassische Tour auf die Große Sandspitze, falls man sich dem Panorama-Klettersteig nicht gewachsen fühlt. Eine Zugabe für den Madonnen-Klettersteig ist die kurze Ferrata auf den Kerschbaumer Törlspitz über den Ostgrat (B), vom Törl hin und zurück knapp 1 Std.

Karnische Alpen

60 Creton di Culzei, 2458 m
Via ferrata dei Cinquanta

8.30 Std.
1400 m ↑
1400 m ↓

Ein Abenteuer fernab aller Modeberge

Wenn ich auf mein Motto der »großen Bergtour« – noch dazu mit abenteuerlichem Touch – zurückkommen will, dann ist die Via ferrata dei Cinquanta ein perfektes Beispiel dafür. Wer mit diesem Namen nichts anzufangen weiß, sei in die »Dolomiti d'oltre Piave« entführt, die bei uns unter dem geografischen Label Südliche Karnische Alpen oder im Speziellen auch unter Pesariner Dolomiten firmieren. Eine wildromantische Gegend! Eindrucksvoll einschüchternd, zuweilen geradezu dantesk präsentiert sich das Felsszenario der Schluchten, Grate und Türme am Massiv des Creton di Culzei, der unseren anstrengend ausschweifenden Klettersteig trägt. Dabei darf man bestes Dolomitenflair ohne die in den »echten« Dolomiten oft herrschende Überlaufenheit erwarten. Und eine Tour, die es wirklich in sich hat!

Schon der Zustieg gestaltet sich in den wilden, vermurten Gräben der Südflanke etwas verzwickt. Einen deutlichen Hinweis auf die Ferrata suchte der Autor vergebens (fand aber dennoch zuverlässig den Einstieg). Im ersten Teil bis zur Forca Alta gewinnt man mehr als 400 Höhenmeter hauptsächlich in einer Schluchtrinne, wechsel-

Obwohl zu den Südlichen Karnischen Alpen gehörend, wähnt man sich auf der Via ferrata dei Cinquanta in den Dolomiten.

weise über gesicherte Passagen, kurze Einserstellen und jeder Menge extremes Gehgelände. Im zweiten Abschnitt, dem hohen Gratteil, wird's in gewiefter Routenführung abwechslungsreicher und zuweilen auch klettertechnisch schwieriger. Wer allerdings mit einem soliden alpinen Rüstzeug antritt und auch die eine oder andere ungezähmte Schikane einkalkuliert, wird kaum vor unlösbare Aufgaben gestellt. Zum Lohn gibt's ein starkes, urtümliches Tourenambiente, wie es sonst wohl nur ein paar wenige Dolomitensteige in vergleichbarer Intensität bieten können. Ich habe die Reise auf die Südseite der Karnier jedenfalls in bester Erinnerung …

Das Rifugio De Gasperi ist der ideale Stützpunkt für die Via ferrata dei Cinquanta.

ANFORDERUNGSPROFIL

Schwierigkeit	**C/D**
Klettertechnik / Kraft	●●
Ausgesetztheit	●●
Kondition	●●●
Alpine Erfahrung	●●●

TOURENINFO

Charakter: Sehr langer, meistens mäßig schwieriger, in einigen Passagen jedoch auch schwieriger Abenteuerklettersteig in überaus wilder Umgebung. Insgesamt gut mit Drahtseilen sowie einigen Klammern und Griffen gesichert, in steinschlägigen Rinnen eventuell beschädigt. Schlüsselstelle reicht an C/D heran, sonst teils C, meistens leichter, aber auch freie Stellen I kommen vor. Abgesehen von etwas Kletterfertigkeit und einer starken Kondition geht die Bergerfahrung hier über alles.

Höchster Punkt: Creton di Culzei (2458 m).
Exposition: Unterschiedlich.
Jahreszeit: Ende Juni bis Mitte Oktober.
Ausgangspunkt: Parkplatz beim Pian di Casa (1236 m) im oberen Val Pesarina (an der SS 456 Richtung Forcella Laverdêt). Zufahrt aus dem Cadore (Dolomiten) über die Sella Ciampigiotto oder von Kärnten via Plöckenpass – Paluzza – Comeglians ins Val Pesarina.
Einkehr/Übernachtung: Restaurant Pian di Casa (1236 m). Rifugio De Gasperi (1767 m), CAI, Mitte Juni bis Mitte Oktober, Tel. +39 336 1745882.
Höhenmeter: Insgesamt ca. 1400 Hm, ab Hütte ca. 850 Hm.
Karten: Tab 25, Blatt 01.
Wichtiger Hinweis: Die Via ferrata dei Cinquanta war zuletzt aus administrativen Gründen gesperrt. Da die künftige Situation unklar ist, bitte vorab unbedingt Erkundigungen über die aktuelle Lage einholen, z. B. im Rifugio De Gasperi.

Zustieg

Am Pian di Casa schlägt man Weg Nr. 201 zum Rifugio De Gasperi ein. Kurz auf einem Forststräßchen, dann auf Waldsteig eine Weile relativ steil aufwärts und später rechts haltend. Hinter einer Wiesenverebnung muss der Graben des Rio Pradibosco gequert werden. Aufgrund leichter Vermurungen wird vor Ort die Variante »Bassa« empfohlen, doch sollte Geübten auch die ursprüngliche Hauptroute (»Alta«) kein großes Kopfzerbrechen bereiten. Über eine freie Kanzel mit schöner Aussicht gelangt man zum Rifugio De Gasperi (1767 m), das sich wegen der Länge der Tour als Stützpunkt anbietet.

Von hier folgen wir dem Sentiero Corbellini (Nr. 316), queren eine erste Rinne, übersteigen eine Geländerippe und

kommen dahinter in ein großes Grabensystem. Teilweise auf gesicherten Bändern weiter und hinab in die gewaltige Geröllschlucht, wo Muren den Steig weggerissen haben. Mit weiteren Veränderungen muss gerechnet werden. Man kreuzt das Hindernis (Drahtseile und Klammern) und achtet im nächsten, nicht ganz so üblen Graben auf die deutlichen Steigspuren, die gegen die Felsen hinaufziehen und in Kürze nach rechts zum Einstieg (ca. 1730 m) leiten. Der durch die Flanken querende Sentiero Corbellini wird hier also verlassen!

Via ferrata dei Cinquanta

Die ersten Meter führen über gestuften Fels aufwärts, phasenweise zwischen Latschen hindurch und in eine Schluchtrinne hinein. Diese bietet nun neben gesicherten Passagen (maximal B/C) auch etwas freie Kraxelei im I. Grad und zwischendurch immer wieder für längere Zeit Gehgelände. Bei einer Gabelung der Rinne nicht geradeaus in die grimmig aufsteilende Kaminschlucht, sondern in den linken, weniger steilen Ast. Dort gelangt man auf eine Rippe mit ersten Blicken in die jenseitige tiefe Schlucht und auf die Wände des Gipfelmassivs. Im gegliederten, schrofigen Fels weiter zu einem höheren Grat (jetzt Blick nach Osten) und über ein Band in

Himmelhohe Felsfluchten an der Cima di Riobianco.

die Forca Alta di Culzei (2170 m), wo eine raue Abstiegsmöglichkeit ins nordseitige Kar besteht.

Nun beginnt der zweite, schwierigere Teil der Ferrata dei Cinquanta. Am steilen Schartenturm sofort kräftig empor (C), nach einigen Metern jedoch auf Bänder und Leisten der Nordseite ausweichend und teils durch Kamine in eine Lücke auf der Rückseite des Turms. Nach kurzem Aufschwung wieder gegliederter weiter und über ein Schuttfeld in ein höheres Schärtchen. Hier setzt die nächste Vertikale an, anfangs sogar leicht überhängend an Klammern (C/D). Sehr animiert turnt man an der Kante hoch und gelangt damit bald auf den Gipfelgrat der Cima di Riobianco. Dieser entpuppt sich allerdings als ziemlich zerklüftet, sodass auf der Nordseite über Rinnen (eine hinab, die andere wieder hinauf) ausgewichen wird. Aus einem ganz engen Spalt nochmals fast senkrecht empor (C) und damit auf die Gipfelabdachung des Creton di Culzei, die kurz vor dem höchsten Punkt (2458 m) noch eine Kluft aufwirft, welche an Sicherungen durchklettert werden muss.

Damit ist der Klettersteig jedoch noch nicht zu Ende. Im Angesicht des benachbarten Clap Grande – seines Zeichens Hauptgipfel der Untergruppe – führen die Steigspuren auf der Nordseite zu einem langen, anspruchsvollen Kamin (fast C). Nachdem sich dieser zu einer Rinne verbreitert hat, geht es unter einer hohen schwarzen Wand hindurch und kurz aufwärts in einen Klemmblockkamin (B). Jenseits erneut durch eine Rinne sowie über ein Band, ehe uns letzte Stufen hinab in die Forcella dell'Alpino (2302 m) bringen.

Abstieg

Dort steigt man südwärts in die steile, mit viel losem Geröll angefüllte Schluchtrinne ein. An felsigen Stellen helfen nochmals ein paar Drahtseile, ansonsten geht es über den Schotter

An dieser schwierigen Stelle (C/D) ist Action gefragt.

auf einen kleinen, begrünten Rücken am Fuß der Wände hinaus. Diesem ein Stück folgen, dann vorübergehend links ausbiegen und schließlich die große Reiße nach rechts überschreiten, um auf endlich gutem Steig zurück zum Rifugio De Gasperi zu gelangen.

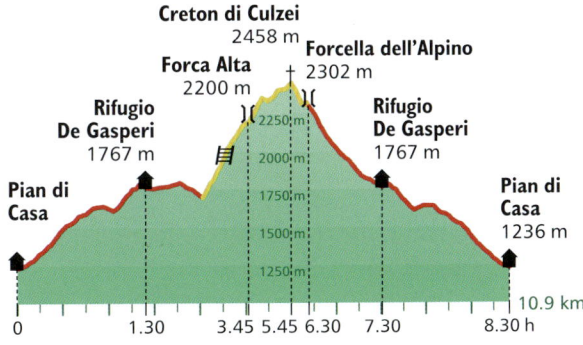

Karnische Alpen

61 Monte Peralba und Monte Chiadenis
Vie ferrate Sartor und Portogruaro

6.30 Std.
1130 m ↑
1130 m ↓

Pfiffiger Doppelpack über den Quellen des Piave

Als massiger Koloss steht der Monte Peralba (bei uns eher als Hochweißstein geläufig) über den Böden der Piavequellen und formt eine der auffälligsten Berggestalten im gesamten Karnischen Hauptkamm. Drei Routen machen ihn für Überschreitungen attraktiv, wobei uns vor allem die Via ferrata Pietro Sartor interessiert: eine nur mäßig schwierige Route am südöstlichen Wandsockel, die bald einmal in ungesichertes Schrofengelände übergeht. Der eigentliche Höhepunkt am Peralba dürfte freilich die Gipfelschau sein, hinein ins inneralpine Kärnten sowie hinaus ins Friaul, wo es für die meisten wohl noch viel über die alpine Geografie zu lernen gibt: Terra incognita am südlichen Alpenrand. Steigt man gegen das Hochalpljoch ab und tangiert anschließend den Passo di Sésis, lässt sich ohne große Umschweife die Überschreitung des profilierten Monte Chiadenis anknüpfen. Diese hat immerhin zwei Stunden lang reinrassiges Ferratavergnügen in petto und fordert uns besonders in den Rinnen der Ostroute, während der südwestseitige Abstieg einen Grad leichter ist. Unterwegs stößt man immer wieder auf Kriegsstellungen, was den Zweitnamen »Via ferrata di Guerra« erklärt.

Die Via ferrata Sartor geht bald in schrofiges Gehgelände über.

ANFORDERUNGSPROFIL

Schwierigkeit	C
Via ferrata Sartor	B
Via ferrata Portogruaro	C
Klettertechnik / Kraft	●●
Ausgesetztheit	●●
Kondition	●●
Alpine Erfahrung	●●

TOURENINFO

Charakter: Kombination zweier benachbarter Gipfelklettersteige, wobei die leichtere Ferrata Sartor über nur gut 100 Hm gesichert verläuft (B und A), anschließend Schrofensteig und nordostseitiger Abstieg durch eine etwas heikle Rinne (nochmals kurz A). Am Monte Chiadenis echte, längere Klettersteig-Überschreitung, auf der Ostseite bis C (für Aufstieg empfohlen), auf der Südwestseite bis B. Teilweise erhebliche Steinschlaggefahr in Rinnen! Beide Ziele auch einzeln möglich, dann jeweils rund 4.30 Std.
Höchster Punkt: Monte Peralba (Hochweißstein, 2694 m).
Exposition: Ferrata Sartor Südost, Ferrata Portogruaro Ost bzw. Südwest.

Zustieg
Mit Blick auf die mächtigen Peralbawände geht es vom Parkplatz auf dem Schottersträßchen windungsreich aufwärts zum Rifugio Calvi (2164 m), wobei man auf halbem Weg auch auf den abkürzenden »Sentiero delle Marmotte« ausweichen kann. Ab Hütte weiterhin mit Nr. 132 gegen den Passo di Sésis hinauf, kurz vor der Passmulde aber nach links und dem Pfad zum Einstieg der Via ferrata Sartor (ca. 2350 m) folgen.

Via ferrata Sartor
Eine Klammerreihe (B) macht den Auftakt. Sie leitet zu einer breiten, plattigen Rampe (B und A) über. Mehr links haltend kommt man in eine seichte schrofige Rinne, wo die Drahtseile bereits enden. Links von dieser Hangeinsenkung windet sich der Schrofensteig weiter in

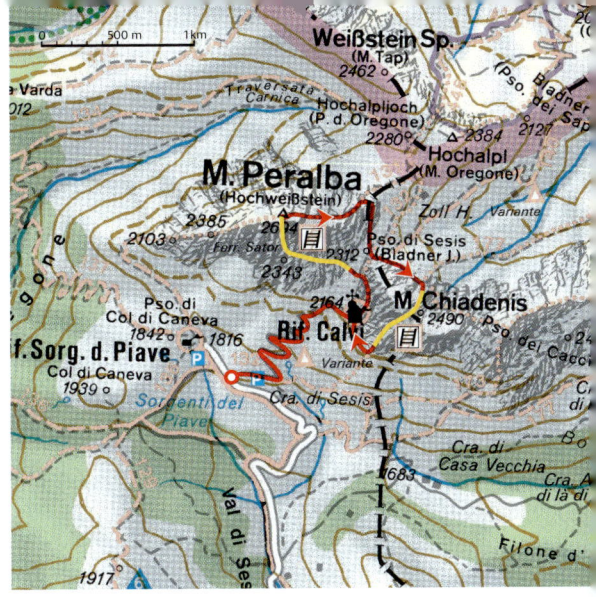

Jahreszeit: Ende Juni bis Mitte Oktober.
Ausgangspunkt: Parkplatz (1815 m) für das Rifugio Calvi, knapp 1 km vor dem Rifugio Sorgenti del Piave. Zufahrt von Cima Sappada über die Bergstraße durchs Val di Sésis.
Einkehr/Übernachtung: Rifugio Calvi (2164 m), CAI, Mitte Juni bis Ende September, Tel. +39 0435 469232.
Höhenmeter: Bis Monte Peralba 880 Hm. Monte Chiadenis zusätzlich 250 Hm (einzeln ca. 800 Hm ab Parkplatz).
Karten: Tab 25, Blatt 01. F&B 50, Blatt 182.

die Höhe, gewinnt den Westgrat und nach rechts in wenigen Minuten Madonna, Glocke und Kreuz auf dem Monte Peralba (2694 m). Der Abstieg führt zunächst kammnah nach Osten weiter, ehe eine brüchige Rinne mit schwarzem Gestein nordostwärts hinabweist (Drahtseile an der rechten Begrenzung). In dem von kleinen Felsstufen durchsetzten Gelände unterhalb müssen ab und zu die Hände Unterstützung leisten. Bei der ersten Gelegenheit schweift man rechts ab, quert eine Schotterflanke und erreicht den Passo di Sésis (2312 m) mit Rückkehrmöglichkeit zum Rifugio Calvi.

Via ferrata Portogruaro
Zur Fortsetzung folgt man hingegen Nr. 173 südostwärts, verliert zwischendurch ein paar Meter und passiert unmittelbar den senkrechten Nordwand-

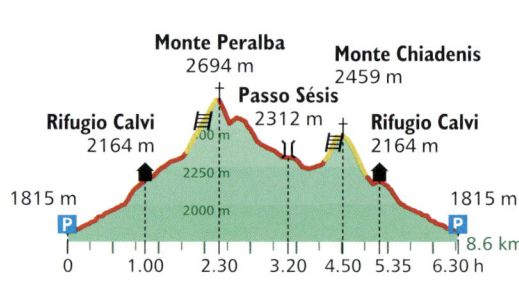

Der Anspruch der Via ferrata Portogruaro liegt im Durchstieg des Rinnen- und Kaminsystems auf der Ostseite des Monte Chiadenis.

sockel des Pic Chiadenis. Mit Erreichen eines Geländerückens nicht bis zum Passo dei Cacciatori weiter, sondern scharf rechts unter die Felsen und dort nach links zum Einstieg (ca. 2300 m).

Der steile Ostanstieg der Ferrata führt in einer ersten Rinne zu einem Klemmblock und dahinter in ein weiteres Rinnensystem hinein. Eine kaminartige Verengung bildet die erste Schlüsselstelle (C), zwischendurch wird es auch mal plattig. Weiter oben in die linke Nebenrinne wechselnd und durch eine zweite Kaminpassage (C) in die Nähe des zerklüfteten Gipfelgrats. Wir gelangen auf ein Band, folgen diesem mit etwas Zwischenabstieg und einmal durch einen engen Spalt in die Ostseite (B) und erreichen durch eine Verschneidung schließlich einen der Gipfelzacken des Monte Chiadenis (2459 m).

Im Abstieg hält man sich zuerst an den Südwestgrat. Wo sich eine stumpfe Felsrippe abzutrennen beginnt, folgen wir dieser am durchlaufenden Drahtseil (A/B). Weiter unten kurz auf ein Band, dann im Zickzack zu einer Plattenrampe (B) und zum Einstieg (ca. 2180 m) bei einem Sattel, etwa fünf Minuten vom Rifugio Calvi entfernt.

Tipp

Wer die weite, umständliche Anfahrt auf die Südseite scheut, kann die Tour auch aus dem Kärntner Frohntal (Zufahrt von Wiesen/St. Lorenzen im Lesachtal) über das Hochweißsteinhaus (1868 m) angehen. In diesem Fall begünstigt ein Beginn mit dem Chiadenis den Ablauf der Tour. Gesamtgehzeit ca. 8.30 Std.

Gipfelaufbau des Monte Peralba von Norden.

Karnische Alpen

62 Cellon, 2241 m
Via ferrata senza confini (»Weg ohne Grenzen«)

5.15 Std.
900 m ↑
900 m ↓

Moderne Ferrata mit originellem Zustieg

Im Ersten Weltkrieg war der Cellon (auch Frischenkofel), ebenso wie der Kleine Pal gegenüber, ein strategisch wichtiger und daher hart umkämpfter Punkt über der Plöckenstraße. An diese Zeit erinnert auf unserer Tour vor allem der Zustieg durch den 1916 von den Österreichern als Nachschubweg ausgesprengten Cellon-Stollen – schon ein Klettersteig für sich. Durchgängig gesichert überwindet er auf 183 Strecken- immerhin 111 Höhenmeter. Unser eigentliches Vorhaben gilt freilich der 1996 eröffneten Ferrata senza confini, die auch als »Bergführerweg« bekannt ist. Sie hält selbst Ambitionierte gehörig auf Trab und wartet mit sehr schönen Passagen auf, etwa an der großen Rampe über dem Einstieg, zwei, drei knackigen Kamin- und Wandstellen oder manch luftiger Gratpartie. Jedenfalls ist sie ein guter Prüfstein für längere Touren verschärfter Richtung, also ein Einstieg in die Klasse der extremen Klettersteige. Dass der Cellon als Grenzgipfel auch ein hervorragender Aussichtsberg ist, sei an dieser Stelle nicht vergessen.

ANFORDERUNGSPROFIL

Schwierigkeit	D
Klettertechnik / Kraft	●●●
Ausgesetztheit	●●●
Kondition	●●
Alpine Erfahrung	●●

TOURENINFO

Charakter: Technisch sehr anspruchsvoller Klettersteig, meist im Gratbereich verlaufend und mit mehreren Vertikalpassagen bis D, bei gemäßigten alpinen Rahmenbedingungen. Künstliche Tritte sparsam gehalten, daher hauptsächlich geeignet für sportlich Ambitionierte. Beim originellen Zustieg feuchter, steiler Tunnel-Klettersteig, durchgängig mit Drahtseilen und einigen Klammerpassagen gesichert (bis B). Normales Tagespensum.
Hinweis: Stirnlampe für den Cellon-Stollen nicht vergessen!
Höchster Punkt: Cellon (Frischenkofel, 2241 m).
Exposition: Südost.
Jahreszeit: Anfang Juni bis Ende Oktober.
Ausgangspunkt: Plöckenpass (1360 m). Zufahrt von Norden über Kötschach-Mauthen.
Einkehr: Gasthaus am Plöckenpass, sonst keine.
Höhenmeter: Insgesamt gut 900 Hm, fast die Hälfte auf Klettersteigen.
Karten: Tab 25, Blatt 09. F&B 50, Blatt 182.

Eine der schwierigsten Stellen der Via ferrata senza confini (D).

Karnische Alpen

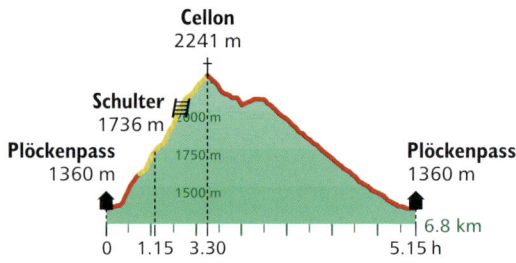

Zustieg
Bei der ehemaligen Zollstation auf österreichischer Seite des Plöcken beginnt ein nicht näher bezeichneter, steiler Pfad. Nach einer leicht fallenden Rechtsquerung trifft man jedoch auf ein Schild, das unsere Route ausweist. Wir halten uns zunächst an den »Geo-Trail«, wenden uns bei einer Gabelung aber nach links, um bald über eine felsige, mit Klammern versehene Rinne (A) zum Einstieg in den Cellon-Stollen anzusteigen (wer diesen auslassen möchte, kann weiter dem Geo-Trail folgen).

Cellon-Stollen
Auf gut 1500 m treten wir in das düster-kalte Loch ein. Dort geht es mit Drahtseillauf anhaltend steil aufwärts, wobei in den steilsten Passagen zusätzliche Bügel eingeschlagen sind (A und B). Der Fels ist stets feucht, die Tritte können also glitschig sein. Nur wenig Licht dringt ab und zu durch seitliche Fenster ein (Stirnlampe unerlässlich). Nach knapp 30 Minuten entsteigt man dem beklemmenden Stollen ins Freie, bewältigt noch einige gesicherte Meter

Vom Kleinen Pal aus ist der Cellon auf der anderen Seite des Plöckenpasses prima einzusehen. Er ist dem höheren Kollinkofel vorgelagert.

durch eine Rinne und gelangt damit auf die Cellon-Schulter (1736 m). Nun über felsdurchsetztes Latschenterrain weiter aufwärts zum Beginn der Ferrata senza confini auf gut 1800 m.

Via ferrata senza confini
Leichte gestufte Felsen leiten zu einer rasant ansteigenden, beeindruckend langen Plattenrampe, wobei die Schwierigkeiten nach oben hin bis C/D zunehmen. Hier muss eine gute Fußtechnik bewiesen werden, denn Klammern stecken nur ab und zu, ein paar mehr dann am besonders steilen Ende. Man gelangt auf ein luftiges Grateck und macht als nächste Hürde einen senkrechten Kamin aus, der ebenfalls ausgefeilte Kletterzüge erfordert (D). Es schließen sich leichtere Passagen am Südostgrat an (um B), bevor jenseits eines Schärtchens ein abdrängender Aufschwung an einem Riss erklettert wird (D, einige Klammern an der überhängenden Stelle). Oberhalb setzt sich der blockige Grat wieder gemäßigter fort, eine plattige Traverse an scharfer Schneide ist eher harmlos (B). Doch eine letzte Steilstufe (C/D) verlangt nochmals beherzten Einsatz, ehe die letzten Drahtseile am Rücken auslaufen. Wir gehen weiter zu einem Sattel mit den Abzweigungen des Normalwegs (links) und des Steinbergerwegs (rechts). Dass die verbleibenden Meter bis zum Cellon (2241 m) auch noch bewältigt werden, ist natürlich Ehrensache, wobei die meisten wohl beim Kreuz auf dem Ostgipfel ihr Soll erfüllt sehen, während der Westgipfel noch ein bisschen höher ist.

Abstieg
Zuerst zurück zum Sattel und mit Nr. 147 in die südseitige Flanke. Ein gut angelegter ehemaliger Militärweg zieht nun an den Hängen entlang Richtung Grüne Schneid (etwas Gegensteigung, aber bitte nicht den steilen Abkürzer benutzen), um schließlich talwärts abzu-

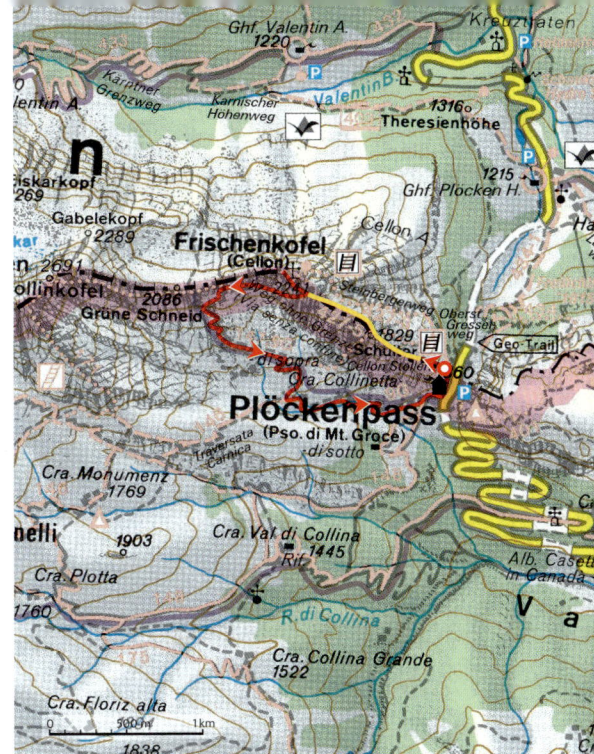

biegen. Nach zahlreichen Kehren dreht man ostwärts ein, passiert im Schrägabstieg bei P. 1680 einen anderen Zustieg zur Cellon-Schulter und lässt seine Schritte durch ein Waldareal Richtung Plöckenpass auslaufen.

Tipp
Mit dem neuen Oberst-Gressel-Gedenksteig (C) ergibt sich eine weitere interessante Anstiegsalternative hinauf zur Cellon-Schulter. Die Route gleichen Namens am gegenüberliegenden Kleinen Pal ist indes abgebaut worden.

Am Gipfel des Cellon.

Julische Alpen

63 — Jôf di Montasio (Montasch), 2753 m
Via Amalia, Sentieri Leva und Ceria-Merlone

2 Tage
16.00 Std.
2470 m ↑
2470 m ↓

»Der Gipfel des Gebirges«

2300 Meter überragt er das tief eingeschnittene Dognatal, immerhin noch 1800 Meter die nordseitige Sàisera – kein Wunder, dass schon der legendäre Julius Kugy den Montasch als gewaltigsten Berg der an monumentalen Szenerien gewiss nicht armen Julischen Alpen bezeichnete. Im Friaul ruft man ihn Jôf di Montasio, was sich schlicht und einfach mit »Gipfel des Gebirges« übersetzen lässt. Und wenn es eines Beweises für meine These bedarf, dass Klettersteige erst im Rahmen einer großen Bergtour ihre ganze Erlebnisqualität ausspielen, dann taugt dafür sicher die Montasch-Überschreitung in den Westlichen Juliern.

Angefangen mit der Via Amalia: So sanftmütig, gar liebreizend, wie der Name suggerieren will, wird's sich nicht ausgehen, da lässt schon der erste Anblick keinen Zweifel aufkommen. Gute fünf Stunden muss steigen, kraxeln, schleichen, wer über diese wilde Route hinauf will zum Logenplatz des Bivacco Suringar, das sich an ein wenige Meter breites Band in den Westabstürzen klammert. Der Sonnenuntergang und die Nacht dort oben zählen zu den Stunden, die ich wohl nie vergessen werde. Früh am nächsten Morgen setzte ich meinen Fuß dann auf den »Gipfel des Gebirges« und beäugte ein überwältigendes Panorama – eine Schau über 1000 und mehr Gipfel der südlichen Alpen!

Ein souveräner Umgang mit heiklen alpinen Gegebenheiten inklusive freier Kletterstellen ist schon wichtig auf dieser Tour. Dass die Südseite des Montasch eine Nummer zahmer ausfällt und demzufolge auch den Normalweg trägt, kann durchaus zur Beruhigung beitragen. Dabei ist das jedoch erst die halbe Geschichte. Denn ein

Intensive Abendstimmung am Bivacco Suringar. Jetzt schlägt die Stunde der Naturromantiker.

Höhenwegabenteuer, wie man es in den Nordalpen lange suchen müsste, wartet ja noch an den nahtlos ineinander übergehenden Sentieri attrezzati Leva und Ceria-Merlone. Besonders augenfällig ist die mustergültige Bankung des vorherrschenden Triasdolomits, die oft eine natürliche Wegführung vorzeichnet. Das bedeutet immer wieder herrliche Bänder und, wo diese unterbrochen sind, so manche originelle Klettersteigpassage. Ebenfalls unübersehbar sind freilich die Relikte aus dem Ersten Weltkrieg, der seine Blutspur auch über diese Berge zog. Mit dem finalen Abstieg durch die urwüchsige Spragna wird jedenfalls klar: So langwierig diese Tour auch sein mag, so kurzweilig und spannend ist ihr Verlauf im Detail. Man kann nur davon schwärmen …

ANFORDERUNGSPROFIL	
Schwierigkeit	**C/D**
Via Amalia	C/D
Sentiero Leva / Ceria-Merlone	B/C
Klettertechnik / Kraft	●●
Ausgesetztheit	●●
Kondition	●●●
Alpine Erfahrung	●●●

TOURENINFO

Charakter: Ganz große, mindestens zweitägige Unternehmung, bei der eine steile, anspruchsvolle Gipfeltour durch eine lange Höhenroute an einem Kammausläufer ergänzt wird – beides mit ausgiebigen Klettersteigportionen. Den Anforderungsmaßstab setzt die Via Amalia mit Stellen bis C/D sowie ohne Sicherung I bis II (letzteres auch im anschließenden Canalone Findenegg). Dazu herrscht ein sehr strenges alpines Ambiente. Auf den Sentieri Leva und Ceria-Merlone häufiger Wechsel zwischen gesicherten Abschnitten (bis etwa B/C) und Gehgelände, wobei hier vor allem die Länge der Strecke fordert. Angesichts der spärlichen Infrastruktur (Biwakschachteln) sorgfältige Planung besonders wichtig, bei schlechten Bedingungen gefährlich! Generell nur für erfahrene Bergsteiger mit Top-Kondition geeignet.

Wasserfall oberhalb der Spragna, inmitten der Felsenwelt am Montasch.

Höchster Punkt: Jôf di Montasio (Montasch, 2753 m).
Exposition: Via Amalia Nord und West. Fortsetzung unterschiedlich, aber mehrheitlich Süd.
Jahreszeit: Anfang Juli bis Ende September.
Ausgangspunkt: Malga Sàisera (1004 m). Zufahrt von der Autobahn-Ausfahrt Malborghetto-Valbruna im Val Canale über die Ortschaft Valbruna bis in den Talschluss.
Übernachtung: An der Route selbst keine bewirtschafteten Stützpunkte oder Einkehrstationen, nur drei offene Biwakschachteln: Bivacco Stuparich (1578 m), Bivacco Suringar (2430 m) und Bivacco Mazzeni (1630 m).
Hinweis: Notfalls Abstieg zum Rifugio Brazzà (1660 m), Tel. +39 346 2280072 bzw. zum Rifugio Corsi (1874 m), Tel. +39 0428 68113.
Höhenmeter: Zustieg ca. 1050 Hm; Via Amalia bis Bivacco Suringar 400 Hm (1. Tag). Montasch-Überschreitung 320 Hm; Sentieri Leva und Ceria-Merlone knapp 700 Hm (2. Tag).
Karten: Tab 25, Blatt 019. F&B 50, Blatt 141.

Julische Alpen

Zustieg

Von der Malga Sàisera südwärts auf die großen Schuttströme im Talhintergrund. Dort rechts abzweigend, um durch ein Waldstück in den Graben der Fossa di Carnizza zu gelangen. Weiter oben nimmt man die längere, etwas bequemere Variante über das Rifugio Fratelli Grego auf, steigt links aus dem Graben heraus und wendet sich über dem Riegel weiter links zur grünen Kanzel mit dem Bivacco Stuparich (1578 m). Eine Variante ergibt sich durch den Sentiero Alfonso della Mea. Nun auf Steigspuren (einige Steinmännchen, später Markierungen) mühsam in das Schuttkar unter dem Montasch-Gletscher hinauf, dort rechts querend und zum Einstieg an einem Felssporn (P. 2052).

Via Amalia

Drahtseile und Klammern leiten im Zickzack steilfelsig empor, dann durch einen engen Spalt, an den sich sofort ein senkrechter Kamin anschließt: klettertechnisch bereits die Schlüsselpassagen (bis C/D). Danach legt sich das Gelände allmählich zurück. Man betritt den Geröll- oder Schneekessel oberhalb der rechtsseitigen Schluchtrinne, quert diesen und überwindet die nächste steilere Schrofenstufe (B/C) sowie das folgende Kar, um hinauf zur Cresta dei Draghi endlich dem düsteren Nordabfall des Berges zu entkommen.

Der westliche Horizont öffnet sich. Im Bereich des »Drachenrückens« setzen wir den Weg fort, steigen jedoch bald am steilen Grashang etwas ab und

»Adlerhorst« am Montasch: das Bivacco Suringar.

queren in die abschüssige Westflanke hinein. Auch hier kann je nach jahreszeitlichen Verhältnissen noch die eine oder andere heikle Passage (eventuell Schneefelder über Abbrüchen!) lauern. Es geht an einem tiefen Schacht vorbei etwas auf und ab, dann zu einem Band (»Grande Cengia«) hinauf, wo wir hinter einer Ecke auf das Bivacco Suringar (2430 m) stoßen. Welch winziger, bezaubernder Erdenfleck für die Nacht am Berg – himmelhoch über den Abgründen der Dogna!

Montasch-Überschreitung

Ein Stück weit folgen wir noch dem Band, dann geht es über gestufte Felsen in den Canalone Findenegg. Zumeist meidet man jedoch die eigentliche, dem Steinschlag ausgesetzte Rinne und steigt anhand von verblassten roten Punkten zuerst an der rechten, später längere Zeit an der linken Begrenzung über etliche schuttbedeckte Felsstufen höher (kein Klettersteig, sondern freie Stellen bis zum II. Grad). Schließlich auf den Grat und durch einen kurzen Kamin zum Gipfel des Montasch (2753 m).

Im Abstieg folgt man dem stumpfen, mit einigen wenig anspruchsvollen Felshürden besetzten Südostkamm. Gesicherte Passagen sind kaum erwähnenswert, mit Ausnahme der locker durchschwingenden »Scala Pipan«, die uns sicher eine Mutprobe abverlangt. Wen auf langen, wackeligen »Feuerwehrleitern« gewöhnlich der Mumm verlässt, der kann sie auch über die Forcella Verde (2587 m) in steilen Schrofen umgehen. Am Fuß der Leiter in steiles Geröll und zu einer Verzweigung. Während rechts der weitere Abstieg Richtung Rifugio Brazzà vollzogen werden könnte, biegen wir bei guten Bedingungen linker Hand zum Sentiero Leva ab.

Julische Alpen

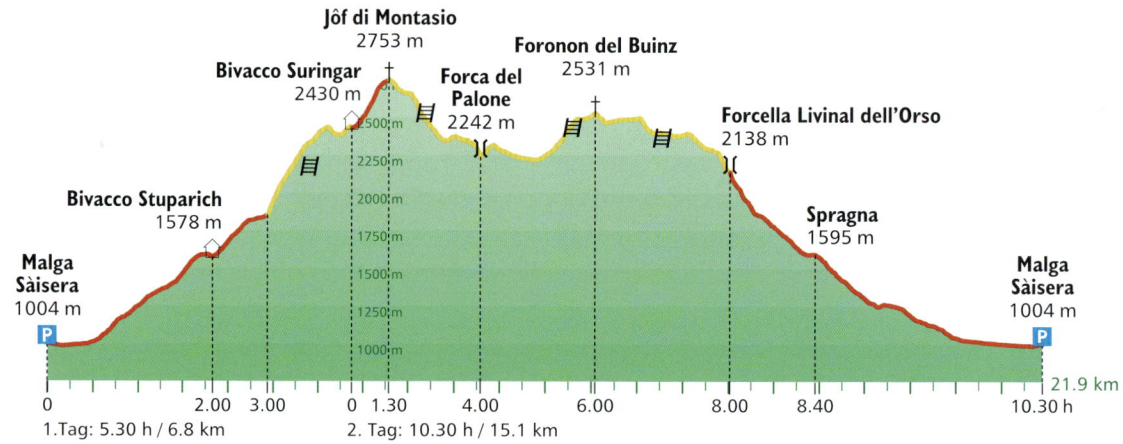

Sentiero attrezzato Leva

Dieser beginnt mit einer Bändertraverse durch mehrere Wandeinbuchtungen. Anschließend wird der Verlauf unübersichtlicher, fordert das Gelände einige Male kräftiges Zupacken. Man quert um kleine Zacken herum und steigt über Steilstufen und Kamine ziemlich ausgesetzt in die Forca del Palone (2242 m) ab. Aus der engen Bresche hilft eine Trittleiter heraus, ehe wir über Schrofen auf das nächste Band gelangen. Ein Hinweis zur Cima di Terrarossa (2420 m) verführt zu einem kleinen Seitensprung. Indessen senkt sich der Sentiero Leva zur Einmündung des vom Rifugio Brazzà heraufkommenden Steiges, wo wir fast unmerklich auf den Sentiero Ceria-Merlone übertreten.

Blick vom Sentiero Ceria-Merlone Richtung Wischberg (Friaulisch Jôf Fuart).

Sentiero Ceria-Merlone

Gutmütige Grasbänder durchschneiden die Südflanke bis unter die Forca de lis Sieris (2274 m), die mit einigen Kehren gewonnen wird. Kräftig ansteigend und immer wieder gesichert geht es weiter an den Foronon del Buinz (2531 m) heran. Geschickt findet der Steig die leichtesten Durchschlüpfe und überschreitet den von Stellungsresten übersäten Gipfel Richtung Südosten. Hinter einer Kammsenke wird der Modeon del Buinz südseitig passiert, ehe Bänder zum Abstieg in die Forca de la Val (2352 m) führen. Dieses Steilstück – zunächst über Schrofenstufen zu einer steinschlägigen Rinne, dann in einen senkrechten Kamin hinein – verschärft den Einsatz nochmals deutlich (B/C). Anschließend muss die vorspringende Punta Plagnis umkurvt werden, was uns im Auf und Ab über vielfach von Schichtstufen und Kaminen unterbrochene Bänder noch eine ganze Weile in Atem hält (bis B). Erst dahinter läuft der »Ceria-Merlone« im weiterhin gesicherten Schrägabstieg Stufe um Stufe zur Forcella Livinal dell'Orso (Bärenlahnscharte, 2138 m) aus.

Abstieg

Hier wenden wir uns in die nordwestseitige, brüchige Steilrinne hinab (eventuell Schneefelder). Sie ist anfangs eng und heikel, läuft aber gutmütiger ins Kar der Alta Spragna aus. Das Bivacco Mazzeni (1630 m) steht wenig abseits des Weges schon im bewachsenen Terrain. Wir folgen den Windungen des Steiges Nr. 616, teils durch ausgetrocknete Bachrunsen, später durch ein Waldstück und schließlich über das Schotterbett zurück zur Malga Sàisera.

Tipps

1. Für den Fall einer Wetterverschlechterung sollte man Notausstiege rechtzeitig beherzigen. Wichtig ist beispielsweise die Ausquermöglichkeit vom Bivacco Suringar über die Grande Cengia zum

Zerscharteter Fels im Bereich der Forca del Palone (Sentiero Leva).

Normalweg und zum Rifugio Brazzà, ohne den Gipfel des Montasch zu überschreiten. Am zweiten Tag bestehen nochmals zwei Abstiegsmöglichkeiten zum Rifugio Brazzà; später gegebenenfalls lieber das Rifugio Corsi ansteuern, anstatt noch den langen Talabstieg anzutreten.
2. Bei Beschränkung auf die Sentieri Leva und Ceria-Merlone empfiehlt sich der Start bei der Sella Nevea auf der Südseite.
3. In der angrenzenden Wischberg-Gruppe gibt es weitere attraktive gesicherte Steige, zum Beispiel den Sentiero Anita Goitan. Idealer Stützpunkt ist hier das Rifugio Corsi.

Julische Alpen

64 Mangart, 2677 m
Via Italiana und Slovenska smer

9.30 Std.
1740 m ↑
1740 m ↓

Der slowenisch-italienische Grenzberg in ganzer Größe

Über den Weißenfelser Seen (Laghi di Fusine) baut sich der Mangart mit seinem Nordbollwerk auf, wie es sich für einen Vertreter der Julischen Alpen gebührt. Man muss allerdings schon ein Bergsteiger von gewissem Schlage sein, um die rückseitig weit hinaufführende Bergstraße zu verschmähen und sich wie die Altvorderen von ganz unten anzunähern. Unvergleichlich, wenn die hochgetürmten Felsen im Talschluss von der Sonne wachgeküsst werden und ihr Leuchten über morgendliche Nebelschleier ergießen. Der Aufstieg gliedert sich in drei Abschnitte, wobei man mit dem Zustieg zum Bivacco Nogara (dem einzig möglichen Stützpunkt) schon eine Weile beschäftigt ist. Kurz darauf geht es an der Via Italiana in die Vollen. Verwegen überwindet diese Ferrata nach typisch italienischem Muster die mächtige Nordwandbarriere: ein Durchstieg von ernstem Anstrich, der gegen Ende immer ausgesetzter wird. Gemessen daran kann man den anschließenden Slowenischen Gipfelklettersteig (Slovenska smer) fast als Spielerei empfinden. Denn die gestuften Rinnen haben keine größeren Hürden mehr in petto, bei starkem Andrang aber vielleicht den einen oder anderen purzelnden Stein. Und wenn es dann nach rund sechs Stunden nicht mehr höher hinaufgeht, fällt mit hoher Wahrscheinlichkeit sogar ein großer Stein, und zwar von unserem Herzen …

ANFORDERUNGSPROFIL

Schwierigkeit	C
Via Italiana	C
Slovenska smer	A/B
Klettertechnik / Kraft	●●
Ausgesetztheit	●●●
Kondition	●●●
Alpine Erfahrung	●●●

TOURENINFO

Charakter: Ausgesprochen ernste Bergtour mit zweiteiligem Klettersteig. Auf der Via Italiana durch den Nordwandriegel trotz vieler künstlicher Tritte schwierig und oft sehr exponiert (mehrfach C und manchmal durch Feuchtigkeit sogar noch erschwert). Slowenischer Klettersteig mit Grad A/B deutlich moderater und nur wenig schwieriger als der Normalweg, aber rau und hochalpin, zudem teils erhebliche Steinschlaggefahr. Als Tagestour immenses Pensum.
Höchster Punkt: Mangart (2677 m).
Exposition: Nord und West.
Jahreszeit: Mitte Juli bis Ende September.
Ausgangspunkt: Großer Parkplatz (941 m) beim Oberen Weißenfelser See (Lago Superiore di Fusine). Zufahrt von Tarvisio Richtung slowenische Grenze und bei Fusine rechts ab zu den Laghi di Fusine.
Einkehr/Übernachtung: Jausenstation beim Parkplatz. Sonst nur das unbewirtschaftete Bivacco Nogara (1910 m) als bescheidene Unterkunft.
Höhenmeter: Insgesamt 1740 Hm, davon 830 Hm ab Bivacco Nogara.
Karten: Tab 25, Blatt 019. F&B 50, Blatt 141.

Auch von Südosten gesehen ein wuchtiger Koloss: der Mangart.

Zustieg

Vom Parkplatz geht es auf breiter Sandstraße durch Wälder dem mächtigen Mangart-Massiv im Talschluss entgegen. Man wählt anfangs Nr. 512 und 513, achtet auf die Bezeichnung »Bivacco Nogara« und zweigt bei der Lichtung der Alpe Tamer auf Nr. 517a ab. Jetzt im Zickzack kräftig bergwärts. Oberhalb der Waldgrenze rücken wir an einen steilen Schrofenriegel heran, der im geschickten Hin und Her überlistet wird (in einer Rinne einmal gesichert). Über steinige, verstrauchte Wiesen weiter zum Bivacco Nogara (1910 m), von wo bis zum Einstieg der Via Italiana (ca. 2000 m) noch rund 15 Minuten durch Blockgelände verbleiben.

Via Italiana

Nun gilt es, gut 300 Höhenmeter Steilfels inmitten einer schattigen Wand zu überwinden. Den Auftakt macht eine Rampe (A/B), unterbrochen von einem Felsloch, dem man mit einigen Verrenkungen entsteigt (C). Unter einem Portal links querend zu leichterem, schrofigen Gehgelände. Anschließend verschärft sich die Ferrata. Wir steigen wieder steil ein und arbeiten uns in der ausgesetzten Wand empor – insgesamt leicht links haltend, aber immer im Wechsel zwischen oft mit Bügeln unterstützten Steilstellen und Quergängen (mindestens C). Wo man sich dem Ausstieg schon nah wähnt, folgt noch eine besonders luftige Traverse auf schmalstem Gesims und die finale Verschneidung hinauf zur Gratkante. Verblüfft stehen wir plötzlich vor einer ausgedehnten schuttreichen Geländeabdachung, auf der die von der Mangartstraße kommende Normalroute vorbeizieht.

Slovenska smer

Zur Fortsetzung auf dem Slowenischen Klettersteig peilt man quer über das Schuttfeld eine in gleicher Höhe befindliche Rampe an. Dort mit ersten Draht-

Auf der Via Italiana herrscht strenge Nordwandatmosphäre.

seilen aufwärts in die Westabstürze des Berges, die grimmig anmuten, aber wesentlich gegliederter sind und deshalb ein überraschend leichtes Durchkommen gestatten. In einem großen Rinnentrichter wechseln wir vom Band links an der Wand nach rechts auf die Rippe und gelangen später durch eine Folge von nur teilweise gesicherten Rinnen immer höher. Bevor die Route markant nach links abdreht, offeriert ein grünes Podest rechter Hand eine tolle Aussichtskanzel. Im Schlussteil zunächst durch eine Rinne und über ein Schartl hinweg, danach rechts zum Westgrat hinauf und über diesen ohne Schwierigkeiten zum geräumigen Gipfel des Mangart (2677 m).

Julische Alpen

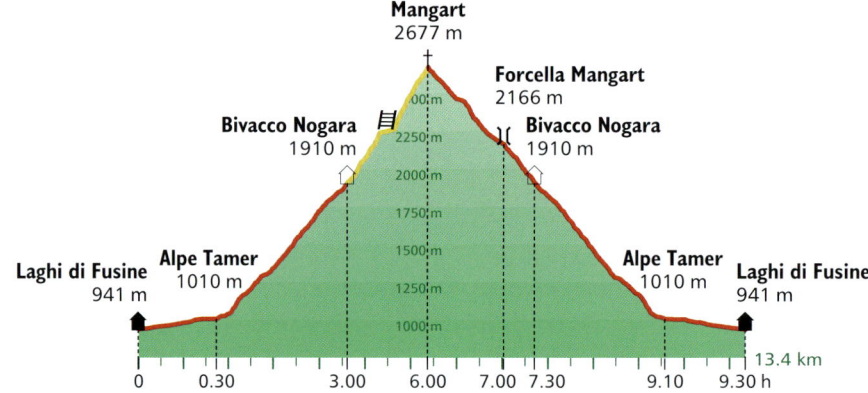

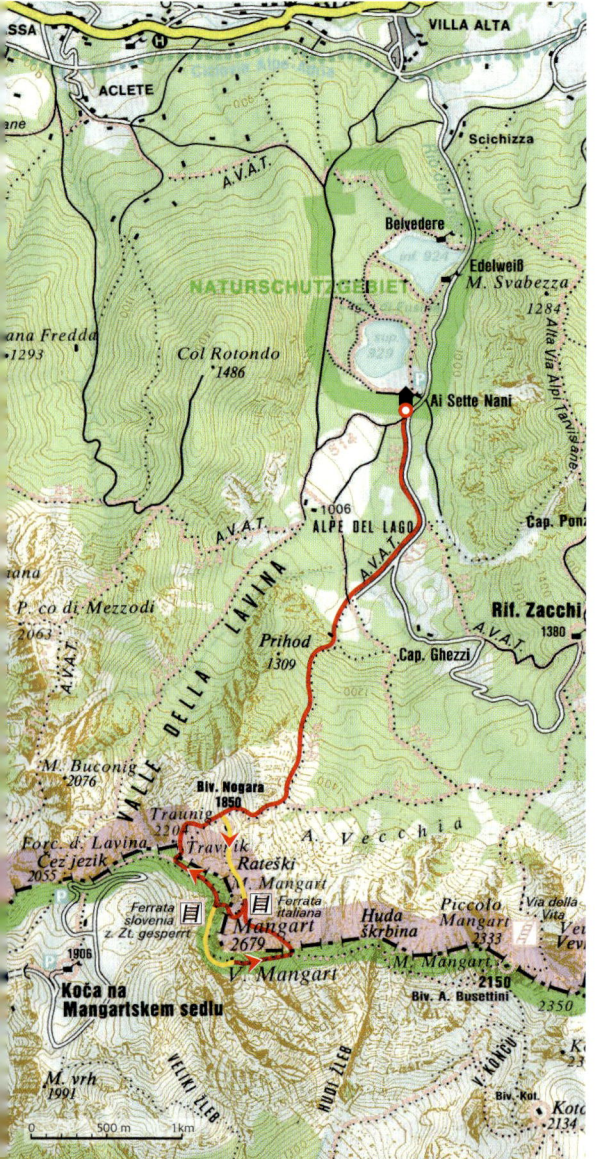

Abstieg

Über schrofige Hänge – mit einer horizontalen Traverse zwischendurch – gen Osten abwärts, genauer gesagt auf der Südseite des Ostgrates, den man in einem Sattel wieder betritt. Der Wechsel auf die Nordabdachung bringt uns über Schotter allmählich unter die Gipfelwände, wo sich eine weitläufige, mehrmals abgestufte und nur mäßig steile Felsrampe ausprägt (Drahtseile). Weiter unten wieder über Schotter und nah am Ausstieg der Via Italiana vorbei. Man passiert noch einen Turm und steigt dann kurz aufwärts in die Forcella Mangart (2166 m), über die im Bergab an der Travnik-Ostflanke wieder das Bivacco Nogara erreicht wird.

Varianten

1. Fährt man von Tarvisio über den Predilpass und die Mangart-Bergstraße bis in die Nähe der Forcella della Lavina hinauf, kann man die Via Italiana in relativ kurzem Abstieg erreichen oder sich auch nur auf den Slowenischen Klettersteig beschränken. Ein wenig gemogelt wäre das allerdings schon …
2. Von der Forcella zieht übrigens der wilde Graben des Valle della Lavina gegen das Tal der Laghi di Fusine hinunter: vor allem im oberen Teil widerspenstig und von Geröllreißen vermurt, aber für standfeste Bergsteiger ein besonderes Erlebnis …

Julische Alpen

65 Prisojnik, 2547 m
Jeseniška und Jubilejna pot

8.00 Std.
1260 m ↑
1260 m ↓

Großartige Überschreitung durch zwei berühmte Felsenfenster

Der Prisojnik – in seiner Gestalt wuchtig ausladend, wenn auch etwas formlos – ist das Schaustück auf der Fahrt von Kranjska Gora hinauf zum Vršič und für uns die perfekte Einstimmung auf eine große, eisenhaltige Tour im Herzen der wilden Julier. Das Routenangebot an diesem Berg ist so ergiebig, dass wohl jeder halbwegs tüchtige Berggänger einen Anstieg nach seinem Gusto finden wird. Den Klettersteigler reizt besonders die Komplettüberschreitung, zusammengesetzt aus dem anspruchsvollen Nordwandsteig (Jeseniška pot), der später auf den oberen Westgrat mündet, sowie dem Jubiläumsweg (Jubilejna pot), der fast im Stile einer »Via delle Bocchette« die spannungsreiche Fortsetzung Richtung Osten bildet. Atemberaubende Querungen auf nur fußbreiten Gesimsen hoch über der Krnica sind sein Markenzeichen. Als absoluter Clou dürfen freilich die beiden riesigen, offenen Felsportale gelten – eine Laune der Natur, die hiermit besonders stimmungsvolle Szenenwechsel hervorzaubert. Man denke nur an den unvergleichlichen Ausstieg der beklemmenden Nordwandroute durch das Vordere Fenster (Prednje okno). Und das Hintere (Zadnje okno) verblüfft sogar mit einem höhlenartigen Innenraum.

Der Prisojnik zählt zu den populärsten Bergen der Julier. Der nach vorn ausstreichende Ausläufer trägt den Jubiläumssteig.

Julische Alpen

ANFORDERUNGSPROFIL

Schwierigkeit	C/D
Jeseniška pot	C/D
Jubilejna pot	B/C
Klettertechnik / Kraft	●●
Ausgesetztheit	●●
Kondition	●●●
Alpine Erfahrung	●●●

TOURENINFO

Charakter: Lange, ernste Klettersteig-Überschreitung, deren Hauptschwierigkeiten die schattige Nordwandroute bereithält (etliche anspruchsvolle Passagen bis maximal C/D). Der Jubiläumsweg führt meist weniger schwierig über ausgesetzte Bänder, kratzt aber zumindest kurzzeitig auch schon am Grad C.

Nachdem wir das Hintere Fenster passiert haben, prüft uns die schwierigste Passage des Jubiläumssteiges im Abstieg.

Mitunter gründen sich die Eisenpassagen nur auf künstliche Tritte, ohne Drahtseilsicherung. Allround-Erfahrung, Ausdauer und anhaltende Konzentrationsfähigkeit sowie gute äußere Bedingungen notwendig; Vorsicht bei Altschnee in schattigen Winkeln. Zwischendurch immerhin drei Ausstiegsoptionen.
Höchster Punkt: Prisojnik (Prisank, 2547 m).
Exposition: Jeseniška pot Nord, Jubilejna pot unterschiedlich.
Jahreszeit: Anfang Juli bis Ende September.
Ausgangspunkt: Vršič (1611 m), Scheitelpunkt der Passverbindung zwischen Kranjska Gora (Savetal) und Trenta (Sočatal).
Einkehr/Übernachtung: Tičarjev dom (1620 m), PZS, Mai bis Oktober, Tel. 0+386 51 634571. Poštarski dom (1688 m).
Höhenmeter: Über Jeseniška pot bis Gipfel etwa 1000 Hm. Jubilejna pot und Rückweg gut 400 Hm Gegensteigungen.
Karten: PzS 25, Blatt »Triglav«. F&B 50, Blatt 141.

Zustieg

Vom Parkplatz an der Passhöhe am Tičarjev dom vorbei auf einem Schotterweg Richtung Poštarski dom, noch vor diesem in einer Kehre auf einen Steig abzweigen, der durch Latschenbuschwerk in die Nähe der Kuppe »Sovna glava« zieht. Gleich dahinter verlassen wir bei einem Sattel den Hauptweg zum Gladki rob und wenden uns nach Bezeichnung »Okno« links über einen Geröllhang ca. 100 Hm hinab zum Einstieg.

Jeseniška pot

Nach dem ersten kernigen Steilaufschwung (bis C) folgen zwischenzeitlich leichtere Felsschrofen. Dann unter bedrohlich anmutenden Wänden ein ganzes Stück nach links queren, bis zu einem senkrechten, oft nassen Kamin mit Tritthilfen (C/D). Dieser verbiegt sich oberhalb zu einer je nach Empfinden originellen bis unangenehmen Kriechstelle, die sich nur in ziemlich skurriler Fortbewegungsart mit Rucksack voraus bewältigen lässt. Etwas höher übersteigt man eine Rippe und erblickt erstmals das Vordere Fenster (Prednje okno) hoch oben. Nach einer weiteren

Julische Alpen

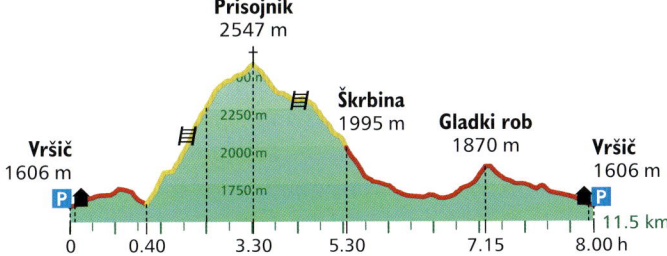

Felsstufe geht es im Zickzack durch die Schluchtrinne empor und schließlich direkt in den höllenhaften Schlund hinein, dem sich über eine glatte, gesicherte Wandstufe (C) durch das immerhin an die 50 Meter hohe Loch entwischen lässt: einfach klasse! Nach dem Durchschlupf auf die Südseite fädeln wir in die leichtere Route über den Gladki rob ein (kürzeste Abstiegsmöglichkeit) und folgen dem Westgrat über abwechselnd flachere und steilere Abschnitte, teilweise noch mit Drahtseilen gesichert, bis wir nach diversen Kammerhebungen am höchsten Punkt des Prisojnik (2547 m) stehen.

Jubilejna pot

Die nach Südwesten abziehende Normalroute ignorierend, schwenken wir links und laufen schräg abwärts durch die Südflanke bis zu einer Scharte. Eine Rinne führt jenseits zum ersten Band hinab. Längere Bändertraversen und Rampen (A bis B), zumeist auf der Nordseite, kurzzeitig auch auf der Südseite (hier nochmals vorzeitige Abstiegsmöglichkeit vorhanden), bestimmen den weiteren Verlauf des Jubiläumsweges, wobei so mancher Abschnitt ganz schön luftig verläuft. Unter dem Zadnji Prisojnik verliert man insgesamt etwas Höhe, bevor als Highlight das Hintere Fenster (Zadnje okno) auftaucht, durch das wir erneut auf die Südseite schlüpfen. Unmittelbar dahinter wird an fast senkrechter Wand mittels Trittstiften in die Steilrinne abgestiegen (B/C), die man jedoch bald wieder nach links auf einen Schrofenhang verlässt. Eine letzte gesicherte Rinne (B) leitet hinab auf die Hänge nahe der Škrbina (1995 m).

Rückweg

Unter den Schartentürmen stoßen wir auf den Transversalweg (Nr. 1), dem man durch die licht bewaldeten Flanken oberhalb der Mlinarica westwärts folgt. Eine weniger willkommene Fleißaufgabe stellt der Gegenanstieg zur Geländekante am Gladki rob (1870 m) dar, bevor unser Weg auf der anderen Seite zum Vršič ausläuft.

Variante

Wer vom Gipfel über den Gladki rob oder den südseitigen Normalweg absteigt, muss mit gut 5.30 Std. Gesamtgehzeit rechnen.

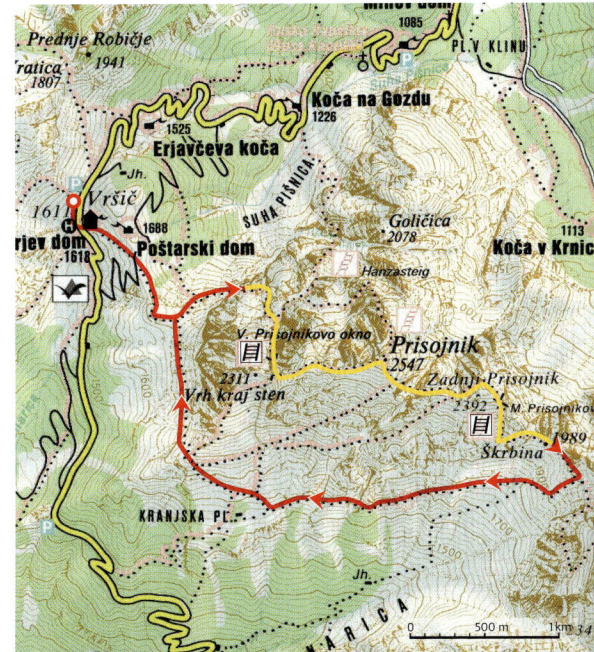

Julische Alpen

Triglav, 2864 m
Bamberg-, Prag- und Tominšekweg

10.30 Std.
1850 m ↑
1850 m ↓

Auf das slowenische »Nationalheiligtum«

Es gibt wohl kaum einen Berg in den Alpen, der ein Volk dermaßen in Bann zieht, wie der Triglav die Slowenen. Für sie ist er eben nicht bloß der Höchste des Landes, sondern auch ein großes Symbol ihrer Heimatverbundenheit. Als stilisiertes »Dreihaupt« ziert der Triglav sogar die Nationalflagge. Und es heißt, dass jeder Slowene wenigstens einmal im Leben hinaufpilgern müsse, um seinem Vaterland zu huldigen. Eigentlich sympathisch harmlos, seinen Patriotismus dergestalt zum Ausdruck zu bringen …

Die Bastion des Triglav, südseitig einem weiten Karstland aufsitzend, nach Norden hingegen mit einer gewaltigen Wand abbrechend, bildet das Zentrum der slowenischen Julier. Die Wege zu ihm sind Legion. Als besonders zünftig gelten jene aus der nordseitigen Vrata, Tominšek- und Pragweg etwa, vor allem aber der Bambergweg am Plemenicegrat. Der eigentlichen Nordwand, dieser von Pfeilern und Schluchten zerrissenen Riesenmauer, von der man drunten in der tiefen Vrata schier erdrückt wird, weicht man auf diesen Routen zwar aus, was uns aber weder von alpinen Erschwernissen noch von der Bürde eines immensen Steigpensums entbindet. Mindestens zehn Stunden wird ein guter Berggänger auf der Überschreitung unterwegs sein.

Frühnebelfelder über der Vrata. Škrlatica und Trabanten strahlen im Sonnenlicht und künden von einem herrlichen Bergtag in den Juliern.

Status und klettersteigartige Erschließung des Triglav verursachen regelmäßig einen Massenansturm, der sich erfahrungsgemäß am Gipfelaufbau konzentriert. Speziell den Ostgrat findet man mit einem ganzen Eisenlager gespickt, und am höchsten Punkt herrscht nicht selten Volksfestcharakter. Natürlich muss dort jeder sein Beweisfoto schießen, mit der legendären Staffage des Aljažev stolp, jenem kleinen Blechturm, der als Faradaykäfig bei Gewitter Schutz bieten soll. Für die Scharen von Gipfelstürmern dürfte er im Fall des Falles indes längst zu klein geworden sein …

Nichtsdestotrotz bleibt die Besteigung des Triglav ein eindrückliches Naturerlebnis. Das dürfte jeder bestätigen, der dort oben einen klaren Tag erwischt, im Süden die Adria entdeckt und weit im Norden den Großglockner. Und beim Rückweg in die Vrata – ganz gleich, ob über den Pragweg (Pot čez Prag) oder über den ruppigeren Tominšekweg (Tominškova pot) – gewahrt man die ganze Dimension des »Götterthrons« der Julischen Alpen ein zweites Mal.

Beim Aufstieg zur Triglavska škrbina.

ANFORDERUNGSPROFIL

Schwierigkeit	C
Bambergweg	C
Prag-/Tominšekweg	B
Klettertechnik / Kraft	●●
Ausgesetztheit	●●
Kondition	●●●
Alpine Erfahrung	●●

TOURENINFO

Charakter: Große Gipfelüberschreitung auf klettersteigartig ausgebauten Felsrouten. Mit Stellen I und viel Gehgelände zwischendurch keine reinrassigen Ferrate, speziell im Gipfelbereich aber sehr üppig gesichert, am Vorbau teils raue Verhältnisse. Schwierigste Route ist der Bambergweg (bis C und etwas freie Kletterei), der daher für den Aufstieg empfohlen wird. Im Abstieg ist der Pragweg etwas leichter und nicht ganz so beschwerlich wie der Tominšekweg. Besonders hohe Anforderungen an Ausdauer und alpine Erfahrung. Eventuell auf zwei Tage strecken.
Höchster Punkt: Triglav (2864 m).
Exposition: Unterschiedlich.
Jahreszeit: Anfang Juli bis Ende September.
Ausgangspunkt: Parkplatz kurz vor dem Aljažev dom (1015 m). Zufahrt von Mojstrana im Savetal bis in den Talschluss der Vrata.
Einkehr/Übernachtung: Aljažev dom (1015 m), PZS, Ende April bis Mitte Oktober, Tel. +386 4 5895100. Triglavski dom (2515 m), PZS, Mitte Juni bis Ende September, Tel. +386 4 5312864.
Höhenmeter: Zustieg bis Luknja 750 Hm. Klettersteig bis Gipfel 1100 Hm.
Karten: PzS 25, Blatt »Triglav«. F&B 50, Blatt 141.

Zustieg

Anfangs geht es am Aljažev dom vorbei flach taleinwärts. Beim berühmten Partisanendenkmal zweigt linker Hand zuerst der Tominšekweg ab, etwas später der Aufstieg in die Sovatna nach rechts, ehe sich schließlich Pragweg und Zugang zum Bambergweg gabeln. Wir halten uns weiter an den Taleinschnitt, wandern durch lichten Wald und Gestrüpp allmählich deutlicher bergan und peilen über eine steile, mühsame Geröllreiße den markanten Sattel der Luknja (1758 m) an.

Bambergweg

An den Felsen zur Linken queren wir auf einem Band zum ersten gesicherten Steilaufschwung (B/C) hinaus. Nach dieser Hürde verbleibt man vorläufig in der Flanke, wo das Gelände sukzessive leichter wird – zunächst noch mit etlichen freien Kraxelstellen (I), später dann unschwierig. Am Grat werden einige Zacken umgangen, bevor eine gesicherte Steilstufe mit Kamin (C) wieder Einsatz fordert. Wir erreichen die Höhe der Plemenice (2364 m) und steigen weiter in der Nähe der Abbruchkante auf und ab, passieren die Sfinga und gelangen auf ausgedehnte Karstfelder. Ohne Schwierigkeiten, aber ausgesprochen steinig nähert man sich der Westwand des klobigen Gipfelkopfes, quert unterhalb nach rechts und gewinnt gemeinsam mit dem Zugang vom Dolič im Bereich eines aufsteilenden Rinnensystems an Sicherungen die Triglavska škrbina (Triglavscharte, 2659 m). Sie ist der Schlüssel für die finalen 200 Höhenmeter am Südgrat (A/B), der Richtung Gipfel (2864 m) leicht rechts eindreht.

Abstieg über Ostgrat und Pragweg bzw. Tominšekweg

Zeitweise begleitet von einem regelrechten Seilgeländer, steigen wir am Ostgrat zum Mali Triglav (2725 m) ab, lassen hier den Rechtsabzweig Richtung Dom Planika unbeachtet und passieren etwas später eine ausgeprägte Kante. Vorsicht, der Fels ist oft auf Hochglanz poliert, was die Sache namentlich bei Nässe heikler macht, als es dem Schwierigkeitsgrad (maximal B) entsprechen würde. Nach dem Ausstieg vom Gipfelaufbau empfängt uns in Kürze das stattliche Triglavski dom (2515 m) auf der Krederica.

Durch die weite Karstöde des Kotel setzen wir unseren Abstieg fort (anfangs eventuell Firn) und treffen im Bereich eines Bergsturzhanges auf die Gabelung von Prag- und Tominšekweg. Da Ersterer spürbar angenehmer und kaum als ausgeprägter Klettersteig anzusprechen ist, wird ihm meist der Vorzug gegeben (der Tominšekweg eignet sich bei Verbindung beider Routen besser für den Aufstieg, aber auch nur bei trockenen Bedingungen). Der Pragweg windet sich im Hin und Her geschickt zwischen Hindernissen hindurch, abgesehen von einer üppig gesicherten Steilstufe (A/B) kommt er hier und da mit ein paar Eisenstiften aus. So gelangt man über die Karschwelle (»Prag«) hinweg tiefer und wendet sich weiter unten deutlich nach links, um auch der letzten Barriere auszuweichen.

Der Ostgrat über den Mali Triglav wird besonders viel begangen. Für uns ist er der Beginn einer langen Abstiegsroute.

Nochmals mithilfe einiger Stifte erreichen wir den Wandfuß, kreuzen das oft ausgetrocknete Bachbett und stoßen auf den bekannten Wanderweg, der uns zurück zum Aljažev dom bringt.

Am Tominšekweg hingegen erwarten uns bald einmal ausgesetztere Klettersteigpassagen in den Westabstürzen des Begujnski vrh, und zwar im Wechsel zwischen Bändertraversen und steileren Wandabsätzen im Bergab (erhöhte Steinschlaggefahr, vor allem im Bereich von Rinnen). Auf knapp 1800 m enden die Sicherungen, bis ins Tal stehen aber noch wenig knieschonende anderthalb Stunden aus, die im äußerst steilen, felsdurchsetzten Waldgelände absolviert werden. Bei mancher Kletterstelle wird auch eine solide Baumwurzel als Griff herhalten müssen. In der Talsohle angekommen, ist es dann nicht mehr weit bis zum Ausgangspunkt.

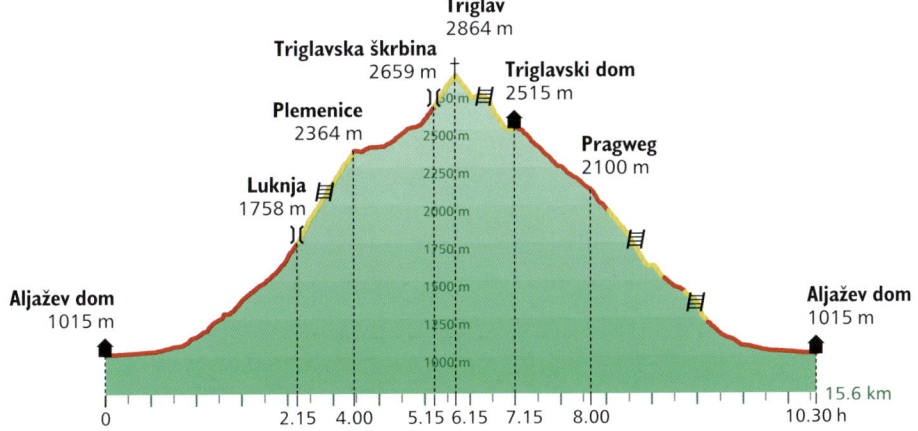

67 Hochstuhl, 2237 m
Klettersteig aus dem Bärental

5.50 Std.
1100 m ↑
1100 m ↓

Die Berge vor dem Balkan

Den Kärntnern bietet sich ein typisches Karawankenbild am südlichen Horizont: Über einem waldreichen Vorbau spitzen in unregelmäßigen Abständen schroffe, kalkhelle Felshäupter über die 2000-Meter-Linie empor. Sie heißen Mittagskogel, Hochstuhl, Vertatscha, Koschuta, Hochobir oder Petzen und bilden im Grenzkamm zu Slowenien die markantesten Erhebungen in einem »weitab vom Schuss« gelegenen Alpengebiet, das meist nur die Lokalmatadore genauer kennen. Doch ein touristisches Schattendasein hat auch immer seine Vorzüge, die sich vor allem in einer wildromantischen Urtümlichkeit ausdrücken. Dabei finden engagierte Bergsteiger in den Karawanken reizvolle Ziele, etwa den Hochstuhl mit seiner Überschreitung aus dem Bärental. Am Nordgrat macht der höchste Berg der Gruppe auch dem Klettersteigler ein vielversprechendes Angebot – eine mittelschwere Route, die auf einem tollen Schauinsland gipfelt. Weite Teile Kärntens und Sloweniens liegen mit einem Rundumblick vor uns ausgebreitet. Man sieht in die Krainer Ebene hinab und bewundert die Silhouette der Julischen Alpen mit dem Bleder See an ihrem Fuß, ebenso wie die Steiner Alpen als südöstlichstes Alpenbollwerk. Gen Norden schweifen die Blicke über die im Herbst oft nebelerfüllten Kärntner Becken bis zum Tauernhauptkamm.

ANFORDERUNGSPROFIL

Schwierigkeit	B/C
Klettertechnik / Kraft	●●
Ausgesetztheit	●●
Kondition	●●
Alpine Erfahrung	●●

TOURENINFO

Charakter: Gipfelklettersteig von mittlerer Schwierigkeit, im unteren, steileren Teil bis B/C, nach oben hin leichter und öfter Gehgelände. Ausgesetztheit und brüchiger Fels dürfen nicht unterschätzt werden. Beim Abstieg teils etwas heikles Schuttterrain. Durchschnittliche Tagestour.
Höchster Punkt: Hochstuhl (Stol, 2237 m).
Exposition: Nord.
Jahreszeit: Mitte Juni bis Mitte Oktober.
Ausgangspunkt: Parkplatz im inneren Bärental (»Im Winkel«, 1152 m). Zufahrt von Feistritz im Rosental via Stouhütte.
Einkehr/Übernachtung: Prešernova koča (2174 m), PZS, Anfang Juni bis Ende September, Tel. +386 4 8280301. Klagenfurter Hütte (1664 m), ÖAV, Anfang Mai bis Ende Oktober, Tel. +43 4228 20516.
Höhenmeter: Insgesamt gut 1100 Hm.
Karten: F&B 50, Blatt 0238. Kom 50, Blatt 61.

Zustieg

Vom Parkplatz unweit der Johannsenruhe folgen wir dem Wirtschaftsweg, bis nach einer Weile die Spur zum Klettersteig abzweigt. Eine für die Karawanken typische Geröllreiße ist noch schräg aufwärts zu überschreiten – und schon stehen wir am Einstieg (ca. 1500 m).

Hochstuhl-Klettersteig

Am Ansatz des Nordsporns geht es mittels Klammern und Drahtseilen gleich forsch und exponiert in die Höhe (bis B/C). Über eine Platte und eine Kaminrinne erreicht man teilweise Gehgelände zwischen Latschen und Lärchen, die in steileren Passagen neben den Eisenteilen nun ebenfalls öfters als Griffe dienen. Dabei vermitteln Rinnen, Schrofen und Gratkanzeln, zwischendurch sogar einige Holzleitern, einen unterhaltsamen Verlauf (A bis B). Nach einer kleinen Scharte setzen wir von der Rippe des Nordsporns an den Hauptkörper des Berges über. Hier ist noch eine brüchige Rinne zu meistern, ehe man auf

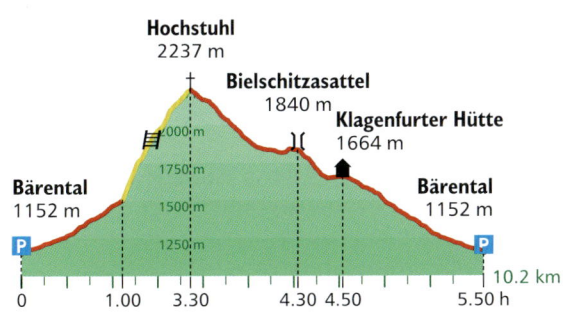

das Steigbuch stößt und mit den letzten Drahtseilen die geröllig-schrofige Westabdachung gewinnt. Das letzte Stück am Grenzkamm entlang bis zum Hochstuhl-Gipfel (2237 m) bietet dann keinerlei Herausforderung mehr.

Abstieg

Wir passieren in östlicher Richtung die Einsattelung zwischen Hoch- und Kleinstuhl, auf dem die Prešernova koča (2174 m) ihren Platz hat, und gelangen dahinter in ein unangenehm steiles Geröllkar. Anstatt leichtsinnig abzufahren, beherzige man die Markierungen auf der linken Seite. Später lassen wir den Steig zum Loiblpass rechts abziehen und steuern den Bielschitzasattel (1840 m) an, der nach kurzem Gegenanstieg über einen vorgelagerten Sattel erreicht wird. Zurück auf Kärntner Boden geht es schräg durch die Geröllflanke abwärts zur Klagenfurter Hütte (1664 m), ehe sich über den breiten Fahrweg der Rundkurs schließt.

Fernschau vom Hochstuhl gen Osten.

Karawanken

68 Durch die Steiner Alpen
Jezerska Kočna, Grintovec, Skuta und Rinka

2 Tage
16.30 Std.
3150 m ↑
3150 m ↓

Bergmarathon am Krainer Alpenwall

Die Steiner Alpen – Hausberge der slowenischen Hauptstadt Ljubljana (Laibach) – setzen am äußersten Südostrand des Alpenbogens nochmals ein veritables Achtungszeichen. Ihrem Wesen nach eine kleinere Ausgabe der Julier, bestechen sie durch ein ähnlich schroffes Relief mit wuchtigen Kalkgipfeln, die immerhin noch die 2500-Meter-Linie übersteigen. Besonders im West-Ost gerichteten Hauptkamm der Gruppe, von der Kočna bis zur Ojstrica, reiht sich ein grauer Riese an den anderen: eine wirkungsvolle Kulisse über der Krainer Ebene. Nähern wir uns von Kärnten über den Seebergsattel, so sehen wir Grintovec, Skuta und Co. dräuend über der Ravenska Kočna aufragen – ein Bild wie eine Einladung.

Stets aufs Neue erweisen sich die Slowenen als Meister im Anlegen anspruchsvoller Felssteige, die listig um und über die »Grintovci« (eine alte Anrede für diese Berge) lavieren. Ab und zu hilft dabei das Drahtseil, an entscheidenden Stellen um ein paar Stifte oder Klammern ergänzt, doch stets mit Blick fürs Gelände: Die Direttissima durch senkrechte Wände sucht man in den Steiner Alpen vergebens, stattdessen folgt man den natürlichen Schwachstellen, läuft hier über Bänder, findet dort einen Durchschlupf und zieht nicht selten einen verwickelten Kurs, um selbst steilste Flanken überwinden zu können. Insofern mögen diese Klettersteige manch einem etwas altmodisch

Die Česka koča ist unser Basislager für die zweitägige Tour am Hauptkamm der Steiner Alpen.

vorkommen – ich für meinen Teil schätze solcherart gefinkelte Routenverläufe, bei denen das Ambiente streng sein darf, die Kletterei aber nie in Kraftmeierei ausartet. Was also tun in diesem kleinen, aber vielseitigen Gebirge? Die gesamte Skyline über der Ravenska Kočna abzulaufen, wäre mein Vorschlag an gestandene Bergsteiger. Entschieden zu lang zwar in einem Zug, aber mit der Tschechischen Hütte (Česka koča) als Basislager durchaus in zwei opulente Portionen aufteilbar. Am ersten Tag kombinieren wir die Jezerska Kočna mit dem Grintovec, bevor die zweite Etappe der Überschreitung von Dolgi hrbet, Skuta und Rinka gewidmet wird. Niemand erwarte hier reinrassige Klettersteige, aber summa summarum kommt allemal eine ziemlich eisenhaltige Runde zusammen, ohne die gewisse Würze vermissen zu lassen. Und am Landschaftsrahmen kann man sich ohnehin ständig berauschen, sei es im Anblick der steinigen Nahkulissen oder was die ungewohnte Perspektive auf unsere geliebte Alpenwelt im Großen angeht.

ANFORDERUNGSPROFIL

Schwierigkeit	B/C
Jezerska Kočna - Grintovec	B
Skuta - Rinka	B/C
Klettertechnik / Kraft	●
Ausgesetztheit	●
Kondition	●●●
Alpine Erfahrung	●●

TOURENINFO

Charakter: Kombination diverser klettersteigartig ausgebauter Felsrouten, die eine großzügige Überschreitung des Steiner Hauptkamms ermöglichen. Die Anforderungen liegen weniger in besonders schwierigen Einzelstellen (mit B/C höchstens mittelschwierig, oft sogar darunter), als vielmehr im Ausmaß des prinzipiell anspruchsvollen alpinen Geländes. Über lange Zeit wird hohe Konzentrationsfähigkeit und entsprechend ausdauernde Trittsicherheit verlangt, sehr häufig gibt es ungesicherte Stellen im I. Grad sowie abschüssigen Schotter. Das Programm ist auf zwei Tage von jeweils gut 8 Std. ausgelegt (als Tagestour selbst bei Auslassung der Kočna überaus happig).
Höchster Punkt: Grintovec (2558 m).
Exposition: Unterschiedlich, häufig auch im Sektor Nord.
Jahreszeit: Ende Juni bis Ende September.
Ausgangspunkt: Parkplatz im Talschluss der Ravenska Kočna (ca. 1070 m), bei den Materialseilbahnen für die beiden unten genannten Hütten. Abzweig der Zufahrtsstraße zwischen dem Seebergsattel und Zgornje Jezersko.
Einkehr/Übernachtung: Česka koča (1542 m), PZS, Ende Mai bis Ende September, Tel. +386 40 283300. Kranjska koča (1700 m), PZS, Mitte Juni bis Anfang Oktober, Tel. +386 31 309600.
Höhenmeter: Am 1. Tag ca. 1750 Hm Aufstieg, 1300 Hm Abstieg. Am 2. Tag ca. 1400 Hm Aufstieg, 1850 Hm Abstieg.
Karten: F&B 50, Blatt 0238.

Gesicherter Kamin an der Skuta.

Hüttenzustieg
Vom Ende der Sandstraße ins Hochtal der Ravenska Kočna beginnt unser Steig auf der rechten Seite zunächst nordwärts ausholend. Nach etlichen Serpentinen im Wald gesellt sich von rechts der Zustieg von Zgornje Jezersko dazu. Wir vollziehen eine längere Aufwärtstraverse durch abschüssige Hänge, bis die reizende, holzverschindelte Česka koča (1542 m) vor uns auftaucht.

Kočna-Grintovec-Überschreitung
Aus dem Unteren Ravnikar folgen wir dem kehrenreichen Steig zum oberen Karboden, wo sich die Routen zum Mlinarsko sedlo und zur Kočna verzweigen.

Wir halten uns rechts und visieren einen schrofigen Sporn an, der vom Nordostgrat herabzieht: Einstieg. Das Gelände wirkt in seiner Steilheit etwas abschreckend, doch wird man von einer dichten Markierung vorzüglich durch die Felsbarriere gelotst. Dabei nutzt die Route ganz in slowenischer Manier die natürlichen Gegebenheiten aus, sodass sie mit erstaunlich wenig Eisen auskommt. Unterhalb des Nordostgrates erreicht man in ansteigender Querung eine Gabelung, an der man sich für den Abstecher auf die Jezerska Kočna entscheiden kann. Dabei gelangen wir in Kürze auf das berüchtigte Kriechband, das ohne Sicherungen etwas Überwindung kostet (Rucksack abnehmen). Im weiteren Verlauf führt ein Schuttsteig zu einer Rinne, die jedoch gleich wieder am Drahtseil verlassen wird. Ein Band unterhalb des Grates sowie einige leichte Felsen bilden den Schlusspunkt hinauf zum brüchigen Gipfelkopf der Jezerska Kočna (2540 m), wo wir immerhin am zweithöchsten Punkt der Steiner Alpen stehen.

Der allerhöchste soll folgen. Als steilen Felskegel haben wir den Grintovec schon im Visier und kehren als Erstes wieder zur erwähnten Verzweigung zurück. Anschließend muss man im Bereich des Verbindungsgrates über die Dolška škrbina (2317 m) mittels Kletterei noch ein paar Meter herschenken, die am geröll- oder schneebedeckten Gegenhang in der Westflanke des Grintovec wieder mühsam auszugleichen sind. Über einen Felsriegel erreichen wir dort ein Band, das links um ein markantes Eck auf die Nordseite leitet. Etwas später verbindet sich der Schuttsteig mit der vom Mlinarsko sedlo kommenden Route und zieht über eine letzte gesicherte Felsstufe vollends zum Grintovec (2558 m) empor.

Im Abstieg wieder zurück in die obere Nordflanke, dann aber rechts haltend zu einem Felsgrat, an deren Leitlinie die

Karawanken

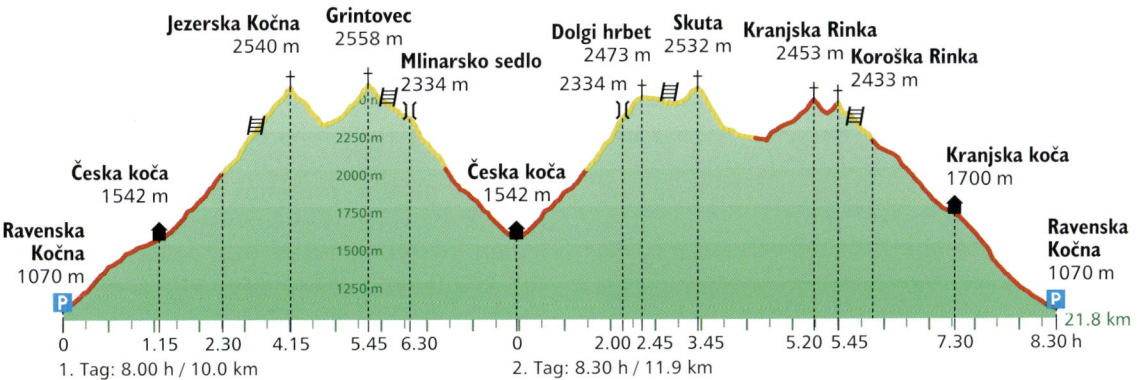

Route nun unterhaltsam und immer mal mit gesicherten Stellen zum Mlinarsko sedlo (2334 m) hinüberläuft. Von diesem hohen Felssattel könnte man die Tour theoretisch gleich Richtung Skuta fortsetzen, doch wird die fortgeschrittene Tageszeit für einen Abstieg zur Hütte sprechen. Wir steigen daher in den steilen, ausgesetzten Nordabbruch ein, wo unsere Befürchtung, in allzu kritisches Gelände zu geraten, abermals widerlegt wird. Gewitzt und fast ohne nennenswerte Kletterhürden gelangen wir im Zickzack über Bänder, Platten und Absätze, zwischendurch mit einer ausgeprägten Linkstraverse, bis auf die

Anregende Kraxelei zwischen Grintovec und Mlinarsko sedlo.

Schuttfelder im oberen Ravnikar. Etwas rau läuft die Route schließlich Richtung Česka koča aus, wo wir uns mit traditioneller slowenischer Kost stärken können.

Skuta-Rinka-Überschreitung
Vielleicht ein Schönheitsfehler, dass wir am nächsten Morgen die fast 800 Höhenmeter bis zum Mlinarsko sedlo im Bergauf wiederholen müssen. Eine Alternative wäre das vorherige Ausweichen auf das südseitig und höher gelegene Bivak pod Grintovcem, 2104 m: jeder möge selbst entscheiden. Jedenfalls setzt sich am Mlinarsko sedlo die hohe Kammroute ostwärts fort, und zwar mit einigen gesicherten bzw. freien Kletterstellen – teils unmittelbar an der ins Bodenlose abstürzenden Kante – hinauf zum Dolgi hrbet (Langkofel, 2473 m). Hinter diesem Gipfel folgt ein stark zerscharteter Abschnitt. In exponiertem Auf und Ab werden Grattürmchen überschritten und tiefe Kerben durchmessen, einmal geht's besonders spektakulär an Sicherungen aus einer Scharte heraus (maximal B/C). Nördlich an der Struca vorbei gewinnen wir über einen Geröllhang den Gipfel der Skuta (2532 m) und damit den Kulminationspunkt des zweiten Tages.

Der Abstieg auf der Ostseite leitet alsbald wieder in steiles, splittriges Felsgelände. Drahtseile und künstliche Tritte leisten wiederholt, aber nicht durchgängig Hilfe, der Fels erweist sich aber generell als gut gestuft. Abwechslungsreich geht es über Rampen und Bänder, Rinnen und Stufen tiefer (meist um B) – die schönste Passage verläuft an ei-

Während der Überschreitung der höchsten Gipfel reiht sich ein landschaftliches Highlight ans andere.

nem schmalen Gratfirst, den man nach links verlässt. Es schließen sich einige Schrofen sowie mit Stiften versehene Plattenpassagen (A/B) an, ehe wir am Wandsockel ankommen. Daran entlang queren (nicht im Schotter abfahren!) und weiter bis zur Wegkreuzung im Bereich der Mali podi.

Nun drehen wir bergwärts in das Hochkar unter den drei Rinke-Gipfeln ein. Ihr höchster ist die Kranjska Rinka (2453 m), die optional ausgelassen werden kann. Wer trotzdem hinauf möchte, hält sich am aufsteilenden Schotterhang ganz links, gewinnt über Schrofenpartien einen Gratkamm und über diesen den Gipfel. Wieder ein Stück zurück wird anschließend über eine Rinne die wichtige Koroška Rinka (2433 m) bestiegen, vermittelt sie doch den direkten Übergang auf die Nordseite. Dort erwartet uns nochmals ein ausgewachsener Klettersteig in eleganter slowenischer Ausführung. Zuerst hinab zu einem Schärtchen, das in eine linksseitige Rinne überleitet. Eine Steilstufe (B) bringt uns auf ein tieferes Band, das ziemlich luftig verfolgt wird. Nur teilweise gesichert (um B) und immer wieder mit Stellen im I. Grad bereichert, windet sich die Führe über weitere Bänder, Rampen und steilstufige Absätze abwärts zu einem kleinen Felsenfenster. Kurz darauf enden die Sicherungen (ca. 2180 m). Man passiert ein zweites, größeres Fenster und entfernt sich nun von der nordwärts ausstreichenden, zerklüfteten Gratlinie, um in das unterhalb gelegene Schuttkar abzusteigen. Nach kurzer Querung wird in den über den Jezersko sedlo (Seeländer Sattel) kommenden Weg eingefädelt und mit ihm Richtung Ledine und zur Kranjska koča (1700 m) abgestiegen.

Abstieg

Zu unserer Überraschung hat der Talweg noch eine weitere kleine Klettersteigpartie in petto, insbesondere, wenn wir den »Lovska pot« (Normalweg) rechts

Knapp unterhalb der Koroška Rinka.

hinab verschmähen und uns für die Variante des »Slovenska pot« entscheiden. Dazu gehen wir links der Hütte weiter und mit einigen Schleifen bis vor den tiefen Einriss des Žrelo. Die grimmige Felsbucht ignorierend, folgt man vorerst dem normalen Steig, bis auch dessen Windungen vor einem Felsabbruch enden. Gut gesichert wird eine Steilrinne und der anschließende Felssporn im Bergab gemeistert (B). Unterhalb dieses Riegels kreuzen wir die aus dem wilden Žrelo ausmündende Schotterreiße und tauchen allmählich in den Wald der Ravenska Kočna ein, wo es zum Parkplatz nicht mehr weit ist.

STICHWORTVERZEICHNIS

A
Achensee 5-Gipfel-Klettersteig 94
Admonter Haus 43
Albergo Fiames 231
Aljažev dom 281
Almhotel Col Raiser 218
Almtaler Haus 49
Almtaler Köpfl 50
Alpenklubscharte 114
Alpenvereinssteig 27
Alpinisteig 239, 242
Alta Via Veronesi 221
Anlaufalm 46
»Anna« 60, 62
Annerlsteg 47
Anton-Karg-Haus 90
Arabba 206
Ari-Schübel-Steig 252, 255
Arlberger Klettersteig 143, 144
Äußerer Molignon 214

B
Bachwinkel 71
Bambergweg 280, 282
Bärental 284
Bayerische Kohlstatt 126
Berchtesgadener Hochthron 78
Bergkastelboden 153
Bergkastelspitze 154
Bettelwurfhütte 103
Biacesa 171
Bielschitzasattel 285
Birgkarscharte 69
Bivacco Arcioni 171
Bivacco Bontadini 206
Bivacco Brunner 185
Bivacco Cadore 240
Bivacco de la Medassa 193
Bivacco del Màrmol 189
Bivacco Fiamme Gialle 185
Bivacco Ghedini 194
Bivacco Mazzeni 269
Bivacco Nogara 274
Bivacco Sperti 189
Bivacco Stuparich 269
Bivacco Suringar 269
Bivacco Ugo d. Bernardina 189
Bivak pod Grintovcem 290
Bocca Alta di Vallesinella 160
Bocca degli Armi 162
Bocca della Tosa 164
Bocca del Tuckett 160
Bocca di Brenta 163
Bocca Pasumèr 172
Bocchetta Campiglia 178
Bocchetta dei Camosci 160
Bocchetta dei Due Denti 164
Bocchetta dei Massodi 162
Bocchetta di Campanile Basso 162
Breitenberg 135
Brudertunnel 99, 100
Brunnsteinhütte 110
Buchauer Sattel 43
Buchsteinhaus 40
Büllelejochhütte 245

C
Campogrosso 176
Cant del Gal 181
Capanna Punta Penìa 202
Carschinahütte 148
Case Bortot 189
Casera della Grava 199
Cattedrale 196
Cellon 265
Cellon-Stollen 266
Cengia Gabriella 239, 241
Česka koča 287
Cima Bella Laita 178
Cima Brenta 160
Cima Capi 170
Cima Carega 174
Cima della Stanga 181, 183
Cima della Vezzana 184
Cima dell'Osservatorio 179
Cima del Soglio Rosso 179
Cima di Mezzo 234
Cima Falkner 160
Cima Pisciadù 215
Cima Rocca 170
Cima SAT 173
Cimerlo 183
Cislesalm 218
Civetta 198
Coburger Hütte 129
Coburger Klettersteig 128, 130
Col dei Stombi 238
Col Grand 199
Col Raiser 218
Col Verde 185
Costa Media 175
Cresta dei Draghi 270
Cresta delle Masenade 196
Creton di Culzei 258
Cristallino d'Ampezzo 236
Cristallo 234

D
Dachstein-Südwand-Hütte 62
Dachsteinwarte 63
dell'Orso, Forcella Lavinal 273
De Luca-Innerkofler-Steig 246
Dientner Sattel 67
Dolgi hrbet 290
Dolška škrbina 288
Dorsale Godesi 168
Dos del Sabbion 159
Dreizinnenhütte 245
Drusentor 150
Düsseldorfer Hütte 156

E
Edelgrießhöhe 59
Edmund-Probst-Haus 133
Ehrwalder Alm 131
Eibsee 124
Eisenerz 34
Eisenerzer Klettersteig 34, 35
Eisengattergrat 104
Elferhütte 117
Elferscharte 118, 242
Elferspitze 116
Ellmauer Halt 89
Ellmauer Tor 93
Eng 101
Ennstaler Hütte 38
Erfurter Hütte 95
Erichhütte 67
Ernst-Graf-Hoyos-Steig 27
Eselstein 56
Exnerturm 217

F
Feldkurat-Hosp-Steig 247
Fiderepasshütte 137
Fiderescharte 137
Fischleinboden 245
Fluchtalpe 137
Forame de Inze 236
Forca Alta di Culzei 261
Forca de la Val 273
Forca de lis Sieris 273
Forca del Palone 272
Forcella Alta 238
Forcella Bassa 238
Forcella Camossara 178
Forcella della Lavina 276
Forcella dell'Alpino 261
Forcella della Marmolada 203
Forcella delle Masenade 196
Forcella delle Nevere 197
Forcella delle Sasse 201
Forcella del Màrmol 192
Forcella del Pomagagnon 232
Forcella fra le Guglie 240
Forcella Giralba 242
Forcella Granda 221
Forcella Grande 236
Forcella Lagazuoi 222
Forcella Livinal dell'Orso 273
Forcella Mangart 276

Forcella Padeòn 238
Forcella Pis Pilón 193
Forcella Sperti 191
Forcella Stauniès 237
Forcella Stephen 183
Forcella Travenanzes 221
Forcella Verde 236
Forcella Zumeles 233
Forcella Zurlon 238
Foronon del Buinz 273
Frau Hitt 108
Froneben 113
Fulpmes 113

G
Gaislochsteig 27, 28
Galleria Lagazuoi 222
Gamsangerl 110
Gamsängersteig 89, 91
Gamshalt 91
Gamsscharte 246
Gartlhütte 209
Gasthaus Edelbrunn 59
Gasthof Feuerstein 121
Gauablickhöhle-Klettersteig 147, 149
Gebirgsjägersteig 256
Gemschtobel 151
Gladki rob 279
Glödis 248
Gmundner Hütte 53
Grabnerstein 42
Graf-Hoyos-Steig 30
Gramai-Alm 100
Grandlspitz 69
Grasleitenpasshütte 209
Griesleitenhof 31
Grintovec 286, 288
Große Galitzenspitze 255
Große Gamswiesenspitze 256
Große Ochsenwand 112
Großer Bettelwurf 102
Großer Buchstein 40
Großer Daumen 132, 134
Großer Laserzkopf 255
Großer Roßzahn 214
Große Sandspitze 252, 255
Großes Hinterhorn 86
Großes Höllental 26
Gruberscharte 58
Gruttenhütte 90
Gstatterboden 38, 40
Gustav-Jahn-Steig 27, 28
Guttenberghaus 57

H
Hafelekar 105
Haidachstellwand 94, 96
Hammersbach 124
Hans-Berger-Haus 90
Hans-Hernler-Steig 52, 53

Hans-Seyffert-Weg 202
Hans-von-Haid-Steig 31, 32
Hermann-Wöhs-Weg 51
Heubatspitze 135
Hexensteig 42, 43
Hexenturm 42
Hindelanger Klettersteig 132
Hinterer Tajakopf 128
Hinterettenberg 79
Hintere Wildenalpe 139
Hinterstein 133
Hocheck 75
Hochiss 94, 98
Hochkönig 66
Hochscharte 67
Hochstaufen 82
Hochstuhl 284
Hochthron-Klettersteig 78, 80
Hochweißstein 262
Hohe Gamsfeldspitze 59
Hohe Rams 58
Hoher Dachstein 60, 63
Hoher Gang 129
Hoher Kopf 69
Hohes Törl 253
Höllentalangerhütte 124
Höllentalaussicht 28
Höllentalsteig 123, 124
Hotel Feisterer 57
Hunerkogel 59, 64

I
Il Portòn 182
Innere Ilmspitze 120
Innerer Molignon 213
Innerkoflersteig 244
Innsbruck 105
Innsbrucker Hütte 121
Innsbrucker Klettersteig 105

J
Jeseniška pot 277, 278
Jezerska Kočna 286, 288
Jôf di Montasio 268
»Johann« 60, 62
Jubiläumsgrat 126
Jubiläums-Klettersteig 58
Jubiläumssteig 56
Jubilejna pot 277, 279
Jungfernsteig 42, 43

K
Kaiserschützensteig 89, 90
Kalkwand 121
Kaminspitze 106
Kapall 143
Karalm 122
Karerpass 209
Karlsbader Hütte 252
Kemacher 105, 106
Kemptner Köpfl 139
Kemptner Scharte 139

Kerschbaumer Alm 257
Kerschbaumer Törl 256
Kerschbaumer Törlspitz 257
Kesselkogel 208, 212
Kirchlspitze 110
Klagenfurter Hütte 284
Kleine Gamswiesenspitze 256
Kleine Halt 91
Kleine Laserzwand 254
Kleiner Bettelwurf 102
Kleiner Daumen 135
Knoppenjochspitze 144
»Königsjodler« 66, 67
Koroška Rinka 291
Krahnsattel 96
Kranjska koča 287
Kranjska Rinka 291
Kreuzjoch 113
Kufstein 90
Kummetstein 69

L
Laghi di Fusine 274
Lago di Fedàia 207
Lamsenjochhütte 100
Lamsenspitze 99, 101
Lamsscharte 101
Langer Sattel 107
Laserz-Klettersteig 251, 254
Latschau 151
Leiterl 81
Leitersteig 247
Lienzer-Dolomiten-Hütte 252
Lienzer Hütte 249
Lindauer Hütte 148
Lisungrat 146
Lisunspitze 146
Loferer Hochtal 87
Lorfekopf 144
Lorfescharte 144
Luknja 282

M
Madonnen-Klettersteig 252, 256
Mairalm 83
Malga Sàisera 269
Mali Triglav 282
Mangart 274
Markussteig 36
Marmolada 202
Masaré-Rotwand-Klettersteig 210
Matrashaus 67
Matunjoch 144
Maurach 95
Maximiliansteig 214
Mesola 205
Metzger Steinalm 72
Mindelheimer Hütte 137
Mindelheimer Klettersteig 136

293

Mittagsscharte 219
Mittelspitze 76
Mittenwald 110
Mittenwalder Klettersteig 109, 110
Mitterkaseralm 74
Mittlerer Molignon 214
Mittlerer Schafalpenkopf 138
Mlinarsko sedlo 289
Moiazza Sud 194
Molignon 208
Molignonpass 214
Montasch 268
Monte Casale 166
Monte Chiadenis 262
Monte Cuaro 178
Monte Forni Alti 179
Monte Peralba 262
Münchner Haus 124

N
»Nackter Hund« 86
Natterriedl 43
Naturfreundesteig 52, 54
Nauderer Gaisloch 153
Nebelhorn 133
Neuer Südwand-Klettersteig 155
Neustift 117
Niedere Gamsfeldspitze 59
Niederscheibenalm 38
Nördliche Linderspitze 110
Nördlicher Schafalpenkopf 137
Nuaracher Höhenweg 88

O
Obere Windlucke 64
Oberst-Gressel-Gedenksteig 267
Ödkarscharte 253
Ospitale 235
Österreichisches Schneekar 126
Östlicher Wengenkopf 134
Ottohaus 27

P
Pala del Belia 195
Panorama-Klettersteig 251, 254
Partnun 148
Passo Bettega 187
Passo Bregn de l'Ors 165
Passo del Grostè 159
Passo della Sentinella 240, 243
Passo del Travignolo 186
Passo di Fontana 179
Passo Duràn 194
Passo Falzàrego 220
Passo Sésis 263
Passo Vaiolon 210
Passportenscharte 247
Passportensteig 247
Pasubio 177
Paternkofel 244

Paternsattel 247
Pecol 201
Pelf 188
Persailhorn 70
Peter-Wiechenthaler-Hütte 71
Pfaffenstein 34
Pian del Forame 236
Pian di Casa 259
Pidinger Klettersteig 82, 83
Plamorderspitze 152
Plan Ciautier 218
Plemenice 282
Plöckenpass 265
Plöven 113
Ponte del Mariano 190
Porta Vescovo 206
Poštarski dom 278
Pot čez Prag 281
Pragweg 280, 282
Prednje okno 278
Preiner Wand 31
Preinerwandsteig 33
Prešernova koča 284
Prisojnik 277
Punta Civetta 200
Punta Erbing 231
Punta Fiames 231
Punta Masarè 209
Punta Penìa 202
Punta Tissi 200

R
Ramsau 57
Ramsauer Klettersteig 56, 58
Ravenska Kočna 287
Regensburger Hütte 218
Reichenhaller Haus 83
Rifugio 7° Alpini 189
Rifugio Achille Papa 178
Rifugio Agostini 159
Rifugio Alimonta 159
Rifugio Alpino Revolto 174
Rifugio Antermoia 209
Rifugio Auronzo 247
Rifugio Berti 240
Rifugio Brazzà 269
Rifugio Calvi 263
Rifugio Capanna al Ghiacciaio Marmolada 202
Rifugio Carducci 240
Rifugio Carestiato 194
Rifugio Col Tondo 231
Rifugio Contrin 204
Rifugio Corsi 269
Rifugio De Gasperi 259
Rifugio Dibona 224
Rifugio Fraccaroli 174
Rifugio Giussani 224
Rifugio Gorza 206
Rifugio Lagazuoi 220

Rifugio Lorenzi 235
Rifugio Lunelli 240
Rifugio Padón 206
Rifugio Passo Pértica 174
Rifugio Passo Principe 209
Rifugio Pedrotti alla Rosetta 185
Rifugio Pedrotti e Tosa 159
Rifugio Pisciadù 216
Rifugio Pradidali 181
Rifugio Preuss 209
Rifugio Re Alberto 209
Rifugio Roda da Vaèl 209
Rifugio Scalorbi 174
Rifugio Torrani 199
Rifugio Tuckett e Sella 159
Rifugio Vajolet 209
Rifugio Velo della Madonna 181
Rifugio XII Apostoli 159
Rinka 286
Riva del Garda 173
Roghel, Via ferrata 240
Rosengartenhütte 209
Rosskopf 94, 96
Roßlandersteig 81
Roterdspitze 214
Rote-Rinn-Scharte 91
Rotwand 208
Rotwandhütte 209
Rudl-Eller-Steig 253

S
Saalfeldener Höhenweg 72
San Martino di Castrozza 185
Santnerpass 208, 211
Santnerpasshütte 209
Sarche 168
Sas de Mezdi 205
Sas Rigais 218
Sattelspitze 107
Schartenschartl 256
Schartensteig 244, 246
Scheibenkaser 80
Scheichenspitze 56
Schermberg 48
Schiara 188
Schlicker Alm 113
Schlicker Klettersteig 112, 113
Schmidhubersteig 108
Schmidt-Zabierow-Hütte 87
Schrabachersteig 35
Schwendle 137
Seeben-Klettersteig 131
Seebensee 129
Seegrube 105
Seegrubenspitze 106
Seekarlspitze 94, 98
Seekofel 251
Seekofel-Klettersteig 253
Seethalerhütte 62
Seichenbrunn 249

Sella della Tosa 164
Selletta Fanis 222
Sentèr dei Bech 171
Sentiero Alto del Fumante 176
Sentiero Angelo Pojesi 175
Sentiero attrezzato Carlo Minazio 226
Sentiero attrezzato Dino Buzzati 180
Sentiero attrezzato Falcipieri 177, 178
Sentiero attrezzato Leva 272
Sentiero Benini 158, 160
Sentiero Bocchette Alte 158, 160
Sentiero Bocchette Centrali 159, 162
Sentiero Brentari 159, 163
Sentiero Castiglioni 159, 164
Sentiero Ceria-Merlone 268, 273
Sentiero Corbellini 259
Sentiero Dallagiacoma 160
Sentiero dei Camminamenti 170, 172
Sentiero del Cacciatore 183
Sentiero delle Farangole 186
Sentiero delle Laste 170, 173
Sentiero dell'Ideale 165
Sentiero Dino Buzzati 183
Sentiero Fausto Susatti 171
Sentiero ferrato René De Pol 235, 236
Sentiero Foletti 170
Sentiero Geologico Arabba 207
Sentiero Gusella 183
Sentiero Ivano Dibona 234, 237
Sentiero Leva 268
Sentiero Mario Foletti 172
Sentiero Martinazzi 165
Sentiero Pojesi 174
Sentiero SOSAT 165
Sentiero Susatti 170
Sentiero Tivan 201
Sextener Rotwand 243
Škrbina 279
Skuta 286, 290
Slovenska smer 274, 275
Sorapìss 226
Spalla di Brenta 160
Spallone dei Massodi 160
Sparchen 90
Spieljoch 94, 98
Stallental 101
St. Anton 143
Steiner Alm 83
Steinerne Rinne 89, 92
Steinerscharte 64
Steinkarspitze 140
Steinsee-Klettersteig 140, 142

Stöhrhaus 79
Strada delle Gallerie 177, 179
Stripsenjoch 93
Stripsenjochhaus 90
St. Zyprian 209
Südliche Fanisspitze 220
Südliche Linderspitze 110
Südlicher Schafalpenkopf 138
Südspitze 76
Südwandbandsteig 40, 41
Südwand-Klettersteig 70, 72
Sulden 156
Sulzfluh-Klettersteig 147, 148
Sulzkogelscharte 55
Sulzleklammspitze 110
T
Tajakante 128, 129
Talschlusshütte 245
Tassilo-Klettersteig 48, 50
Terza Cengia 231, 233
Teufelsbadstubensteig 27, 29
Teufelsteig 37
Tičarjev dom 278
Tieflimauer 37
Tierser-Alpl-Hütte 209
»Tiroler Weg« 152, 153
Toblinger Knoten 247
Tofana di Rozes 223
Tominšekweg 280, 282
Tominškova pot 281
Traunsee-Klettersteig 55
Traunstein 52
Traunsteinhaus 53
Tre Dita 225
Triftsteig 45, 47
Triglav 280
Triglavska škrbina 282
Triglavski dom 281
Tschamintal 214
Tschenglser Hochwand 155
U
Urwies 83
V
Vallugagrat 143
Val Setùs 217
Via Amalia 268, 270
Via dell'Amicizia 173
Via delle Bocchette 158
Via ferrata Alfonso Vandelli 226
Via ferrata Berti 188, 190
Via ferrata Bianchi 237
Via ferrata Bolver-Lugli 184
Via ferrata Brigata Tridentina 215
Via ferrata Campalani 174, 176
Via ferrata »Che« Guevara 166
Via ferrata Costantini 194, 195
Via ferrata degli Alleghesi 198, 199

Via ferrata dei Cinquanta 258, 260
Via ferrata delle Trincee 205
Via ferrata del Portòn 180, 182
Via ferrata del Velo 180, 182
Via ferrata Ernesto »Che« Guevara 167
Via ferrata Francesco Berti 226
Via ferrata Gabitta d'Ignoti 186
Via ferrata Guardiano 188, 192
Via ferrata Laurenzi 208, 212
Via ferrata Lipella 223, 224
Via ferrata Marino Bianchi 234
Via ferrata Màrmol 188, 192
Via ferrata Michielli Strobel 231, 232
Via ferrata Portogruaro 262
Via ferrata Roghel 239, 240
Via ferrata Sartor 262, 263
Via ferrata senza confini 265, 267
Via ferrata Sperti 188, 191
Via ferrata Tissi 198, 200
Via ferrata Tomaselli 220, 221
Via ferrata Zacchi 188, 190
Via ferrata Zandonella 243
Via Italiana 274, 275
Vordere Brandjochspitze 108
Vorderer Tajakopf 128
Vršič 278
W
Waidringer Nieder 88
Wasserrinnenscharte 218
Watzmann 73
Watzmannhaus 74
Wehrgrubenjoch 88
Weichtalhaus 27
Weißleiten 88
Weißschrofenspitze 143, 146
Weißwasser 46
Welser Hütte 49
Wenger Weg 41
Westliche Karwendelspitze 111
Westlicher Elfertum 116
Westlicher Wengenkopf 133
Wiener-Neustädter-Hütte 124
Wiesalpe 137
Wildental-Klettersteig 70, 71
»Wilder Hund« 86
Wimbachbrücke 74
Wimbachgrieshütte 74
Wimbachschloss 74
Wochenbrunneralm 93
Wolfgang-Dirnbacher-Hütte 29
Z
Zadnje okno 279
Žrelo 291
Zsigmondy-Comici-Hütte 245
Zugspitze 123
Zwölfernieder 119

Umschlagbild:
Am Elferturm in den Stubaier Alpen (Tour 25).

Bild Seite 2/3:
Am ausschweifenden Klettersteig im Rofan werden in verschiedenen Sektoren gleich fünf Gipfel erklommen. Hier ein Quergang an der Seekarlspitze (Tour 19).

Bild Seite 4:
Unterwegs am Paternkofel (Schartensteig) in den Sextener Dolomiten (Tour 57).

Bild Umschlagrückseite:
Solche Bänderstrecken wie auf der Via ferrata Berti
machen Lust auf mehr (Tour 53).

Alle 218 Fotos stammen von Mark Zahel.

Kartografie:
Wanderkarten im Maßstab 1:40.000, 1:50.000 und 1:75.000
Touren 1–36, 41–59 und 61–78
sowie Übersichtskarte im Maßstab 1:2.000.000
© Freytag & Berndt, Wien
Touren 37–40 und 60 © Bergverlag Rother, München
(gezeichnet von Angelika und Gerhard Tourneau)

Umschlaggestaltung und Layout: Edwin Schmitt

Werk-Nr.: 3066

Die Ausarbeitung aller in diesem Führer beschriebenen Routenvorschläge
erfolgte nach bestem Wissen und Gewissen des Autors.
Die Benützung dieses Führers geschieht auf eigenes Risiko.
Soweit gesetzlich zulässig, wird eine Haftung für etwaige Unfälle
und Schäden jeder Art aus keinem Rechtsgrund übernommen.

2., aktualisierte Auflage 2024
© Bergverlag Rother GmbH, München

ISBN 978-3-7633-3066-9